马克思主义经典文献
编译口述史

跨世纪的宏伟工程

本卷主编：詹 珩 路 军

中央编译出版社

马克思像、恩格斯像和列宁像（国画，蒋兆和作）

全书顾问：韦建桦　顾锦屏

总　　编：魏海生

副 总 编：徐　洋　刘　强　路　军

编　　委：（按姓名拼音排序）

方闻昊　冯　雷　龚格格　李春阳　李　平
李媛媛　刘中文　柳　宁　平建东　寿自强
郗卫东　杨大群　苑　洁　曾银慧　詹　珩
张甲秀　张文成　张远航　张忠耀

本卷主编：詹　珩　路　军

总序
向"播火者"致敬

魏海生

在人类发展的历史长河中,有一种理论犹如壮丽的日出,照亮了人类探索历史规律和寻求自身解放的道路,为人们认识世界、改造世界提供了强大思想武器和精神力量,对世界产生了广泛而深刻的影响。它就是以全世界无产阶级和劳动人民的革命导师、近代以来最伟大的思想家马克思的名字命名的科学理论——马克思主义。

马克思主义自创立以来,跨越国度、跨越时代,在世界范围内得到广泛传播,以其强大的实践指导力、深邃的理论穿透力、巨大的精神感召力,不仅深刻改变了世界,也深刻改变了中国。中华民族有着5000多年源远流长的文明历史,为人类文明进步作出了不可磨灭的贡献。然而进入近代以后,西方列强入侵,封建统治腐败,中国逐渐成为半殖民地半封建社会,中国人民饱受战乱,生灵涂炭,中华民族遭受前所未有的劫难。为了改变这种内忧外患的悲惨境遇和命运,许许多多爱国先驱前赴后继,不懈探索。

魏海生为第十三、十四届全国政协委员,中央编译局原副局长,中央党史和文献研究院原副院长。

太平天国运动、戊戌变法、义和团运动、辛亥革命……一场场气壮山河的抗争接连而起；资本主义、改良主义、自由主义、社会达尔文主义、无政府主义、实用主义、民粹主义、工团主义……各种主义和思潮"你方唱罢我登场"。但最后都以失败而告终，没能解决中国的道路和命运问题。中国依然山河破碎、积贫积弱，中华民族依然被压迫、被奴役，中国人民依然生活在苦难和屈辱之中。中国迫切需要新的思想引领救亡运动，迫切需要新的组织凝聚革命力量。

"十月革命一声炮响，给中国送来了马克思列宁主义"，引导苦苦探索救亡图存之路的中国人民实现了伟大觉醒，走出了漫漫长夜，找到了前进方向。李大钊、陈独秀、毛泽东、邓中夏、蔡和森、李达、李汉俊等一批先进知识分子纷纷高擎马克思主义真理的火种，点亮神州大地。正是在马克思主义传播的历史大潮中，一个宣示以马克思主义为指导思想的政党——中国共产党应运而生。从此以后，马克思主义的命运同中国共产党的命运、中国人民的命运、中华民族的命运紧紧连在了一起，中国共产党人成为了马克思主义的忠诚信奉者、积极传播者、坚定实践者。

今天，中国共产党已走过了100多年的光辉历程。一部中国共产党的历史，就是一部不断推进马克思主义中国化的历史。马克思主义的中国化，首先是马克思主义文本的中国化，即将马克思主义的载体——马克思主义经典著作在中国编译、出版和传播。无论在战争年代还是在和平环境，无论在革命时期还是在建设、改革时期和新时代，我们党都始终高度重视马克思主义经典著作的编译、出版和传播工作。1921年9月，中国共产党成立仅仅两个月后，党中央就在上海成立了我党第一个出版机构——人民出版社，负责人是党的一大代表李达。李达拟订了丰富的出版计划，包括"马克思全书"15种，"列宁全书"14种，等等；1923年11月，党中央组建了上海书店，毛泽民担任经理，组织翻译出版了一批重要的马克思主义经典著作，1926年被查封；同年底，党中央在汉口建立了长江书店，在瞿秋白领导下，不到一年的时间就出版马克思主义书籍40多种，1927年遭查封；大革命失败后，白色恐怖笼罩中华大地，中国共产党人冒着被关押、被杀头的危险，秘密创办了华兴书局、上海神州国光社、北方人民出版社等，翻译出版了大量马克思主义经典著作；中央红军长征到达陕北后，为提高全党的理论水平，党中央于1938年5月5日，即马克思诞辰120周年纪念日当天成立了马克思列宁主义学院（简称马列学院），马列学院下设干部培训部和编译部，编译部专门负责编译马列主义著作，张闻天担任马列学院院长兼编译部主任，这是中国共产党历史上第一个专门编译马列主义经典著作的机构，也被看作是后来的中共中央马恩列斯著作编译局的前身。编译部汇集了一批精通外语、又有一定理论水平的同志，先后编译出版了《马克思恩格斯丛书》10册、《列宁选集》20卷以及其他马克思主义著作，对提高全党马列主义理论水平起了极其重要的作用。毛泽东同志热情称赞这些从事马列著作翻译工作的同志:"如果没有翻译工作者的努力,中国哪晓得什么是马列主义?","没有你们的工作,我们就是聋子瞎子",他鼓励翻译工作者"学个唐三藏及鲁迅,实是功德无量的";1943年5月,毛泽东同志主持中央书记处会议,作出关于翻译工作的决定,强调马列主义经典著作的翻译工作"是党的重要任务之一",决定由何凯丰、博古(秦邦宪)、洛甫(张闻天)、杨尚昆、师哲等同志组成翻译校阅委员会,并开始重新校阅马恩列斯著作的中译本,以提高译文质量;1948年,中央宣传部在河北平山县设立斯大林全集翻译组(1949年初改设为斯大林全集翻译室);1949年2月,党中央重新编审一套"干部必读"书目,包括《共产党宣言》等12种重要马克思主义著作,由毛泽东亲自审批推荐给党的七届二中全会,成为广大干部学习马列主义理论的必备书,为有效提高全党的理论水平起了十分重要的作用;1949年5月,中共中央作出《关于成立外文翻译机构的决定》,6月,中央俄文编译局正式成立,师哲任局长。新中国成立后,马克思主义经典著作编译工作更加有组织、有计划地大规模展开。1953年1月29日,毛泽东主席亲自批准了关于成立中共中央马恩列斯著作编译局的决定。决定指出:"中央决定将中央俄文编译局与中央宣传部斯大林全集翻译室合并,并以此二单位为基础成立马恩列斯著作编译局,其任务是有系统地有计划地翻译马克思、恩格斯、列宁、斯大林的全部著作。"中央编译局的成立,是马克思主义百年传播史上的大事,标志着马克思主义经典著作编译工作进入了一个崭新的阶段。根据党中央的要求，中央编译局全面实施三大全集编译工程，取得丰硕成果；改革开放以来，马克思主义经典著作编译工作开创了新的局面，特别是党中央组织实施马克思主义理论研究和建设工程，有力推动了马克思主义经典著作的编译、出版和传播；党的十八大以来，以习近平同志为核心的党中央立足强国建设、民族复兴伟业，高度重视理论强党，推动马克思主义经典著作编译事业进入新时代，取得新辉煌。习近平总书记多次围绕马克思主义理论主持中央政治局集体学习，要求"加大经典著作编译力度，坚持既出成果又出人才，培养一支新时代马克思主义经典著作编译骨干队伍。要深化经典著作研究阐释，推进经典著作宣传普及，让理论为亿万人民所了解所接受，画出最大的思想同心圆"。

在党中央的坚强领导下，经过几代马克思主义经典著作翻译家的不懈努力，我国先后编译出版了《马克思恩格斯全集》中文第一版、第二版（至今已出版36卷），《列宁全集》中文第一版、第二版、第二版增订版，《斯大林全集》，《马克思恩格斯选集》《列宁选集》《斯大林选集》《马克思恩格斯文集》《列宁专题文集》《马列主义经典作家文库》以及大量的马克思主义经典著作单行本和专题汇编，已成为世界上翻译出版马克思主义经典著作最多、最全的国家，逐步形成了种类齐全、形式多样、系统完整、准确可靠的马克思主义经典著作版本体系，建立起全球最大的马克思主义理论宝库，为马克思主义中国化时代化提供了源源不竭的思想理论资源，充分彰显了中国共产党人对马克思主义科学真理的坚定信仰。

回首马克思主义在中国传播的百年历程，从第一本《共产党宣言》中文版的艰难问世到今天马克思主义经典著作的大规模编译出版，我们永远不会忘记那些追求真理、坚守信仰、呕心沥血、无私奉献，用汗水、鲜血乃至生命翻译和传播马克思主义的优秀中华儿女，他们就像希腊神话中的普罗米修斯一样，为盗取天火造福人类而历经磨难、百折不挠，在东方这个古老大地上播撒了马克思主义的火种，照亮了中国人民前行的征程。

在血雨腥风的革命年代，许多马克思主义"播火者"，为传播真理而前赴后继、视死如归，有的遭到反动势力的迫害，有的甚至为此献出宝贵的生命，演绎出一曲曲荡气回肠的英雄赞歌。中国共产党的主要创始人、马克思主义在中国传播的伟大先驱李大钊，"铁肩担道义，妙手著文章"，面对敌人的绞刑架，他"实践其所信，励行其所知，为功为罪，所不暇计"，从容就义。中国共产党早期领导人蔡和森，在法勤工俭学期间不顾严重的哮喘疾病，废寝忘食地"猛看猛译"马克思主义著作，翻译了《共产党宣言》《社会主义从空想到科学的发展》《国家与革命》等著作的重要段落，回国后创作的《社会进化论》一书，是中国人以马克思主义唯物史观写就的第一部社会发展史，后被国民党反动派残酷杀害。与李大钊并称"南杨北李"的另一位传播马克思主义的先驱杨匏安，四次被捕入狱，最后英勇就义。被董必武称为自己的"马克思主义老师"的一大代表李汉俊,是《共产党宣言》陈望道译本的校对者,所翻译的《马格斯资本论入门》成为最早的《资本论》中文解读本,毛泽东等老一辈无产阶级革命家正是通过这本书对《资本论》有了最初的了解。后被反动军阀秘密杀害。马克思主义早期传播者瞿秋白,"在青年期走上了马克思主义的初步,无从改变",立誓"取得火种,把它点燃在中国的黑暗的大地",被俘后唱着自己翻译的《国际歌》走向刑场,慷慨就义。"黑地有灯,热焰不熄"的马克思主义播火者恽代英,曾翻译了考茨基的《阶级争斗》一书,该书被毛泽东称之为特别深地铭刻在自己心中,建立起他对马克思主义信仰的三本书之一。后遭蒋介石下令杀害。将翻译《资本论》作为自己毕生事业的潘冬舟,敌人因其"信仰马克思列宁主义,就非杀不可",后被国民党反动派秘密杀害,为真理献出了年轻的生命。中国共产党的主要创始人陈独秀,也是中国早期传播马克思主义的主要代表人物,为了自己的理想和追求曾经五度入狱,"出了研究室就入监狱,出了监狱就入研究室"就是他为真理而不屈不挠的真实写照。《共产党宣言》第一个中文全译本的翻译者陈望道,呕心沥血,食不知味,用真理的甘甜哺育灾难深重的中国,为中国共产党的诞生作了思想理论上的准备,而自己长期受到反动当局的监视和迫害。著名马克思主义传播者吴亮平,在遭受王明的打击和国民党的白色恐怖下,夜以继日地翻译恩格斯的《反杜林论》,首次把这部马克思主义重要著作介绍给中国人民，后被国民党关进监狱，历经磨难。人们熟知的郭沫若，也是一位马克思主义传播者，早年抱定全文翻译《资本论》的决心，虽因种种原因未能实现自己的抱负，但"为翻译《资本论》而死，那也是死得光荣的"的精神，激励着后来的翻译者。他翻译完成的《政治经济学批判》《德意志意识形态》第一章以及《神圣家族》部分章节，对马克思主义唯物史观和唯物辩证法的传播起了重要的作用。中国《资本论》翻译第一人陈启修，大革命失败后流亡日本，潜心研究和翻译《资本论》，1930年，他翻译的《资本论》第一卷第一分册在上海昆仑书店出版，成为我国最早的中文译本。还有侯外庐、王思华、郭大力、王亚南、吴半农等，他们不畏艰难，不计得失，先后投入《资本论》翻译事业，把马克思的这一宏伟巨著翻译、传播到中国，谱写了一曲曲马克思主义传播史的动人篇章。《共产党宣言》的翻译者华岗、成仿吾、徐冰、博古、乔冠华、谢唯真、陈瘦石等，以及在马克思主义传播史上彪炳史册的李达、邓中夏、邓恩铭、何叔衡、张太雷、何孟雄、施存统、张西曼、邵飘萍、杨明斋、朱镜我、朱泽淮、沈雁冰、沈泽民、张闻天、李立三、冯雪峰、艾思奇、柯柏年、李一氓、许德珩、周建人、何锡麟、王学文、何思敬、沈志远、曾涌泉、曹汀、曹葆华……他们用一部部闪耀着真理光芒的马克思主义文献译本，有力地推动了马克思主义在中国的广泛传播，生动地诠释了"理想之光不灭、信念之光不灭"的深刻意义。

新中国成立后，一代又一代马克思主义经典著作编译工作者赓续先驱者的精神，怀着对马克思主义的坚定信仰，日复一日、年复一年，殚精竭虑、无私奉献，让"代圣人立言"的崇高事业代代相承，让传播真理之火的神圣工作永续下去。师哲、陈昌浩、张仲实、姜椿芳，这一个个闪光的名字，是新中国成立后相当长一段时间马克思主义经典著作编译事业的领导者和翻译大家，为"三大全集"工程，即《马克思恩格斯全集》《列宁全集》《斯大林全集》的编译出版作出了重大贡献，树立了不朽丰碑。林基洲，《列宁全集》中文第二版的设计师和组织者、中央编译局原副局长，被同事们称为"拼命三郎"，为马克思主义经典著作编译和理论研究事业工作到生命的最后一息，生动地诠释了"人是要有一点精神的"这句话的深刻意义。周亮勋，国内权威的马克思恩格斯著作编译大家和带头人、全国"五一"劳动奖章获得者，年逾七旬仍全力以赴地从事马克思主义经典著作编译工作，最后病倒在工作岗位上，去世前能记得的只有稿件，说得最多的就是"我要工作"。宋书声，曾担任中央编译局局长 16 年，对马克思主义的坚定信仰和信念，对党对国家对人民的无限忠诚，对所从事的工作的无限热爱和执着，一直是支撑他的精神支柱，50 多年如一日，始终坚守马列经典著作编译阵地，"甘为真理付韶光"，忠实地践行了"用我一生，去为党的事业贡献自己的力量"的承诺，如今虽已 96 岁高龄，仍关心着马克思主义经典著作编译事业的发展。曾长期担任中央编译局局长的韦建桦，自 1978 年起，已在马克思主义经典著作编译事业中耕耘了 46 个春秋，从满头青丝到两鬓斑白，清苦寂寞而乐此不疲，因为他在马克思主义经典著作编译中"找到了守志报国的阵地、安身立命的家园"，马克思在17岁时写下的名言"如果我们选择了最能为人类而工作的职业，那么，重担就不能把我们压倒"，一直是他恪守不渝的信念，为此而殚精竭虑、奋斗不息。顾锦屏，一位至今仍坚守在马列著作编译战线上的92岁老人，见证了新中国马列著作编译事业的起步与发展，正如他所说的那样："我把我的一生献给了传播马克思主义科学真理这一崇高事业"，"无怨无悔"。在新中国70多年的马克思主义经典著作编译事业中，这样平凡而又伟大的翻译家还有许许多多，这是一个坚守信仰、默默奉献的群体，是一个薪火相传、接续奋斗的群体，"一群人、一辈子、一件事"就是他们的真实写照。虽然他们的名字在这里无法一一列出，但为历史做出贡献的人们，历史终究不会忘记。在马克思主义中国化的百年史册上将永远镌刻着这些伟大而又平凡的"播火者"的名字！

为生动讲好这些"播火者"的故事，记录马克思主义在中国百年传播的艰辛历程，缅怀一代代编译人为马克思主义中国化作出的不可磨灭的贡献，致敬那些默默无闻播撒真理之光的马克思主义经典著作翻译家群体，激励后来者赓续马克思主义传播先驱的崇高精神，弘扬经典著作编译人的光荣传统，学习经典著作编译人的优良作风，为新时代推动马克思主义中国化时代化凝聚起砥砺前行的磅礴力量，我们编辑出版了这部"马克思主义经典文献编译口述史"丛书。

"马克思主义经典文献编译口述史"项目早在 10 多年前就启动了。2010 年以来,中央编译局曾组织人员采访了几十位老翻译家,积累了一大批口述史料。但由于种种原因,一直未能整理出版。其间有多位接受采访或撰写回忆资料的老翻译家已离开了人世,这使我们感到深深的遗憾和愧疚。得益于国家出版基金的支持和许许多多老领导、老同志的鼓励和帮助,我们克服重重困难,终于可以使这部丛书与读者见面了。

首批推出的口述史丛书共五卷。第一卷《播撒火种的伟大先驱》,收录了 53 位马克思主义文献编译家、出版家本人或亲属或研究者的口述、回忆资料 53 篇,生动记述了马克思主义在中国早期翻译、出版、传播的艰辛历程。第二卷《跨世纪的宏伟工程》,收录了 27 位马克思主义经典文献编译家和年轻编译工作者本人或亲属的口述、回忆资料 36 篇,其中包括四任中央编译局局长的采访录。从不同侧面讲述了新中国成立以来几代编译人组织领导和参与《马克思恩格斯全集》《列宁全集》《斯大林全集》三大全集编译这项跨世纪工程以及其他经典文本编译的奋斗历程。第三卷《为了共同的事业》,收录了 37 位从事中央文献对外翻译、马克思主义理论和世界社会主义研究、马克思主义文献资源建设、马克思主义宣传普及以及学术交流活动等方面的专家学者的口述、回忆资料 43 篇。我们知道,经典著作编译是一项复杂的系统工程,新中国成立以来,中央编译局始终坚持中译外和外译中同行、翻译与研究及宣传普及并重，不同岗位的工作相伴相生、相辅相成，共同构成了经典著作编译事业的完整体系。本卷就是这些工作领域的真实写照。第四卷《人是要有一点精神的》，收录了37位马列经典著作编译者本人或亲属、同事的口述、回忆资料45篇，另附有媒体采访报道8篇。生动记述了新中国成立以来，老一代编译人"严谨治学、无私奉献、追求理想、传播真理"的崇高品格、精神风范、优良传统、工作作风、治学经验以及青春风采，彰显了他们对马克思主义编译事业的敬畏与坚守、热爱与奉献。这是他们用心血和汗水凝结而成的宝贵精神财富，将激励后来者一代接着一代干，一棒接着一棒跑，奏响接续奋斗、无私奉献的时代强音。第五卷《我与〈资本论〉翻译》，是马列经典著作翻译家张钟朴先生的个人口述录。作为一套开放的丛书，今后我们还将陆续推出其他一些马克思主义文献编译者的个人口述资料。

需要说明的是，在马克思主义文献编译史上还有许许多多著名的翻译家，但由于我们无法查找到他们本人或后人有关这一方面的口述、回忆资料，因此未能在本丛书中得以反映，留下了很多遗憾。同时，由于历史久远，加之口述者个人的记忆有限，同一件事，可能在不同的口述者中有不同的说法，也难免有不准确的地方，但作为口述历史，我们不作考证和修改，原汁原味地呈现当事人及其后人的记述。此外，由于口述者讲述的内容繁杂，而且口语化，整理起来难度很大。本丛书难免有疏漏和不妥之处，谨请读者批评指正。

该丛书在编辑、出版过程中，得到了各方面的大力支持。李大钊的后人李亚中先生、陈望道的后人陈振新先生、李达的后人李典女士、恽代英的后人恽梅女士、秦邦宪的后人秦红女士、郭沫若的后人郭平英女士、郑超麟的后人郑晓方女士、何思敬的后人何理良女士、毛岸青的后人毛新宇将军、张仲实的后人张复先生、姜椿芳的后人谭琦女士、许德珩和齐淑文两代经典著作翻译家的后人许进先生，以及马克思主义军事著作翻译家鲍世修研究员，马克思主义在中国早期传播史专家、湖北大学马克思主义学院田子渝教授等，热情关心和支持本丛书的编辑出版，并欣然接受我们的采访或专门为本书撰写了回忆文章。编译局的老领导宋书声、韦建桦、贾高建、柴方国和顾锦屏、尹承东、张海滨、王学东、杨金海等，一直关注着该丛书的进展情况并给予多方指导，有的老领导还不顾高龄、病痛，手写或者口述了多篇回忆资料。中央编译局及机构改革后的中央党史和文献研究院所属的信息资料、老干部工作等部门的部分同志做了大量联络协调、采访、口述资料整理等工作。国家出版基金将该丛书列入资助项目，给予了鼎力支持。本丛书还转载了部分已出版、发表的口述或回忆资料，弥补了我们在一些编译者口述资料采集方面的缺憾。中央编译出版社的张远航、李媛媛等为本丛书的出版付出了辛勤劳动。在此，谨向所有关心、支持和参与本丛书编辑、出版工作的同志们、朋友们一并致以衷心的感谢！

目 录

"世纪工程"
　　——从事三大"全集"编译工作的回忆 / 宋书声　001

万里关山擎火炬　千秋真理耀神州
　　——马克思主义经典著作编译事业百年回顾 / 韦建桦　025

为马克思主义理论研究和建设提供坚实基础
　　——中央编译局局长贾高建谈经典著作编译与研究　073

继续推进马克思主义经典著作编译事业 / 柴方国　083

　　　　　　　　※　※　※　※

首任中央编译局局长
　　——师哲与马列经典著作编译工作 / 高叔眉　099

从红军将领到经典译者
　　——陈昌浩与马列经典著作编译工作 / 陈瑞林　111

马克思主义的坚定信仰者和积极传播者
　　——张仲实与马列经典著作编译工作 / 张复　135

"沙漠中的骆驼"
　　——姜椿芳与马列经典著作编译工作 / 谭琦　153

彩云长在有新天
　　——父亲毛岸青与马列经典著作编译工作 / 毛新宇　165

《列宁全集》中文第二版的总设计师
　　——林基洲与马列经典著作编译工作 / 李洙泗　杨祝华　175

跨世纪的伟大工程
　　——我与马列经典著作编译工作 / 顾锦屏　189

※　※　※　※

《马克思恩格斯全集》中文第二版编译计划制定的前前后后 / 王锡君　211

《马克思恩格斯全集》中文第二版 《资本论》及手稿部分卷次的确定 / 徐洋　221

《马克思恩格斯全集》中文第二版第 29 卷编译心得 /
  李朝晖 243

《马克思恩格斯全集》中文第二版第 38 卷编译工作的点滴回忆 /
  张红山 259

※   ※   ※   ※

《列宁全集》中文第二版的特点和意义 / 林基洲 271

译事甘苦总难忘
  ——回忆《列宁全集》中文第二版编译工作 / 何宏江 279

小巷深处耕伟业
  ——《列宁全集》中文第二版及其他经典著作编译工作追忆 / 郭值京 297

中国编译工作者的创造性贡献
  ——《列宁全集》中文第二版人名索引工作回顾 /
  刘方清 313

百尺竿头　更进一步
　　——谈《列宁全集》中文第二版增订版的编译工作 /
　　李京洲　323

新中国经典著作编译史上的开山之作
　　——回忆《斯大林全集》第 1 卷中文版的译校工作 /
　　詹汝琮　337

　　　　　　　※　　※　　※　　※

马克思主义理论工程的标志性成果
　　——《马克思恩格斯文集》和《列宁专题文集》编译工作回
　　顾 / 韦建桦　349

《马克思恩格斯文集》十卷本工作的一点回忆 / 徐洋　359

马列经典著作编译工作中的一抹亮彩
　　——谈谈《列宁专题文集》的编辑特色 / 张海滨　377

新版《马克思恩格斯选集》和《列宁选集》的版本特色 /
　　韦建桦　389

《马列主义经典作家文库》的由来和特点 / 韦建桦　413

参与《马列军事文集》编译工作的点滴回忆 / 鲍世修　425

※　※　※　※

回忆马列经典著作翻译中的译语选编工作 / 陈瑞林　437

追忆马克思恩格斯的三部哲学名著的译校工作 / 顾锦屏　453

《资本论》和经济学手稿的译校经过和体会 / 周亮勋　469

中央编译局译校的《共产党宣言》/ 顾锦屏　489

"消灭"还是"扬弃"
　　——关于《共产党宣言》一处译文的争议 / 顾锦屏　495

关于《共产党宣言》翻译的争论 / 徐洋　502

列宁《国家与革命》校订工作的点滴感悟 / 张慕良　525

列宁《唯物主义和经验批判主义》的译校工作 / 高叔眉　551

记一篇列宁著作旧译文《党的组织和党的文学》的修订/
　丁世俊　559

编后记　581

　　宋书声，马列主义经典著作翻译家。译审。生于1928年，河北新河人。先后在《实话报》社、中央宣传部斯大林全集翻译室、中央编译局工作。历任中央编译局马恩著作翻译室主任，中央编译局副局长、局长（1980.6—1996.7）。党的十二大、十三大代表。中国翻译协会主要创建者之一，曾任副会长、会长。2002年荣获资深翻译家荣誉称号。2018年荣获中国翻译协会翻译文化终身成就奖。享受国务院政府特殊津贴。参与《马克思恩格斯全集》《列宁全集》《斯大林全集》的翻译、审稿工作，主持编译《马克思恩格斯选集》中文第一版等。翻译《马克思主义论国家》，重校《共产党宣言》《哥达纲领批判》《反杜林论》等。

"世纪工程"
——从事三大"全集"编译工作的回忆

宋书声

采访人： 宋老您好！您是中央编译局成立后，第一批来局里工作的，是我们的前辈。之所以能被组织上选调从事马列经典著作编译工作，肯定是与您之前的学习、工作经历密切相关。请您为我们介绍一下相关情况。

宋书声： 你们正在编辑、出版马克思主义经典文献编译口述史，很有意义。谢谢你们！我于1946年到1949年在河北正定的华北大学二部外语系俄文班学习了三年多的俄文。华北大学是中国人民大学的前身，1948年由华北联合大学和北方大学组建而成，是为党培养干部的。1949年4月，组织把我和一批同学，有毕克、张慕良、尤力、刘和文等，调到大连《实话报》工作，报纸名是俄文，也可以翻译为"真理之声"，是驻旅大地区苏军指挥部为当地中国居民办的报纸。报社的社长、副社长，各部门主任都是由苏联军官担任，主要刊发翻译过来的苏联《真理报》和塔斯社的社论、通讯、新闻等内容。

1951年8月底，《实话报》停办。中宣部得知《实话报》有一批翻译力量后，就通过大连市委，把我们这批干部调到了北京。包括陈山、刘水、林扬、陆梅林、毕克、张慕良、林基洲等人。另外还有易惠群,她也是从大连来的,但没有在《实话报》工作过。她是自学的俄文,学习非常刻苦。1951年10月到1953年,我在中宣部斯大林全集翻译室工作。中央编译局成立后就调入了我局。

刚上大学进入俄文班学习的时候,我就想到要"立志终身献此业"。几十年来,从华北大学到《实话报》,从中宣部斯大林全集翻译室再到中央编译局,我扎扎实实从事了一辈子的翻译工作,也算是初心不改、始终如一了。

采访人: 您从事马列经典著作编译工作几十年,工作经历非常丰富。请您重点为我们讲述一些有关"三大全集"翻译工作的情况。

宋书声: 好的。1953年1月29日,毛泽东主席亲自签批了关于成立中央编译局的决定。决定里面指出:"中央决定将中央俄文编译局与中央宣传部斯大林全集翻译室合并,并以此二单位为基础成立马恩列斯著作编译局,其任务是有系统地有计划地翻译马克思、恩格斯、列宁、斯大林的全部著作。"中央编译局沿用了原中央俄文编译局的办公地点,后来又购入了西斜街36号院,也就是现在的办公地址。局里的首届领导班子由局长师哲,副局长陈昌浩、姜椿芳等组成。1955年,中央又调来了张仲实任副局长。编译局成立之初下设五个部门,分别为:编审室,陈昌浩兼任主任,陈山任副主任;第一翻译室,翻译经典著作,姜椿芳兼任主任;第二翻译室,翻译一般著作,何匡任主任,刘水任副主任;办公室,宗群任主任;图书资料室,杨威理

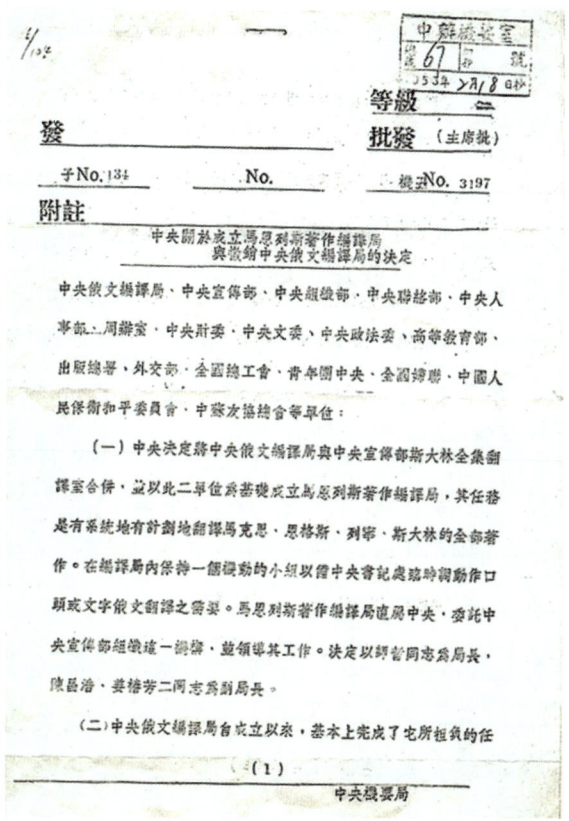

毛泽东同志签批的关于成立中央马恩列斯著作编译局的决定

任主任。

中央编译局成立之后,按照中央的要求,要集中力量编译中文版《马克思恩格斯全集》《列宁全集》《斯大林全集》。第一个任务,就是译校《斯大林全集》,这是当时举全局之力打响的第一声"开山炮"。我就先讲一讲参与《斯大林全集》编译工作的相关情况。

现在回想起来,由于时代背景不同,面临的任务不同,探讨的问题不同，三大全集从翻译角度看难易不同。一般说来，马恩著作难于列宁著作，列宁著作难于斯大林著作。编译局成立之初，局领导围绕单位的职责定位，就在思考这样一个问题：三大全集的翻译工作从何着手？鉴于当时的干部情况，而且考虑到当时国内的需要，感到要先易后难，首先从翻译《斯大林全集》开始。如果今天翻译《斯大林全集》，也许不会感到太大的困难。然而在70多年前，在当时的条件下，作为出版经典作家全集的第一次尝试，并不是件容易的事情。而译好《斯大林全集》第1卷，又是关键的关键。这与其说是"尝试"，不如说是考验，关系到编译局能否完成党中央托付的翻译三大全集的重任。

我至今记忆犹新，当时在全局范围内，我们以《斯大林全集》第1卷为中心任务，调整了劳动组织，加强了译校力量，制定了严密的工作程序，对每一个环节都规定了明确而严格的要求。集体翻译，集体校审。主译、副译、校审员、助理校审员、资料员、修辞员分工负责，紧密配合。室主任参加校审，几位局长亲自定稿，上上下下，齐心协力。对译文精益求精，理论上推敲，文字上琢磨，精雕细刻，一丝不苟。每篇译文都经过七、八次校改，每一万字校改的时间平均为220小时，这还没有计算翻译阶段的工作时间。对一些疑难问题、有争论的问题，就召开全局业务会讨论解决，前后开会达28次之多，总计100小时以上。有些译文是由师哲局长主持召开会议逐字逐句集体讨论定稿的。1953年10月，《斯大林全集》第1卷中文版出版发行，

《斯大林全集》中文版

摆在了全国广大读者的面前，获得了很好的社会反响。至1958年，《斯大林全集》共13卷全部出齐，总计336万字。

采访人： 感到您现在回想起那段经历，还是记忆犹新、历历在目，这也让我们这些后来者感到一项伟大事业的开创之难！如果说20世纪50年代上半期中央编译局的工作重点是翻译《斯大林全集》，那么50年代下半期的重点则是翻译《列宁全集》。您能否介绍一下《列宁全集》编译工作的相关情况。

宋书声： 好的。中央编译局一成立，《列宁全集》的翻译工作就开始了，但是进展迟缓。1953年到1955年《列宁全集》翻译了5卷，仅仅出版了1卷。1956年，中央指示编译局，要加快马列著作的翻译工作。编译局制定了1956—1960年的五年工作计划。根据这个计划，《列宁全集》5年之内翻译23卷，整个全集38卷，当时俄文版第39卷尚未出版，1962年可以译完。如果从1955到1957年的出版情况看，3年之内出版了7卷，平均每年只有两卷多。照这样的速度，要到60年代末才能出齐。

1958年，党的八大二次会议通过了社会主义建设的总路线，党中央提出要鼓足干劲、力争上游、多快好省建设社会主义。在那个时代大潮中，人人都是热血沸腾的。我们在新形势的鼓舞下重新研究了计划，决定即便业务人员由于支援文教战线和下放农村劳动而大大减少，也要加快翻译速度，提前完成《列宁全集》翻译任务。当时，一些六七十岁的老同志给编译局提意见说，我们革了一辈子的命，如果连《列宁全集》都看不到，真是遗憾。全国各地各部门的读者，纷纷来信，要求编译局加快《列宁全集》的翻译出版。人民出版社、新华印刷厂的干部职工见到我们就说，编辑、校对、排印、装订，各个方面都已安排好，人力物力俱备，就希望编译局快快把稿子送来。这让我们受到了极大的鼓舞。经过多次讨论，局里决定再次修改计划，决定提前3年完成任务，到1959年10月1日前译完出齐《列宁全集》38卷，"向国庆十周年献礼"。

面对余下的时间不到两年，而尚未出版的《列宁全集》还有31卷的情况，局内重新调整力量，改进劳动组织，简化工作程序，实行全局一盘棋，统一调配，统一指挥，凡能翻译的同志都来译校《列宁全集》，不懂俄文的同志也组织起来做修辞、校对等工作。当时我主持马克思恩格斯著作翻译室的工作，也被"盘"了进来，同刘晖星同志完成了第35卷的工作。在短短一年多的时间里，到国庆10周年，当时已经出版的俄文第四版38卷《列宁全集》全部译成中文出版，总字数达1500万。这是中国翻译出版史上的一个创举，在当时中苏两党的论战中，也发挥了一定的政治作用。

《列宁全集》中文第一版

虽然，《列宁全集》中文第一版为当时的马克思主义理论学习和研究发挥了重要作用，但它是完全依照俄文第四版翻译的。俄文版存在文献收录不全，资料过简，前言、注释等不够客观等问题，不可避免地也反映到中文版中。同时，由于《列宁全集》中文第一版是"大跃进"背景下的"献礼"成果，也不可避免地存在一些质量上的问题。因此，到"文革"结束前，在前期工作的基础上，1975年，局里就正式展开了《列宁全集》中文第二版的筹备工作。经过6年的筹备，1982年5月，中央正式决定编译出版《列宁全集》中文第二版，局里相关工作也就随即展开。正常情况下，《列宁全集》应该由列宁斯大林著作翻译室的同志完成。但是为了加快出版进度，也采取了两项特别措施：一是局领导亲自参加审稿，我当时是副局长，也审了6卷多译稿。二是抽调国际室的几位同志加入编译队伍。1984年10月，《列宁全集》中文第二版首批4卷出版。到1990年12月，《列宁全集》中文第二版60卷、2998万字全部出齐。这是我国自行编辑的第一部列宁著作全集本。

采访人：通过宋老的讲述，我们深深感到，任何一项成果的取得都有一个不断精进、不断打磨的过程。到目前为止，《列宁全集》中文第二版是全世界各种列宁著作集中收藏文献最齐全的版本，这其中浸透着以宋老为代表的编译局前辈的辛勤汗水。

我们了解到，按照党中央部署，在《斯大林全集》《列宁全集》编译工作开展后，《马克思恩格斯全集》的编译工作也提上了工作日程，也请您介绍一下相关情况。

宋书声：现在回过头来看，《马克思恩格斯全集》的翻译出版经历了一条漫长的道路。按出版时间计算，《斯大林全集》用了5年，《列宁全集》中文第一版用了8年，而《马克思恩格斯全集》中文第一版，从1956年开始出版第1卷，到1983年出版最后一卷，前后延续了28年。

1954年初，编译局设立了马克思恩格斯著作翻译室，开始翻译马恩的单篇著作，我担任该室副主任。1955年10月至1958年11月，根据中国共产党和东德统一社会党签订的协议，我被派到民主德国的德国统一社会党中央马列主义研究院进修。当时中央编译局共派出了5个人，我是团长，还有周亮勋，薛忠平，籍维立——也是我的妻子，和周家碧——后来成为周亮勋的妻子。由于是在德国统一社会党中央马列主义研究院进修，我们在德国的生活待遇很高，一方面发给我们的经费都用不完，1958年的时候我们主动提出来要降低，但降低以后还是剩下了好多，回国的时候全都交给了大使馆。另一方面，住的条件也很好。

我们在那里的主要任务是学习德语和马列主义，德国统一社会党中央马列主义研究院专门给我们聘请了德语教员教德文。同时，我们也参加他们的一些工作，当时他们开始出版德文版《马克思恩格斯全集》。我们曾参加过他们正在编辑的第1卷和第2卷的工作。

中央编译局成立之初，大部分业务干部都是学俄文的，只有极少数是学英文的，如冯世熹、周裕昶等。《马克思恩格斯全集》中文第一版主要是从俄文译校的，但需要参考原文版，特别是德文版。那德文的翻译力量从哪里来呢？首先就是我们在德国学习了三年的几个人。此外，还有从大学调来的德文干部。主要有朱中龙，他曾在南京大学学德语。其他人都是业余学的，我们去德国之前，已经在编译局的德语学习班学过一些。当时请的是德国人担任德文教员，是一位女士。

我于1958年11月回国，比其他四个人提前回国，主要是为邀请到中国来讲学的三个人作翻译。回到编译局后，我继续在马恩室当副主任。当时的情况是，1955年，《马克思恩格斯全集》俄文第二版第1卷出版，马恩室立即开始翻译全集。不到两年时间，中文版第1卷就问世了。1958—1959年，马恩室的同志参加了《列宁全集》的"献礼计划"，马恩著作的翻译工作只能暂时停止。1960年以前，《马克思恩格斯全集》中文第一版仅仅出版了6卷。

受中苏关系变化的影响，从1960年开始，中央编译局的工作重点转移到翻译《马克思恩格斯全集》上来，大批力量集中在马恩室。全室大约有70人，分10个组，组长分别是：谢宁、罗焚、詹汝琮、徐若木、张文焕、杜章智、付子荣、周亮勋、冯如馥、岑鼎山。当时经济建设实行八字方针：调整、巩固、充实、提高，特别强调质量问题。在这样的时代背景下，大家一致认识到，既要快出书，也要出好书，要正确处理速度和质量的关系。1961年，我担任马恩室主任。从1961年到1965年，在强调保证译文质量的前提下，《马克思恩格斯全集》每年翻译出版三、四卷，5年时间总共出版了17卷、1030余万字。从当时情况看，《马克思恩格斯全集》的第一部分，第1—22卷，即《资本论》和《剩余价值理论》除外的全部著作集，1300多万字，已经全部翻译完，除第20卷外，其余21卷已全部出版。照这个速度，60年代末基本上译完《马克思恩格斯全集》39卷，是大有希望的。我们的干劲都很大、信心都很足。

然而，好景不长。1966年"文化大革命"开始，林彪提出"百分之九十九读毛主席的书"，马列的书都不读了。编译局已经印好的书停止发行，已经定完的稿子束之高阁，没有翻译的书更不必再去翻译了。因此，直到1970年，我们没有出过一本马列的书，编译局似乎可以关门了！

1970年11月，根据毛主席的指示，中央发出通知，要求"党的高级干部，不管工作多忙，都要挤时间，读一些马列的书，区别真假马列主义"并列出了《共产党宣言》《哥达纲领批判》《法兰西内战》《反杜林论》《唯物主义和经验批判主义》《国家与革命》等经典文献。在周总理的亲自过问和直接关怀下，乘着这股东风，编译局恢复了《马克思恩格斯全集》的翻译工作。除了马恩室和列斯室的同志外，国际室和毛著室的同志也参加了进来。13卷书信集和《资本论》几乎同时全面铺开。大家精神振奋，情绪高涨，兢兢业业，埋头苦干。国际室的杨彦君负责第34卷，顾家庆负责第35卷，毛著室的魏庆祯负责第38卷。大家十分珍惜这个难得的机会，以高度的热情和严格的科学精神投入工作。负责《马克思恩格斯全集》第26卷也就是《剩余价值理论》这一卷3册定稿工作的詹汝琮经常睡在办公室。在"文化大革命"的动荡年代里，凡是正直的、有责任感的同志谁不珍惜这个难得的机会呀！谁不为前几年浪费了宝贵时间而惋惜，为现在有可能给党给人民真正做一点贡献而感到安慰呢！无怪当时局外的不少同志看到编译局的同志能够坐在办公室里安安静静地搞业务，真正做一点有益于人民的事情而羡慕不已。

《马克思恩格斯全集》的翻译工作也并非毫无阻力的。有时，已经译完的稿子准备付排，几次请示当时主管编译局工作的陈伯达都不给答复。谁知道他葫芦里卖的什么药！在人们的心灵上还蒙着"以生产压革命""穿新鞋走老路""复辟、回潮"……的阴影，说不定哪一把邪火，"修正主义"的大帽子又会落在勤勤恳恳搞业务的人头上！好在有周恩来总理的亲自过问和直接关怀，《马克思恩格斯全集》的翻译出版工作才得以正常地进行下去。

1971年3月，在《马克思恩格斯全集》的出版停止6年之后，第20卷出现在书店的柜窗里，它摆在那些64开本的"两报一刊"社论小册子中更显得引人注目。1971年出版3卷，1972年8卷，1973年3卷，1974年6卷。四年出版了13卷书信集、3卷《资本论》、1卷3册《剩余价值

《马克思恩格斯全集》中文第一版

理论》、1卷哲学著作《反杜林论》和《自然辩证法》，共20卷，1217万字。至此，《马克思恩格斯全集》第1—39卷全部出齐。从1977年起，又用了7年时间译完了11卷12册补卷。这样，一大套《马克思恩格斯全集》，整整50卷，3200万字，经过一条曲折复杂的道路，终于在纪念马克思逝世一百周年的日子里成为了中国人民的精神财富！

采访人：《马克思恩格斯全集》的编译工作可以说是一波三折，但也是波澜壮阔！

您1961年担任马克思恩格斯著作翻译室主任。1978年，担任中央编译局副局长，1980年担任局长，直到离休。几十年来一直直接从事和领导业务工作。您有哪些业务工作经验总结呢，请您给我们介绍一下。

宋书声：这么多年，我除了组织领导业务工作以外，还直接参加了马恩列斯三部全集部分卷次的翻译、定稿和审稿工作，其中主要的有《斯大林全集》中文版第2卷、第11卷的翻译工作，第3卷的定稿工作，和我一起定稿的是李宗禹。《列宁全集》中文第一版第35卷的定稿工作，和我一起定稿的是刘晫星。我和我的妻子合译了列宁的《马克思主义论国家》。我还参加了《共产党宣言》《哥达纲领批判》《反杜林论》第二篇和《恩格斯关于历史唯物主义的一些重要书信》的重校工作。校审了《路易·波拿巴的雾月十八日》《黑格尔法哲学批判》《1844年经济学哲学手稿》《英国工人阶级状况》，以及《马克思恩格斯全集》中文第二版第3、4、48、49卷。主持编辑《马克思恩格斯选集》

中文第一版的四卷本，等等。

一些不懂翻译工作的同志总以为翻译工作很简单，懂得外文，查查字典，一字一句搬过来，这有什么困难的。这是误解。还有一些同志轻视翻译工作，觉得著书写文章是创作，搞翻译没意思，甚至说什么"翻译没出息"。这是偏见。我这么多年的工作实践感到，翻译不同于创作，创作有创作的规律和特点，翻译有翻译的规律和特点，各有其苦衷，也各有其乐趣。翻译是把用一种语言写成的原著用另一种语言再现出来，它受原著的制约，不能离开原著而谈译者的思想和风格。即使"超过原著"，也不值得称赞。但是，用本民族规范化的语言把原著的思想、风格充分地"等值"地表达出来，既要求科学的精确性，也要求高度的艺术性，译者大有施展其才能的广阔空间。因此，翻译同样是一项创造性工作。

特别是，马列著作卷帙浩繁，内容广泛，思想丰富，理论深刻，逻辑严谨，语言精练。翻译马列著作不仅是一项严肃的政治任务，而且也是十分艰巨的科学工作。要把马列著作翻译好，需要具备各方面的条件。既要求比较熟练地掌握外语，又要求有相当程度的中文修养；既要求熟悉马列主义基本理论，又要求有广泛的历史知识；既要求有一定的翻译经验，又要求有正确的翻译观点。这些条件都是必要的，然而对每一位翻译工作者来说又不是一时能够完全做到的。这个矛盾必须在工作过程中逐步解决。把翻译工作与研究工作结合起来，就是解决这个矛盾的正确途径。

早在1951年中宣部讨论《斯大林全集》翻译工作计划时，就提出了"翻译工作一定要与研究相结合""与学习相结合"的要求。1952年，在筹建中央编译局，规定编译局的任务时又进一步指出，翻译马列著作的同志必须经常提高自己的政治理论水平和业务水平，钻研马恩列斯著作以及其他有关马列主义基本理论的著作，"翻译必须是研究的结果"。后来又多次强调，"翻译工作必须建立在研究工作的基础上"，"研究工作是翻译工作的灵魂"。为了贯彻"翻译与研究相结合"的原则，局里组织了各种各样的学习，以提高干部的理论水平、语文水平和增加各方面的知识。除了全党统一的理论学习和时事政策学习之外，编译局的干部还必须阅读更多的马列原著，系统地学习马列主义理论，掌握马列主义哲学、政治经济学和科学社会主义的基本原理。国际共运史、世界史也是学习的必要内容。开办多种外语学习班，1954年有过五个俄语班、两个德语班、一个英语班。举办从语法修辞、文学诗歌到原子能、考古学的各种学术讲座。1955—1957年出版了《学报》，利用《学报》交流工作经验，交流学习心得，发表介绍马列著作的文章。

在整个译校工作过程中，局领导始终强调把保证译文质量放在第一位，反对那种自己还没有弄懂、拿起笔来就动手翻译的不负责任的工作作风。为此，局里制定了严格的翻译校审程序。在着手翻译之前，必须通读原著，熟悉原著，了解它的中心思想、主要内容，必须阅读相关的参考书，熟悉产生这篇著作的历史背景，了解文中所涉及的各种事件。译校的时候，不仅要吃透一字一句的意思，而且要把整篇的思想、论点、风格、逻辑联系，充分地表达出来。既反对那种读起来很流畅、实际上"背叛"了原作的所谓宁顺而不信的"乱译"，也反对那种生搬硬套，字字句句都对上号、实际上貌合神离、佶屈聱牙、谁都读不懂的所谓宁信而不顺的"死译"。要求马列著作的译文必须做到："意思正确，文字通顺"。局里还规定了各种业务会制度，重大问题、疑难问题必须分别提到局室组业务会上讨论解决。还必须做到在全部马列著作中名词术语、引文、人地书刊名以及各种技术规格的统一。一卷工作完成之后，进行总结，发扬成绩，克服缺点。

通过工作的积累我们认识到，一方面，马列著作的翻译工作必须建立在研究工作的基础上，翻译马列著作要求译者在各方面具有相当高的水平；另一方面，翻译过程本身就是严格的科学研究过程，以认真的科学态度从事翻译马列著作的过程，同时也是干部锻炼成长、不断提高的过程。"翻译与研究相结合"，既是保证译文质量的必要前提，又是培养干部的有效措施。

同时，这么多年，几代编译局人已经形成了一个共识，也是编译局的工作特色，那就是翻译马列经典著作自始至终是一项集体事业，需要集体翻译、集体定稿。三大全集工程浩大，数量之多，难度之大，要求之高，绝非几个人甚至几十个人力所能及。前后在编译局参加三大全集翻译工作的约有300人。随着干部队伍的逐步扩大和马列著作翻译工作的全面展开，特别是由于干部水平的提高，工作程序曾多次修改和简化。但是直到今天，任何人也不能说哪一卷或哪一篇是"我个人的"译作。有些卷的书后署上了参加这一卷翻译工作的几个或者十几个人的名字，而实际上为这一卷付出过劳动的还大有人在。

编译局译校马列著作的定稿制度经过三个阶段，最初是局长最后定稿，后来改为室定稿，现在是组定稿。举个例子，编译局成立初期译校《斯大林全集》的程序是，翻译—校审—审定。主译、副译执笔，然后互校，由组长改校，完成"翻译稿"。翻译稿交室领导，由室主任主持，在资料员、助理校审员协助下，经专家校阅、审稿员复校，完成"第一次定稿"。第一次定稿交局领导，由一位局长在校审员、助理校审员、修辞员协助下进行审定，形成"第二次定稿"。再由几位局长审阅，疑难问题经业务会集体讨论解决，语文编辑专门修辞，完成"最后定稿"。后来，为了加快马列著作的翻译出版，由局长最后定稿改为室定稿。翻译组的稿子由室主任定稿，定稿送局长审阅。50年代末60年代初，又由室定稿改为组定稿。每组六至十人不等，配备两名定稿员。一卷的工作基本上由翻译组在资料组协助下完成从翻译到付排的全过程。基本工序是：翻译—定稿—复查。译员分头翻译，必要时还要经过互校，译稿交定稿员定稿，定稿由另一名定稿员复查。室主任、局长审阅部分定稿。个别重点著作，重点章节，单独组织力量，参考各种中译本，参考各种外文版本，逐字逐句，集体讨论，集体定稿。一些重要段落和句子以及难以处理的名词术语，吸收更多的同志，包括局外一些专家，召开业务会讨论解决。

三大全集的翻译工作，凝结着编译局全体同志的辛勤劳动。许多同志一离开校门就来到编译局参加马列著作的翻译工作。他们把翻译马列著作当作自己的终身事业，在这个平凡而重要的岗位上度过了大半生，把自己的青春，把自己的全部心血奉献给这一光荣的事业，数十年如一日，勤勤恳恳，兢兢业业，认真负责，埋头苦干，一字一句，一篇一卷，为完成三大全集的翻译任务而努力工作，"立志终身献此业"在他们身上也得到了生动诠释。

还要特别强调的是，翻译三大全集也绝不是编译局一家的功劳。虽然，经典著作编译成果每一卷的扉页或版权页上都印着"中共中央马恩列斯著作编译局译"的字样。但是，严格地说，这并不十分确切。没有前人的译本和经验，没有兄弟单位的大力帮助，译完三大全集，尤其是使译文具有相当的质量，是难以做到的。

老一辈马列著作翻译家，给我们留下了宝贵的遗产。数量相当大，不少译文质量相当高。三大全集翻译工作一开始，局领导就提出了认真对待译本的问题。每卷工作开始前，必须把已有的中译文全部找出来，或者作为参考，或者作为翻译的基础，或者就在原稿上校审定稿。对于旧译文,"只许改好,不准改坏"。一些细心的读者常常把几种译本对照阅读,说编译局的译文如何如何,某某人的译本如何如何。三大全集的译文确有不如旧译文的地方,但更多的情况是全集把旧译中的妙笔吸收到了新译文中。如果说全集还有不少地方译文水平较高,是因为后来人"站在前人肩膀之上"。有些译稿校完之后还请原译者进行了审阅。

还有不少大学的教师、科研部门的研究人员,直接参加了马列著作的翻译、校订、审稿以及修辞等工作。北京大学、中国社会科学院、中央党校、军事科学院等等,都是编译局的协作单位。从哲学、经济学,到军事、历史、文学,一直到民族、宗教等各方面的专家,都是编译局经常求教的老师。

因此,三大全集翻译工作的完成,既是编译局全体同志集体劳动的成果,也是编译局和局外各有关单位和专家密切合作的结果。

采访人: 中央领导同志一直对马列经典著作编译工作非常关心关注,请您为我们介绍一些相关情况。

宋书声: 确实,马列经典著作编译工作关系到中国共产党的"根"和"魂",历届中央领导同志都对这项守根铸魂的工作非常关心。

毛主席高度重视马列经典著作编译工作。早在延安时期,他就热情鼓励做翻译工作的同志要学个唐三藏及鲁迅,实在是功德无量。他还指出:作翻译工作的同志很重要,不要认为翻译工作不好。我们现在需要大翻译家。我是一个土包子，要懂一点国外的事还是要靠翻译。我们党内能直接看外国书的人很少，凡能直接看外国书的人，首先要翻译马、恩、列、斯的著作，翻译苏联先进的东西和各国马克思主义者的东西。

1949年刚进北京城不久，中央就成立了中央俄文编译局，毛主席把跟随自己多年的俄文翻译、时任中央书记处政治秘书室主任的师哲派去担任局长。毛岸英同志回国后，在父亲的鼓励和支持下，就参与翻译了《法德农民问题》等不少马列著作。新中国成立后，毛主席又让次子毛岸青去做经典著作的编译工作，出了不少成果。1953年1月29日，还亲自批示，将中央俄文编译局和中宣部斯大林全集翻译室合并，成立中共中央马恩列斯著作编译局。之后，还专门为局里创办的《学习译丛》题写了刊名。1959年4月，德意志民主共和国领导人访华，赠送给毛主席一批精装版马克思主义经典文献，他将这批经典文献，连同书柜一起全部转赠给了中央编译局。

周恩来、刘少奇、朱德、邓小平等老一辈革命家也非常重视经典著作编译工作。1950年8月8日，朱老总来局里参观，看了俄文百科辞典等书籍后，他说：文化要搞起来。1955年1月，小平同志亲自批示，同意中央编译局可在适当范围内建立与社会主义国家马列主义以及党史研究机构的图书交换关系。1955年5月，少奇同志、朱老总等中央领导同志先后来到局里参观《列宁生平事业展览》。少奇同志还参观了图书馆，对局里的图书资料工作表示了肯定。朱老总参观展览后，专门题词"很有成绩，有益，同志们学习列宁。"1970年8月，党的九届二中全会在庐山召开。在会上，毛主席提出：这几年要特别注意宣传马列。周总理抓住这个时机，开始整顿和恢复马列经典著作出版。1971年3月至7月，国务院组织召开全国出版工作座谈会。正是在周总理的指示、关心下，中央编译局重新编辑并校订的《马克思恩格斯选集》四卷本和《列宁选集》四卷本，在1972年一年内全部出齐。

改革开放和社会主义现代化建设新时期，中央领导同志一如既往关心关怀马列经典著作编译工作。在我任局长期间，《列宁全集》中文第二版60卷全部出齐，这是我国自行编辑的第一部列宁著作全集本，党中央对这一工程的胜利完成给予了高度评价，中央隆重举行了出版座谈会，许多老一辈革命家出席会议。1991年7月1日，中央领导同志在庆祝中国共产党成立七十周年大会上的讲话中还特别指出，《列宁全集》中文第二版已经出版发行，这是我国政治生活和党的建设中的大事。2004年，党中央开始实施马克思主义理论研究和建设工程。作为工程的重点项目，中央编译局完成了《马克思恩格斯文集》10卷本和《列宁专题文集》5卷本。2009年12月25日，两部文集的出版座谈会在人民大会堂举行，中央领导同志在讲话中专门强调：两部文集的出版，是党的思想理论建设的一件大事，是马克思主义经典著作编译的一大盛事，是马克思主义理论研究和建设工程的一个重大成果。

这期间,有件事情,也是让我至今记忆犹新。那是在1996年的时候,当时我已经退出领导岗位,有一天在家里接到一个很急的电话,说中央领导同志要找编译局的同志谈一谈关于消灭私有制的问题。《共产党宣言》的"两个决裂"已经把这个问题讲得非常明确了,即一个是和传统观念决裂,再一个就是同传统私有制决裂。但是,改革开放后,社会上对这个问题提出了不同意见,认为编译局翻译的《共产党宣言》中讲消灭私有制是不准确的,不是"消灭"的问题,而是"扬弃"的问题。这里面涉及一个哲学概念,"消灭"这个概念很简单,而"扬弃"不是简单的消灭,而是继承和发扬好的一面,抛弃坏的一面。当时有好多重要的学者和人士都写文章发表意见,说"消灭"译错了,歪曲了马克思和恩格斯的思想。这件事情引起了中央领导同志的注意,就找编译局的同志去开会、做解释。当时我、顾锦屏和张启荣三个人作为编译局的代表参加了会议。此外,参加会议的还有外交部翻译室和外文局的同志等。在会上,中央领导同志让我们发表意见,我第一个发言。我之前收集了一些相关材料,包括《共产党宣言》、恩格斯的《共产主义原理》,以及《共产党宣言》之后马克思和恩格斯的一些关于这个问题的资料。我认为,"消灭"私有制,这个翻译没有错。我发表意见后,其他部门的两位同志也分别从英语和德语的角度发表了与我相同的意见。于是中央领导同志作了讲话,讲了三点意见:第一,翻译为"消灭私有制"没有错；第二，虽然"消灭"这个词还可以译为"废除"，但属于同一个意思，就不要再改动了；第三，不要再争论了。第三个意见很重要，因为这个问题确确实实涉及党的政策问题，不要争论了。

今天，我已经90多岁了，不能再参与到经典著作编译工作中去了。但是我看到，以习近平同志为核心的党中央高度重视经典著作编译工作，站在历史和全局高度，继续深入实施和扎实推进马克思主义理论研究和建设工程，强基固本、守正创新，为新时代中国特色社会主义伟大实践注入强大精神动力、凝聚奋进力量。习近平总书记反复强调要深化马克思主义理论研究，多次主持中央政治局集体学习马克思主义基本理论，要求"要加大经典著作编译力度，坚持既出成果又出人才，培养一支新时代马克思主义经典著作编译骨干队伍"。我感到，在新时代，经典著作编译工作必将继续大有可为、大有作为。

采访人：感谢您抽出这么多时间接受我们的采访，谢谢宋老！

　　韦建桦,马列主义经典著作翻译家。译审,教授。生于1946年,江苏江都人。历任中央编译局马恩著作编译室副主任,中央编译局副局长、局长(1996.7—2010.1)。党的十五大、十六大和十七大代表,第九届、十届全国政协委员,十一届、十二届全国政协常委。中央马克思主义理论研究和建设工程首席专家和咨询委员会委员。2011年荣获资深翻译家荣誉称号。2024年荣获中国翻译协会翻译文化终身成就奖。享受国务院政府特殊津贴。主持编译《马克思恩格斯文集》《列宁专题文集》《马克思恩格斯选集》中文第二版和第三版、《列宁选集》第三版修订版以及《马列主义经典作家文库》;参与组织编译《马克思恩格斯全集》中文第二版、《列宁全集》中文第二版增订版;主编《马克思画传》《恩格斯画传》《列宁画传》。

万里关山擎火炬　千秋真理耀神州
——马克思主义经典著作编译事业百年回顾

韦建桦

一

我爱读马克思写的《青年在选择职业时的考虑》，崇仰他在文中描述的人生目标和高洁志向。我庆幸自己在年轻时选择了一个与马克思的信念相契相符的职业，这个职业看似寂寞清苦、繁复琐细，而实质上意义深远、境界恢弘。

采访人：韦局长您好，您从事马克思主义经典著作编译和研究工作已将近半个世纪，为这项宏伟而又艰巨的事业倾注了许多心血。能否请您谈谈自己是怎样走上这条道路的？是什么激励您数十年来矢志不渝地沉潜于这项事业？

韦建桦：在希腊神话中，普罗米修斯是为造福人类而盗取天火、忍受千难万劫而目标始终如一的英雄。马克思在他的博士论文序言中热情赞颂普罗米修斯是"哲学历书上最高尚的圣者和殉道者"，并在数十年奋斗生涯中高扬普罗米修斯精神。一百多年来，这种精神在为传播马克思主义真理而奋斗不息的中国几代翻译家身上得到了体现。这是一个坚韧沉毅、默默坚守、甘于奉献的群体，一个担当历史重任、创建历史功绩而从来不务虚名、不图私利、不改初衷、不辱使命的群体，正是他们用热血铸就了马克思主义经典著作编译事业的丰碑，用实践诠释了革命者的普罗米修斯精神。

在我的人生历程中，让我深感欣慰和自豪的事情就是我有幸成为这个群体的一员，并在数十年的坚守中体悟什么是生活的真谛、什么是生命的价值。

您刚才问我"是怎样走上经典著作编译和研究这条道路的"；关于这个问题，我在《"踏遍青山人未老，风景这边独好"——往事的回忆》一文中作了详细的说明。① 我从青年时代开始认真学习马列著作。革命导师对科学理论的精辟论述，成为我树立崇高理想的基石，让我获得了奋进的动力，为我指明了人生的方向。

我毕生爱读马克思写的《青年在选择职业时的考虑》，崇仰他在文章中描述的人生目标和高洁志向。我庆幸自己在年轻时选择了一个与马克思的崇高信念相契相符的职业，这个职业看似寂寞清苦、繁复琐细，而实质上意义深远、境界恢弘；我满怀信心地投身于这项内涵丰富、充满挑战、催人奋进、极富魅力的事业，决心一辈子在这里学习和工作、奋斗和成长，把生命融入经典著作编译工程。

从那时起，我一直关注马克思主义经典著作编译史。我认为，只有全面了解这部壮丽的历史，才能进一步深刻

---

① 见本丛书《人是要有点精神的》第63—81页。

认识这个神圣的事业。

二

马克思主义是指导革命实践的科学真理。要实现马克思主义中国化，第一步就要将经典文本的语言转换为中国话；实现这种转换的关键，在于研究和领悟经典作家的思想，同时要辨析和判明中西文化的异同。因此，这种转换过程远远超出了单纯的语言层面，其复杂程度和深远影响也大大超出人们的想象。

采访人：马克思主义经典著作编译史是中国共产党理论建设史的重要组成部分，同时也构成了中国现代思想文化发展史的重要篇章。能否请您从理论和文化建设的角度，谈一谈经典原著与中文译本之间的关系。

韦建桦：好的。马克思主义真理在中国传播和运用的一个重要前提，就是经典文本的中国化，就是马克思主义创始人的原著从欧洲语言向中国语言的转换；或者直白地说，要实现科学理论的中国化，第一步就要将经典文本的语言转换为中国话，而实现这种转换的关键，在于研究和领悟经典作家的思想，同时要辨析和判明中西文化的异同。因此，这种转换的过程远远超出了单纯的语言层面，其复杂程度和深远影响也大大超出人们的想象。

我们历来强调要阅读原著，这是正确的，因为只有在原著中，我们才能看到经典作家对马克思主义理论的直接而又严谨的阐述，才能具体了解这些理论产生的历史语境和逻辑进程，才能进一步发现历史和现实中种种误读的危害和成因。恩格斯晚年在谈到研究马克思学说的方法时，曾反复强调研读原著的重要性。1890年9月21—22日，他在致约瑟夫·布洛赫的信中写道："我请您根据原著来研究这个理论，而不要根据第二手的材料来进行研究。"1894年10月4日，恩格斯在《资本论》第3卷序言中再次指出："一个人如果想研究科学问题，首先要学会按照作者写作的原样去阅读自己要加以利用的著作，并且首先不要读出原著中没有的东西。"毫无疑问，阅读原著是掌握马克思主义理论的必要途径。

但是，我们应当知道，中国广大读者所阅读的"原著"，并不是马克思主义创始人生前留下的著作文本本身，而是在他们身后由中国人自己编译的各种中文译本。我们知道，马克思恩格斯主要是用他们的母语即德文从事著述工作的。他们留给后人的文献遗产，包括大量的专著、论文、时评、演说、笔记、批注、书信，以及散文、诗歌、剧本等文学作品和为各种辞书撰写的条目，内容十分丰富，范围极为广博。现在，国际马克思恩格斯基金会（IMES）正在将这两位科学社会主义创始人的全部著作遗产编成历史考证版（MEGA^2）逐步出版，总计为114卷，如果全部译成中文，总共约6000万字。在这些著述中，约有65%是用德文写成的，有30%是用英文写成的，另有5%是用法文、意大利文、西班牙文等其他欧洲语言文字撰写的。要使中国广大读者能够阅读马克思恩格斯的著作，领会他们的思想和学说，就必须对这些文献进行编辑、整理和翻译。

这项工作意义深远，责任重大，同时又十分艰巨复杂。中国和欧洲在历史、文化、心理、语言、风俗、习惯、传统等方面的巨大差异，给翻译工作带来了难以想象的困难。由于经典著作涵盖历史和现实生活的广泛领域，涉及哲学、经济、政治、法律、历史、军事、教育、科技、新闻、语言、文学、艺术、民族、宗教、伦理、环境等各个学科，这就要求编译工作者具有深厚的理论功底、学术修养和语言造诣。仅就语言方面来说，这项工作就对编译者提出了极其严格甚至非常苛刻的要求，正如恩格斯所说："翻译这样的著作，仅仅通晓书面德语是不够的。马克思精于使用日常生活用语和各地方言中的成语；他创造新词，他举例时涉及各门科学，他援引十几种文字的文献；要理解他的著作，必须真正精通德语——口头语和书面语，另外还要知道一些德国人的生活。"恩格斯还说："马克思是当代文笔最简洁最有力的著作家之一。为了确切地翻译他的著作，不仅要精通德语，而且要精通英语。"当然，就马克思恩格斯的著述所涉及的语种来说，编译者需要掌握的还不仅仅是这两种语言。除了外语之外，恩格斯还要求翻译者精通本国语言，"必须具备用两种文字写作的经验"。

马克思主义经典著作的翻译必须具有准确性和权威性，因为这些著作中的理论判断、逻辑思路、概念术语关系到人们对马克思主义理论的理解，关系到无产阶级政党如何确定自己的根本宗旨、远大目标和斗争策略，因此，编译者必须通晓经典作家的理论及其形成发展的历程，通过研精覃思、博考群籍、反复推敲、字锤句炼，确切地反映经典作家的原意，使读者能够通过阅读译本真正把握原著的内容和风格。

一百多年来，在中国共产党的正确领导下，经典著作编译事业不断发展，有力地推动了马克思主义中国化时代化的伟大进程。在革命、建设、改革的征途上，共产党人和广大群众通过阅读经典译本学习马克思主义，从中了解科学理论的要旨、认识历史发展的规律、凝聚团结奋进的力量。在这个过程中，经典译本引导和启发人们树立正确的政治信念、思想观念和文化理念，使思维方式和话语体系发生前所未有的深刻变革，同时推进中华优秀传统文化实现创造性转化和创新性发展。

三

经典著作编译传播工程具有广泛的影响力和巨大的感召力，因而凝聚了一大批中华英才为之殚精竭虑、持续奋斗。正是他们凭借坚定的信念、顽强的毅力、渊博的学识和严谨的学风，把一系列经典译本送到中国人民手中。

采访人：通过您的讲述，我们深切地感受到，经典著作编译是"代圣人立言"的崇高事业。对于编译者来说,这既是神圣的使命,又是严峻的挑战。而对于我们来说,了解"代圣人立言"的艰辛历程,可以帮助我们从一个特定的视角进一步了解马克思主义基本原理同中国具体实际相结合、同中华优秀传统文化相结合的重大意义和必要条件,认识前辈创业的艰辛和我们这一代人肩负的使命。所以,能否请您带我们回顾经典著作编译事业的百年风雨历程?

韦建桦: 作为一个编译工作者,我有责任同大家一起认真回顾经典著作编译事业的发展历程。不过,这个历程内容非常丰富,我只能对这项世纪工程的整体概况和发展脉络作一个勾勒,希望对大家研读经典有所帮助,也希望藉此呼唤更多的同志进入经典著作编译史研究领域,以便从一个重要的视角去思考当代思想理论和文化建设的问题。

我先谈谈新中国成立以前马克思主义经典著作传播的概况。从历史上看,中国人最初在自己的著述中提到马克思恩格斯及其理论,是在20世纪初。那时,中国的资产阶级启蒙学者、资产阶级民主革命派以及无政府主义团体从各自的立场出发,在翻译和介绍马克思恩格斯著作方面做了一些工作。他们的译介文字带有明显的历史局限性和阶级局限性,在理论上显得相当肤浅和片面,在表述上也不够准确和畅达,但在当时的中国思想界确实是"空谷足音"。当然,就中国的马克思主义传播史来说,上述事实只构成了一段"前史"。五四运动的爆发和中国共产党的诞生,才真正开始奏响马克思主义真理在中国传播的壮丽乐章。

在那个时期，李大钊、陈独秀、蔡和森、瞿秋白、李达、恽代英、邓中夏等革命先驱承担了这一筚路蓝缕的开创性工作，他们在极其艰苦的条件下以各种方式译介和宣传马克思主义理论。但是，在1920年以前，中国还没有一部马克思主义经典著作的全译单行本。直到1920年8月，由上海"马克思主义研究会"发起人之一、共产主义小组成员陈望道翻译的《共产党宣言》正式出版发行，经典著作中文编译史才揭开了崭新的一页。这是《宣言》在中国的第一个全译本，也是马克思恩格斯著作在中国出版的第一个单行本。《宣言》中文本像一道曙光投射到黑暗的中国大地，在革命队伍和进步人士中间引起了强烈反响。这部科学社会主义的纲领性文献在问世72年后，终于全文传播到我们这个东方文明古国，为中国共产党的诞生作了思想上、理论上的重要准备。

中国共产党一成立，就把马克思主义作为指导思想写在自己的旗帜上，并把学习和宣传马克思主义理论确定为全党的重要任务。自此，马克思主义经典著作开始有领导、有计划地翻译介绍到中国来。在党的第一次全国代表大会上，著名的马克思主义理论家和翻译家李达同志当选为党中央宣传主任，并受命组建出版社，为翻译和传播马克思主义著作而努力奋斗。从20年代到30年代初，除了李达同志主持的人民出版社以外，我们党还先后成立了上海书店、长江书店、华兴书局、昆仑书店、北方人民出版社等出版机构，在极其艰难困苦的条件下，在革命低潮时期，在反动派发动的法西斯主义"文化围剿"中，坚持编译出版了马克思、恩格斯、列宁的数十种重要著作；同时，党的机关刊物《向导》和理论刊物《新青年》以及其他进步刊物，如《先驱》《少年》《前锋》《青年周刊》等也陆续登载了一系列译介马克思主义理论的文章。这些著述的翻译，大都是在物质生活窘迫、工作条件困难的情况下进行的。不仅如此，在反动统治者查禁进步书刊的白色恐怖下，翻译者和出版者还时刻面临被逮捕、被关押、被杀害的危险。

但是，真理是扼杀不了的。面对反动势力的嚣张气焰，革命者以无与伦比的勇气、毅力和睿智，采用各种巧妙的方法，继续推进革命理论的宣传工作。在中国的马克思主义传播史上，大批"伪装书"的出现就是一个感人至深的例证。我在中央编译局图书馆看到过不少这样的"伪装书"。这些书籍题为《世界全史》《海上花列传》《东周列国志》《秉烛后谈》等等，而翻开封面、目录和前言之后，人们看到的却是马克思主义的重要文献。确实，真理的星星之火是扑不灭的，它在严寒和冰雪中燃烧，终于形成燎原之势。

采访人： 实践证明，中国共产党领导的波澜壮阔的人民革命，为马克思主义理论传播注入了最强劲的动力。例如在抗日战争时期，延安的经典著作编译出版工作就呈现出蓬勃发展的态势。您能否简要地介绍一下这方面的情况？

韦建桦： 您说得对，在革命战争的艰苦岁月，党中央和毛泽东同志高度重视、亲自领导、周密部署马克思主义经典文献编译工程，使这项事业得到了持续有力的推进，形成了鼓舞人心的高潮。在这个过程中，革命的理论工作者不畏艰难、履行使命，为中国人民革命事业的胜利做出了宝贵贡献。

在硝烟弥漫的抗战烽火中，延安成为马列著作的编译出版中心。1938年5月5日，是马克思诞辰120周年纪念日。延安马列学院在这一天正式成立。根据党中央决定，张闻天同志任院长并兼任马列主义经典著作编译部主任。这是由党中央正式组建和直接领导的第一个经典著作编译机构。这个机构的诞生，是中国马克思主义传播史上的创举。从此，马列著作的编译出版工作开始系统地展开，从而呈现出前所未有的气象和规模。从1938年到1942年，延安解放社陆续出版了《马克思恩格斯丛书》《列宁选集》和《斯大林选集》。翻译工作者在窑洞里，在油灯下，潜心思索，相互切磋，日积月累，将一部部博大精深的马列著作字斟句酌地译成中文。出版工作者在缺乏印刷设备、缺乏油墨纸张、缺乏技术力量的情况下，克服了常人无法想象的困难，完成了马列著作的印制任务。多年来，每当我重新翻阅当年在延安出版的经典著作，透过粗糙的纸张、简陋的装帧和字迹模糊的版面，我就会真切地感受到前辈的精神境界和崇高追求，体会到真理的深刻内涵和无穷魅力。

在党中央和毛泽东同志的坚强领导下，马克思主义经典著作编译工作不仅在抗日战争时期，而且在解放战争时期不断向前推进；党的理论工作者不仅在延安和各个革命根据地勇担使命、奋力工作，而且在国民党统治区不畏艰险、迎难而上。在马列主义、毛泽东思想指引下，中国共产党领导中国人民赢得了抗日战争和解放战争的胜利，夺取了政权，建立了新中国。在这个彻底改变中国命运的伟大胜利中，凝结着许许多多传播真理之火的翻译工作者的心血。

我们今天重读那些在革命和建设的峥嵘岁月出版的经典著作，可以发现中华民族现代史上的许多杰出人物都曾亲身参与艰辛的编译工作。这支队伍真可以说是群贤荟萃、灿若繁星。在他们当中，有在各个历史时期担任党内重要职务的领导者，也有在各个学术领域做出重大贡献的哲学社会科学家。这个事实告诉我们，马克思主义经典著作的编译传播工程具有深远的意义、巨大的感召力和无与伦比的挑战性，因而凝聚了一大批中华英才为之殚精竭虑、奉献智慧。正是他们以坚定不移的信念、百折不回的毅力、渊博深厚的学识和一丝不苟的精神，通过翻译，把一系列经典著作送到中国人民手中。有些重要著作的翻译，历时数十年之久，经过几代人前仆后继的努力才最终完成。

四

《资本论》的翻译过程是整个经典著作编译事业的缩影。在中国，这部理论巨著从最初译本的问世到最新译本的出版，经过了长达八十年的风雨历程。这是一个动人心魄、催人泪下的故事，它折射出经典著作编译工作者的崇高思想境界和顽强奋斗精神。

采访人：您的介绍使我们十分感动。几代学人，经过数十载锲而不舍的艰辛奋斗,才完成一部经典的翻译工作;无论在中国学术史还是世界学术史上,这都是十分罕见的事情。您能不能举一个具体的例子来说明这一点?

韦建桦:《资本论》的翻译过程就是一个生动的例证。

这部著作是马克思毕生最重要的不朽巨著。在中国,这部力作的理论观点早在五四新文化运动时期就由李大钊等革命先驱撰文作了介绍,但在很长一段时间内,中国读者却未能看到这部名著的译本。在白色恐怖笼罩全国时期,不少革命知识分子和进步学者都曾立志从事《资本论》的翻译工作。郭沫若同志甚至准备为翻译《资本论》而献出生命。面对重重困难,他曾坚定地表示:"如果能为译完《资本论》而死,要算是一种光荣的死。"但是,由于出版社不敢承担印制《资本论》的责任,郭沫若同志未能实现自己的抱负。

《资本论》中文译本开始部分地同中国读者见面,是在1930年。这一年3月,上海昆仑书店出版了《资本论》第1卷第一分册,这是我国出版的最早的一个中文译本。译者陈启修(豹隐)是根据德文版并参照日本学者河上肇的日文译本翻译的。陈启修的译本原计划分10册出版,但在当时的艰难条件下只出版了第一分册,其中包括《资本论》第1卷第一篇《商品和货币》。

此后,潘冬舟接续了翻译工作,译出《资本论》第1卷第二、三、四篇,分为两册,即第二册和第三册,先后于1932年8月和1933年1月由北平东亚书店出版。这是《资本论》中文翻译史上的一个重要开端，但中国读者仍然未能看到《资本论》第 1 卷的全貌。

1932 年 9 月，北平国际学社出版了王思华（右铭）和侯外庐（玉枢）合译的《资本论》第 1 卷上册（第一至七章），此后又陆续出版了中册（第八至十三章）和下册（第十四至二十五章），并于 1936 年 6 月将三册合并，用"世界名著译社"的名义正式出版了《资本论》第 1 卷。为了完成这个译本，译者奋斗了十年之久。

在此期间，商务印书馆出版了《资本论》第 1 卷另一个译本的第一册，内容包括《资本论》第 1 卷第一、二篇，译校者是吴半农先生和千家驹先生。商务印书馆原计划将这部著作的三卷全部推出，但由于国民党当局的压迫，全书的翻译出版计划最终被扼杀。

《资本论》三卷的第一个全译本是 1938 年 8—9 月在上海由读书生活出版社公开印行的，译者是郭大力和王亚南。他们在长达十年的时间内历经磨难，矢志不渝，同心协力翻译《资本论》。这个艰苦卓绝、跌宕起伏的奋斗历程，是马克思主义经典著作传播史上的一段富有传奇色彩的佳话。这是中国第一部完整的《资本论》三卷中译本，为马克思主义理论在中国的传播做出了卓越贡献，同时也为后来编译出版更加完善的译本奠定了坚实的基础。

新中国成立以后，从 1960 年到 1974 年，中央编译局根据《马克思恩格斯全集》德文版重新译校《资本论》三卷。1972 年和 1974 年，新的译本作为《马克思恩格斯全集》中文第一版第23、24、25卷正式出版。上个世纪90年代，中央编译局的专家学者对《全集》第一版译文再次进行认真修订，于2001、2003年推出《资本论》最新译本，编入《马克思恩格斯全集》中文第二版第44、45、46卷。2009年，这个译本编入《马克思恩格斯文集》第5、6、7卷。

回顾历史，重提往事，我们百感交集。在中国，《资本论》这部理论巨著从最初译本的问世到最新译本的出版，走过了长达八十年的风雨历程。这个过程是整个经典著作编译事业的缩影，它折射出马克思主义理论翻译工作者的崇高思想境界和顽强奋斗精神。

采访人：中国近代启蒙思想家、翻译家严复说过："译事三难信、达、雅。"意思是说，翻译工作有三个难点，一是语意要忠实于原文，二是表述要顺畅和通达，三是文字要反映原著的神韵和风采。可以想象，要使《资本论》的译文达到信、达、雅的标准，肯定是难上加难。您能具体地讲一讲这部著作翻译之难吗？

韦建桦：马克思为了撰写《资本论》，花了几十年时间，读了1500多种文献，其中直接引用的文献达800多种。对这部宏伟著作，马克思像对待"一个艺术的整体"那样精雕细刻，字斟句酌。要把这样一部著作译成中文，准确地反映它的思想内容和辞章风格，决不是轻而易举的事情。翻译家不仅必须全面领悟马克思在这部著作中阐述的政治经济学理论体系，以及有关哲学、政治、历史、法律乃至科技、文艺、教育、伦理、环境资源等各方面的重要论点，而且必须一一查考作者直接或间接引证的文献，弄清书中涉及的所有细节。

为了说明问题，我在这里举两个例子。

第一个例子涉及《资本论》中一条注文的翻译。马克思在《资本论》第1卷第一篇第三章《货币或商品流通》中写道："这里讲的只是强制流通的国家纸币。这种纸币是直接从金属流通中产生出来的。而信用货币产生的条件，我们从简单商品流通的观点来看还是根本不知道的。但不妨顺便提一下，正如本来意义的纸币是从货币作为流通手段的职能中产生出来一样，信用货币的自然根源是货币作为支付手段的职能。"在这段重要论述的结尾，马克思加了一个标号为"83"的脚注，其中开头几行涉及中国清代币制改革的一段史实：

Der Finanzmandarin Wan-mao-in ließ sich beigehn, dem Sohn des Himmels ein Projekt zu unterbreiten, welches versteckt auf Verwandlung der chinesischen Reichsassignaten in konvertible Banknoten hinzielte. Im Bericht des Assignaten-Komitees vom April 1854 erhält er gehörig den Kopf gewaschen. Ob er auch die obligate Tracht Bambushiebe erhielt, wird nicht gemeldet. „Das Komitee", lautet es am Schluß des Berichts, „hat sein Projekt aufmerksam erwogen und findet, daß alles in ihm auf den Vorteil der Kaufleute ausgeht und nichts für die Krone vorteilhaft ist."

马克思在这里提到的那位名叫"Wan-mao-in"的中国清代财政官员到底是什么人？注文中叙述的那一场涉及币制问题的争论是怎样发生、如何了结的？弄清这些问题，关系到对马克思在正文中表述的观点的准确理解，也直接影响到中译文的准确性和可信度。日本译者没有查考史实，在对"Wan-mao-in"其人其事茫然无知的情况下，杜撰了这个官员的姓名：河上肇博士译为"王猛殷"，高畠素之先生译为"王孟尹"。中国译者起初也不明白事情的原委。陈启修未能查明文献依据，只好暂将马克思笔下的"Wan-mao-in"译成"万卯寅"。

郭沫若早就发现了这个问题，指出了《资本论》日译本和陈启修中译本的错误。他查阅了《东华续录》，用历史文献无可辩驳地证明"Wan-mao-in"其实就是清代咸丰年间任户部右侍郎兼管钱法堂事务的大臣王茂荫。为此，郭沫若于1936年10月撰写了《〈资本论〉中的王茂荫》一文，初步说明了咸丰年间的货币政策以及王茂荫针对时弊提出的改革主张，并对如何翻译《资本论》中的这条注文提出了建议。

郭沫若的文章发表后，张明仁先生随即撰写了《我所知道的〈资本论〉中的王茂荫》一文，王璜先生接着又撰写了《王茂荫的生平及其官票宝钞章程四条》一文。两位学者查考了《清史稿》《续碑传集》《碑传集补》等文献，访问了王茂荫在安徽歙县的后裔，阅读了王家珍藏的王茂荫奏折和行状，根据大量的原始资料对郭沫著的文章进行了补正。

这两篇文章使郭沫若受到启发，他进一步探讨了咸丰年间铸造大钱、发行官票宝钞的史实，写成《再谈官票宝钞》一文，对王茂荫补偏救弊的主张进行了比较深入的阐述，并据此提出翻译《资本论》注文的新方案。

1937年3月，吴晗响应郭沫若的建议，写成了《王茂荫与咸丰时代的币制改革》一文，对王茂荫的生平事迹以及咸丰时代的币制改革问题进行了全面深入的研究和阐述。

正是因为有了学者们穷源溯流的稽考，我们才清晰地理解了《资本论》中那条注文的内容及其与正文的联系，并且依照持之有据、信而有征的原则，修订和确定了这条注文的中译文。

修订后的译文是：

"清朝户部右侍郎王茂荫向天子[咸丰]上了一个奏折，主张暗将官票宝钞改为可兑现的钞票。在1854年4月的大臣审议报告中，他受到严厉申斥。他是否因此受到笞刑，不得而知。审议报告最后说："臣等详阅所奏……所论专利商而不便于国。"

这短短的几行译文，凝聚着多少学者的心血和智慧！正如郭沫若在《〈资本论〉中的王茂荫》一文结尾处所说的那样："翻译真不是一件容易的事情，尤其像《资本论》

这样伟大的著作，竟连半截注脚，都是须得费一番考证工夫的。"

另一个例子涉及《资本论》中提到的制造业工艺流程的译名。在《资本论》第1卷第十二章，马克思在讲到钟表手工工场时列举了制造钟表的各种分工。由于现代的钟表工厂已经没有那么多的分工了，所以就连一般的钟表技术人员对书中所说的情况也不明白。为了弄清原委、确定译名，编译者不得不四处寻找熟悉钟表技术发展史的专家和多年修理钟表的老师傅，才把这些分工的确切称谓翻译出来。

也许有人会说：你举的这些例子只涉及《资本论》中的细节。是的，处理细节问题尚且如此繁复，解决重大问题的难度就可想而知了。况且，《资本论》中并没有无关宏旨的细节；这里的每一个细节都是全书逻辑链条的组成部分，而《资本论》作为"一个艺术的整体"，正是由无数精微的细节构成的。因此，翻译者不仅要在宏观上领悟这部巨著的重要观点和科学结论，而且要在微观上极其准确而又生动地再现作者通过大量史料、实例、文献、数据进行推导和论证的过程。这里需要高屋建瓴、通观全局、把握精髓，更需要细针密缕、剖毫析芒、具体而微。

正因为如此，朱光潜先生曾语重心长地对我说，以经典翻译与经典研究相比较，前者对学养、学力、学识、学风的要求更严。朱先生的这种真知灼见来自他的亲身经历和实践，因为他既是一位卓越的研究者，又是一位杰出的翻译家。事实表明，研究工作要求的是"得其要义"，而翻译工作除此之外还要做到"纤悉无遗"；撰写论文可以"扬长避短"，而从事翻译却绝不允许"避难就易"。在经典翻译工作中，单是译名的确定和统一，就是一项艰巨的任务。严复在谈到他自己在翻译过程中的苦衷时说过："一名之立，旬月踟蹰。"意思是说，为了确定一个译名，他往往需要反复思考10天甚至一个月。由此可以想象，《资本论》中数以千计的中文译名及其体系的确立，是多么复杂、多么浩大的工程！在过去的八十年中，一代又一代人为此付出了艰辛的劳动。在编译过程中，我们为了确定一个词、一句话的含义和译法，或者为了编写一条注释、一个索引条目，常常需要查阅大量文献，进行反复讨论，有时还必须写出详细的考证文章。

《资本论》及其手稿的翻译过程只是一个例证。其他许多著作，例如《共产党宣言》《哲学的贫困》《德意志意识形态》《反杜林论》《自然辩证法》《路德维希·费尔巴哈和德国古典哲学的终结》等名著的翻译和修订过程也都长达数十年之久。这些著作中文版的编译史，是中国几代优秀学者用生命和热血铸成的英雄史诗。全国解放后，这种光荣传统在经典著作传播和研究领域得到了继承，并进一步发扬光大，而中央编译局就是这个领域中的一个重要阵地。

五

中央编译局的成立，标志着马克思主义经典著作在中国的传播进入了全新历史阶段。七十多年来在这里编译出版的各种经典文献，适应了党的理论建设和理论武装工作的需要，促使广大干部群众的政治信念、思想观念和文化理念乃至思维方式和话语体系发生了深刻变革。

采访人：中国人民革命事业的胜利，为经典著作编译工作的推进提供了前所未有的条件，同时也对这项工作提出了更高的要求。中央编译局的成立，标志着马克思主义经典著作在中国的传播进入了一个全新的历史阶段，表明我们党从执政一开始就旗帜鲜明地把马克思主义作为立国之本。2023年是中央编译局成立七十周年。我们很想知道，您作为中央编译局老同志、老领导，如何评价这个重要理论阵地的历史贡献？

韦建桦：七十多年来，在这个马列著作编译和研究中心，几代编译工作者为传播科学真理全力以赴、锲而不舍地工作，完成了党中央交给的一系列重要任务。在这里编译出版的经典作家全集、选集以及其他各种经典读本，成为全党全国广大干部群众学习马克思主义的重要教材，从而推动了马克思主义中国化时代化的伟大进程，适应了党

1972年11月7日、1995年10月27日《人民日报》关于《马克思恩格斯列宁斯大林著作 近两年来在我国大量编译出版》《马克思主义经典著作编译和研究最新成果新版马列著作出版》的报道

的理论建设和理论武装工作的需要。经典译本引导人们逐步掌握马克思主义的立场观点方法，树立正确的政治信念、思想观念和文化理念，使思维方式和话语体系发生前所未有的深刻变革，有力地促进了哲学社会科学和整个社会主义文化事业的繁荣。与此同时，经典译本的广泛、持久、深入的传播与运用，为中华优秀传统文化的创造性转化和创新性发展注入了强劲的动力。

七十多年来，编译局的同志们为履行历史赋予的崇高使命进行了不懈努力、做出了杰出贡献。这支忠诚的马克思主义理论队伍经受了考验，没有辜负党和人民的信赖、期望和重托。

采访人： 上个世纪50年代，中央编译局启动了编译出版马列主义经典作家著作全集的宏大工程。这是马克思主义传播史上的一件大事，不仅在国内，而且在世界范围引起了广泛关注。请您简要地介绍一下这项工程的缘起和实施情况。

韦建桦： 在我们这样一个以马克思主义为指导的社会主义国家，编译出版经典作家的著作全集，是全党、全国各族人民学习马列主义的必然要求，是广大干部群众和理论工作者的共同心愿，是党中央高瞻远瞩、统揽全局，经过科学论证和充分研究作出的战略决策。

从20世纪初到1949年新中国成立前，公开出版的马列著作中文译本已经达到530余种，马克思、恩格斯、列宁的许多重要著作已经有了中文译本，这是一个伟大的成就。但从整体来看，经典作家的遗著中仍有大量文献尚未翻译介绍；已经出版的译本质量参差不齐，有的在准确性和可读性方面达到了较高的水准，有的则不同程度地存在着缺陷。由于各种译本在不同时期出于不同译者之手，因而文字风格很不一致；尤其是经典作家使用的大量范畴、概念和术语，以及经典著作中提到的历史事件、组织机构、报刊文献、人名地名等等，在各种译本中译法不一，没有形成规范严谨、前后统一的译名体系，这就给深入学习和研究马克思主义理论带来许多困难。在这种情况下，党中央责成编译局及时启动《马克思恩格斯全集》和《列宁全集》的编译出版工作，这样做首先是为了适应马克思主义理论建设的需要，同时也是为了促进编译部门在实践中积累经验、完善机制、培养人才。

下面，我对《马克思恩格斯全集》和《列宁全集》的编译出版情况作一个简要的说明。

先说《马克思恩格斯全集》中文第一版。这是根据苏共中央马列主义研究院编译的《马克思恩格斯全集》俄文第二版并参照德文版翻译的；1956年开始出版，1985年出齐50卷，总计3200余万字，前后用了30年时间。其中第1—22卷是论文、讲演、专题著作等；第23—26卷是《资本论》和《剩余价值理论》；第27—39卷是马克思和恩格斯的来往信件以及他们给别人的信件；第40—50卷是补卷。

再说《列宁全集》中文第一版。这是根据俄文第四版编译的。编译工作于1953年启动，1963年出齐39卷，总计1500余万字，前后用了10年时间。其中第1—33卷为论著，第34、35卷为书信，第36—39卷为补遗、家书、笔记等。

《马克思恩格斯全集》和《列宁全集》的中文第一版在中国马克思主义理论传播史上具有里程碑意义。它们是马克思列宁主义诞生后首次在中国出版的比较完整的中文全集译本。中国共产党人以这样一个规模宏大的翻译出版工程向全世界昭示，中国人民在取得革命胜利以后，将继续在马克思、恩格斯、列宁创立的科学理论指引下推进社会主义事业。

采访人：两部全集中文第一版相继问世以后不久，中央编译局又开始编译中文第二版。一些同志不了解这样做的原因,您能否就这个问题做一个说明?

韦建桦: 我们一向认为,经典著作全集的中文版在文献汇编、结构安排、译文表述和资料纂辑等方面必须一丝不苟、精益求精。由于历史条件的种种限制,两部《全集》中文第一版在上述几个方面还存在不足之处。

《列宁全集》中文第一版所收文献很不完整,译文和资料部分也亟待修订。为此,中央编译局的专家学者从1975年开始筹划编译《列宁全集》中文第二版,经过不懈的努力,于1984—1990年出齐60卷。其中第1—43卷为著作卷,第44—53卷为书信卷,第54—60卷为笔记卷。这部《全集》收载列宁文献9000多种,总计约3000万字,是我国自行编辑的内容丰富、体例严谨、结构合理的版本。

《马克思恩格斯全集》中文第一版基本上是以俄文版为蓝本编辑和转译的,因而不可避免地存在由此造成的一些缺陷。一是《全集》收文不全,许多有价值的文献特别是新发现的文献未能编入这个版本。二是《全集》收文有误,原因是俄文版辑录了若干不是由马克思恩格斯撰写的文章。三是译文需要完善。《全集》中文第一版的译文是经过集体研究、反复推敲确定的,在整体质量上明显超过以往的译本;但是,在整部《全集》中,除了《共产党宣言》《资本论》《反杜林论》等重点著作以外,大多数文献都不是根据马克思恩格斯写作和发表时所使用的语言文字直接翻译的,而是从俄译本转译的。这就使中文版《全集》难以避免俄译本存在的那些不够准确、不够贴切的问题。况且,转译也容易在语义和风格的把握上造成新的偏差。四是资料不够翔实。一些著作题注语焉不详，甚至没有题注，读者难以弄清原著的写作背景；一些注释涉及的历史事实缺乏确切的考证和介绍；在人名、地名和文献索引中，也有若干不够准确的地方。

考虑到《马克思恩格斯全集》中文第一版的上述问题，中央编译局决心编译一部收文更齐全、编辑更合理、译文更准确、资料更翔实的新版本，并且在上个世纪80年代中期出齐《全集》第一版前后，着手进行准备工作，制订了《全集》中文第二版编译原则和具体计划。1986年7月，中共中央书记处正式批准了这个方案，新版《马克思恩格斯全集》的编译工作全面启动。

在《马克思恩格斯全集》中文第二版的编译工作中，我们以《马克思恩格斯全集》历史考证版（MEGA^2）为蓝本，同时参考德文版、英文版、俄文版等版本。新版《全集》所收的全部文献原则上都按照原著文字进行翻译校订，力求更加准确地反映经典著作的原意和风格。在版本方面，凡是在马克思恩格斯生前有过多种版本的著作，均以他们审阅过的最后版本为准；不同版本中语言表述存在差异的地方，编者加脚注予以说明。马克思恩格斯生前没有发表过的著作，例如马克思的《1844年经济学哲学手稿》、恩格斯的《自然辩证法》等，编者参考国外编辑出版的最新版本，尽可能依照原著的逻辑顺序加以编排。按照编译方案，《全集》中文第二版总计为70卷，分为四个部分：

第一部分从第1卷到第29卷，包括《资本论》及其手稿以外的全部著作、演讲、手稿和写作提纲，共计29卷。

第二部分从第30卷到第46卷，包括《资本论》及其手稿，共计17卷（19册）。

第三部分从第47卷到第60卷，收入马克思恩格斯的全部书信，共计14卷。

第四部分从第61卷到第70卷，收入马克思主义创始人的笔记、摘录、批注等，内容涵盖哲学、经济学、历史、政治、法律、科技、艺术、民族、宗教等各方面，共计10卷。

这个70卷本的新版《马克思恩格斯全集》，是新时期马克思主义理论建设和哲学社会科学事业的重要工程，从一开始就受到党中央的高度重视，同时也受到国内理论界和国际学术界的密切关注。《马克思恩格斯全集》和《列宁全集》的中文第二版编译工作，都是在改革开放的新时期进行的。这项工作的顺利开展，表明中国共产党人始终把编译和传播马克思主义经典著作视为义不容辞的神圣职责。

为了适应广大干部群众学习马克思主义理论的需要，中央编译局在集中力量编译经典著作全集的同时，还将经典作家的重要著作编成选集。1972年和1995年，先后出版了《马克思恩格斯选集》第一版和第二版，均为四卷集；1960年、1972年和1995年，先后出版《列宁选集》第一版、第二版和第三版，均为四卷集。2012年，我们精心编译出版了《马克思恩格斯选集》第三版（四卷集）和《列宁选集》第三版修订版（四卷集）。除此之外，我们还编译出版了经典著作的一系列单行本和专题选编本。与此同时，中央编译局在斯大林文献编译方面也取得了许多成果，其中最重要的有《斯大林全集》(十三卷)、《斯大林文选》(上下册)、《斯大林选集》(上下册)和《斯大林文集》(一卷)。

从新中国成立到本世纪初，马克思主义经典著作编译事业取得了辉煌成就。一批立志为传播真理而献身的同志长期在这个领域辛勤工作，从青春年少直到满头飞雪。在他们的培养和带动下，年轻一代茁壮成长，继续推进前辈开创的事业，做出了宝贵的贡献。

中央编译局的同志们没有陶醉于已有的成绩。他们面对时代提出的重要任务，对经典著作编译和研究工作中的问题进行了深入的分析和思考。就马恩著作来说，由于《马克思恩格斯全集》历史考证版（MEGA²）的出版进展较慢，同时由于编译工作难度很大，这就在一定程度上制约着《马克思恩格斯全集》中文第二版的工作进度。这部70卷本的《全集》从1995年起陆续问世，至今只出版了35卷。况且这个版本规模浩大、卷帙浩繁，很难适应广大读者学习和研究马克思主义的需要。《马克思恩格斯选集》选文比较精炼，译文也根据原文作了修订，但因篇幅有限，未能完全涵盖马克思恩格斯的主要代表作。

至于列宁著作，也存在类似的问题。《列宁全集》中文第二版共计60卷，内容宏富，篇幅很大，不可能作为广大读者使用的普及读本。《列宁选集》对广大干部群众和理论工作者学习和研究列宁的思想理论起到了积极作用，但《选集》中的全部文献是按照年代先后编排的，广大干部群众和理论工作者迫切需要我们结合新的实际，采用新的视角，编选一部具有更强的现实针对性和理论指导性的列宁文集。

这些涉及经典著作学习和研究的全局性问题，在中央组织实施的马克思主义理论研究和建设工程中得到了及时的、圆满的解决。十卷本《马克思恩格斯文集》和五卷本《列宁专题文集》就是在解决实际问题的过程中取得的重大成果。

六

《马克思恩格斯文集》和《列宁专题文集》是马克思主义理论工程的标志性成果。恩格斯曾指出，翻译马克思的著作是一项"真正老老实实的科学工作"。这个教诲是我们在编译两部《文集》的过程中念兹在兹、始终坚守的准则，《共产党宣言》的译文校订工作就全面体现了这一准则。

采访人：您作为马克思主义理论工程经典作家重点著作译文审核和修订课题组的首席专家，同时作为两部《文集》编审委员会的主编，对这项重要工程的实施情况十分清楚。请您谈一谈两部《文集》的编纂情况和时代特色。

韦建桦：早在2003年，中央编译局就提出了编译《马克思恩格斯全集》中文第二版精编本的思路和方案。鉴于70卷本的中文第二版要经过多年努力才能逐步出齐，我们

跨世纪的宏伟工程 053

《马克思恩格斯文集》《列宁专题文集》出版座谈会

考虑在近期内先将马克思恩格斯重要论著的译文加以审订，编为十卷文集，及时出版，以满足社会各界对经典著作最新版本的要求，同时也有利于我们抓住关键，围绕重点，集中力量，攻坚克难，积累经验，完善机制，全面推进和早日完竣中文第二版的编译工程。

我们的设想和计划受到了中央的充分肯定。2004年，在马克思主义理论研究和建设工程正式启动时，中央将十卷本《马克思恩格斯文集》确定为工程重点项目，同时针对广大干部群众和理论工作者学习和研究列宁思想的现实需要，要求我们编辑五卷本《列宁专题文集》，一并纳入理论工程重大课题的框架。为了顺利完成两部《文集》的编译任务，中央决定成立马克思主义经典作家重点著作译文审核和修订课题组，全部工作由中央编译局组织实施。

中央领导对两部《文集》的编译工作高度重视，在实施过程中给予直接指导。课题组和编委会时刻铭记党和人民的嘱托，以高度的政治责任感投入这项重要工程，一丝不苟、精益求精地做好篇目遴选、文献汇辑、译文修订和资料编纂等各项工作，努力使"准确性"和"权威性"的要求真正得到落实。在大量艰巨复杂的工作中，老专家发挥了中坚作用，一些年逾七旬的同志奋力坚持工作，有的甚至病逝在工作岗位上。一批优秀的中青年骨干勇挑重担，迎难而上，完成了一个又一个攻坚任务。同志们在共同的目标下齐心协力、相互砥砺、专心致志、埋头苦干，度过了五个难忘的春秋。

同以前出版的马列著作相比,这两部《文集》的编译工作具有更加鲜明的时代特色、实践品格和创新意识。

十卷本《马克思恩格斯文集》的特点,一是选文精审,内容完整,既全面反映经典作家的理论体系,又充分体现马克思主义与时俱进的科学品格;二是体例新颖,结构严谨,既反映经典作家理论创造的历程,又突出重点著作的地位;三是精心修订译文,认真统一译名,既保证理论上的准确性,又增强表述上的可读性;四是各类资料详备,贴近读者需要,既为学习、研究原著提供必要的辅助材料,又对把握理论精髓起到引导作用。我们为《文集》所收的108部著作编写了详实的题注,概述各篇著作的写作背景和主要观点,帮助读者领会这些著作的理论要义。同时,在对各篇文献写作出版情况的说明中,我们增加了对重点著作中译本的介绍,以便读者了解和研究这些著作在中国传播的情况。

五卷本《列宁专题文集》的特点,一是采用全新的编辑思路和框架结构。《文集》分专题编为五卷。五个专题构成的总体框架,把系统反映列宁主义科学内涵同密切结合新时期理论武装工作需要这两个要求有机地统一起来,既注重反映列宁毕生坚持和发展马克思主义的理论贡献,又着眼于适应干部群众学习中国特色社会主义理论体系的实际需要。二是体例新颖,收文精当。各卷采用文献选编与重要论述摘编相结合的形式。这种崭新的编辑体例有利于反映列宁重要理论思想的完整性和系统性,同时又体现了收文"少而精"的原则。三是资料更丰富，题注有创新。各卷均附有详细的注释和索引。为了帮助读者掌握各篇著作的理论主旨，我们在每篇文献前面都加上了导读性题注，言简意赅地介绍有关著作的核心内容和主要观点。

两部《文集》出版以后，受到了社会各界的充分肯定和高度评价；中央领导指出，两部《文集》是马克思主义理论工程的标志性成果，是广大干部群众学习马克思主义的权威性教材。十多年来，两部《文集》一直深受广大读者和理论界的欢迎和好评，为推进党的理论建设和理论武装工作发挥了积极作用。

采访人：确实，两部《文集》有力地促进了马克思主义理论研究和建设。在这个过程中，大家最关心的问题之一是，经典著作译文有哪些改动？编译家们是如何把握译文修改标准的？您能否就这个问题做一些具体的说明和阐释？

韦建桦：两部《文集》问世以后，我们对译文修订的整体情况和基本经验作了梳理和总结，认真回答社会各界读者提出的问题。恩格斯曾经郑重指出，翻译马克思的著作是一项"真正老老实实的科学工作"。恩格斯的教导是我们在审核和修订译文的过程中时刻牢记的座右铭。为此，我们修改任何一处译文，都要在语言、史实、逻辑和理论等各个层面进行周密的论证。

在审核和修订马恩著作译文的过程中，我们回顾和梳理了学术界历年来对中文译本所提的意见，并逐条进行了分析和研究。凡是合理的意见，我们都在校订译文时认真考虑、积极采纳；而对一些有争议的问题，我们则采取审慎的态度。

例如，《共产党宣言》中有一句名言："从这个意义上说，共产党人可以把自己的理论概括为一句话：消灭私有制。"原文为：

In diesem Sinne können die Kommunisten ihre Theorie in dem einen Ausdruck: <u>Aufhebung des Privateigentums</u>, zusammenfassen.

有人认为，"消灭私有制"的译法不妥，应该改为"扬弃私有制"。其主要理由是，原文中的"Aufhebung"虽然在"大众日常用语"中具有"废除""革除""消除""消灭"等含义，但马克思恩格斯在此处所使用的是"黑格尔哲学术语"，意思是"扬弃"。持这种观点的人认为，马克思恩格斯所说的"Aufhebung des Privateigentums"，是表明要"发扬私有制中的积极因素，抛弃私有制中的消极因素"，亦即"取其精华，去其糟粕"。

恩格斯说过："《宣言》是作为共产主义者同盟的纲领发表的"，它"是从西伯利亚到加利福尼亚的千百万工人公认的共同纲领"。在马克思恩格斯心目中，《共产党宣言》是为千百万普通工人撰写的，目的是"争取欧洲无产阶级，首先是争取德国无产阶级拥护我们的信念"。恩格斯在谈到共产主义者同盟的历史时明确地说过："我们决不想把新的科学成就写成厚厚的书,只向'学术'界吐露。"因此,如果硬说马克思恩格斯在表述《共产党宣言》的核心思想时,不是使用广大工人所能领悟的"大众日常用语",而是刻意套用只有"学术界"才懂得的"黑格尔哲学术语",那是根本违背作者初衷和历史事实的。

事实上,要理解"Aufhebung"一词在这里的确切含义,并不是一件十分复杂和艰难的事情。只要平心静气地读一读《宣言》中与此相关的整段论述,而不是孤立地看待其中的一句话或一个词,答案就一目了然。恩格斯曾经告诫我们说,阅读马克思的著作,必须注意上下文的联系;如果"把马克思的话同上下文割裂开来,就必然会造成误解或把很多东西弄得不大清楚"。

现在,就让我们花一点时间,来看一看"消灭私有制"一语在《共产党宣言》中的"上下文":

废除(Abschaffung)先前存在的所有制关系,并不是共产主义所独具的特征。

一切所有制关系都经历了经常的历史更替、经常的历史变更。

例如,法国革命废除了(abschaffen)封建的所有制,代之以资产阶级的所有制。

共产主义的特征并不是要废除(Abschaffung)一般的所有制,而是要废除(Abschaffung)资产阶级的所有制。

但是,现代的资产阶级私有制是建立在阶级对立上面、建立在一些人对另一些人的剥削上面的产品生产和占有的最后而又最完备的表现。

从这个意义上说，共产党人可以把自己的理论概括为一句话：消灭（Aufhebung）私有制。

很清楚，最后一句话是对上文的概括。这句话中的"消灭"（Aufhebung）与前面几句话中的"废除"（Abschaffung）是同义语。马克思恩格斯指出，共产主义的特征就是要"废除资产阶级的所有制"；因此，共产党人可以把自己的理论概括为一句话："消灭私有制"。从这段话中，我们不可能得出对私有制"应当发扬其中的积极因素、抛弃其中的消极因素"的结论。

在整部《共产党宣言》中，马克思恩格斯对资本主义私有制的弊端和本质进行了透彻的分析，批判了资产阶级为私有制辩护的种种论调，而"消灭私有制"正是从这种科学的分析和批判中得出的结论。这个结论从根本上否定了资本主义制度的理论依据和现实基础。资产阶级及其理论家历来宣扬资本主义私有制"体现着天然合理的永恒法则"，"包含着永不泯灭的理性精华和历史进步要素"。他们有时也承认这种所有制关系在现实中"存在着这样或那样的毛病"，但他们坚持认为"瑕不掩瑜"。他们的说法是：对于私有制，可以"补苴罅漏"，可以"去芜存菁"，可以"扬长弃短"，而万万不可以消灭；一旦消灭了私有制，"社会大厦就会坍塌"，灾难必将接踵而来。所以，资产者对于《宣言》中的旗帜鲜明的论断是无论如何不能接受的。马克思恩格斯清楚地看到了这一点，他们在《宣言》中这样写道：

> 我们要**消灭**私有制，你们就惊慌起来。但是，在你们的现存社会里，私有财产对十分之九的成员来说已经被**消灭**了；这种私有制之所以存在，正是因为私有财产对十分之九的成员来说已经不存在。可见，你们责备我们，是说我们要**消灭**那种以社会上的绝大多数人没有财产为必要条件的所有制。

在这段话中，"消灭"一词共出现三次，原文均为"aufheben"。如果这个词的含义不是"消灭"，而是"扬弃"；如果这里表明的不是废除资本主义私有制，而是发扬其优点、克服其缺点，使之永世长存，并臻于完善，那么《宣言》作者的立场就同资产阶级理论家的主张不谋而合了；那样一来，全世界的资产者都会对《宣言》表示欢迎，还有什么必要感到"惊慌"、表示"抗议"呢？

为了进一步弄清问题，我们仔细地查考了与《宣言》直接相关的马恩著作。1847年，在《宣言》的重要准备著作《共产主义原理》中，恩格斯曾反复论述"废除（Abschaffung）私有制""消灭（Aufhebung）私有制"的主张。1850年，在《宣言》发表两年后，马克思恩格斯在《共产主义者同盟中央委员会告同盟书》中明确指出："对我们说来，问题不在于改变私有制，而只在于消灭（Vernichtung）私有制，不在于掩盖阶级对立，而在于消灭阶级，不在于改良现存社会，而在于建立新社会。"请注意，此处的"Vernichtung"只有一个含义，那就是"消灭"。1882年在《宣言》俄文版序言中，马克思恩格斯一以贯之地强调共产党人必须坚持"消灭私有制"的理论与实践原则，他们旗帜鲜明地指出："《共产主义宣言》的任务，是宣告现代资产阶级所有制必然灭亡。"

马克思恩格斯在《宣言》发表前后所作的这些重要论述，十分清楚地印证了他们在《宣言》中提出的"消灭私有制"的主张。

应当指出，马克思恩格斯对资本主义私有制的批判和论述，并不仅仅反映在《共产党宣言》以及与《宣言》直接相关的著作中；在《资本论》《反杜林论》《社会主义从空想到科学的发展》等著作以及许多重要通信、手稿和笔记中，马克思恩格斯也系统地表述了关于消灭私有制的深刻思想和鲜明立场，并且全面地论述了实现这一目标的条件和途径。他们明确指出，消灭私有制是未来社会的基本特征：生产力的高度发展是私有制彻底消灭的基本条件；无产阶级"只能逐步改造现今社会，只有创造了所必需的大量生产资料之后，才能废除私有制"。总之，从《共产党宣言》到马克思恩格斯晚年的著述，我们可以清楚地看到这种理论的系统性和逻辑的严整性。

一百七十多年来，以德语为母语的德国人，无论他们是赞成还是反对马克思恩格斯的学说，都从未对《共产党宣言》中"消灭私有制"一语的真实含义提出质疑；他们只是从各自的立场出发，对《宣言》提出的这一重要观点表示不同的态度。这也证明，《宣言》的文字表述是清晰的、明确的、毫无歧义的，没有也不可能留下任何误读和曲解的空间。

除了对经典文献进行全面的考证以外，我们还查阅了马恩生前出版的《共产党宣言》的重要译本。《宣言》的英文版和法文版为我们提供了理解和翻译原文的依据。《宣言》英文版是由赛米尔·穆尔翻译的，经恩格斯亲自校订并增加了注释。《宣言》法文版是马克思的女儿劳拉·拉法格翻译的，得到了恩格斯的充分肯定。这两种版本都是经《宣言》作者认可的权威版本。德文"Aufhebung des Privateigentums"一语，英文版译为"Abolition of private property"，法文版译为"abolition de la propriété privée"；英文"abolition"和法文"abolition"的含义均为"革除""废止""消灭"，这就为中文版的"消灭私有制"的译法提供了有力的佐证。

经过多方面的考索和研究，我们决定保留《共产党宣言》中的原译文，不作改动。

我之所以不惮其烦地介绍上述情况，是因为这句译文涉及的不是一般的语言表述问题，而是极为重要的理论原则问题；它关系到中国共产党从成立以来始终坚持的根本宗旨和奋斗目标。

事实证明，中国共产党人一百多年来恪守的"消灭私有制"的革命主张，同马克思恩格斯在《共产党宣言》中阐明的科学理论是完全一致的。

这个例子说明，修订经典著作译文的工作绝不允许有任何随意性，而必须按照科学的标准和周密的程序审慎推进。今后，在编译和修订经典著作的过程中，我们将一如既往地认真听取读者的意见，同时，也将一以贯之地严格遵守科学的原则。

刚才我们提到了《宣言》的英译本和法译本。这自然会使我们想起恩格斯对翻译马克思论著的工作提出的要求。恩格斯高度重视这项工作，他曾亲自物色翻译人才，亲自校改译稿，亲自联系出版事宜，有时还亲自动手迻译马克思的著述，并对翻译工作进行过许多精辟的论述。我们在前面已经谈到，恩格斯曾在1885年10月撰写《不应该这样翻译马克思的著作》一文，强调翻译马克思的著作是一项"真正老老实实的科学工作"；他告诫译者不要望文生义，不要主观臆测，不要随心所欲地"诠释"马克思的学说。他指出："像马克思这样的人有权要求人们听到他的原话，让他的科学发现原原本本按照他自己的叙述传给后世。"

一百多年来，恩格斯强调的这种严格标准和科学精神一直被中国经典著作编译工作者奉为圭臬。在编译两部《文集》的过程中，恩格斯的教诲是我们念兹在兹、始终恪守的准则，《共产党宣言》的译文校订工作就全面体现了这一准则。

七

在中国特色社会主义新时代，经典著作编译工作者进一步增强使命意识和开拓精神，推动编译和研究工作与时俱进，使这个历经百年风雨洗礼的事业焕发出新的生机，呈现出新的气象，为党的理论建设做出新的贡献。

采访人： 经典著作编译工作者以高度负责的使命意识和一丝不苟的科学精神对待译文审核和修订工作。您的生动介绍使我们深受启发和教育。在中国特色社会主义新时代，编译工作者的使命意识进一步增强，为党的理论事业做出了新的贡献。我们希望您介绍一下这方面的情况。

韦建桦： 党的十八大以来，以习近平同志为核心的党中央高举马克思主义伟大旗帜，开辟了马克思主义中国化时代化的新境界。在实现中华民族伟大复兴的新征途上，马克思主义真理日益彰显出强大的生命力。党中央站在历史和全局高度，进一步深入实施和扎实推进马克思主义理论研究和建设工程，高度重视、着力推进经典著作编译和研究工作，强基固本、守正创新，为新时代中国特色社会主义的伟大实践注入了强劲的精神动力。

习近平总书记全面论述了马克思主义的科学内涵和思想精髓、实践基础和理论品格、历史地位和指导意义，对

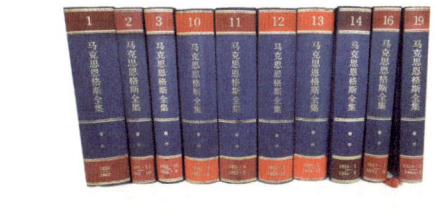
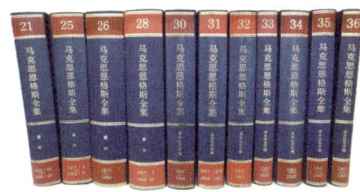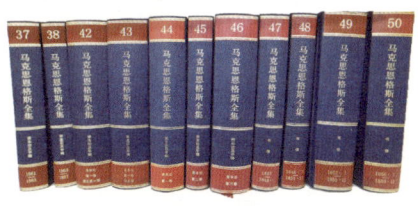

《马克思恩格斯全集》中文第二版已出版的部分卷次

全党同志联系实际学习经典著作提出了明确要求，同时指出了在新时代推进经典著作编译出版、研究阐释和宣传普及工作的根本方向。他强调指出："要加大经典著作编译力度，坚持既出成果又出人才，培养一支新时代马克思主义经典著作编译骨干队伍。要深化经典著作研究阐释，推进经典著作宣传普及，不断推出群众喜闻乐见、贴近大众生活的形式多样的理论宣传作品，让理论为亿万人民所了解所接受，画出最大的思想同心圆。"习近平总书记的重要论述，是我们坚守阵地、履行使命、勇于开拓、做好工作的根本遵循。

我们认真贯彻执行习近平总书记的重要指示精神，推动马克思主义经典著作编译工作与时俱进，努力完善版本体系、促进版本升级，为推进党的理论建设提供内容更丰富、种类更齐全、选材更精当的经典读本，使经典著作编译事业在新的形势下不断呈现新的气象，取得新的成果。

我们奋力推进《马克思恩格斯全集》中文第二版编译工程。一批中青年业务骨干在实践中成长起来，以高度的自觉和巨大的热忱勇挑重担；一些老专家不忘初心、牢记使命，主动奉献智慧和力量。近年来，老中青三代同志风雨同舟、和衷共济，团结一致、攻坚克难，顺利完成了13卷书的编译出版任务，有力地推动了整个工程的进展，完善了各个环节的机制，提升了业务队伍的水平，增强了团结奋进的信心。

我们经过七年的不懈努力，完成了理论工程重点项目《列宁全集》第二版增订版的编译工作，为深入学习和研究马列主义理论提供了收文更完整、内涵更充实、译文更精准、资料更翔实的基础文本。新版《列宁全集》增补了具有重要价值的新文献44篇；精心校订了《列宁全集》中出现的马恩著作引文1100多条；重新审核了全部正文3000万字，努力使《全集》在各个方面更加完善；此外还仔细修订和增补了各卷所附的资料，努力做到对历史负责、对原著负责、对读者负责。新版《列宁全集》是迄今为止全世界各种列宁著作版本中收载文献最丰富的版本，这部《全集》必将在我国马列主义理论研究和建设中发挥重要作用。

我们精心编译了《马克思恩格斯选集》中文第三版和《列宁选集》中文第三版修订版。编委会全体同志整整用了三年时间，潜心从事篇目遴选、文献编纂、译文审核和资料修订工作，并在编辑实践中不断检验既定方案的合理性和可行性。通过锲而不舍的努力，两部新版《选集》在时代特色、实践品格、译文质量、编辑体例、资料整合和使用效能等各个方面展现出崭新的面貌，达到了前所未有的水准。

我们编纂出版了《马列主义经典作家文库》，以适应党的理论建设和理论武装工作的需要。《文库》精选马克思、恩格斯和列宁的重要著述，编成著作单行本和专题选编本，以满足理论界和社会各界广大读者不同角度、不同层次的需求。在译文和资料方面，我们尽量采用经典著作编译工作的最新成果；在体例和结构方面，我们选择适合于学习和研究的崭新思路；在选材和导读方面，我们遵循面向实践、贴近群众的原则，力求体现与时俱进的风格。《文库》于2014年正式推出，迄今已有6批30种著作相继问世，在社会各界获得了广泛的好评。

我们用心、用力、用情编纂了《马克思画传》《恩格斯画传》和《列宁画传》，力求完整而又鲜明地再现革命导师的人生轨迹，准确而又凝练地介绍他们的理论贡献，真实而又生动地展示他们的精神风范。我们要求自己用编译经典著作的科学态度从事编纂画传的工作，确保史实记叙的准确性和理论阐述的科学性，力求在论述方式和叙事风格上开拓创新，使思想的感召力和艺术的感染力交互辉映、相得益彰。我们希望通过理论研究和理论普及的紧密结合，构筑一座座桥梁，让更多的读者走向马克思主义经典。从2018年到2020年，三部《画传》在纪念革命导师诞辰的日子里陆续出版，在社会各界特别是青年同志中间引起热烈反响，发挥了有力的引导和教育作用。

以上是我们近年来所做的几项主要工作，从中可以看出，进入新时代以来，经典著作编译工作者精神振奋，意气风发，决心用新的作为锻造新的成就，凭新的思路开创新的局面，以新的风貌做出新的贡献。

八

我热爱经典著作编译事业。在实践中，我深切地体会到，从事编译工作的过程，首先是学习的过程，是潜心研读马列原典、深入领会理论要义的过程，同时也是真切体悟经典作家的思想境界和崇高风范的过程。经过多年的学习和磨砺，我认识到马克思主义理论工作者只有矢志不渝地践行神圣职责，才能牢牢把握正确方向，不断取得新的进步。

采访人：经典著作编译群体是一个有信念、有担当、有恒心的战斗集体。2010年您从领导岗位上退下来以后，仍然在这个群体里坚持工作，从未离开、从未间断，为完成上述各项任务付出了心血。迄今为止，您为经典著作编译事业工作了数十年，为什么在退休以后还要继续负重前行呢？

韦建桦：理由很简单：因为这里的编译工作目前还需要我，而我自己也非常热爱这项工作。在这个阵地上，通过数十年的学习、思考和实践，我认识到马克思主义理论工作者应当坚定不移地履行崇高使命，只有这样，才能始终遵循正确方向，通过努力不断取得新的进步。

我热爱经典著作编译工作，是因为我们党的奋斗史、新中国的变迁史、改革开放的发展史雄辩地证明，这项工作对于马克思主义在中国的传播和运用、丰富和发展，具有不可或缺的重要价值。

我热爱经典著作编译工作，是因为这条战线拥有代代相承的优良传统。一百多年来，许多忠诚的马克思主义理论战士在这里默默担当、默默奉献，用实践为"淡泊明志，宁静致远"这一中华古训注入了新的时代内涵。"不要人夸颜色好，只留清气满乾坤"，这两句诗就是编译工作者的品格和胸襟的真实写照。

我热爱经典著作编译工作，还因为这项工作使我每一天都能与革命导师进行超越时空的对话，聆听他们关于宇宙与人生、社会与自然、历史与未来的教诲。为了准确理解他们的语言、逻辑和思想，我必须勤奋读书、深入思考，争取做到"日异其能，岁增其智"；只有这样，我才能不断获得思想的滋养，增添奋进的勇气。

您问我"为什么在退休以后还要继续负重前行"；我觉得"负重前行"这个词显得过于沉重了。实际上对我来说，退休之后能够继续从事毕生热爱的工作，这不是负担，而是幸福；工作中当然会有困难、有压力，但从根本上说，这种付出给我带来的是心灵的充实，是精神的愉悦。

采访人：您带领我们回望了经典著作编译工作的百年历程，使我们受到了深刻的教育和巨大的鼓舞。老一辈同志用自己的赤诚和毅力、智慧和恒心为党的事业做出了卓越贡献，为我们树立了学习的榜样。新时代、新征程，您对年轻一代编译工作者有什么嘱托和希望？

韦建桦：近年来，我有了更多的机会与年轻同志进行交流和合作。我真切地感受到他们的崇高理想和高远志向，同时也认真学习他们的创新勇气和进取精神。从他们身上，我看到优良传统薪火相传，严谨学风发扬光大，骨干力量茁壮成长，编译事业蒸蒸日上！

马克思说过："如果我们选择了最能为人类而工作的职业，那么，重担就不能把我们压倒，因为这是为大家作出的牺牲；那时我们所享受的就不是可怜的、有限的、自私的乐趣，我们的幸福将属于千百万人。"我们的前辈曾从马克思这句名言中汲取源源不竭的动力。我衷心希望，在新时代新征程上，马克思的这些千古不磨、掷地有声的箴言，将成为年轻一代的座右铭；我真诚地期待，年轻的同志们勠力同心、团结奋斗，为新时代马克思主义经典著作编译事业的发展续写华章，再创辉煌！

我坚信，年轻的同志们一定会有所作为、有所创造、有所建树，真正做到无愧于前辈，无愧于后人，无愧于我们这个伟大的新时代！

贾高建，哲学博士，教授、博士生导师。长期从事理论研究和干部教育工作，以及相关领域的管理工作。曾任中共中央党校教育长（副部长级），中共中央编译局局长，中共中央党史和文献研究院副院长、中央编译局局长。兼任中国马克思恩格斯研究会会长。中共十九大代表，第十二届、十三届全国政协委员。中央马克思主义理论研究和建设工程咨询委员会委员，重大项目首席专家。主要著作有《当代社会形态问题导论》《三维自由论》《在历史的多样性面前》《社会发展理论与社会发展战略》《马克思主义哲学与当代实践》《社会运行与社会发展》《哲学思维与领导能力》等。

为马克思主义理论研究和建设提供坚实基础

——中央编译局局长贾高建谈经典著作编译与研究

记者：经典著作编译，历来被称为"马克思主义中国化的第一道门槛"。在马克思主义理论研究和建设工程中，经典著作编译也是持续开展、备受重视的内容之一。大力度地进行经典著作编译，其重要性与意义何在？

贾高建：要实现马克思主义中国化，首先要学习和研究马克思主义，而这就需要阅读马克思主义经典作家的著作。这些经典著作主要是以德文、俄文等文字写成的，对于中国读者来说，必须进行文字转换，将这些著作翻译成中文。同时，经典著作的内容十分广博，为适应不同读者的不同需求，还需要以不同的方式进行编辑。因此，经典著作编译工作便成为马克思主义中国化的最基础的工作，只有这项工作做好了，才能有效地开展马克思主义的学习、研究和宣传。

也正因为此，在实施马克思主义理论研究和建设工程的过程中，马克思主义经典著作的编译工作得到了应有的

本文为2014年2月时任中共中央编译局局长贾高建接受《光明日报》记者王斯敏专访的访谈稿。原载于《光明日报》2014年2月24日。

重视。其主要任务，便是根据工程实施的实际情况，不断推出适合新的需要的编译成果，同时还要在新的条件下，对原有的著作译本进行修订和完善，努力为马克思主义理论的学习、研究和宣传提供更为可靠的文本依据。这项工作无疑十分重要，它关系到整个工程的根基是否牢固。要正确理解和把握马克思主义的理论，必须重视读原著；特别是在马克思主义遇到种种争议、一些重大理论问题存在不同理解的情况下，研读原著就更是必不可少。

记者： 我们知道，为了建构和完善种类齐全、形式多样的马克思主义经典著作版本体系，中央编译局长期以来作了大量努力。近年来取得的成果主要有哪些？目前正在开展哪些重点编译项目，进展如何？

贾高建： 建构和完善种类齐全、形式多样的马克思主义经典著作版本体系，是我们为经典著作编译工作提出的一个基本目标。中央编译局作为中央直属的马克思主义经典著作编译机构，理应认真履行自己的职责，完成好这方面的工作任务。从20世纪50年代开始，我局就陆续编译出版了《马克思恩格斯全集》《列宁全集》以及《马克思恩格斯选集》《列宁选集》等系列成果；之后又先后编译出版了《列宁全集》第二版、《马克思恩格斯选集》第二版、《列宁选集》第二版和第三版；进入20世纪90年代后又开始进行《马克思恩格斯全集》第二版的编译，并陆续出版了部分卷次。除了以上系列成果之外，还编译出版了大量经典著作单行本以及选编本等。

马克思主义理论研究和建设工程开始实施后，我局专门组织力量，编译出版了10卷本的《马克思恩格斯文集》和5卷本的《列宁专题文集》。其中，《马克思恩格斯文集》精选了马克思和恩格斯在各个时期有代表性的重要著作，内容比《选集》更为广泛，而且其全部译文是依据国际马克思恩格斯基金会编辑出版的《马克思恩格斯全集》历史考证版第二版（MEGA^2）以及《马克思恩格斯全集》德文版（柏林）、《马克思恩格斯全集》英文版（莫斯科、伦敦、纽约）等外文版本重新审核和修订过的，每篇著作的题注等也都重新编写，体现了经典著作编译和研究的最新成果。而《列宁专题文集》则采用了与《选集》不同的编辑方式，将列宁的代表性著作区分为不同的专题进行编辑，并将文献选编和重要论述摘编结合起来，力图更好地体现列宁相关思想的完整性和系统性。随后，我局又在两套《文集》的基础上，对《马克思恩格斯选集》和《列宁选集》进行了新的调整和修订，分别出版了《马克思恩格斯选集》第三版和《列宁选集》第三版修订版，保证了经典著作主要版本的一致性。

按照中央有关精神和进一步实施马克思主义理论研究和建设工程的具体部署，我局对马克思主义经典著作的编译工作也做出了新的安排。一是抓紧进行《马克思恩格斯全集》中文第二版的编译和出版。第二版以第一版为基础，依据《马克思恩格斯全集》历史考证版第二版（MEGA^2）以及其他外文版本重新进行编辑和译校，预计编70卷，准备分批完成并陆续出版。二是及时推出《列宁全集》第二版增订版。这个增订版除增补以往未曾收录的部分文稿外，还将根据近年来的新成果对相关译文进行重新审核和修订。三是组织开展《马克思主义经典作家文库》的编译工作。这一《文库》的内容包含三个系列：单行本系列、选编本系列、摘编本系列。可以预期，这些新的编译成果的推出，将进一步丰富和完善我国的马克思主义经典著作版本体系，使之更好地适应马克思主义理论学习、研究和宣传的需要。

记者： 研究工作和编译工作相互支持，是中央编译局的良好传统。依托现有部门与基础，下一步将怎样更好地开展马克思主义基本观点与现实问题研究？

贾高建： 在做好经典著作编译工作的同时，我局还十分重视马克思主义理论和重大现实问题研究。局所属部门包括马克思主义研究部、世界发展战略研究部等专门机构，还设立了一系列研究中心，在马克思主义基本理论研究、国外马克思主义研究、马克思主义文献典藏研究、世界社会主义和政党政治研究、中国改革发展战略研究、世界发展战略研究等方面形成了自己的独特优势。在马克思主义理论研究和建设工程中，我局牵头负责"马克思主义经典著作基本观点研究"等重点课题，组织协调局内外研究力量，推出了一批有较高质量的研究成果。

下一步，我们将按照"巩固基础、提高水平、突出重点、保持张力"的总体要求，进一步推进相关领域的研究工作。要站在新的时代高度，将马克思主义研究、世界社

中央编译局购藏的部分马克思恩格斯亲笔书信和明信片

会主义研究、世界发展战略研究以及其他各方面研究更好地结合起来,努力推出更多高质量的研究成果,打造我局科研工作的特色品牌。"马克思主义经典著作基本观点研究"作为马克思主义理论研究和建设工程的重点课题,要在已有成果的基础上继续深入展开,并相应拓展研究范围,着眼于当代中国改革和发展的新的实践,与各方面重大理论与现实问题的研究相结合。与此同时,加大对国外马克思主义和世界社会主义的研究力度,特别是着力开展动态跟踪研究,形成系列报告,更好地为中央决策服务。与之相应,在世界发展战略、海外学者对中国特色社会主义和中国梦的研究等方面，也要开展相应的动态跟踪研究，进一步发挥思想库和智囊团作用。

记者：理论走出书斋、走进群众，才能具有真正持久的生命力；中国的理论研究成果必须"走出去"，才能更好地和世界对话。在这两方面，中央编译局有什么考虑与计划？

贾高建：中央编译局积极开展马克思主义的宣传和普及工作，曾编辑出版了多种马克思主义经典著作和马克思主义理论学习的普及读本，还编印了经典作家的画传，拍摄了专题文献电视片，建立了"马克思主义传播史展览馆"。今后还应继续做好这方面的工作，利用我局深厚的编译和研究基础以及丰富的文献典藏资源，以多种形式进行马克思主义的宣传和普及，努力促进马克思主义的大众化。

推动中国理论走出去，开展思想理论方面的对外交流与合作，也是中央编译局的重要职责。按照中央的要求，我局在这方面进行了持续的努力，将党和国家一系列重要文献以及《毛泽东选集》《邓小平文选》《江泽民文选》等领导人重要著作翻译成多种文字对外传播，并承担了党中央理论刊物《求是》杂志及其他一些重要理论成果的对外翻译任务。

面对新的形势和任务要求，我们将做出新的研究规划，在继续做好中央文献和领导人著作对外翻译的同时，不断拓展工作领域，积极探索理论外宣的新路径。近期正在抓紧进行"理论中国"多语种对外宣传网站的建设，力图借

中央编译局近年部分编译成果

助互联网这一现代媒介,开发利用我局对外翻译的成果和各方面的思想理论资源,更好地推动中国理论走出去。此外,在进行马克思主义经典著作编译、马克思主义理论与重大现实问题研究等各方面工作中,我局也都十分重视开展多种形式的对外学术交流活动,努力使国际论坛上有更多的"中国声音",增强思想理论方面的话语权。

记者: 中央编译局图书馆素有"亚洲最大的马克思主义专业图书馆"之称。可否介绍一下馆藏情况?如何使其更加完备,发挥出更大作用?

贾高建: 马克思主义文献资源建设是我局工作的重要组成部分。经过多年努力,已建立了比较系统、完整的马克思主义专业文献体系,形成了包括马克思主义经典作家手稿原件和经典著作的各种版本、马克思主义在中国传播的历史文献、国际共产主义运动和工人运动史各类史料以及其他重要文献资料在内的优质资源。近年来先后购置和获赠了一批马克思主义经典作家手稿、题字著作和其他各种珍贵文献,产生了积极的影响。目前我们对这方面工作又进行了新的规划,并按照中央领导同志的指示精神启动了"马克思主义文献典藏工程",准备通过多种途径,采取多种方式,特别是运用现代科技手段,进一步扩大马克思主义文献资源建设的规模,丰富和补充典藏内容,提升我国在马克思主义文献资源领域的国际地位。同时还将采取有效措施,促进已有资源的开发利用,使之更好地立足全局、面向社会,为马克思主义经典著作编译和马克思主义

中央编译局办公大楼

理论的学习、研究和宣传工作服务。

记者：在您看来，马克思主义理论研究和建设工程开展十年来，效果如何？对我国的马克思主义理论研究、对工程的下一步开展，您有何建议和期待？

贾高建：组织实施马克思主义理论研究和建设工程，是我们党在思想理论建设方面的一项重大举措。十年来做了不少事，取得了许多成果，对于加强马克思主义的学习、研究和宣传，巩固马克思主义在意识形态领域的指导地位，促进马克思主义的中国化、时代化、大众化，都起到了积极的作用。对于工程的下一步工作，中央已做出明确部署，我们应从各自的职责出发，认真组织实施，切实抓好落实。要在总结前一阶段经验的基础上，进一步增强各项工作的针对性和实效性，努力推出更多更好的成果。同时加强各方面的协调和统筹，使工程成果更为有效地融入社会思想文化体系中去，并在相关领域起到引领和带动作用。应当相信，只要我们沿着正确的方向坚持不懈地作出努力，就一定能够将我国的马克思主义理论研究和建设继续推进到一个新的水平，使马克思主义理论在建设中国特色社会主义、实现中华民族伟大复兴中国梦的伟大实践中展现出新的生机和活力。

柴方国，译审。生于1963年，山东青岛人。曾任中央编译局副局长，中共中央党史和文献研究院院务委员、副院长、中央编译局局长（2020.12—2023.11）。党的十八大、二十大代表，十四届全国人大外事委员会委员。全国先进工作者。全国宣传文化系统"四个一批"人才。主要从事马克思主义经典著作编译工作，参与组织编译《马克思恩格斯全集》中文第二版、《马克思恩格斯文集》十卷本、《马克思恩格斯选集》中文第三版、《列宁全集》中文第二版增订版等。

继续推进马克思主义经典著作编译事业

柴方国

采访人： 系统、完整、准确地编译马克思主义经典著作，是党中央赋予中央编译局的光荣任务。2018年党和国家机构改革后，中央党史和文献研究院继续承担并推进有关编译工作。鉴往知今、继往开来，请您简要介绍一下一百多年来，党的经典著作编译工作的历史沿革。

柴方国： 中国共产党已经走过波澜壮阔的百年奋斗历程。一百多年来，中国共产党始终重视马克思主义经典著作的编译出版、学习研究和宣传普及。这种对待经典著作的立场和态度，是由我们党的性质决定的，是由马克思主义在人类社会发展史、人类思想史和党的百年历史征程上的地位决定的。习近平总书记指出，"马克思主义是我们立党立国、兴党兴国的根本指导思想。实践告诉我们，中国共产党为什么能，中国特色社会主义为什么好，归根到底是马克思主义行，是中国化时代化的马克思主义行。"中国革命、建设、改革事业不断取得新的胜利和伟大成就，一条根本经验就在于我们党始终坚持以马克思主义为指导，并创造性地运用和发展马克思主义，实现马克思主义中国化时代化一次又一次新的飞跃。马克思主义经典文本的中国化，是实现马克思主义中国化时代化的重要前提之一，是推动党的理论创新和实践创新的最基础的工作之一。

1921年，中国共产党成立伊始，就积极策划并推进马克思主义经典著作翻译和传播工作。时至今日，经典著作编译事业与党的工作大局同步，大体上也经历了四个发展时期：

一是新民主主义革命时期，也就是20世纪20年代初至新中国成立这段时期。我们党在极其艰难困苦的条件下，有组织地将经典作家主要著作译成中文，为全党学习掌握马克思主义基本原理，运用马克思主义理论指导中国革命实践提供了重要基础文献。毛泽东同志针对党内文化水平不高、马克思主义理论水平不高的问题，大兴学习之风，大力倡导学习马克思主义著作。毛泽东同志曾经提出，如果我们党有一百个至二百个系统地而不是零碎地、实际地而不是空洞地学会了马克思列宁主义的同志，就会大大地提高我们党的战斗力量。他号召开展学习运动，有组织地学习，把全党变成一个大学校；他指示成立专门机构，负责编译和校阅马克思主义经典著作，为全党学习提供可靠文本依据；在不同时期，他多次向全党推荐经典著作书目，要求结合党的事业发展需要深入学习研究，不断提高全党的理论修养和思想水平。

二是社会主义革命和建设时期，也就是20世纪50年代初至70年代末这段时期。1953年，我们党成立专门编译机构——中央编译局,主要依据苏联和民主德国经典著作集的优秀版本,有系统有计划地编译马克思主义经典作家的全部著作,为推动马克思主义基本原理同中国具体实际相结合、探索中国社会主义革命和建设道路提供了较为系统完整的马克思主义经典著作文本。

三是改革开放和社会主义现代化建设新时期,也就是20世纪70年代末至党的十八大召开前这段时期。面对复杂变幻的国际形势,我们党毫不动摇地坚持马克思主义的指导地位,用马克思主义立场、观点和方法指导中国特色社会主义伟大实践。按照党中央指示要求,中央编译局充分吸收国内外最新编译研究成果,深入推进经典著作编译事业,开展已有中文版本的修订更新工作。

四是中国特色社会主义新时代,也就是党的十八大以来这段时期。以习近平同志为核心的党中央紧密结合中国特色社会主义伟大实践,推动全党深刻把握和正确运用马克思主义,不断丰富和发展马克思主义。按照充分反映原著精神、确保权威性准确性的要求,我们积极构建和完善种类齐全、形式丰富、译本可靠的马克思主义经典著作版本体系,更好地适应新时代深入学习、研究和宣传马克思主义理论的需要,推动从源头上巩固马克思主义中国化时代化的文献文本基础。

采访人: 您的介绍,让我们对党的经典著作编译史有了更加清晰的认识。那么经过一百多年的积累,目前党的经典著作编译工作都取得了哪些重大成果、发挥了哪些重要作用呢?

柴方国：在党中央的高度重视和关心支持下，我国成为世界上翻译出版经典著作历史最持久、用功最扎实、成效最显著的国家之一。经过几代编译工作者不懈努力，我们编译出版了马克思主义经典作家的几乎全部著作，形成三大版本体系：一是经典著作的全集版本，包括《马克思恩格斯全集》中文第一、二版，《列宁全集》中文第一、二版和第二版增订版，《斯大林全集》中文版等；二是经典作家的文集、专题文集、选集版本，包括《马克思恩格斯文集》十卷本，《列宁专题文集》五卷本，《马克思恩格斯选集》（四卷本）第一、二、三版，《列宁选集》（四卷本）第一、二、三版及第三版修订版等；三是经典著作单行本、

《马克思恩格斯选集》中文第 3 版

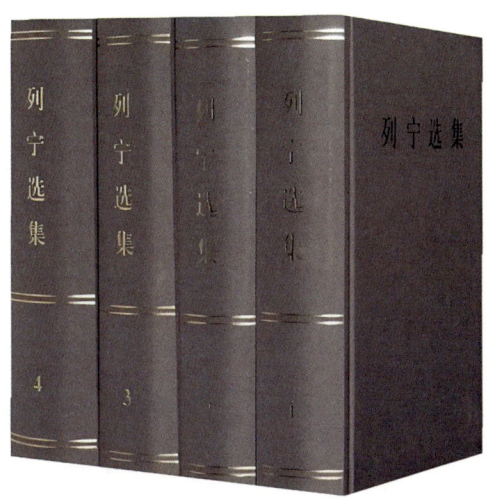

《列宁选集》第三版修订版

选编本和各种宣传普及读本,包括《马列主义经典作家文库》系列、《马克思列宁主义文库》系列、《马克思恩格斯军事文集》(共5卷)、《列宁军事文集》《斯大林文选》等。

经典著作编译事业的发展历程和成就,是党的百年奋斗的重要组成部分,对于推动马克思主义在中国的广泛传播发挥了不可替代的重要作用。经典著作编译事业持续推进,为我们党学习、运用和发展马克思主义提供了丰富的思想资源,有力促进了党的理论建设和思想武装。在编译过程中,几代编译工作者力求弄通悟透经典作家本意,注意完整准确地传达马克思主义的发展历史、思想内涵和精神实质,避免以教条主义或实用主义的态度对待经典作家的具体表述或结论,为正确运用马克思主义的立场观点方法解决我国不同时期所面临的实际问题、创新发展党的思想理论提供了源头活水。

经典著作编译事业持续推进，为构建中国特色的哲学社会科学学科体系、学术体系和话语体系提供了科学的理论依据，有力促进了我国哲学社会科学的繁荣发展。系统全面地编译经典著作，充分展现了马克思主义经典作家的全部理论著述，特别是关于哲学社会科学各个领域的重要理论观点。随着各种版本的编译出版和马克思主义理论的传播，我国哲学社会科学实现从传统形态向现代形态的迅速转型，在指导思想、理论主干、观点方法、术语概念等方面发生深刻变革，并日益呈现出鲜明的中国特色、中国风格和中国气派。

经典著作编译事业持续推进，为坚持马克思主义在意识形态领域的指导地位，促进社会主义文化繁荣发展提供了丰厚滋养，有力推动了中国特色社会主义文化建设。中国特色社会主义文化，由中华优秀传统文化、革命文化和社会主义先进文化组成，植根于中国特色社会主义伟大实践。经典著作编译成果持续而广泛的传播，不仅使马克思主义理论本身在我国产生巨大的社会影响力，也极大地拓展了人们的世界历史文化视野，带动了人类优秀文明成果在我国的译介和传播，激发了中华文明的强大生命力，促进了我国优秀传统文化的创造性转化和创新性发展，改变了人们的行为方式、思维方式、语言习惯、文化心理、道德理想和价值追求，深刻塑造了一代又一代中国人的世界观、人生观和价值观。马克思主义已经深深融入人民群众的生活，融入中华文化血脉，成为中华文化的重要组成部分。

采访人：党的十八大以来，中国特色社会主义进入新时代。在2018年党和国家机构改革过程中，党中央作出重大决策，将中央党史研究室、中央文献研究室、中央编译局的职责整合，组建中央党史和文献研究院（对外保留中央编译局牌子），打通党史研究、文献编辑、著作编译、宣传教育各环节，为经典著作编译事业发展提供了新的机遇。请您介绍一下近些年来经典著作编译工作所取得的成绩。

柴方国：十多年来，我们坚持以习近平新时代中国特色社会主义思想为指导，深入贯彻落实党的十八大、十九大和二十大精神，深入贯彻落实习近平总书记重要指示批示精神和党中央重大决策部署，围绕服务党和国家工作大局，进一步增强经典著作编译工作的统筹性和前瞻性，充分调动编译业务人员的积极性和创造性，高质量完成各项工作任务，推动经典著作编译事业取得新进展新成就。

我们聚焦主责主业，重点推进经典著作基础版本的编译工作。进一步加强与人民出版社等单位在马列著作编译、出版方面的沟通与合作，提高编译、出版的质量和效率；进一步加强与国外经典著作编辑研究机构如《马克思恩格斯全集》历史考证版（MEGA）编委会的合作，着力解决编译工作中遇到的各种难题，包括外文理解、文献资料、历史考证和编辑技术等方面的问题，不断提高中文译本的准确性、规范性。以我们的重点编译项目《马克思恩格斯全集》中文第二版来说，2013年、2014年、2015年、2016年、2018年、2019年、2021年、2022年、2023年、2024年先后完成了第14、35卷，第26卷，第36卷，第42、43、49卷，第28卷，第37、38卷，第29卷，第50卷，第39卷，第40卷（上）的编译出版任务，产生了积极的社会影响。其他卷次的审稿、定稿工作也在有计划地往前推进。在列宁著作编译方面也取得重要成果，2010—2017年，中央编译局老中青三代经典著作编译者不畏艰难、砥砺奋进，经过7年紧张工作，完成《列宁全集》中文第二版增订版60卷本编译工作，在2017年俄国十月革命胜利一百周年之际隆重推出。增订版保持原有的卷次划分和框架结构不变，编译质量进一步提高，增补40多篇新文献，对列宁著作中出现的马克思恩格斯引文全部进行修订和统一，对原有译文中少量不确切的译文作了订正，对各种资料作了更新和充实，对各卷前言也根据新的研究成果予以充实完善。新版《列宁全集》是目前世界上收文最丰富、编辑最合理的列宁著作集，对于促进马克思主义发展史研究，特别是列宁思想研究具有重要意义。

我们适应新时代学习马克思主义经典著作的需要，积极开展《马列主义经典作家文库》《马克思恩格斯列宁哲学论述摘编》《马克思恩格斯军事文集》第二版（6卷本）等宣传普及版本的编译出版工作，不断丰富经典著作的版本种类。

与此同时,我们努力推进经典作家生平事业的研究阐释,陆续编译出版有关读本。《列宁全集》中文第二版增订版及资料汇编完成后,我们随即启动《列宁年谱》的编译工作。这套《列宁年谱》总计13卷,收录列宁生平事业条目近39000条,内容翔实,史料丰富,具有重要参考价值。2018和2020年,在马克思诞辰200周年、恩格斯诞辰200周年和列宁诞辰150周年之际,我们精心编辑了《马克思画传》《恩格斯画传》《列宁画传》普及版,作为对经典作家的诞辰纪念,引起广大读者强烈反响。

此外,我们适应信息化时代传播特点,积极开展马克思主义经典著作编译数据库建设,为经典著作的检索、使用提供更加便利的路径和条件。

这些工作的开展、完成,进一步完善了经典著作版本体系,促进了经典著作版本更新升级,为马克思主义中国

《马克思画传》《恩格斯画传》《列宁画传》

新版《马克思画传》《恩格斯画传》《列宁画传》

化时代化提供了权威可靠的文献文本依据。

采访人： 党的经典著作编译事业已经走过了一百多年的风风雨雨，新中国成立后，经典著作编译事业也随同中央编译局的建立，走过了七十多年的奋进历程。当前，世界百年未有之大变局正在加速演进，我们党团结带领全国人民迈上全面建设社会主义现代化国家新征程。在新时代坚持和发展中国特色社会主义，机遇和挑战前所未有，必须坚持以马克思主义及其中国化时代化最新成果为指导，奋力谱写党和国家事业发展新篇章，这也对新时代经典著作编译事业提出了更高要求。请您谈一谈，新征程上，经典著作编译工作如何守正创新、勠力前行。

柴方国： 拥有马克思主义科学理论指导是我们党坚定信仰信念、把握历史主动的根本所在。党的十八大以来，习近平总书记以深邃的历史眼光和宏阔的世界视野，着力推动新时代党的建设新的伟大工程，围绕坚持思想建党、理论强党，深刻阐述了学习马克思主义经典著作的意义、内容和方法，号召全党深入学习马克思主义经典著作，感悟马克思主义的真理力量，坚定马克思主义信仰，提高全党运用马克思主义基本原理解决当代中国实际问题的能力和水平，更好地把科学理论转化为坚持和发展中国特色社会主义的强大力量。习近平总书记指出，"共产党人要把读马克思主义经典、悟马克思主义原理当作一种生活习惯、当作一种精神追求，用经典涵养正气、淬炼思想、升华境界、指导实践"；"新的征程上，我们必须坚持马克思列宁主义、毛泽东思想、邓小平理论、'三个代表'重要思想、科学发展观，全面贯彻新时代中国特色社会主义思想，坚持把马克思主义基本原理同中国具体实际相结合、同中华优秀传统文化相结合，用马克思主义观察时代、把握时代、引领时代，继续发展当代中国马克思主义、21世纪马克思主义！"关于经典著作编译，习近平总书记强调，"要加大经典著作编译力度，坚持既出成果又出人才，培养一支新时代马克思主义经典著作编译骨干队伍。要深化经典著作研究阐释，推进经典著作宣传普及，让理论为亿万人民所了解所接受，画出最大的思想同心圆。"这些重要论述，为我们继续推进经典著作编译事业指明了方向，提供了根本遵循。新时代新征程，我们要在以习近平同志为核心的党中央坚强领导下，继续发扬优良传统，积极开拓创新，推动马克思主义经典著作编译事业取得更大进展、更大成就，为全面建成社会主义现代化国家、全面推进中华民族伟大复兴历史进程做出新的贡献。

一是要恪守正道，夯实版本基础，准确传递马克思主义经典作家原意。深刻把握新时代继续编译马克思主义经典著作的重大意义和时代要求，增强做好编译工作的信心和定力。坚持经典著作编译工作的传统和规范，以更高要求、更高质量推进经典著作基础版本编译工作，按计划完成《马克思恩格斯全集》中文第二版各个卷次，确保经典著作文本的系统性、完整性、准确性；面向新的实践要求，不断推出更多便于阅读、形式多样的经典著作宣传普及读

2013年中央编译局成立60周年之际,马列著作编译部部分工作人员合影

本，完善版本体系，促进版本升级，更好适应新时代阅读经典著作的需要。

二是要深化研究阐释，深刻把握马克思主义的理论要义、历史发展及其时代价值。继续开拓视野，加强与国内外理论界、学术界的交流互动，积极吸收相关领域的最新成果，重点关注《马克思恩格斯全集》历史考证版的研究和考证进展，持续深化对经典著作的文本内涵、版本演变、历史影响、流传情况的认识，深化对马克思主义经典作家生平事业、理论贡献、精神风范的研究阐释。坚持以发展的观点对待马克思主义理论，贯通领会马克思主义中国化时代化历史演进脉络，深入研究习近平新时代中国特色社会主义思想与马克思主义基本理论既一脉相承又创新发展的关系，深刻把握马克思主义不断创新发展、展现生机活力的历史逻辑、理论逻辑和实践逻辑，深刻揭示中国共产党人在百年奋斗历程中为推动马克思主义中国化时代化、丰富发展马克思主义做出的巨大贡献及其历史地位。同时，还要对那些消解马克思主义话语体系、歪曲马克思主义基本立场和观点的做法进行坚决抵制和批判，更好地展现马克思主义科学世界观和方法论的引领力和影响力。

三是要加强队伍建设，为经典著作编译研究提供人才支撑。编译经典著作，是一项老老实实的科学工作，是一项需要信念和执着的事业。编译队伍的政治素质、理论素养、知识储备、工作作风等因素，直接影响编译成果的质量和水平。要积极引导编译人才自觉坚定马克思主义信仰，忠诚党的事业，练就过硬本领，矢志不渝为编译经典著作、传播马克思主义奉献力量；把握新的历史机遇，积极创造条件完善编译人才培养使用机制，长远谋划，久久为功，使编译人才队伍在规模、结构和质量上不断得到改善和提高，努力锻造一支政治过硬、业务精进、作风踏实的人才队伍。

师哲(1900—1998),马列主义经典著作翻译家。著名苏联问题专家。陕西韩城人。1926年加入中国共产党。1938年任中共驻共产国际代表团团长任弼时同志的秘书。1940年回国后,在中央办公厅、中央社会部工作。1945年后任中央书记处办公室主任,中央书记处政治秘书室主任。新中国成立后,任中央办公厅政策研究室主任、中央俄文编译局局长兼北京俄文专修学校校长、中央编译局首任局长(1953.1—1957.1),并长期兼任毛泽东、周恩来、刘少奇、朱德同志的俄文翻译。1957年任山东省委书记处书记。参与组织领导《马克思恩格斯全集》中文第一版、《列宁全集》中文第一版、《斯大林全集》编译和《毛泽东选集》1—3卷俄文版翻译工作。

首任中央编译局局长
——师哲与马列经典著作编译工作

高叔眉

我是随着编译局的成长而成长起来的。编译局是我翻译生涯的起点，也是我安身立命的归宿。建局之初，由于工作需要，何匡推荐我担任第一任局长师哲的助手，当时称助校，参加三大全集中文第一版开头部分卷次的翻译审订工作。我有幸经常聆听师哲局长的教诲，至今难忘。当时师哲局长一身兼任许多要职，但主要精力和重心却始终放在编译局的组建和发展上。他总是反复强调经典著作的翻译不同于一般的翻译，是一项十分严肃的政治任务。要以高度的责任心和事业心去完成。在他原来的南宽街寓所里有一间向阳小屋，就是当年我和菲菲[①]同志协助他审订经典著作译文的地方。他有时一口气连续工作几个小时，有时从外面回来哪怕快到吃饭时间，也要进来抓紧审稿。为了使译文更加准确和完善，往往反复推敲，好久前进不了几行字。在工作过程中，他除了对我和菲菲就中文译法和

高叔眉，原中央编译局马列部译审。本文为1993年纪念中央编译局成立40周年所作。题目为编者所加。

[①] 欧阳菲，时为中央编译局俄语翻译。——编者注

师哲、陈昌浩、张仲实、姜椿芳铜像

俄文含义提出的意见作出决断外，总是从翻译与研究相结合的角度对我们进行启发和开导。他常说，作为一个经典著作的翻译工作者，要有全面的修养。细分一下，就是理论修养、外文修养、中文修养、技巧修养。这又是一个整体。构成翻译工作者的素质。素质品位越高，译品质量就越高，就越能为广大读者所喜爱和接受。

当时，正处在新生的共和国的"一五"时期，全国上下生机勃勃，全局如同春天常驻。我们从事这项神圣事业的人，除何匡、刘水、陈山、毕克、宋书声等少数来自延安和解放区的骨干力量外，大部分是各大专院校的毕业生。这批人虽然基础较好，但是与工作的要求相比，还有一大段距离。为了尽快缩短这个距离，甚至消除这个距离，老一代局领导——师哲、陈昌浩、张仲实、姜椿芳四位局长，合力采取了一系列相应的有效措施，促使全局业务干部边学边干边提高。在理论方面，特别是专业理论亦即马克思主义三大组成部分和三大来源方面，当时国内的知名学者如贺麟、何思敬、杨献珍等都被邀请到局里开专题讲座，目的是给翻译经典著作开拓广阔的理论视野。至于在当时历史条件下苏联专家以局为家,专门就某篇某部经典著作作深入系统的理论辅导,早已成为局史的鲜明一页,其利弊得失,如果放在历史的高度上来看,就不必苛求了。

在外文方面,更是想方设法从单一语种的熟练精通,到第二、第三、第四语种的掌握参考上做了许多奠基性工作。建局之初来局的外文干部以学俄语的居多,也有少数学英语、德语和法语的。由于经典著作本身就是一个多语种的合成体,所以只通一门外文是胜任不了或者驾驭不了的。那时局领导以战略的眼光看清了这一点,就不失时机

中央编译局成立初期师哲主持召开工作会议

地紧紧抓住多数工作人员朝气蓬勃、进取心强、精力充沛的特点,为全局在职外语干部提高外语水平开办培训班。比如,开办俄语班,请从小在苏联长大并受过高等教育的革命烈士后代用俄语讲俄罗斯文学和戏剧以及口语课,作为俄语专业的充实和深化,尽快闯过俄语关;开办德语班,请华籍德语专家多拉和魏露丝先后讲德语课,使绝大多数人在短时间内就把德语基本学会了;开办英语班,请留学英国的中国英语专家如张培基先生讲英语课,涉及英语基础和莎翁剧作,使已有英语基础的人再把英语阅读能力提高一步;开办拉丁语讲座,请北大罗念生教授讲拉丁语入门;到晚些时候,还开办法语班,由留法干部顾良、王鹏

中央编译局成立初期开办的外语培训班

自编讲义讲法语课，使不少人对法语的美丽面庞或庐山真面目也有缘相认相识了。这些培养外文干部的有效措施都起到学以致用的积极作用。外界似乎有过一些传言，以为编译局早期搞马恩著作的翻译都是从俄语转译的，其实大谬不然，像恩格斯的《英国工人阶级状况》，就完全是从英文直接翻译定稿的，俄译文只是作为一个参考佐证而已。从上述情况来看，编译局的业务干部，可以毫不夸大地说，几乎都是一身兼通多语种的行家里手。

在中文方面，建局初期吃的偏饭就更多了。曾调进一位中国古文字学家李立教授专门为编译局业务干部讲《楚辞》讲《诗经》讲《小学》。应该说，这是师哲局长的远见卓识的表现。可惜的是这位老教授的话不大好懂，南方口音太重，讲的又多是些古董，总有点"言之者谆谆，听之者寥寥"的味道，但他编印的一些讲义还是很有水平和特色的。岁月流逝，我未能保存下来。还请过某大学一位中文系教授高镜芹先生专职负责我局经典著作译文的中文修辞工作。高教授不懂外文，完全从中文遣词、造句、章法、音韵等等角度为译文润色修饰，凡是中肯的意见，都被一一吸收。遗憾的是，高教授没有为三大全集中文版修辞到底就猝然辞世了。但是为译文设中文修辞员的工作却延续下来，成了编译局的一个好传统。后来来局担任修辞员工作的也都是名牌大学中文系毕业的后起之秀，如王诚可、丁世俊。这里应该特别提及的是，在翻译《斯大林全集》头几卷的时候，为了把质量搞得好上加好，曾经把编译局的译文分别送请国内中国语言文字专家过目、审读。我记得很清楚，师哲局长指出：像吕叔湘、叶圣陶、朱文叔等等都是中文专家，请他们看看我们的译文，提些意见，是很好的。根据师哲局长的指示精神，当时或者把译文打字稿，或者把译文清样，分别送给国内第一流的专家学者，请他们指正。在一定的期限内，我们陆续收到经他们看后退回的稿子。这些专家看得很仔细，并且把自己的意见用眉批或圈改的方式工工整整地写在稿子或清样上。我们如获至宝地逐一加以研究、吸收，特别是对一些虚词的处理，按照中文行文习惯加以删削，不求形式的对号入座，但求内在的气势连续，读起来使人有行云流水、一气呵成的感觉。当时任校审室主任的陈山在看到一些好方案时不禁为之拍案叫绝。像《斯大林全集》中文版第1卷的译文，光从中文的角度来看，是很美的，有些在当时被选入语文课本作为范文供学生学习。从某种意义上说，这些译品是在中外专家和翻译工作者的共同锤炼之下产生的集体结晶，单凭某个人的力量是不大容易做到的。至于有些涉及具体历史细节和特殊用法方面的问题，有时也向熟悉情况的中央领导同志质疑。比如有一次我就根据师哲局长的指示为一篇涉及苏联第一个五年计划的中央全会决议的专论到南河沿计委去请教李富春同志，把疑难妥善地解决了。

前些年在《人民日报》上我偶然读到老前辈萧乾先生的一篇文章，其中提到50年代叶圣陶为编译局审读了不少东西却没有得到应有的报酬，编译局不尊重叶老劳动云云。

这是误解了,讹传了,不是事实真相。我记得,当时还没有什么正式的稿酬制度,编译局的干部大体也都是享受供给制待遇,尚无分配稿酬一说。但是,对于外界为编译局的译稿出过力的专家学者,却是根据实际情况分别致酬的,包括叶老在内,每次都是破格地以 100—300 元不等的整数作为对他们宝贵劳动的补偿,分别送交。这在当时情况下是不算微薄的数目了。可惜当时的账目留底现在已无从清查,或许已灰飞烟灭,荡然无存,而收款人当然也未必会留下文字记载。但是,由于我在师哲局长身边工作,这类事我是记忆犹新的。因为师哲局长非常尊重中国的专家学者,并亲自过问致酬事宜,确定大致数额。何况他与叶老还私交甚笃哩。他在兼任北京俄专校长的时期就曾不止一次地请叶老去作报告,讲如何学习和使用中文。这当然也

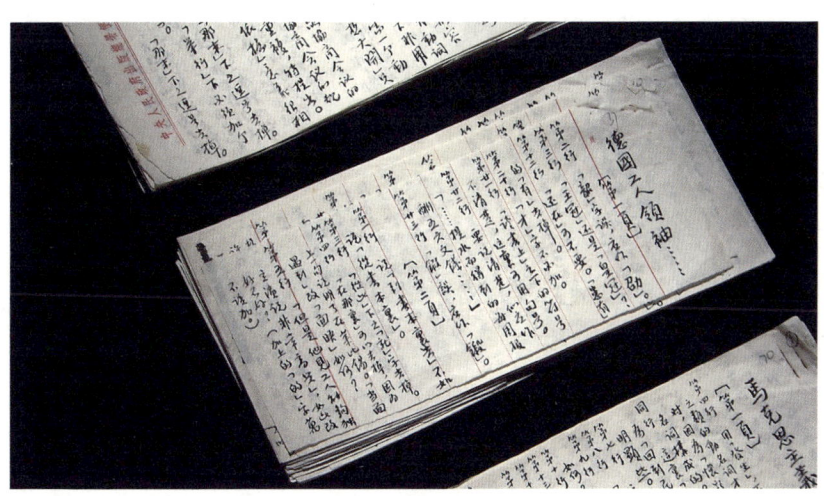

叶圣陶修改的斯大林著作中译文清样

与叶老当时担任着教育部副部长的职务有点关系。话再说回来，为了引起业务干部对文字工作的兴趣和重视，当时还请我国著名语言语音学家罗常培教授来局作这方面的专题报告，那简直是一种享受，语音纯正，声调铿锵，增加了我们语言规范化的推动力和迫切感。我们还请艾青来讲诗词，丁玲来讲《红楼梦》，冯雪峰来讲鲁迅和当代文学，刘白羽来讲军队文艺，等等。所有这一切，都反映出局领导当年对提高翻译干部中文水平的高度重视。所以经常出现一种喜人的现象：编译局图书馆每周在后楼走廊里举办的新书展览，变成了最吸引人的一角；古今中外的名小说、名诗歌、名剧本，也就是名人的或新人的名作名著，成了抢手货，捷足者先登（借），后来者排号。究其原因，除先睹为快的求知的一面外，增强自身的中文修养以适应工作的要求就自然地形成读书热了。

在翻译技巧方面，当时面临着一个翻译标准问题。经典著作的翻译刚刚起步，如果没有一个统一的标准，是难以完成党中央交给编译局的这项政治任务的。师哲局长主张开展一次大讨论。他常常对我说，严复的"信、达、雅"究竟是怎么回事？是全盘接受下来呢还是全盘否定不要？于是在编译局的推动和主持下，展开了50年代初期的一场翻译标准大讨论。当时的讨论文章和资料汇总起来有厚厚的一大沓。郭沫若、茅盾等名流前辈都参加了讨论。我的印象：许多人认为，"信、达、雅"是一种历史现象，不外乎是要把译文搞得准确通顺，优美传神，使中国人读得懂、读得津津有味，不能叫人望而生畏，欧化句子见头难见尾。译文应该尽量中国化，因为它是给中国人读的。当然也不能脱离原文，违反原意，不能像自己写文章那样随意发挥。在这场大讨论的基础上，翻译经典著作的标准也就形成了，这就是"意思正确，译文通顺"的八字方针。据师哲局长讲，这是少奇同志提出，再以中央名义下达编译局的。很明显，八字方针既不是"信、达、雅"的同义语，也不是"信、达、雅"的对立面，恰恰是在总结前人经验的基础上提出的符合翻译本身的规律和要求的最佳方案。这就避免了"原文不雅怎么办？"这样一些见仁见智、争论不休而又无补于事的笔墨官司。所以，我们在八字方针的指导下，正确地处理了经典著作的莫斯科译文以及国内分散的原有经典著作译文，把原来处理得好的译法保留下来，用符合时代的规范语言取代那些陈旧的表达。意思正确了，译文通顺了，你说是"信、达、雅"了，不是"复古"，也未尝不可。当然，像"勿因小节而乱大谋"这样的论语式译文显然是不足取的，按照原文 маленькие неприятности не должны мешать большому удовольствию 改译成"勿因小别扭而妨碍大快事"就比较贴切了。

翻译标准的讨论促进了翻译技巧的运用和成熟。当时，局里经常交流翻译经验，把处理得比较成功的译例通过各种形式进行鉴赏，"学术"气氛颇浓。在50年代初期由编译局举办的一次以马列主义在中国的传播为主题的大型展览，有相当的比重就是介绍我们提高经典著作译文质量的实物原件。从原稿、互校稿、组定稿、室定稿、中外专家审读稿一直到局长审定稿，都层次清晰地一一展现在人们眼前。编译局图书馆馆长杨威理负责整个展览的具体组织布展工作，并为展览起草了解说词。经师哲局长过目通过。接待参观者时，由刚调局不久留着两根小辫子的哈尔滨外国语专门学校毕业生高宁哲担任讲解员，她的中俄语口语都很流利，讲得引人入胜，给人们留下深刻印象。这次展览成为建局之初的盛举盛事。由师哲局长敬请毛主席为编译局创办的《学习译丛》亲笔题写的四字墨宝原件也在这次展览会上展出。曾亲自莅临西斜街参观的有少奇同志、朱总司令以及李先念、周扬和党内外各个方面的许多知名人士。编译局的工作的确是在党中央的直接领导和关怀下成长发展壮大起来的。回想当时来局参观的中央领导同志平易近人，和蔼可亲，同我们这些年轻人一一握手致意的情景，历历如同昨日，是多么暖人心啊!

为了让编译局的干部眼界更加开阔起来，师哲局长本人经常给大家讲国际形势，每出去一次回局后总要讲些花絮见闻、动态点滴，以弥补多数干部了解实际之不足。局里还有计划地邀请各方面的科学家作报告，比如请赵忠尧教授讲原子弹，请侯仁之教授讲北京城，许多名流学者也都愿意来编译局传授他们的专业知识，是不是他们早就意识到科学要与马列相结合或者马列应与科学共发展呢？我的印象：这些科学家在传授自己的专业知识时无不充满对自己所从事的专业的执着追求和热爱，并且都是在不同程度上用辩证唯物主义和历史唯物主义的求实精神探讨科学问题的。

严格要求，关怀备至，全面培养，放手使用，我想编译局很多人都能回忆起老一代局领导对青年干部就是这样做的，这也成了编译局培养干部的优良传统。编译局曾有过火红的年代，沸腾的生活，风发的意气，炽烈的追求，经过40年的艰苦奋斗，终于把三大全集中文第一版和自编《列宁全集》中文第二版全部奉献给了世人。自编《马克思恩格斯全集》中文第二版作为跨世纪的工程也必然能够像三峡工程一样获得成功。我以为，编译局过去、现在和将来所从事的事业，应该与日月同光辉，与天地共长久。

我现在就以一首小诗结束这篇回忆文字：

三大全集大工程，
群策群力群英雄，
曾为沧海一滴水，
终生莫负此光荣。

陈昌浩（1906—1967），马列主义经典著作翻译家。中国共产党忠诚的无产阶级革命战士。中国工农红军高级指挥员。湖北武汉人。1926年加入共产主义青年团。1927年12月赴莫斯科中山大学学习。1930年回国后，由共青团员转为共产党员。先后任鄂豫皖中共中央分局委员兼共青团特委书记、红四军政治委员、红四方面军总政治委员和中共鄂豫皖分局军委副主席、西路军军政委员会主席等职。1934年1月被选为候补中央委员。1937年8月到中央宣传部工作。1939年8月赴苏联养病后，翻译了大量政治书籍、文艺作品，并编《俄华辞典》。1952年回国后担任中央马列学院副教育长。1953年起任中央编译局副局长。参与组织领导《马克思恩格斯全集》中文第一版、《列宁全集》中文第一版和《斯大林全集》的编译工作。

从红军将领到经典译者
——陈昌浩与马列经典著作编译工作

陈瑞林

1953年中央编译局成立。师哲，以及陈昌浩、张仲实、姜椿芳分别任正副局长。他们在贯彻和执行党中央交下的经典著作翻译任务时，明确指出翻译工作意义，精心拟定翻译计划，坚持正确的翻译标准、原则、方法和严谨的译风，严格实行译、校、审相结合的集体翻译制度，认真总结翻译经验，重视培养翻译人才等等，这些重大而妥善的决策，决定了编译局后来翻译工作的健康发展。他们不愧是编译局翻译事业的奠基人。当年，我们这些青年人在党的教育下，正是接受了他们的教诲，因而逐步树立了正确的人生观和科学的翻译观，把一辈子献给了马列著作的翻译事业。回顾一生，经验和教训很多，体会最深的一点就是：翻译马列著作不能单凭革命热情和干劲，只有活学活用唯物辩证法，自觉地运用科学翻译观指导翻译实践，才能出色地完成翻译任务。我现在已经是耄耋之人，结合毕生的经历来重温他们的教诲，感到他们所讲的翻译道理非

陈瑞林，原中央编译局当代马克思主义研究所处长，译审。本文口述于2015年，整理者詹珩。

常深刻,至今都有指导意义。因此,我也希望老战友都来回忆他们讲翻译作指示的鲜活情景,让后人也能受到教育,加快成长,做好翻译工作。今天我主要回忆陈昌浩副局长的翻译活动。

一、传播先进文化的翻译家

新中国成立后,为了适应国家建设的伟大任务,我党提出翻译工作必须有计划、有系统地、认真严肃地大量介

陈昌浩主编的《俄华词典》

绍国外首先是苏联的建设经验和先进科学著作，特别是马列主义著作，来推进"用马列主义教育全国人民"，以加快国家工业化进程。在这种历史背景下，中央编译局正式成立了，陈昌浩被调来当副局长。

陈局长是湖北武汉人。他早年参加革命，1926年加入共产主义青年团，在武汉积极从事我党领导的学生运动。1927年蒋介石叛变革命后，他在武汉坚持地下工作，同年12月党派他去莫斯科中山大学学习。1930年他从苏联回国，并由共青团员转为共产党员。1931年4月，党派他到鄂豫皖苏区，任鄂豫皖中共中央分局委员兼共青团特委书记。1931年9月至1937年3月，他先后任红四军政治委员、红四方面军总政治委员和中共鄂豫皖分局军委副主席、西路军军政委员会主席，参加了举世闻名的长征。1934年1月，在党的六届五中全会上，他被选为候补中央委员。1937年8月他到中央宣传部工作，并在陕北公学、抗大和马列学院讲课。1939年8月，党批准他去苏联养病。1943年6月被原共产国际执委会总书记季米特洛夫安排在莫斯科外国文书籍出版局，负责该局中国部的翻译工作。

据陈昌浩的儿子陈祖涛讲：在莫斯科期间，陈局长工作积极努力，"苦心钻研，翻译水平有所提高，由一等翻译员升入特等翻译员，翻译和审校了一些马列主义经典著作、文艺著作和其他著作"。1940年，苏联出版了加里宁的《论共产主义教育》一书。书中论述了关于共产主义的内容和方法以及如何对群众进行生动活泼、富有成效的宣传和鼓动工作。这本书就是陈局长译的，大家都看过，对我国青年和干部的思想教育工作起了良好的作用。在莫斯科期间，陈局长和李立三还合译了两卷集的列宁著作的精选普及本《列宁文选》。李立三1946年被调回国，下卷就由陈局长续译和重校。文选有数十万字，包括了列宁的基本著作，为中国读者学习列宁原著提供了优秀译本。陈局长还曾翻译了苏联一些优秀文艺作品。如，斯杰潘诺夫的《旅顺口》（上下两册），还有西蒙诺夫的《日日夜夜》。这两部书在中国多次再版，尤其是他和别人合译的《日日夜夜》，"是20世纪50年代在中国青年中风靡一时的畅销书"。他为这部译作，"倾注了全部心血和战斗激情"。"译文信达、流畅，保持了俄罗斯语言中含蓄隽永的内涵和作品原有的艺术特色，在中国读者面前再现了硝烟弥漫、空前壮烈的反法西斯战场的历史画卷。"因此，他的译文被当作上品来研读，北京外国语学院编的教材中选入了他的译语，作为等值的译例。如：

Ясный морозный день клонился к вечеру. Солнце освещало косыми предвечерними лучами Порт-Артур и окружавшие его мрачные серые скалистые горы. С моря дул слабый ветерок, сметая сохранившийся еще кое-где снег.

陈局长的译文是：

这是晴朗寒冷的一天，快到黄昏了。夕阳照着旅顺口和四周暗淡的山岩。海上吹来一缕缕微风，拂扫着地上的余雪。

教材编者认为，译者正确地重新创造了这段译文：从整体出发，运用了全民规范的汉语，把各个语言单独要素作了适当的调整，"做到部分和整体之间的一定的均衡"，从而使译文的整个内容与原文等值。20世纪50年代中期的全军翻译工作会议编辑了《翻译问题文摘》，其中收录了陈局长的这段译语作为典型译例，论述了翻译的原则，让全军的译员学习。1955年时代出版社出版了《俄译中翻译教程》，编者礼长林主要选用了编译局马列著作的译例，同时还有许多名家如瞿秋白《海燕之歌》等优秀译例，其中就有陈局长译的《日日夜夜》近20例。除此之外，陈局长还翻译了《青年近卫军》的电影剧本，并主持了该电影的中文配音工作，使这部电影能很快在中国放映。苏联青年在第二次世界大战中不怕牺牲英勇抗击德寇的精神，使中国观众特别是青年深受教育和鼓舞。

十月革命前，俄国曾出版过一部《俄华辞典》。在十月革命以后的30年里，苏联在政治、经济、军事和科学等方面都发生了巨变，出现了许多新事物、新思想和新概念。原有的《俄华辞典》已经不能满足需要，因为苏联人研究中文和中国人研究俄文的兴趣都很大，迫切需要一部既反映现代俄语，又反映现代华语的《俄华辞典》。在这种情况下,陈昌浩和杜布洛夫斯基编的《俄华辞典》,历经四年多的时间,在1951年问世了。该辞典共收入了两万六千余个俄文单词。他在校阅辞典清样时,恰逢郭沫若在苏联进行国事访问,给该辞典题写了书名。辞典出版后,运往中国40余万册。陈昌浩"怀着向党和祖国汇报的心情亲自挑选了十几部精装本,亲自题字,亲自包扎,分赠毛泽东、刘少奇、周恩来、朱德、邓小平、陈云、王稼祥等党和国家领导人以及他所熟悉的领导同志"。该辞典在当时很受读者欢迎。有人在《翻译通报》1952年第5期上发表评论文章,认为该词典的出版"对于中苏两国都有显著的政治和文化意义"。其优点是:一、收入了俄文中丰富的政治斗争的术语,注释是十分有力而明确的。二、吸收了苏联莫斯科外国文书籍出版局翻译的经验,表现了掌握原意而又灵活运用中文的手法。三、在成语的解释上,尽量体现汉语的优点。四、在注释上,同义语做了细微的区别,并力求反映中国现代语言。五、数字表达明确无误。由于具备了以上许多优点,所以陈局长编的《俄华辞典》在当时自然受到一般俄语学习者和翻译者的欢迎。

  陈局长在苏联的上述活动,让我们看到:他不仅对翻译传播马列主义和促进中苏文化交流做出了巨大贡献,而且也为他后来担任非常称职的编译局副局长奠定了坚实的基础。也许正是鉴于陈局长丰富的翻译经历和经验,1952年从苏联回国后他短暂担任中央马列学院副教育长,1953年后就调到中央编译局担任副局长。在我看来,他当编译局副局长是非常合适的。

二、科学翻译观的倡导者

在中央编译局工作期间,陈局长非常重视总结经典著作的翻译经验,并且成为科学翻译观的倡导者。当时我刚来编译局不久,没有翻译过马列的文章,虽然听了他多次经验总结的讲话,感到重要,但体会不深。近来重读他在1954、1955和1965年的讲话摘要和记录,觉得耳目一新。原来,当时讲的完全是在翻译工作中活学活用的唯物辩证

中央编译局成立初期局领导及工作人员在北京莫斯科餐厅外合影(最后一位戴帽子者为陈昌浩)

法。他的讲话那么有深度、广度和魅力，时过60余年，至今仍有指导意义。可以说，他讲的科学翻译观，就是编译局的传家宝，要代代传承并发扬光大。

首先，陈局长让我们以唯物辩证法为指导思想做好翻译工作。他说，在翻译过程中，"要运用认识论，用辩证唯物主义来看翻译。原文是客观，是第一性的。译者的任务是从原文（客观）出发，我们只能反映原文，不能改造原文，能改造译文使它更精确，但不能超过原文。"他提出"不能超过原文"，是有针对性的。当时有人说，列宁有些文章中的话，是他即兴对工人发表的演说，话语有些重复。我们译时适当地梳理一下，删去一些多余的话，反而使译文比原文更精练。所以陈局长告诫我们："不能改造原文"，"这是唯物主义和唯心主义的根本问题。要从思想上和根本上来解决问题。"翻译要忠实原文，"就是正确地反映原文。老老实实，实事求是。译者不能根据自己的思想来改。内容是什么，我们就该反映什么。""从理论上了解清楚，从逻辑上也可以看出，翻译是原文的正确反映，任意改就不对。"又说，两种文字虽有不同的特点，但也有共同的东西。有相同的东西，就保持相同的方面；不同的东西，就"要抛弃表面上的东西，而去抓住意思和风格等本质的东西"。

其次，陈局长从唯物辩证法的角度，结合《斯大林全集》第1卷的经验，正确地阐述了"意思正确，译文通顺"的翻译标准。他说："《斯大林全集》第1卷译校中承认了

'意思正确,译文通顺',用通顺的文字表达原著的精神、内容、思想和风格,这不仅适用于经典著作,并且适用于一般著作,这是为实践所证明了的,是符合规律的。""'意思正确,译文通顺'是不可分割的。斯大林著作中的思想是通过语言表达的。因此在翻译时要把思想和语言二者统一看待。原著思想是通过中文的形式表达出来的,要保持中文的语法结构和语法习惯,否则可能发生偏差。'直译'和'意译'的说法都不能成立。如果强调主要是'意思正确',可能忽视文字;如果强调主要是'文字通顺',则可能忽视思想。只有二者兼顾,译文通顺地把原著思想表达出来,才能叫译文。翻译标准就是'要用通俗的、适当的祖国语言表达原著的思想内容和风格'。"

关于如何达到翻译标准,陈局长认为要认清原文表达作者的思想和风格。译文不应以译者的思想为转移,无论谁来翻译都应一样。原文思想是客观存在的,谁也不能改变。所谓发挥创造性,是在寻求表达方法时,在完全表达原文思想的前提下发挥创造性,无权修改原著的思想。例如,别林斯基曾说:翻译"原文并不是要从字面上表达原著,而是要传达原著的精神。每一国语言都有其特有的表达方法、特点和性质,因此,为了正确地表达某一形象或句子,有时需要在译文中完全把它们加以改动。相应的形象和相应的句子并不一定在字眼的表面上一致。应当使译文语句的内在活力符合原著语句的内在活力。"首先要保持原著思想和风格的完整性。译文语法是否按俄文排列,这是次要的。

关于中文的表达,陈局长提醒大家:随时随地想到译出来的东西,是给不懂原文的广大读者看的。译出来的东西一定要为"中国人民所喜闻乐见的,看得顺眼,听得入耳,念得上口,作者好像就在读者面前"。同时他又指出:翻译时要注意中俄文有不同的特点,针对原文的具体情况选择最好的表达法。总的说来,中文是丰富的、优美的,不能否认这个客观规律性。但个人语言的贫乏性,也是不能否认的。遇到问题时可以发挥集体力量。在表达语言方面,要发挥创造性。有时分开长句,或增删个别的字,而保持原意是必要的,这样才能很好地传达原著的思想。除必要的引文外,个别的词句不一定要完全硬性统一,必要时可以颠倒处理。

1956年2月,陈局长吸收了列宁著作的翻译经验,再一次说:"意思正确,译文通顺",在实践中证明是正确的,为此要具体地做到:1. 从理论、逻辑、语法和风格的一致性去把握原文的意思;2. 用通顺流畅的合乎规范的祖国语言来表达原文的实质;3. 为了更正确地表达原文的意思,在保持原文思想、逻辑、风格的范围内找到创造性译法。

陈局长认为,翻译和研究相结合,是保证译文质量的关键。他说:要翻译原著,首先要认识原文,研究原文,不认识不研究,就无法翻译。翻译是实践,是认识原文的结果。翻译过程就是由不知到知,由少知到多知的认识和研究过程。他说:要真正认识原文,研究原文,当然首先要精通俄文。今天我们的同志理解俄文的能力，虽有所不同，但对大多数人说来，困难的还是俄文中比较复杂、比较不常见和比较难于肯定的东西。犯错误多半是在难的俄文上面。主要是没有从上下文的联系中把握一词一句的地位和作用。但是有时也在很容易的俄文上犯错误，因为译者看起来挺容易的俄文，不经思考，自以为是，就译错了。所以我们还要比较深地钻研俄文。要真正阅读俄文的文艺作品，丰富自己的俄文知识。如果俄文的知识水平不逐渐提高，译文的质量是不能提高的。

陈局长还认为，要真正研究原文，当然也要研究原文所涉及的社会历史材料。不熟悉世界近代史，不熟悉苏共党史，就难以理解经典作家的原文，在这方面也要认真地学习。但是最主要的还在于研究原文的理论。不懂得原文的理论，就根本无法翻译原文。多数同志的缺点，是对专门性的理论知识把握得比较差，特别是对经典著作中所涉及的马克思主义的理论知识了解得比较差，因而遇到这样的东西，就特别感到困难。真正克服这种困难的唯一办法，就是靠学习理论和查考资料。靠自己研究，也靠集体研究。可是像《哲学笔记》《黑格尔法哲学批判》这样的著作特别是其中的黑格尔的话，连看都看不懂，又怎么办呢？

陈局长总结当时的工作说：在以往的工作中，编译局哲学室提供了好的经验。哲学室的同志在接到翻译《哲学笔记》任务时，的确感到力不胜任。但是他们想出了办法去克服困难。他们请专家，又上课又质疑，系统地讲解每一个问题，逐句逐段地讲解原文的意思。经过几个月的边学、边问、边译的探索过程，现在感到有把握译出这部极困难的著作了。

他还根据马恩室王治平组的工作经验说：这个组是新成立的。当时要翻译的是马克思早期的最难的著作《黑格尔法哲学批判》。这篇著作里黑格尔的话占五分之一。他们为了搞懂黑格尔，又翻译、又研究、又质疑，弄懂了黑格尔的话，马克思的话就比较容易懂了。现在大家很有信心翻译出这部著作。

这是很重要的经验，它证实了：1. 翻译必须通过研究。不研究，容易翻译的东西也可以译错；通过研究，再难的东西也可以译好。2. 决不在困难面前低头，克服困难的唯一办法就是学习。如果是完全不懂原文，就从ABC学起，顽强地学习，下苦功夫。

陈局长还坚持说：要反对乱译和死译。他认为，斯大林室的译文总结说"不断开展译校工作中的两条路线斗争（反对乱译和死译），对保证译文质量起了很大作用"，"这样总结是刘的，在我们的翻译工作中，不论是乱译还是死译，都是提高译文质量的严重障碍。乱译是译者自己的意思代替作者的意思，不了解翻译的任务是要正确反映原文，即反映原文的本来面目，而不能在意思上加进任何主观的成分，翻译应该是原文的忠实反映。死译是译者用外文的语法代替中文的语法，不了解我们的翻译是用中文来反映原文。原文的思想和风格只有通过中文的语言形式才能体现出来,中文表达得正确,原文思想才体现得正确,从生硬晦涩的译文中只能看出被歪曲了的原文,而不能看出原文的真面目。无论是乱译还是死译,都是违反了正确的翻译原则,结果都是歪曲了原意,离开原意,因而是错误的。乱译的现象不但在组定稿没有消除,甚至个别付排稿中也存在,比如《英国工人阶级状况》。简单化和庸俗化也是曲解原意,也是乱译。死译的例子有:生搬硬套、表达笨拙、用词混乱、语法不清、句子啰嗦和缺乏逻辑联系等。"

关于乱译和死译的情况,仅举几例:

1. Справедливая заработная плата за справедливый рабочий день.

原译:(1)"老老实实地做工,公公平平地给钱。"
改译:(2)"做多少工,就得给多少钱。"
      (3)"做够一天工,给够一天钱。"

陈局长认为,第一种译法立场不对。这句话本来是工人说的。当时英国工人反对资本家的剥削,要求在一定的工作日中付给合理的报酬。工人阶级为了反抗资产阶级而提出的这一口号,具有鲜明的立场。然而,从第一种译法中既感觉不到丝毫的公平气息,也看不出无产阶级的立场。站在我们面前的是一个折中主义者。他让工人老老实实工作，不要斗争，他恳求资产阶级发点慈悲，公平地给钱。这样地歪曲原文，我们当然是绝对不允许的。第二种译法虽然纠正了这个错误，却犯了另一个错误。当时英国的工人运动处于最初阶段，工人对资本家的斗争只是表现为反抗资本主义剥削而不是要挣脱资本主义的剥削和推翻整个资本主义制度。"做多少工，就得给多少钱"，也就是"按劳取酬"，要达到这一点，就得推翻资本主义社会，因此，第二种译法不符合当时的历史情况，逻辑上是站不住脚的。

2. Во время весеннего разлива 1839 г. последствия такого переполнения клоак были настолько гибельны, что, по отчёту регистратора гражданского состояния...

原译：在1839年春汛的时候，排水沟这样堵塞起来的后果，竟这样地有害以至根据出生死亡登记员的报告……

改译：……由于排水沟沟水外溢产生了非常有害的后果：根据出生死亡登记员的报告……

3. Сравните смерть или галеры, угрожающие французскому революционеру, с тем, что английский рабочий терпит, чтобы не подчиниться игу имущего класса, с медленной смертью от голода, с необходимостью изо дня в день смотреть на голодающую семью, с сознанием, что буржуазия когда-нибудь да отомстит тебе!

原译：试把威胁着法国革命者的死刑和苦役拿来和慢慢地饿死、和每天都得看到挨饿的家庭、和明明知道总有一天资产阶级会向你报复、和英国工人为了不屈服有产阶级的压迫而忍受的一切比一比吧！

改译：英国工人为了不屈服有产阶级的压迫而忍受着一切，他们慢慢地饿死，他们每天看着家里的人挨饿，他们知道资产阶级总有一天要报复，——试把威胁着法国革命者的苦役和死刑跟这一切比一比吧！

4. дождь свободно проникал через плохую полусгнившую крышу.

原译：雨可以通过半腐朽的坏屋顶自由地往下漏。

改译：一下雨，雨水就从破烂的屋顶往下漏个不停。

5. Буржуазия достигла дальнейших успехов в искусстве скрывать бедствия рабочего класса.

原译：在掩饰工人阶级的不幸方面，资产阶级的艺术已获得了进一步的成就。

改译：资产阶级掩饰工人阶级苦难的手法更巧妙了。

6. До такого варварства члены комиссии, правда, не дошли: прямая, явная голодная смерть представляет собой нечто ужасное даже в глазах члена комиссии по закону о бедных.

原译：……直截了当的、毫不掩饰的饿死……

改译：诚然，济贫法委员会的委员们还没有野蛮到这种程度，因为让人们活活地饿死就在他们眼里也还是一件可怕的事情。

关于第一例，由于历史的局限性，译者对英国工人运动还不十分了解。所以"做够一天工，给够一天钱"看起来是公平的。于是就省去"公平的"一词。我认为，这是当时英国宪章派工人反对资产阶级的斗争口号，主要内容是减少工时，增加工资。后来《马克思恩格斯选集》里改译"做一天公平的工作，得一天公平的工资"是正确的。尽管如此，陈局长当时指出原译的错误，是有功的。他强调要正确地表达原作的思想，必须反复精细地推敲原文，从理论、逻辑、思想观点和立场等方面去分析原文，吃透原文，完全掌握原文的精神等提法，还是初次听到，令人振聋发聩。其他译例，一看便知问题所在，这里不再赘述。

三、科学翻译观是翻译工作的灵魂

在陈局长的指导下，列宁室在1955年还举办了多次关于列宁文章的风格讨论会和《列宁全集》译校工作总结会。我当时虽未全程出席，但研究了会议记录，对列宁的写作特点和风格有了初步了解。总起来看，大家认为列宁的文章学识渊博，理论严谨，论战性强，说服力大；语言生动活泼,气势雄壮,表现为用词丰富细致,巧妙灵活,形象鲜明,讽刺幽默;长句子多,但逻辑严密,撒得开,收得住。这些特点,不仅要处理妥当,而且要注意把握用词特点及其演变过程。总之,现在看来,翻译时要充分表达出列宁文章中严谨的科学性、高度的战斗性和鲜明的艺术性的统一。

由于全局精英荟萃,反复讨论,且继承了以往翻译经验,所以1955年12月《中共中央编译局学报》上发表的《〈列宁全集〉第1卷校译工作总结》一文,是非常有指导意义的。《总结》提出了经典著作的翻译标准是:"用通畅的现代白话文确切地表达原作的思想和保持风格。"为此,在翻译过程中要做到:

第一,译者和校者必须首先正确理解原文,吃透原文的意思,然后才有可能正确地表达原作的思想。要吃透原文必须:

1.把译校工作与研究经典著作密切结合起来。列宁的著作博大精深,是丰富的理论宝藏。列宁著作的翻译者除了努力掌握俄文外,还必须钻研马克思列宁主义著作,丰富自己的理论知识,提高自己的理论水平。不从这方面下功夫,不把自己的理论水平提高到应有的、适合工作要求的高度,要把列宁著作译得很好,是不可能的。

2.要从理论、逻辑、语法一致性上去把握原文的意思。原文的意思是通过原文的语法表达出来的。因此,正确地分析原文的语法结构是了解原文思想的途径之一。同时,也不能孤立地分析语法，必须把语法分析通过同逻辑关系和理论上的理解结合起来，这三方面的理解是一致的，是正确的时候，才算把握了原文。

3. 不要孤立地而要从上下文的关系中去把握一词一句的地位和意义。辩证法要求我们从相互联系中看事物。在语言现象上也是这样。一部著作要从分析各个部分着手去把握整体，同时从把握整体去正确断定各个部分的地位和意义。这样把从个别到整体、从整体到个别相互结合起来，对原文的理解就比较深刻、比较正确。一个词有很多含义，但它在一定的上下文中，只能有某种意义或某两种意义，如双关语。从这一意义上说，在翻译时，很多词不能死板地搬用辞典上所列举的方案，而要根据上下文的关系和原文要表达的真实意义找出创造性的译法。

4. 反对两种偏向。一种是死译。自己吃不透原文的意思，不去反复研究，硬把原文的词一个个搬过来，把原文的语法结构勉强凑合成中文语法结构，结果译文生硬晦涩，很难理解。我们常常看到，凡是碰到译文无法理解、不知所云的地方，多半是译者自己也不知道原文的意思究竟是什么。另一种是乱译。对原文不能深入研究，浅尝辄止，自以为懂得了，把自己肤浅的、不完备的、不正确的理解当作深刻的、完备的、正确的，结果译文似乎通顺，实际上是自己的观点顶替了原著的观点，从而歪曲或减弱了原著的精神。

第二，在译文语言的运用上要注意的问题。

要保持祖国语言的纯洁性，不能借口翻译的特点和困难，使译文用语混乱、语法不通、表达笨拙、佶屈聱牙。这要求译者提高祖国语言水平，没有高度语文水平，要使译文通畅是不可能的。其次，要提高译者的责任心，要懂得经典著作的译文对读者的语言运用有很大影响。

要通过译文丰富祖国语言。凡是原著中的词汇和表达法，合乎祖国语言特点，能为读者了解和接受的，应该吸取过来。

译文的词句要尽可能地通顺易懂，同时要有很强的表达力。经典著作的译文，在用词上、在语法结构上，要尽可能让广大的读者容易看懂。通俗易懂并不排斥吸收语言遗产中有生命力的词汇和表达法。不利用丰富的语言遗产，要把经典著作译好是不可能的。但是要反对简单化。不能借口通俗易懂而把原著含义很深的词汇换成简单的，甚至庸俗的词汇。也要反对解释性的翻译。很多经典著作是具有一定修养的同志才能看懂的，有的译者以自己的理论水平看问题，生怕读者不懂，而把原著"通俗化"，想把经典著作译得任何人都可看懂，结果把译文弄成"解释性"的东西，与原文比较起来，面目全非。译文的句子既要洗练，又要饱满，读起来，要畅通流利，一气呵成。

第三，要充分保持原著风格。保持原著风格的关键是要在译文中把原著特有的表达法体现出来。在任何一种比较丰富的语言中，同样的思想可以用很多不同的方式表达出来，同时，一定的思想决定着一定的表达形式。翻译时，不注意原著的特点，不寻求相应的祖国语言表达法，就会失去原著的风姿。对原文一些微妙没有掌握，或者原著的表达特点没有在译文中体现出来，都会造成貌合神离的现象，使原文的思想、精神和感情在译文中走了样。

列宁的著作思想深刻，内涵广阔，逻辑严密，其表达形式是长句多。翻译时把长句处理好，对保持列宁著作的风格很重要。根据经验，处理长句的一般原则应该是：层次分明，逻辑严密，突出重点，语气衔接和用词精练。遵守了这些原则，句子虽长，但意思是明白易懂的。列宁著作用词灵活丰富。翻译时，不应担心读者不了解，予以简化，从而丧失列宁的用词灵活丰富的特点。列宁著作中有很多生动形象的比喻，译文中应予保持。应尽一切可能寻求中文相同的形象表达法。如果原著的形象表达法直接译成中文能为读者所了解和接受，可以直接吸收过来。只有在万不得已时，才能把形象的句子照意思译出，这可能无法保持其形象性和生动性，但这种情形是为数少见的。

陈局长关于经典著作翻译标准是从"意思正确，译文通顺"角度讲的，具体表述为："要用通顺的、适当的祖国语言表达原著的思想内容和风格"。列宁室的《总结》开门见山就说"翻译的标准是用通顺的现代白话文确切地表达原著的思想和保持其风格"。其次，他们都认为翻译必须和研究相结合，为此，译者要提高俄文能力和理论水平，把握原文所涉及的历史背景；前者说"要从理论、逻辑上真

1957年8月15日，中央编译局部分领导和同志欢送苏联专家别洛夫回国（一排左三为陈昌浩）

正了解原著的精神实质",后者说"要从理论、逻辑、语法的一致性上去把握原意";前者说"要从上下文的关系中去把握一词一句的地位和作用……选择最好的表达法",后者说"不要孤立地而要从上下文的关系中把握一词一句的地位和意义","找出创造性的译法";他们都反对两种偏向:前者说"乱译是用自己的意思代替作者的意思",加进了自己的"主观成分","死译是译者用外文的语法代替中文的语法","从生硬晦涩的译文中只能看出被歪曲的原文";后者说,乱译"对原文不能深入研究,浅尝辄止或减弱了原著的精神……结果……用自己的观点顶替了原著的观点,从而歪曲或减弱了原著的精神",死译是"自己吃不透原文的意思,不去反复研究,硬把原文的词一个个搬过来,把原文的语文结构勉强凑合成中文语法结构,结果译文生硬晦涩,很难理解"。总之,他们从经典著作的翻译实践出发,用唯物辩证法总结翻译经验,坚持翻译和研究相结合,把握理解和表达的统一,做到内容和形式的统一,部分和整体的统一,概念的确定性和灵活性的统一,坚决反对翻译中的形式主义和自由主义对它们的割裂,等等。我局正是贯彻了这种科学的翻译观,经典著作的译文才达到了"原意正确,文字通顺"的标准,或者说用合乎规范的语言确切地表达了原著的思想和风格。

可见,陈局长所提倡的科学的翻译观是我局翻译工作的灵魂。依靠它胜利地完成了三大全集的翻译任务。科学的翻译观来源于翻译实践,又指导翻译实践。大家应继续重视总结编译局宝贵的翻译经验和翻译理论，使科学翻译观的内容更加丰富、系统和完整，以便使今后的翻译工作取得更加辉煌的成就。

张仲实（1903—1987），马列主义经典著作翻译家，马克思主义理论家、出版家。陕西陇县人。1925年加入中国共产党。1926年赴苏联，先后就学于东方大学、莫斯科中山大学。1930年回国后在唐山任中共京东特委宣传部长。1931年到上海，从事进步文化活动和马克思主义革命理论的传播工作。1935年任生活书店总经理，后兼任理事会主席。1940年到延安，先后任马列学院编译部主任、中宣部出版科科长等职。新中国成立后，任中央编译局副局长、顾问，为中科院哲学社会科学部委员。第四届、五届全国政协委员，第六届全国政协常委。参与组织领导《马克思恩格斯全集》中文第一版、《列宁全集》中文第一版和《斯大林全集》的编译工作。译有恩格斯《费尔巴哈与德国古典哲学的终结》《家庭、私有制和国家的起源》等，著有《马克思恩格斯传略》《列宁传略》等。

马克思主义的坚定信仰者和积极传播者
——张仲实与马列经典著作编译工作

张复

我的父亲张仲实是马克思主义的坚定信仰者和积极传播者。上世纪30年代，他就先后翻译了恩格斯的《费尔巴哈与德国古典哲学的终结》《家庭、私有制和国家的起源》，斯大林的《论民族问题》等著作，对马克思列宁主义在中国传播起了重大作用。1940年5月，他到达延安，在抗日战争和解放战争期间，先后担任马列学院编译部主任、中宣部出版科科长和党的教育科科长、政研室国际组组长等职，参加了《列宁全集》20卷本译稿的校审工作，后来又参加了毛泽东同志负责编辑的《马恩列斯思想方法论》一书的编选工作。

1953年，中央编译局成立，党中央给中央编译局的主要任务是：有系统、有计划地翻译并出版《马克思恩格斯全集》《列宁全集》《斯大林全集》。在中国这样一个大国全部翻译并出齐马、恩、列、斯的著作，这不仅在马列主义

张复，张仲实之子。全国政协退休干部。本文口述于2023年，整理者路军。

传播史上,而且在我国出版史上也是一项极其宏伟的工程。父亲自1954年调任中央编译局副局长后,以他后半生的主要精力,参与了这项宏伟工程的组织领导工作,由始至终,兢兢业业,呕心沥血,并且一丝不苟地亲自审定了部分译稿。经过他和全局同志的共同努力,卷帙浩繁、内容广博的三大全集全部出齐。这对于党的理论建设,社会主

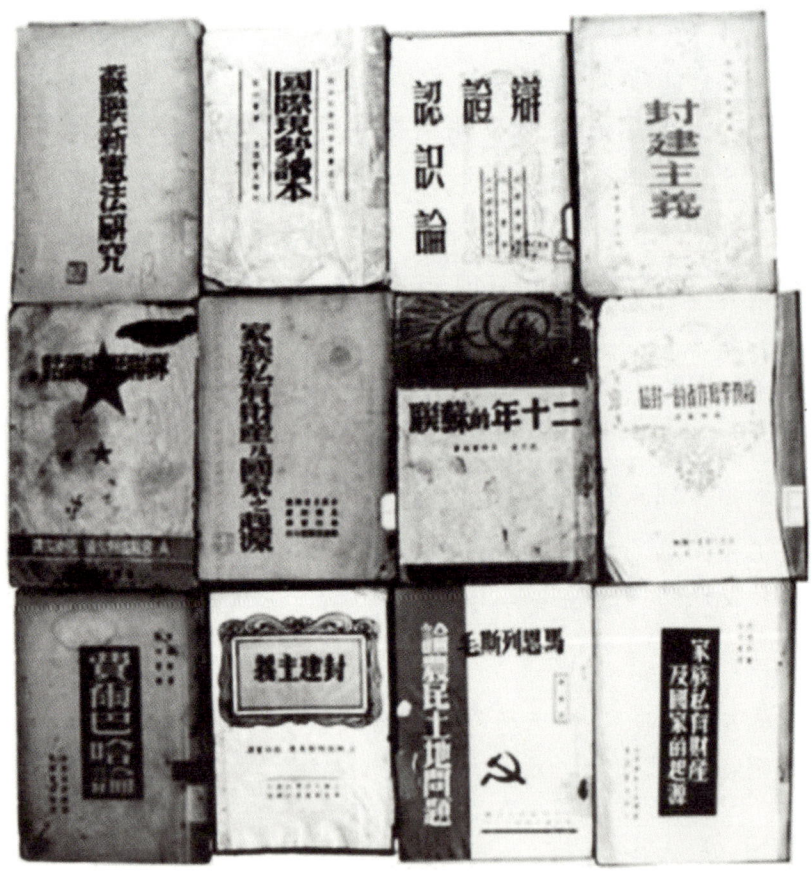

张仲实译著的部分图书

义精神文明建设，以至整个中国革命和建设事业都具有重大意义。

1984年3月13日，中央编译局、中国马列著作研究会、中国翻译工作者协会和中国出版工作者协会专门在人民大会堂集会，庆祝当年已经81岁高龄的父亲从事马列著作翻译、研究和出版工作五十周年，表彰他在翻译、研究和传播马列主义方面所取得的巨大成就。党和国家领导人习仲勋、王震、杨尚昆、邓力群、胡愈之，政协全国委员会副主席杨静仁等都到会祝贺。王震同志在讲话中指出，马列著作的翻译出版工作，是十分重要的工作，也是十分光荣的工作。仲实同志为传播马列主义奋斗了一辈子。他的这种革命精神是很可贵的。

父亲"半世纪翻译经典著作，一辈子宣传马列主义"，限于篇幅，这里不可能讲述他一辈子从事马列经典著作编译工作的全貌。因此，我就以点带面，讲两个他在翻译马列经典中的例子，以缅怀父亲。

一、父亲张仲实与《列宁全集》中文第一版

1958—1959年，我父亲在中央编译局主持编译出版《列宁全集》中文第一版的工作。虽然新中国成立前和建国初期出版过许多列宁的著作，但是在50年代中后期有计划地系统地编译出版1500万字的《列宁全集》中文第一版，在当时中国马克思主义传播史上是一项宏伟的大工程，对

我父亲来说也是一个巨大的挑战，是他人生激情岁月的片段之一。

列宁第一个把科学社会主义理论变为现实。列宁著作与中国革命关系密切，它伴随着中国革命的产生、发展、壮大和成功的过程。毛泽东说过，自己是先学列宁的东西，后读马克思、恩格斯的书。这是因为中国和俄国在找真理、干革命过程中遭遇的问题，有许多相同或相近之处。例如，毛泽东在1932年4月领导红军打下福建漳州得到列宁《两种策略》和《"左派"幼稚病》两本重要著作，此后，这两本书就成为他在中央苏区、长征路上和在延安时期反复阅读并在革命实践中制定政策和策略的重要参考读物。

历史上，我父亲对出版列宁著作并不陌生，三十年代他在邹韬奋创办的上海生活书店担任总编辑时，就以《世界学术名著译丛》的名义出版过列宁《帝国主义——资本主义的最高阶段》等著作。1940年5月，我父亲和茅盾从新疆脱险来到延安以后，时任中宣部部长兼延安马列学院院长及学院编译部主任的张闻天，安排我父亲的第一个工作就是担任马列学院编译部主任。马列学院编译部是党的历史上第一个专门编译马列著作的部门，成员有柯伯年、何锡麟、曹葆华等。当时列宁只有少数重要著作有中译本，马列学院编译部的工作在我父亲到来时，就是集中力量突击完成编译出版《列宁选集》20卷的工作。毛泽东曾对翻译马列著作的同志说过，"搞翻译工作，学个唐三藏和鲁迅，实是功德无量的。"

来到延安半年后，1940年12月底，我父亲在主持编译《列宁选集》20卷的过程中，有感而发，他在延安《解放》周刊发表了《掌握创造性的马克思主义》一文，阐明列宁、毛泽东是创造性的马克思主义者，并提出使马克思主义中国化，是摆在中国马列主义者面前的一个主要任务。又过了一个月，1941年1月25日，我父亲在艾思奇主编的延安《中国文化》杂志发表《列宁底著作遗产》一文，专门介绍了马列学院编译部在延安编译出版《列宁选集》20卷的重要意义及其根据俄文有关版本进行编译的内容梗概。

父亲1954年底从中共中央西北局调到北京中共中央编译局任副局长后，与其他局领导一起精心组织了《列宁全集》中文第一版这一宏伟工程。根据《列宁全集》俄文第四版编译的《列宁全集》中文第一版，收载文献4285篇，共约1500万字，整版各卷的编译工作于1953年下半年开始，1953—1955年仅翻译了5卷，出版了1卷。1956年，中共中央做出加快马列著作翻译工作的指示，为此中央编译局加快了进度，1955—1957年共出版7卷，平均每年2卷多。

1957年中央编译局首任局长师哲调往山东工作，副局长陈昌浩去青岛休养，1958年我父亲担任中共中央编译局领导小组组长，主持编译出版《列宁全集》中文第一版的工作就落在了他的身上。

1958年，党和国家通过了社会主义建设的总路线，也就是"大跃进"方针，这也促使中共中央编译局出台了"大跃进"式的《列宁全集》编译新计划，也即两年内出

《列宁全集》中文第一版

齐《列宁全集》，向1959年国庆十周年献礼。从当时的实际情况看，这个新计划几乎是不可能完成的。在做出这个决定时，所剩时间不到两年，而尚未出版的还有31卷，也就是说，每年有15卷半的书要完成翻译、校订、编辑、印刷、出版等一系列工作。为了完成这个几乎不可能完成的计划，中共中央编译局不得不实施全"局"一盘棋战略，调动一切可以调动的力量。在局内，凡能编译的同志都来译校《列宁全集》，不懂俄文的同志也组织起来做修辞、校对等工作。我的童年时代正是父亲主持编译出版《列宁全集》的紧张时期，记得父亲天天早出晚归，行色匆匆。在全局同志的共同努力下，在不到两年的时间里，终于完成了《列宁全集》全部卷次的翻译出版工作，实现了我国出版史上也是中国马克思主义传播史上的一个壮举。我父亲曾回忆，1959年9月，在一次编译局向中宣部汇报工作的会议上，周扬同志在发言中说："看来，同有些新成立的单位比较，编译局的工作成绩很大！"

《列宁全集》出版之后，1959年11月7日，也就是俄国十月革命42周年之际，我父亲在《人民日报》发表长篇文章《学习列宁的理论遗产》，介绍了这次编译出版《列宁全集》的情况。他在文章的第一段兴奋地写道，"《列宁全集》俄文第四版已出38卷，到今年9月底，已经全部译成中文出版。这是中共中央编译局、人民出版社和新华印刷厂三方，经过一年多的辛勤努力和密切合作，联合献给中华人民共和国成立十周年庆祝盛典的珍贵礼物。这也是我国在传播列宁著作方面的一个巨大成就。"他还写道："在无产阶级革命的思想武器中，列宁主义是把磨得最快的武器。列宁在他的著作中阐发了无产阶级斗争的一切基本问题，比如哲学、政治经济学、历史、理论、组织、党纲、战略和策略等，同各色各样的机会主义作了不可调和的斗争，保卫了马克思主义。列宁把马克思主义提高到一个新的更高的阶段，创造性地向前发展了它，用新的革命原理和革命经验充实了它，丰富了它。在创立新型的马克思主义政党、在争取无产阶级革命胜利和无产阶级专政、在建立世界上头一个苏维埃国家和社会主义社会、在鼓舞和发展被压迫民族解放运动等方面，列宁的著作更起了巨大的作用。列宁的著作是严格的和高度的科学性同革命性结合起来的典范。它对世界各国的社会主义者具有不可遏止的吸引力。所以，列宁的著作是全世界无产阶级和进步人类的珍贵财富。"

《列宁全集》中文第一版的翻译出版及时满足了中华人民共和国成立初期社会主义建设对思想和文化的迫切需要，无疑具有重大的理论意义和政治意义。例如，50年代末期中苏分歧显现，1961年中苏关系破裂。父亲回忆，一次中苏两党代表团在莫斯科谈判，苏共代表大发议论后傲慢地说，"你们连《列宁全集》都没有，还侈谈什么列宁主义"，中方代表随即派人从中国驻苏联大使馆搬来《列宁全集》整整齐齐地摆上桌面，向苏共代表说："这是我们的中文版《列宁全集》正卷39卷，请看！说我们没有《列宁全集》，这是不合事实的！"令苏共代表无言以对。

多年过去，回头去看，不必讳言，《列宁全集》中文第一版也存在一些问题。首先，由于这一版是根据苏联《列宁全集》第四版编译的，有大量列宁文献特别是相当多的十月革命后的文献没有收入；其次，由于第一版的准备和翻译工作非常仓促，时间过于紧迫，在译文方面难免存在不少问题，有误译、漏译情况。尽管如此，《列宁全集》中文第一版的翻译出版是开创性、奠基性的，意义重大。

40年代初，我父亲在延安马列学院编译部就曾主持编译出版《列宁选集》20卷本的工作，新中国成立后的50年代末，他在中央编译局又一次主持编译出版《列宁全集》中文第一版的工作，这两次大规模的编译出版列宁著作都由我父亲主持，这似乎是一种巧合，更是一种责任，这是我父亲一生编译生涯中的重要事件。

二、父亲张仲实对马恩经典著作中两个重要词汇的翻译

我想给大家讲述的另一个事例是父亲在马恩经典著作中的两个重要词汇——"按劳分配"和"资产阶级权利"翻译上的贡献。

"按劳分配"是马克思主义的一个老命题,从新中国成立以来到改革开放初期的近三十年间,按劳分配原则,不论在社会主义建设的理论上还是实践上都有十分重要的意义,也都经历了一个曲折的过程。我父亲张仲实始终鲜明地支持按劳分配的原则;同时,对按劳分配这一原则的译法及其涉及的"资产阶级法权"改为"资产阶级权利"的译法,也多次表述了他自己的观点。

新中国成立以来党和国家实行的是按劳分配原则。1958年,在"大跃进"的高潮中,有许多人著文认为在社会主义建设时期实行按劳分配是"资产阶级法权",主张在新中国成立后还要实行革命战争时期的供给制,说"大跃进的新形势迫切的要求我们在调整相互关系方面,跃进再跃进"。在大跃进和破除"资产阶级法权"的呼声中,一些地区出现了用供给制取代工资制的声音,认为用工资制取代革命战争时期的供给制"是历史的倒退"。认为商品交换及货币越少,就越接近共产主义,出现了片面夸大政治挂帅即生产关系对生产力的反作用的倾向。在这些文章中,有代表性

的是1958年9月张春桥在上海《解放》杂志发表的《破除资产阶级法权思想》一文。对此，理论界、学术界展开了讨论。《人民日报》也开辟了"关于资产阶级法权问题的讨论"专栏。我父亲于1958年12月6日和1958年12月20日连续在该栏发表《历史地辩证地看待"按劳付酬"》《关于"按劳分配"和"按需分配"》两篇文章参加了讨论。

1. 关于"按劳分配"和"按需分配"

1958年以前，"按劳分配"被普遍译作"各取所值"或"按劳付酬"，"按需分配"被译为"各取所需"。我父亲认为，这两个译文不但不确切，而且在理论上容易产生误解。他提出以"按劳分配""按需分配"代替通行的译法。他还通过对这两个概念的最早使用、提出，对俄、英、德不同语种马列著作的译文以及我国历来不同译法利弊的比较，再次肯定只有把"按劳取酬"改为"按劳分配"、"各取所需"改为"按需分配"，才"不致以词害意，引起误解"，从而更符合马克思主义经典著作的原意。

在《历史地辩证地看待"按劳付酬"》一文中，他针对当时理论界关于资产阶级法权问题讨论中反映出的形而上学观点，分析指出："社会产品的分配方式是依着社会生产的性质和它的历史发展阶段而转移的"；对"按劳分配"的分配原则应从发展的观点，辩证的观点来考察"。社会主义社会刚从资本主义社会脱胎出来，在经济、道德和智慧方面都还保留着其所由脱胎出来的那个旧社会的痕迹，"在这种条件下，社会产品的分配就必须考虑到各个劳动者的劳动在数量上和质量上的差别。"由此他得出结论:"在社会主义制度之下,实行'按工作',按劳动的数量和质量分配产品,是必然的和不可避免的。它是工人阶级国家提高劳动生产率和巩固劳动纪律的一个锐利的武器。"当然,他也指出,从我们闹革命的目标出来,"按劳分配"还不是最完善、最理想的分配方式。

他还进一步指出,在社会主义制度下,按劳分配是社会主义的客观经济规律。"这里有人会问:好吧,实行按劳分配原则是必然的和不可避免的,但是把原来革命根据地所实行的供给制保存下来,不是更好吗?这也是不从实际、不从具体的历史条件出发的。谁都知道,过去革命根据地实行供给制,是由于被敌人封锁,物质缺乏。全国解放后,经济情况大变,维持原来的供给制势不可能,也没有必要,同时,在全国范围内,大部分职工实行工资制,而一小部分职工实行供给制,也不好办。所以,经过多次演变,最后还是取消了供给制,这也是客观的必然趋势。"

我父亲关于"按劳分配"的译法以及在社会主义时期坚持按劳分配的原则,得到了理论界的赞同和中央的肯定。

2. 关于"资产阶级法权"

我父亲应该是看到1958年那场讨论中关于"资产阶级法权"一语的译法,容易造成人们思想上的混乱,继1958年12月他发表上述两篇文章之后,仅过了三个月,1959年3月28日,我父亲又特意在《人民日报》发表《对于"资产阶级法权"一语译法的意见》,提出把当时流行的"资产阶级法权"改译为"资产阶级权利",其看法当时尽管得到理论界一些同志的赞同,但认识一时尚不能统一。

1966年"文化大革命"开始后,动荡不断,经济停滞,按劳分配原则被认为是"资产阶级法权"遭到否定,人民群众的劳动积极性不高。邓小平复出后,从1975年开始,他决心全面整顿"文革"带来的经济停滞和思想混乱的局面。根据《胡乔木传记》记载,1975年1月6日,邓小平约胡乔木谈话,提出:"主席前不久关于无产阶级专政理论的谈话,资产阶级法权问题,也应认真研究。"邓小平说,"这些问题都是国内外广大群众迫切需要系统解答的。"

邓小平找胡乔木谈按劳分配涉及的"资产阶级法权"问题并非空穴来风,就在邓小平找胡乔木谈话的前两个月,"1974年10月20日,毛泽东在会见丹麦首相保罗哈特林,谈到无产阶级专政的理论问题时说,'总而言之,中国属于社会主义国家。解放前跟资本主义差不多。现在还实行八级工资制,按劳分配,货币交换,这些跟旧社会没有多少差别。所不同的是所有制变更了'。12月26日,毛泽东在长沙又同周恩来等谈这个问题。他说:'我国现在实行的是商品制度。工资制度也不平等,有八级工资制,等等。这只能在无产阶级专政下加以限制。''所以,林彪一类如上台,搞资本主义制度很容易。'毛泽东的这些谈话,引导人们把按劳分配、商品交换看作是资本主义性质或者是容易变成资本主义性质的东西,仍然是他的带有某些空想色彩的社会主义构想的进一步发挥。这些错误的论述被'四人帮'加以夸大、渲染,并作为他们反对整顿的武器。"①

针对邓小平的全面整顿,1975年3、4月间,张春桥、姚文元相继发表了《论对资产阶级的全面专政》和《论林彪反党集团的社会基础》两篇文章,批判所谓"唯生产力论",从理论上否认按劳分配是社会主义的基本原则,说按劳分配原则是"资产阶级法权",是产生资本主义和资产阶级的经济基础和条件。这一极"左"思想的要害就是不要发展生产力,搞平均主义。

为了驳斥"四人帮"的谬论,1975年5月,胡乔木根据邓小平年初谈话的指示,约张仲实、成仿吾、胡绳、王惠德、于光远、柯柏年开了一个小型座谈会,就按劳分配原则以及"资产阶级法权"的译法等问题进行了讨论。与会者一致认为社会主义建设时期应当坚持按劳分配原则;同时,我父亲又一次建议把"资产阶级法权"改译为"资产阶级权利",并提出了他自己的见解。

针对"四人帮"的极左思想,邓小平强调要把国民经济搞上去,进而明确提出恢复和坚持按劳分配的基本原则。1975年6月,他在上海同当时的市委书记马天水谈话时指出:"中国这么多人口,国民经济搞不上去怎么行?我们一定要搞上去。批唯生产力论,谁还敢抓生产?现在把什么都说成是资产阶级法权。多劳多得是应该的嘛,也叫资产阶级法权吗?搞生产究竟应当用什么东西作为动力?"1975

---

① 口述者引自胡绳主编:《中国共产党的七十年》,中共党史出版社1991年版,第508页。

年8月,邓小平在国务院讨论国家计委起草的《关于加快工业发展的若干问题》(即《工业二十条》)时指出:"坚持按劳分配原则,这在社会主义建设中始终是一个很大的问题。如果不管贡献大小、技术高低、能力强弱、劳动轻重,工资都是四五十块钱,表面上看来似乎大家是平等的,但实际上是不符合按劳分配原则的,这怎么能调动人们的积极性?"

由于众所周知的原因,1975年底开展的"反击右倾翻案风"运动使全面整顿"文革"以来的混乱局面的努力被全盘否定,按劳分配的原则也没有贯彻下去。

1976年10月以后,虽然"四人帮"已经被打倒,但"文革"遗留下来的极"左"思想仍然远未肃清,国民经济在低谷徘徊,工厂中绝对平均主义盛行。如何打破人们思想中的坚冰,在全社会形成实事求是的理论氛围,成为当时一项历史性的任务。1977年4月13、14日,我国经济学界召开了第一次全国按劳分配理论讨论会。与会同志对于按劳分配与物质刺激的界限、按劳分配是不是产生资产阶级和资本主义的经济基础等问题,在"百家争鸣"方针的指导下展开了讨论,提出了许多真知灼见。

1977年4月,我父亲看到报纸上的有关讨论后,撰写了《剥掉"四人帮"在"资产阶级法权"问题上的画皮》一文。他首先用很大篇幅说明了"资产阶级法权"的本来含义,并阐述了马克思对拉萨尔小资产阶级分配观念的深刻批判;对姚文元所谓资产阶级法权的存在"是产生新生

张仲实在工作中

资产阶级分子的重要的经济基础",张春桥胡诌的"资产阶级法权的核心思想是等级制度"等肆意歪曲马克思主义基本原理的谬论,他亦一一做了驳斥。他还对"法权"一词的译法做了探讨。他考察了"法权"一词的德、法、俄文原意后认为:"三者都有两个含义:一是法,一是权利。是指法,还是指权利,要看使用此词的具体场合或上下文而定。"他认为马克思和列宁在《哥达纲领批判》和《国家与革命》中使用此词,"在大多数场合下都是指权利而言,两文的英、日译本都把这一术语译为'资产阶级权利'就是证明"。他指出,"法权"一词含义不甚清楚,易生误解;同时,在《哥达纲领批判》和《国家与革命》里单独使用此句的地方,都被译成"权利",鉴于在十年"文革"中,

"四人帮"一伙在"资产阶级法权"问题上大做文章，极力歪曲马克思主义基本原理，制造了理论上、思想上的许多混乱，我父亲坚持他在1959年3月《人民日报》上发表的《对于"资产阶级法权"一语译法的意见》中的观点，再次提出把"资产阶级法权"改译为"资产阶级权利"。

1977年5月，经中央编译局召集有关专家、学者开会讨论，一致接受了他的意见，他主张的"资产阶级权利"的译法其后也被理论界、学术界普遍接受和采用。

1977—1978年，我国经济学界又举行了若干次按劳分配研讨会，从理论上对这个问题进行"拨乱反正"。1978年5月5日，在邓小平亲自指导下，国务院政治研究室的同志撰写了《贯彻执行按劳分配的社会主义原则》一文，以"特约评论员"名义在《人民日报》发表，使按劳分配的名誉得到了正式的恢复。文章指出："'四人帮'及其舆论工具对按劳分配的攻击和诬蔑，集中到一点，就是否认按劳分配是社会主义的原则，硬说它是'资本主义因素'，是'产生资本主义和资产阶级的经济基础和条件'，是'生产力发展的障碍'。"文章鲜明地提出："按劳分配是社会主义公有制的产物，又是社会主义公有制的实现。"一周之后，1978年5月11日，《光明日报》《人民日报》和《解放军报》相继刊发了《实践是检验真理的唯一标准》的文章。

1977年4月，我父亲撰写《剥掉"四人帮"在"资产阶级法权"问题上的画皮》一文后不久，医院诊断出他患有严重胃疾，1977年7月我父亲做了胃大部切除手术，之后他休养了一年多时间，再也没有写过关于按劳分配方面的文章。但是看到《人民日报》以特约评论员名义发表的《贯彻执行按劳分配的社会主义原则》和《实践是检验真理的唯一标准》两篇文章，看到改革开放激发出人民群众的劳动积极性及其取得的社会主义建设的巨大成就，我父亲感到十分欣慰。

姜椿芳（1912—1987），马列主义经典著作翻译家，中国出版家、辞书编纂家，中国现代百科全书事业的奠基人。江苏常州人。1932年加入中国共产党。1941年于上海创办和主编《时代》周刊。抗战胜利后创办和主编《时代日报》，并任时代出版社社长。新中国成立后曾任上海俄文学校校长、中央宣传部斯大林全集翻译室主任、中央编译局副局长等。1978年起任中国大百科全书总编辑委员会副主任、中国大百科全书出版社总编辑。第五届、六届全国政协常委。中国翻译协会第一、二届会长。参与组织领导《马克思恩格斯全集》中文第一版、《列宁全集》中文第一版和《斯大林全集》的编译工作。译有《列宁在十月》《波利斯·戈东诺夫》《小市民》《演员自我修养》等。

"沙漠中的骆驼"

——姜椿芳与马列经典著作编译工作

谭琦

《光明日报》曾在头版头条以"一群人一辈子一件事"、"把马克思主义火炬传下去""中国的普罗米修斯"为标题,连续三天报道了马克思主义中国化的历程,高度评价了奋战在第一线的优秀翻译家群体。我的外祖父姜椿芳是手把手带出这一群体的重要领路人之一。他为《马克思恩格斯全集》《列宁全集》《斯大林全集》三大经典著作的编译工作呕心沥血,在新中国经典著作编译史上留下了不可磨灭的印记。被首任中央编译局局长师哲同志誉为"沙漠中的骆驼"。

为经典著作编译事业奠基

《马克思恩格斯全集》《列宁全集》《斯大林全集》三大经典著作翻译工程最初是从《斯大林全集》的翻译开始的。《斯大林全集》的翻译工作开创于编译局成立之前,领导这一开创工作的正是姜椿芳。

谭琦,姜椿芳外孙女。自由撰稿人、翻译。本文口述于2023年,整理者路军。

外祖父 1931 年就参加革命，具有传奇的革命经历。从翻译、编刊办报，到成长为左翼作家，他曾与杨靖宇在哈尔滨团市委并肩战斗，进过日本人的监狱，将苏联电影引进中国，结识鲁迅、梅兰芳等文化艺术名家，领导文化抗战，积极开展党的统战工作，给宋庆龄先生做翻译。新中国成立后，他受命创办上海俄文学校，这所学校是现在上海外国语大学的前身，37 岁就担任学校校长和党委书记。当时，马列主义的宣传和教育居于思想建设首位，党中央于 1951 年在中共中央宣传部设立了斯大林全集翻译室。外祖父在这时间离开上海俄文学校，从 1952 年 1 月起，开始在斯大林全集翻译室做主任。

"斯大林全集翻译室"，顾名思义，主要任务就是翻译《斯大林全集》。但是外祖父担任主任后，7 月翻译苏联五

1955 年 11 月姜椿芳出席苏共中央马列主义研究院召开的纪念俄国 1905 年革命 50 周年学术会议（右二为姜椿芳）

年计划相关资料，10月翻译斯大林的《苏联社会主义经济问题》，同期参加亚太和平会议、"中苏友好月"等活动，又在12月出国参加维也纳的世界人民和平大会，做宋庆龄的翻译，《斯大林全集》的翻译工作几乎未能开展。但外祖父抓住了编译工作的关键环节，在人才培养上下了大力气。那时候的斯大林全集翻译室只有不到30名翻译干部，一部分是来自老区的资深翻译，还有大连《实话报》的3位苏联专家，其他都是上海俄文学校的毕业生。其中速成班毕业的顾锦屏和周亮勋早在1951年就已经分配到俄文编译局工作，冯申在1952年紧跟姜校长到北京接受国家统一分配，经过面试，分配在俄文编译局第二翻译室的经济组，为《学习译丛》杂志翻译稿件。1952年3月，上海俄文学校毕业的姜其煌、张奥、杨景鸾、宣淡秋、胡尧之、傅子荣等分配到北京后，住进西单文昌胡同的一个招待所，等待接受面试和考核。考官来了，没想到，竟是大家敬爱的姜校长。经考试合格，有10人留在外祖父领导的斯大林全集翻译室工作。

经典著作的内容包罗万象，上涉天文，下及地理，政治、经济、历史、美学、人文、哲学，无所不包，要求译者同时具备优秀的俄文水平和比较深厚的汉语功底，还要对各门文化科学知识有一定的积累。几位新人以当时的学识水平和业务能力实难胜任《斯大林全集》的翻译任务，但外祖父却毫不厌烦，满腔热忱地培养他们，为他们订立进修计划，创造一切学习条件，使他们逐步适应需要，为日后的工作打下扎实的基础。

外祖父制定了一套严格的工作程序，首先，安排几个月的时间让新人专门学习，发给他们《联共（布）党史简明教程》，每人俄文版和中文版各一本，对照阅读，要求细读、精读，从中了解联共党史、时代背景和政治事件，学习马列主义理论和翻译技巧。他明确告诉大家，学习是为翻译《斯大林全集》做准备和打基础。他还抽空亲自给新人授课，定期讨论学习心得。他的渊博学识和对语言文字的高深造诣，让学子们无不折服。很难理解的问题，经他细细点拨，娓娓道来，无不迎刃而解。为提高新人的翻译能力，外祖父从俄文的《苏联大百科全书》中选定某些条目让大家做翻译练习，译出后交由翻译组长修改校订。一篇译文交上去后，发回时总是改得满篇通红。经过不断地磨炼，大家逐渐开始担当起翻译的任务。

学习阶段结束，外祖父决定让大家试译《斯大林全集》的文章，要求译前必须通读和精读原著，对文章中不明白或不理解的问题，包括理论、时代背景、原文词义和名词等，都要查阅资料解疑，必要时询问苏联专家，然后才能动笔翻译。退回译稿后要自己修正，并就译文质量、文字表达、文风等进行自我总结，在不断总结中逐步提高。外祖父的言传身教统一了新中国第一批经典著作编译工作者的翻译思想，树立了他们在工作中的集体主义精神，培养了"中国的普罗米修斯"团队严谨、负责的工作作风，为新中国的经典著作编译事业奠定了人才基础。

1953年初，党中央决定斯大林全集翻译室和中央俄文编译局合并，正式成立中共中央马恩列斯著作编译局，师哲任局长，陈昌浩和姜椿芳任副局长。同时，外祖父还兼任第一翻译室主任。

那年冬天，苏联专家来局，外祖父负责专家工作，同时着手整理苏共中央马列主义研究院的材料，和师哲局长一起写关于成立中共中央马列主义研究院的建议书，并按照苏共中央马列主义研究院的机构设置规划编译局的建制。

编译局肩负的主要任务就是翻译和出版马恩列斯三大全集，要译得符合信、达、雅的标准，做到意思准确、语句流畅、文字优美，让读者看得懂，读得进，并非易事。然而，鉴于当时的新中国刚刚从战火中逐渐恢复，绝大多数译者都谈不上翻译经验，俄文和汉语水平、文化科学知识水平都距离翻译经典著作还相差很远。完成三大全集经典著作的重大翻译任务，简直就是攀登培养翻译队伍的教育科学高峰，工作的要求和译者的水平，形成了巨大的反差和矛盾。外祖父又像每一次挑战开创性事业那样，周密计划，精心组织，富有创造性地开展工作。

外祖父感到，培养一支能胜任经典著作翻译的队伍，既要提高干部的外语和理论水平，也要拓宽他们的知识面。为培养编译局的翻译队伍，他利用自己社交面宽、友人众多的优势，邀请国内各领域的知名科学家、工程技术人员和文学家到局里演讲。原子能讲座请来原子能科学家赵忠尧教授，诗词歌赋讲座请来大诗人艾青，哲学讲座请来哲学家艾思奇，介绍文学和鲁迅请来鲁迅专家冯雪峰和作家丁玲。其他还有贺麟、罗常培、倪海曙、侯任之、刘白羽等。为提高俄文和汉语水平，他还举办了《汉语语法知识》讲座，请来文字委员会的专家讲汉语知识和语法修辞，请来《俄汉辞典》编者刘泽荣的女儿刘华兰女士（她从小在俄国长大），讲俄罗斯文学，帮助大家阅读和理解原文小说，从而提高对俄文词意的理解，增强语感。为帮助干部掌握第二外语，他聘请德国和留英专家在局里开办德语、英语、俄语等学习班。为提高理论水平，他组织大家学习《联共（布）党史简明教程》《共产党宣言》等一系列理论著作，并安排到中直系统性地听《政治经济学》讲座。1953—1960年，外祖父还聘请了一些苏联专家，一方面是作不定期的辅导报告讲解马列著作，更多是负责业务学习和各翻译室的质疑工作。其中有李立三的夫人李莎帮助释义，她是俄罗斯血统，时任北京外国语学院教授。

　　外祖父善于交际，关心他人，事无巨细都能考虑得十分周密，并提前适时做好。主持苏联专家工作期间，他经常参加招待专家的宴会和舞会，或到专家宾馆登门看望。他总是谈笑风生，应对自如，使宾主间的气氛十分融洽。苏联专家们都是高兴而来，满意而去，从来没有发过任何牢骚，还赠送了一些宝贵资料，对三大全集的翻译起到重要作用。

沙漠中的骆驼

　　"骆驼"，是姜椿芳在担任编译局副局长期间，师哲局长对他的称誉。师哲局长在《为人民鞠躬尽瘁》一文中写到,"姜椿芳同志善于交际,善于处人处事,群众关系较好。我也常有陪中央首长出国访问的任务,有时一出去几个月甚至半年,因此编译局的日常领导工作都交给姜椿芳同志办。中央宣传部召开的会议,我派他去参加,历次政治运动由他具体负责抓,培养干部、职工晋升等工作也由他管,总之一切杂事都由他负责。除此之外,他还管一些校审的工作。交给他任何工作,他总是不声不响认真地完成,从不挑拣。交给他工作我很放心和满意。在几个局长中,姜椿芳同志的工作担子最重,当时同志们给他起了个外号,称他为'骆驼'。"

经典著作的翻译并非安静的个人研究,它好像一所培养翻译人才的大学校。外祖父从40岁开始参加三大全集翻译出版工程,从1952—1982年,如果"文革"十年也计算在内,他在编译局工作了30年。在这30年里,他和同事一起反复讨论、修改译稿,得出一条翻译经,那就是:翻译必须与研究结合,只有细读和研究了经典著作才能译好它们。我也从事翻译工作和担任翻译课老师,受到外祖父的教育,我一直坚持翻译与研究相结合的原则,并总对学生们讲,口译有时是从实践到专家,而笔译必须是先要成为专家才能动笔翻译。

编译局成立后,在翻译业务方面,外祖父继续负责斯大林全集的翻译工作。他和许多新老翻译一道拟定翻译工作程序，建立了严格的译校制度，一再与社会上的翻译家举办座谈会，统一对信、达、雅翻译之道的认识。他提出经典著作翻译要求是，翻译人员必须研究每一篇经典作品，通读全文，通篇全懂，通晓内容，了解写作背景，参考有关资料，然后才能动笔翻译。他领导实施的经典著作校译制度也是翻译干部的培养教程，工作流程中安排了译者相互交流与共同提高的环节。译稿出来之后，先是译者互校核对，然后才交由校审员校改。校改之后，参加翻译和校对同一篇文章的全体人员要在一起共同讨论，定稿员也参加其中，最后由定稿员定稿。定稿后还要由核对人员根据资料卡片进行核对，统一名词和人名、地名等等，最后做到"齐清定"发排。在如此工作机制的实施下，外祖父负责的第一翻译室，也就是斯大林室在1954年就出版了《斯大林全集》中文版第1卷。它作为译校试验田，通过实践活动的磨合和总结，在工作方法和翻译标准等各方面成为翻译出版三大全集的范本。

1955年冬天，外祖父出席在苏联举行的1905年革命50周年学术研讨会，之后，他在苏联多逗留了一个月，参观苏共马恩列斯研究院，回国后写成几份重要材料，《苏共马恩列斯研究院纪念第一次俄国革命情况》和根据参观苏共中央马列主义研究院时和院长及各部负责人的谈话写成的《苏共中央马恩列斯研究院概况》，还有根据在莫斯科参观苏共中央档案馆和在列宁格勒参观分馆的情况写成的《苏共中央档案馆介绍》，都刊登在《中共中央马恩列著作编译

姜椿芳在工作中

局学报》上。

1956年,外祖父除参加局内的译校工作外,还和科学院哲学社会科学部联系,组织大学教授和社会力量翻译马恩著作,筹建马恩列斯陈列馆。

1957年冬天,外祖父出席了在捷克布拉格举行的第三次国际党史会议,这次国际党史会议是首次邀请中国参加。马克思诞辰140周年、《共产党宣言》发表110周年的1958年10月,外祖父出席了在柏林举行的第四次国际党史会议,作了题为《马克思主义在中国》的报告,手稿保存于上海图书馆,发表于《历史研究》。1959年8月外祖父出席在罗马尼亚首都布加勒斯特举行的第五次国际党史会议,作了题为《历史科学在反对现代修正主义斗争中的任务》的报告。有关国际党史会议的情况，外祖父还写有《第四次国际党史会议》《第五次国际党史会议》的文章刊登在《历史研究》上。

1958年全国各行各业"大跃进"，党中央提出要加快《列宁全集》的翻译出版。于是局内开始赶译列宁全集，以"大跃进"的姿态，争取在国庆10周年完成翻译任务并献礼。外祖父经常和年轻人一起熬夜，不仅参与组织领导，还直接承担翻译和定稿工作。他的言传身教对全局同人是莫大的鞭策和激励。1960年上半年，他又参加4卷本《列宁选集》的编辑和列宁6个小册子的编选工作，并为报刊写多种内容的文章。20世纪50年代，《列宁全集》39卷和《斯大林全集》13卷全部译成中文出版，《马克思恩格斯全集》翻译出版了十多卷。这些马列著作的面世，解决了当时学习研究马列主义的急需，凝结了外祖父的心血。

1987年外祖父去世后不久，北京电视台拍摄反映姜椿芳生平的纪录片《我们的回忆》，我陪同主持人陈铎和摄制组采访了编译局。当时宋书声介绍说，编译局成立后的基本任务就是翻译三大全集，姜老直接领导了翻译工作。顾锦屏说，中国第一次出齐《列宁全集》39卷，姜校长是积极的支持者、组织者，他还亲自看稿子，第一版都是在他的领导下完成的。岑鼎山说，1975年编译局准备出版第二版《列宁全集》，姜老当时刚出狱不久还没有恢复工作，他很关心《列宁全集》的第二版出版工作，主动提出要看第二版的稿子，把第一卷从头到尾对照俄文校对了一遍，为出版

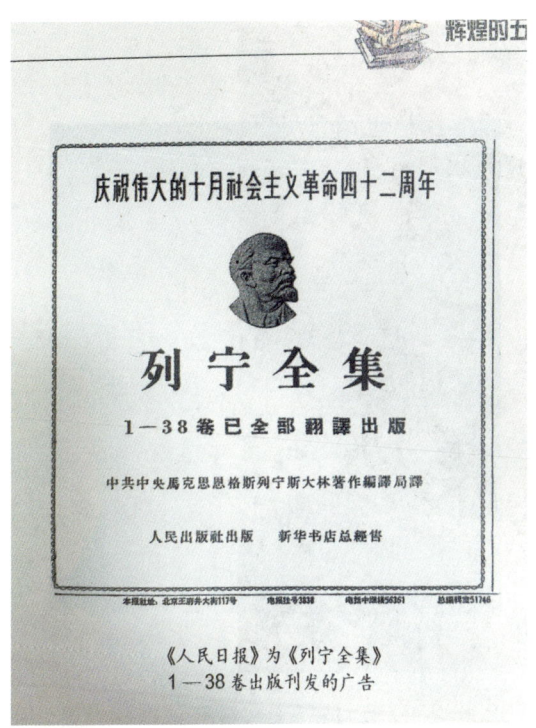

《人民日报》为《列宁全集》中文第一版1—38卷出版刊发的广告

第二版《列宁全集》打下了基础。林基洲说,姜老曾对他说:"我在主持《中国大百科全书》的出版,争取在1989年出齐70卷。你负责新版《列宁全集》的出版工作,也争取在1989年完成。我们一起完成,为国庆40周年献礼。"

外祖父常说:学习外文,做翻译工作,能够参加翻译马列主义经典著作,是极为光荣的任务。回顾他参与马列经典著作编译工作的经历,感到这也是他为我们后人留下的宝贵财富,弥足珍贵。

　　毛岸青（1923—2007），马列主义经典著作翻译家。毛泽东主席和杨开慧烈士的次子。湖南长沙人。1949年7月，调入中共中央宣传部斯大林全集翻译室工作。翻译有列宁的《我们究竟拒绝什么遗产》《俄国工人报刊的历史》和斯大林的《马克思主义和语言学问题》《论批评与自我批评》《反对把自我批评口号庸俗化》《民族问题与列宁主义》《在苏联列宁共产主义青年团第八次代表大会上的演说》等。

彩云长在有新天
——父亲毛岸青与马列经典著作编译工作

毛新宇

2023年,是父亲毛岸青去世、离开我们16年,也是我母亲邵华去世15年整,自从父母去世,作为儿子,我无时无刻不在怀念、思念我的父母。我跟爸爸的感情是很深的,因为我的人生第一老师,就是我的爸爸妈妈。尤其是我的父亲,对我的影响是很深刻的。

回忆我父亲对马列著作编译事业的贡献,不能不提到的就是,我敬爱的伯父毛岸英和我的父亲,在苏联生活了整整十年。1936年,父亲和我伯父被我地下党组织送往苏联学习。他们先是在共产国际儿童院学习,之后伯父进入伏龙芝军事学院学习。苏联卫国战争后,我父亲考入莫斯科东方语言学院深造。直到1946年、1947年伯父和父亲相继回国。我感到,这十年是他们人生成长中最重要的历史阶段,是他们兄弟俩最重大的人生转折。

一方面,他们对世界反法西斯战争,做出了突出贡献。卫国战争期间,伯父毛岸英担任苏联红军坦克连党代

毛新宇,毛岸青之子。中国人民解放军军事科学院战争研究院研究员、少将。本文作于2023年。

表,是一线的指挥军官,从俄罗斯、波兰、一直打到柏林。在后方,父亲和当时在苏联的贺子珍奶奶、李敏姑姑,积极参加支前活动,挖战壕、伐木头、送物资、运伤员,为反法西斯战争作出了贡献,成为一名坚定的国际主义战士。正因为这样,2005年4月,世界反法西斯战争胜利60周年之际,父亲和其他20多名当年在苏联的中国老战士,得到了俄罗斯政府颁发的苏联卫国战争胜利60周年纪念章。我父亲的纪念章是由俄罗斯前驻华大使伊戈尔·阿列克谢耶维奇·罗加乔夫,中文名叫罗高寿,也是一位汉学家、"中国通",从俄罗斯专门寄来的。这证明我父亲确实是为世界反法西斯战争立了功,俄罗斯人民没有忘记他。因此,我也说过,今天评价毛岸青和毛岸英兄弟俩,可以说是伟大的国际主义战士。

另一方面,他们对马克思主义有坚定的信仰,同时,也深受苏联文化的熏陶感染。伯父和父亲在童年时代没有机会上学,到苏联后学习俄语、补习中文,开始接触马列著作。在学习过程中,他们都树立了坚定的马克思主义信仰,同时,还娴熟地掌握了俄语,中文水平也有了很大进步。同时苏联这个国家的思想、文化、艺术等,在他们兄弟两人身上,都打下了深刻的烙印、产生了重大的影响。在苏联期间,我伯父和父亲就会翻译一些东西,两人互相学习切磋,这也为我父亲后来从事马列著作编译工作奠定了良好的基础。

这里要说明一点,我伯父毛岸英先我父亲回国,除了参加土改工作外,还有一项重要的工作就是翻译马列著作。比如,他翻译过恩格斯的《法德农民问题》、斯大林的《苏联社会主义经济问题》等。伯父很有才华,翻译的水平也很高。特别是他亲身参加土改工作,对当时中国的实际、农民的实际有很深刻的体会,这就使得他的翻译也体现了这种实践性,得到我爷爷的高度重视,我爷爷认为这些翻译成果是对中国的革命、中国的未来有指导性的。新中国成立后,伯父还对我父亲在翻译工作上有很多指导和帮助,这也使得我父亲的翻译水平有了很大提高。

我父亲1947年回国,在李富春和蔡畅的介绍下,加入了中国共产党。这里面有一个机缘,就是李富春和蔡畅的女儿李特特,和我伯父、父亲是苏联学习期间的同学。回

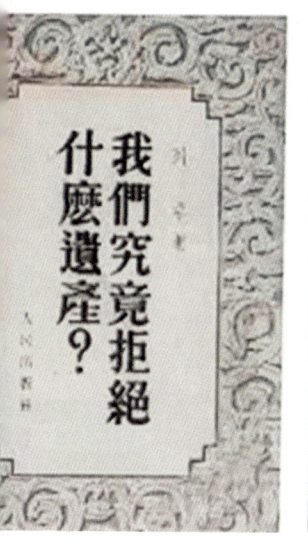 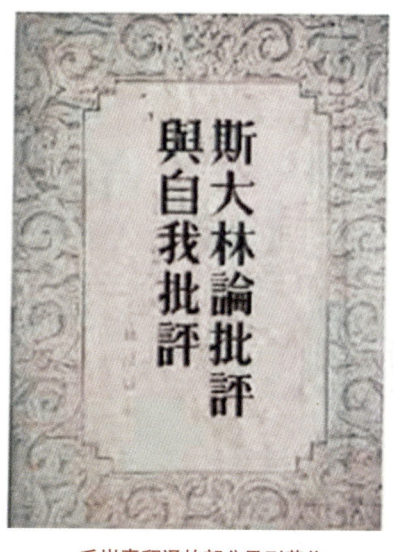 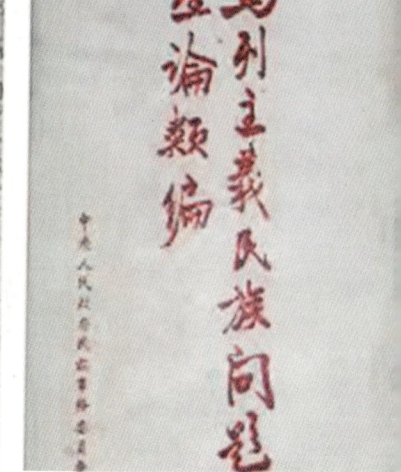

毛岸青翻译的部分马列著作

国后，父亲没有来得及和爷爷见一面，就被分配到条件艰苦、土匪猖獗的黑龙江省克山县参加土改工作，在东北的黑土地上战斗了两年。1949年7月，父亲调到北京，被安排在中共中央宣传部斯大林全集翻译室担任俄文翻译，勤勤恳恳、默默无闻从事了两三年的马列著作编译工作。

这段历史是鲜为人知的。2007年3月23日，父亲与世长辞。3月26日上午，时任中共中央政治局候补委员、中央书记处书记、中央办公厅主任的王刚同志来到灵堂吊唁。王刚同志除了安慰我母亲外，还提到了我父亲的一些往事，当时我陪在母亲旁边。王刚同志说："邵华同志你了解岸青同志生前翻译过多少马列著作？"我妈妈虽然和我父亲夫妻47年，但我爸爸太不张扬了，也没跟我妈妈讲过他翻译过多少马列著作。所以我妈妈跟王刚同志说："仅仅就知道那么几部。"令我们母子震惊的是，王刚同志说："岸青同志的翻译贡献，可不仅仅是你们母子知道的这几部！"之后，一口气说出了十几部，还说这些著作，对他影响太深远、太重大了。这让我们母子俩相当激动。

之后，根据王刚同志提供的线索，我和妈妈逐步了解到，我父亲在中宣部斯大林全集翻译室工作期间，为人忠厚、平易近人，大家都不知道他是毛主席和杨开慧的儿子。那时的他，风华正茂、才思敏捷，俄语水平高、翻译能力强，但他并不因此骄傲自满，而是谦虚谨慎，埋头苦干。很多和他一起工作过的同志，都会赞赏他的学风和人品。我爷爷对父亲的工作非常关心，要求他努力学习祖国的语言文字，以便能够准确翻译马列著作。我伯父生前，也曾称赞我父亲的翻译水平、中文语法有了很大提高。应该说，我父亲没有辜负爷爷和伯父的期望，为了弥补自己汉语功底不够深厚的弱点，他刻苦学习，虚心向同事求教。在工作中，他严谨求实，精益求精，对自己的译稿总是字斟句酌，一再修改，使译文质量不断提高，赢得同志们的广泛赞誉。

我父亲在短短两三年时间里，做了很多工作，包括参与翻译了列宁的《我们究竟拒绝什么遗产》《俄国工人报刊的历史》和斯大林的《马克思主义和语言学问题》《无政府主义还是社会主义？》《论批评与自我批评》《反对把自我批

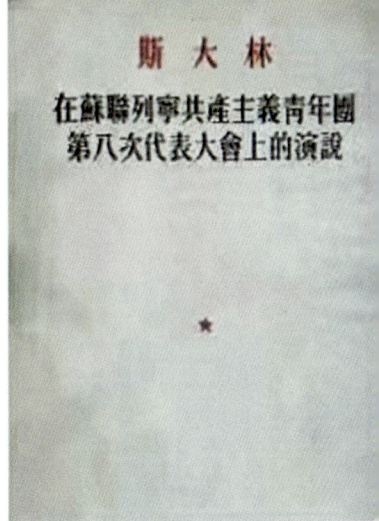

毛岸青翻译的部分马列著作

评口号庸俗化》《民族问题与列宁主义》《在苏联列宁共产主义青年团第八次代表大会上的演说》等著作。全部这些译著的书单，我们后来是从中央编译局拿到了，一共十几部，这些著作后来稍经修改被收入《列宁全集》和《斯大林文集》。父亲翻译的《马克思主义和语言学问题》，曾经大量发行，广泛传播，成为当时广大干部和理论工作者学习和研究马克思主义理论的必读著作。他还参与翻译了苏联学者写的一些政治理论著作和《联共（布）关于青年工作的两个决议》等历史文献。此外，他还在《人民日报》等报刊上发表了20多篇介绍苏联政治理论和文学的文章。相关部门对此有个评价，说他的这些译著和所做的传播工作，对新中国成立初期，我们党的马克思主义理论建设和哲学社会科学的发展起了重要作用。

父亲生前默默无闻地工作，平平凡凡地生活。人们都说，毛岸青是个"凡人"。父亲去世后，我母亲在接受中央电视台《新闻会客厅》节目采访时，谈到我父亲所从事的马列著作编译工作，她说："他确实是一个非常沉默寡言的人，他很少在别人面前谈到他自己，除非对我也是谈他记忆犹深的，过去的童年生活，对爸爸、对妈妈的怀念，还有这样的事情，工作上的事情，他所做的成绩，他很少讲到这些事情。他在中宣部工作了两三年，他到底翻译了一些什么书呢，你要让我全部说出来，我真的说不出来。后来我在国家图书馆查到了他所翻译的一些书目，你看这个地方，他翻译了这么多书，我们当时查到了十三本"，"默默无闻地工作,他觉得这是自己理所当然的,没有什么好炫耀的。"我感到,这是深受爷爷的家风家教影响,也正是父亲和爷爷、伯父一样,于平凡处见伟大、于寻常处见奇崛。

父亲去世的第二天,24号凌晨,我妈妈很悲痛,跟我说的话,我永远记得,她说:"儿子,你不能忘记爸爸。你还记得你小的时候,爸爸给你讲了很多苏联的故事。"我父亲去世后,我常常深情地回忆和想念起父亲小时候对我的慈爱教育,他给我讲了很多苏联革命故事,还教我俄语等等,现在回忆起来,依然历历在目、十分亲切。我曾经看到过父亲和著名翻译家曹葆华老师共同翻译的《斯大林论批评与自我批评》一书,1952年9月人民出版社出版。在书的第37页,针对"谢牟亚克裁判"这个斯大林文章里出现的俄罗斯俚语,译者进行了注释指出:谢牟亚克是俄国古时一个公爵,每次他审判别人,都不问是非,凡不称其意者都定以罪。因此,不公正的裁判叫做"谢牟亚克裁判"。看到这条注释,我的脑海中就浮现出小时候父亲给我讲那些俄罗斯故事,声情并茂、娓娓道来;浮现出父亲坐在书桌边,字斟句酌、不畏寒暑,把他从俄罗斯大地获得的丰厚滋养,运用于马列著作翻译;也仿佛能感受到父亲从马列著作翻译工作中,获得的光荣和满足。

父亲去世后,中央编译局在《人民日报》刊发纪念文章,评价我父亲是"优秀的马列经典著作翻译家",并指出:在我国长期的马克思主义传播史上,涌现出灿若繁星的一

  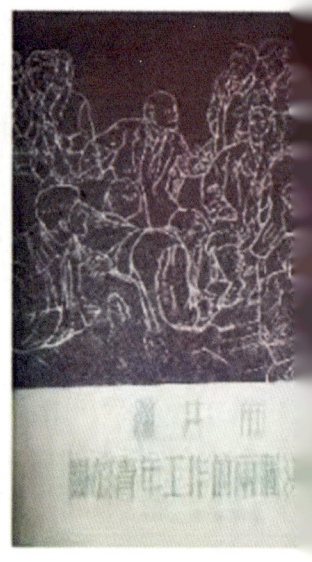

毛岸青翻译的部分马列著作

大批马克思主义理论著作翻译家,他们在不同历史时期为党的理论建设事业立下了不朽功勋。毛岸青同志就是建国初期在这条战线做出重要贡献的翻译家,他的业绩在我国马克思主义传播史上留下了值得铭记的篇章。我感到,这是对父亲从事马列著作编译工作的一个很好总结。

我爷爷在《七律·洪都》这首诗中曾写下"彩云长在有新天"的豪迈诗句,"彩云"指的就是马克思主义真理,"有新天"就是说马克思主义在中国的不断发展、不断创新。马克思主义是我们立党立国、兴党强国的根本指导思想。毛泽东思想是以毛泽东为主要代表的中国共产党人,根据马克思列宁主义的基本原理,对中国革命和建设实践中的一系列独创性经验作出理论概括而形成的科学思想体系，是中国共产党长期坚持的科学的指导思想。习近平新时代中国特色社会主义思想是以习近平同志为主要代表的中国共产党人，坚持把马克思主义基本原理同中国具体实际相结合、同中华优秀传统文化相结合，坚持毛泽东思想、邓小平理论、'三个代表'重要思想、科学发展观，深刻总结并充分运用党成立以来的历史经验，从新的实际出发所创立的。他们一脉相承、继往开来。正如习近平总书记在庆祝中国共产党成立100周年大会上的讲话中所指出："新的征程上，我们必须坚持马克思列宁主义、毛泽东思想、邓小平理论、"三个代表"重要思想、科学发展观，全面贯彻新时代中国特色社会主义思想，坚持把马克思主义基本原理同中国具体实际相结合、同中华优秀传统文化相结合，用马克思主义观察时代、把握时代、引领时代，继续发展当代中国马克思主义、21世纪马克思主义！"我感到，这是我们这代人，作为马克思主义和毛泽东思想的传人，在新时代必须坚持和发展的。

　　林基洲（1929—1993），马列主义经典著作翻译家。研究员。辽宁大连人。曾任中央编译局国际室副主任，中央编译局副秘书长、副局长兼列斯室主任。第七届、八届全国政协委员，中国国际共产主义运动史学会会长，全国"马克思主义、科学社会主义"学科规划组副组长。享受国务院政府特殊津贴。参与《斯大林全集》《列宁全集》《马克思恩格斯全集》的翻译定稿工作。是《列宁全集》中文第二版的组织者和设计者。主编《马克思主义研究丛书》，参与编辑《国际共产主义运动历史文献》《科学社会主义百科全书》等。

《列宁全集》中文第二版的总设计师
——林基洲与马列经典著作编译工作

李洙泗　杨祝华

我们两个人从60年代初就在基洲同志领导下工作。相处30多年，对他的精神、作风、品格非常了解，也十分敬佩。他猝然去世，令人痛惜。当时李洙泗曾写一篇悼文，在《马克思主义与现实》杂志上发表。但限于篇幅，总觉意犹未尽。今天，在他逝世即将两周年之际，我们在一起细细追忆老林的为人处世，他那种对党的事业忠心耿耿、对工作不断开拓进取、对知识执著追求、对同志热情帮助的风范又深深地激励着我们。

《列宁全集》中文第二版镌刻着林基洲的名字

《列宁全集》中文第二版是编译局集体心血的结晶，但老林的贡献却是无可比拟的。1973年我们从五七干校回来，分到列斯室，重建编辑组。基洲同志当时是列斯室主任，

李洙泗，编审。曾任中央编译局列斯室副主任、当代马克思主义研究所所长，《马克思主义与现实》杂志主编。杨祝华，女，原中央编译局译审。本文为1995年纪念林基洲同志逝世两周年所作。

我们又在他直接领导下从事列宁著作、思想的研究和编辑工作。那时在"左"的路线影响下，我们对赫鲁晓夫时期出版的《列宁全集》俄文第五版颇有偏见，怀疑其中夹杂着"修正主义货色"。但现实情况是，外国都在使用这个版本，斯大林时期出版的俄文第四版（即中文第一版的蓝本）已被淘汰。唯独中国仍在使用这个过时版本。俄文第五版新增收的大量列宁文献没有同读者见面。老林心里十分不安，觉得作为编译局列斯室主任，不能把列宁著作全部推出，实在愧对我国读者。此时他已萌发要编译中文第二版的念头。在局领导的支持下，他一面要我们对20年代以来《列宁全集》五个俄文版本的内容和编辑情况作详细的调查研究，特别是对俄文第五版要作实事求是的辨析、判断。另一方面他又同人民出版社一起组织全国十几所高等院校的俄语老师把俄文第五版中的列宁新文献译出，编成《列宁文稿》第1—10卷，暂时不宜公开出版就内部发行。而列斯室大部分同志开始了对《列宁全集》第一版译文的校订工作。与此同时，还编译了俄文第五版注释选编和人名索引，供理论工作者参考使用。接着又利用高校的力量把《列宁文集》俄文版中未收入《全集》的大量列宁文献翻译出来（这些文献后来编成中文《列宁文稿》第11—17卷，其中相当一部分有价值的文献随后收进了《列宁全集》中文第二版）。这些工作是老林在《列宁全集》第二版之前为理论建设做的大事、实事，也为后来编译《全集》第二版做了充分的材料准备。在这个过程中，老林要求编辑组对《列宁全集》俄文第五版是不是修正主义版本、新增文献有无伪造之嫌作出明确回答。这是一桩十分艰巨而且非常严肃的工作，缺乏"列宁故乡"有关部门提供的资料，只能从各个侧面进行研究，难度很大。如果判断失准，势必影响到新版《列宁全集》的质量和命运，甚至有损我们党的声誉。老林和我们都充分意识到这一点。在对俄文第五版的前言、正文、注释、人名小传等各个部分作了研究、考证、分析之后，我们写了7万字的报告，肯定了正文部分是可靠的，同时指出这个版本在编辑上的许多问题和不足，并提出自行编辑《列宁全集》新版的初步方案，提供局领导作决策性研究。在调查中，我们还发现南斯拉夫的《列宁全集》塞尔维亚文版有其独特的编法，全部只有40卷（俄文第五版是55卷），文献总量、卷次划分、编排体例都与俄文第五版有很大差异，但文献选录又都以俄文第五版为来源。老林对这一发现很感兴趣。他非常高兴，认为极有启发，因为历来各种外文版《列宁全集》均以俄文版为依据，照搬照译。塞文版开了自编的先例，可见俄文版并不是动不得的，另一方面，塞文版尽管在编辑上自行其是，文献来源基本上还是以俄文第五版为准，这又从一个侧面证明我们肯定俄文第五版正文部分是对的。至此，已任编译局副局长的老林要由我国自行编译中文版的决心更加坚定。

在扎扎实实调查研究的基础上，老林要"我国自行编辑"的想法得到大多数同志的支持，经过编译局领导和专家反复研究论证，终于取得一致认识。1982年编译局正式向中央提出《关于编译出版〈列宁全集〉中文第二版的请示报告》，很快就得到中央批准。从上述酝酿和准备过程，可以看出，老林早在"四人帮"倒台之前几年就开始考虑和策划这一伟大事业。他不仅有强烈的使命感、事业心，更难得的是还有实干精神和科学态度，带头苦干，表现出坚强的毅力和扎扎实实的作风。

在《列宁全集》第二版正式上马、全面铺开的时期，老林以只争朝夕的精神，夜以继日，全力以赴，带领大家克服种种困难，力争尽早把崭新的《全集》奉献给读者。有的同志感到计划安排太紧张，主张放慢点进度。老林坚决地说：理论界急切地盼着新版出来，多少老同志渴望生前能读到列宁全部著作，出版晚了便辜负大家期望；我们编译队伍平均年龄已很大，拖不起，不抓紧搞出来，就有夭折的危险。在他的坚持和同志们的努力下，《全集》新版终于按期于1990年出齐。在具体工作中，他不仅担任数卷译文校审，而且对每一卷中各种附属资料（如注释、人名

《列宁全集》中文第二版

索引、年表等等）的编写工作，他都亲自动手，参与讨论，定出样板，为大家开路。我们曾劝他别管那么细。他说："我不亲自干一干，怎么能了解其中的问题，怎么能具体指导和审定。"这一版的正文编辑工作、各卷的分期、每卷的目录编排、文献增删，以至标题设计，老林经常同我们一起讨论研究。我们撰写的每卷前言，他都仔细审读，提出具体修改意见，最后定稿。

新版的《列宁全集》堪称我国马克思主义理论的一大基本建设，是"一项足以与国家重点基建工程相媲美的宏大工程"（胡乔木语）。这一工程的总工程师就是林基洲。可以说这是他一生中最辉煌的事业。虽然在洋洋60卷中，除了他校审译文的几卷外，没有林基洲的署名，但是了解情况的人们都会感到，在《列宁全集》中文第二版这座丰碑上，镌刻着林基洲的不朽的名字。

坚持正确对待和运用马克思主义

搞经典著作翻译，完全可以"两耳不闻窗外事，一心只'译'圣贤书"。老林不满足于此。在筹划和编译新版《列宁全集》的十几年中，他始终同时关注着理论与现实的结合，关注着对经典著作的完整、准确的理解和运用，"四人帮"在末日临近时，要编译局提供马恩列关于无产阶级专政论述的资料。他们的用意我们可以猜到几分。老林当时是抓这一工作的领导之一。他对我们做具体工作的几个人说:"十月革命后,列宁反复强调无产阶级专政的职能不仅仅是镇压资产阶级的反抗,还要而且主要是组织社会主义经济建设。我们选材时一定要全面、完整地反映列宁的思想,不能断章取义。"他与我们一道开了许多夜车,把列宁的论述摘选出来,厚厚一大摞往上送。后来张春桥、姚文元从这些材料中取其所需,编成《马克思恩格斯列宁论无产阶级专政》即所谓"三十三条",竟然全是断章取义,任意曲解。甚至在发表时认为新译文(他们要求对"三十三条"译文重新校订)不合口味、不符合意图而不用,宁用不准确的旧译文。老林对这种明目张胆肆意曲解马恩列斯的思想的恶劣做法愤愤不平,但又无可奈何。"四人帮"倒台时,局领导和老林心头的愤懑一下迸发出来,立即组织力量就"三十三条"以及张春桥、姚文元等人的大块文章揭

林基洲在庆祝《列宁全集》中文第二版出版发行座谈会上发言

批"四人帮"对经典作家思想的篡改、歪曲，整理出两份材料报送中央，以后中宣部将这两份材料印发各省市供批判"四人帮"使用。过后不久，局领导和老林感到光揭批还不够，必须如实宣传列宁有关经济建设的思想。于是，他要我们编辑组尽快编一本《列宁论苏维埃社会主义经济建设》的小册子。老林亲自与我们一起干，节假日也不休息。编定后由人民出版社和出版署报中央审批。那时正是十一届三中全会前夕，邓小平、李先念等好几位领导同志都作了批示。此书发行数万册，很快售罄。现在看来，此书虽然还不是尽善尽美，但在那个时候，"四人帮"刚刚倒台不久，老林就积极宣传列宁在十月革命后重视发展生产力、强调工作重心转移的思想，对于拨乱反正、正本清源是很有意义的。

小平同志提出要完整准确理解毛泽东思想的话之后，老林觉得，这说出了人们的心里话，"文革"中，个人迷信给我们党带来的损失太大了！他要我们马上编一个《列宁关于完整准确地理解马克思主义的论述》的材料。他把这个材料提供给中央党校《理论动态》主编孟凡同志。孟凡同志转报耀邦同志（当时兼中央党校校长），耀邦同志批示立即在《理论动态》上发表。老林就是这样以对党的事业的忠心、对马列著作的正确态度为党尽心尽力的。

改革开放政策使老林的思想更加活跃、开阔。他除了继续为新版《列宁全集》操劳外，还主管两个研究所的工作。在老林提议和积极支持下，当代马克思主义研究所先后办了《经济社会体制比较》《马克思主义与现实》两个杂志，开拓编译局同改革开放实际联系的路子。他非常关心乡镇企业的发展和国有企业的改革，几乎每年都要开一次企业家座谈会，还经常到基层进行调查研究。上海第二毛纺厂厂长万德明（1994年被评为全国十大企业家之一）同老林一见如故，常常一起探讨企业经营机制转换、深化体制改革的问题。万德明说："我就不信国有企业搞不好，一定要在改革中把我们厂搞好！"老林非常赞赏，经常关心他们的成就，提供一些对他们有用的材料。老林逝世时万德明发来非常动情的唁电，深为"失去一位学识渊博的良师益友"而悲痛。老林在企业界有很多这样的知心朋友。他身在马列著作编译和研究的领导岗位，却花相当多的精力结交企业界的朋友，关心企业的改革，有时使人不好理解。但老林的想法非常明确：必须了解实际，结合实际，理论才有生命力；理论工作者必须自觉地多为"建设有中国特色的社会主义"服务；编译局工作要搞好，就应该把马克思主义理论更好地同实际结合起来，在实践中坚持和发展马克思主义。

"这样的领导很难得！"

老林作为领导没有官气，作为学者没有迂气。他一心想的是如何把编译局的工作搞活，使研究工作更有生气。他不满足于既得的业务成就，勤奋进取，不断吸取新知识充实自己。每天他要阅读大堆报章杂志和有关文件，了解国内外形势和学术动态。在他的遗物中我们发现几个笔记本，工工整整摘记着各种理论材料，开列一长串准备研究的题目。他对研究所工作的指导既有原则性，又具体、切实，从不居高临下打官腔，而是平等待人，共同商量，体现出对下级的尊重，让人心悦诚服。

老林的时间利用率很高，除了对球赛电视节目情有独钟外，几乎没有别的什么文娱生活。不是缺乏情趣，而是舍不得花时间。有一次出差途中聊起他的兴趣，令人奇怪的是他对戏曲竟非常在行，津津乐道。京剧、昆曲、秦腔他都熟悉，甚至仅在汕头一带流行、外地人知之甚少的潮剧他也看过，真不可思议。他年轻时还喜欢打排球。可见其兴趣之广泛。只是"现在有许多事情要做，可惜时间太少了"。

同志们知道老林时间抓得紧，不愿轻易打扰他。但他对同志，特别是对年轻同志的关心和帮助并不吝惜时间。一位年轻同志很刻苦，但方法不对头，译稿中出现不少问题。老林把她找来，详细指出问题所在，指导她如何掌握方法，鼓励她继续努力。老林去世，她特别伤心，说"老林活得很有价值，令人永生怀念"。有一次老林去查材料，见到几位年轻同志在聊天，他把其中一位叫到办公室，怒气冲冲地批评："你们是怎样工作的？！资料室成了茶馆了！"这位同志顿时语塞，不知所措。老林接着恳切地肯定她的长处和进步，教导她应如何工作，如何提高，使她感动不已。交通科一位年轻司机,在老林弥留之际,硬是闯进急救中心的病房,要见老林最后一面。他悲痛地说:"老林对待我们工勤人员没有一点架子,处处给我们关心和帮助。父母只是养育了我,老林却教导我怎样做人。"许多同志有什么心事,都愿找老林谈谈,他总是细心倾听,毫无厌烦之色,让人感到亲切。他给你解决思想疙瘩时不讲空话套话,而是循循善诱,开阔你的思路,给你以精神力量。我们自己就深有体会。常常带着沉闷心情走进老林的办公室,出来时总有一种茅塞顿开、豁然开朗的感觉。他是副局长,是领导,但大家首先是把他当作朋友。他有很多知心朋友,理论界、企业界、同龄人、年轻人都有,这不单因为他善交际,主要是他对事业对同志有一颗火一般的心。

老林胸怀宽广,严于律己,宽于待人。他的一生有两次大坎坷。一次是1958年带队下放山东,赶上"大跃进",回来后说些实话,被定为犯右倾机会主义错误,贬作一般翻译干部,1962年平反。再一次是"文革"伊始就挨批斗,他是"当权派",又是四清工作队的领队,所以不仅在编译局挨批斗,还被拉到市委党校批斗。不难想象,这两次厄运,他是顶着多么大的政治压力,受到多么大的委屈和精神折磨。我们同他相处几十年,从未在这方面有半点不满情绪。他不耿耿于怀,不记恨任何人。对曾经批斗过他、整过他的人,他一如既往,真诚相待。若是下属,不但从不给穿小鞋,还照样在工作上、思想上给予关心、帮

在庆祝《列宁全集》中文第二版出版发行座谈会上合影（右四为林基洲，右三为李洙泗，左四为杨祝华）

助。是不是他故作姿态呢？不，老林不是这种人。他这样说过："运动使党损失太大了，伤了那么多人。对我的批判当然是很荒唐的，但也使我清醒了许多。过去年轻，不知天多高地多厚，有些高傲，说话不知分寸。"他认为，"不论批人的还是挨批的，都要自己吸取教训。不要让过去的这些事再来干扰现在。有那么多事要做，应抓紧时间，向前看"。

老林同任何人一样，也有喜怒哀乐。他为党和国家的兴旺而高兴，也为不良风气、腐败现象而忧愤，但从不因个人得失左右自己的情绪。如果说，老林年轻时个人奋斗、自学成才的历程，还带有一些成名成家的思想，到了中年以后，这些东西则逐渐淡薄了。《列宁全集》第二版的署名问题就很说明这一点。他说："只要这一版能按期完成，我就心满意足了，至于个人留名不留名，是无所谓的事。这一版是中央批的，无论署我主编或总策划都是不合适的。""没有一批老同志、年轻同志的勤奋工作，这一版也出不来，没有两位室主任抓紧组织工作，卷卷把关，这一版也出不来。"

老林是赞成转向市场经济的，但是从不把"等价交换"当作自己为人处世的原则。新版《列宁全集》编译稿费，老林是拿得最少的几个人之一。应该说，这同他付出的心血是很不相称的。但他毫不在乎。他说："大家干得很苦，稿费很有限，我的条件比大家好，我不需要。"全集出齐时，中宣部的领导同志到编译局开表彰大会，颁发荣誉证书。会前已拨下奖金5万元，人均三五百元。会后那位领导同志半开玩笑半认真地对老林说："这次你得拿万把元奖金吧？"老林回答说："不，我不能与大家两样。"像老林这等贡献，只拿几百元奖金，听者感慨不已。论经济情况，老林并不富裕，但他总是这个态度："钱不钱的无所谓。"不是漂亮话，他历来就如此。他有很多企业界的朋友。有的企业家请他帮忙介绍同另一个企业做生意，同时表示会重谢。老林立刻严肃地说："搭搭桥，对你们双方都有好处，我乐意帮助，如果你要给我好处，我就绝对不管！"日常，老林在用钱方面总是很大方的，总为别人着想。无论是业务干部还是工勤人员，经济上有困难，他都慷慨解囊。有位青年同志从国外回来，要回老家看望父母，老林很赞赏他的孝心。听他老婆不给路费时，老林当真，立即给他300元。这位同志虽然没有要，但心里热乎乎的。一个新来的大学生参加外事活动无像样的衣服，老林就把自己的西装送给他。每逢多人一起外出活动，须掏钱的地方他总是抢着付钱。"你们都有负担，我什么负担也没有。"机关食堂一位退休职工对老林逝世也很痛惜，她说："老林每天早7点来，晚9点走，逢有私人客饭，总要求食堂结清账目，全部个人付账。"尽管这是理应如此的事情，但这位食堂职工以小见大，得出了"这样的领导难得"的看法。

  老林一心扑在党和国家事业上，只关心国家、关心党、关心别人，很少关心自己，这样的领导很难得。这样的同志、这样的朋友很难得。老林生前，只知奉献和给予，个人得失却不计较。可以告慰老林在天之灵的是，他已得到了最珍贵的东西，这就是大家真诚的思念、永恒的纪念。

　　顾锦屏,马列主义经典著作翻译家。研究员。生于1933年,上海人。曾任中央编译局常务副局长、特邀顾问,中国国际共产主义运动史学会会长、中国马克思主义哲学史学会副会长、中国马克思恩格斯研究会名誉会长。2006年荣获资深翻译家荣誉称号。2019年荣获中国翻译协会翻译文化终身成就奖。享受国务院政府特殊津贴。参与《马克思恩格斯全集》《列宁全集》《马克思恩格斯文集》《列宁专题文集》等翻译、审稿工作和《马克思画传》《恩格斯画传》《列宁画传》等编撰工作。

跨世纪的伟大工程
——我与马列经典著作编译工作

顾锦屏

1951年我由华东革命大学附设上海俄文学校（现为上海外国语大学）调入中共中央俄文编译局。七十年来，我一直没有离开马列经典著作编译工作，有幸见证了几代编译工作者为传播马列主义科学真理默默奉献的光辉业绩。

三大全集第一版的编译工作

1953年1月中央决定：中共中央俄文编译局、中宣部斯大林全集翻译室合并，成立中共中央马恩列斯著作编译局，有计划有系统地编译马列主义经典著作，首要任务是翻译《马克思恩格斯全集》《列宁全集》和《斯大林全集》。当时从事这项工作的人不多，大概有100来人，除了少数延安来的有翻译经验的老同志和曾在大连《实话报》从事过翻译工作的同志，其余都是刚从学校出来的年轻人，承担这样的任务既非常光荣又十分艰巨。同志们夜以继日地工作，在实践中提高翻译马列著作的技能。

本文作于2021年，2024年修改审定。

1953年3月,《斯大林全集》的翻译工作开始启动。我没有参加这项工作,听说开始翻译第一卷时,有苏联外文出版社的中文初译稿,是1952年刘少奇同志访问苏联的时候带回来的。但这部译稿质量不是很高,主要是语言风格比较老,读起来比较晦涩,有些地方翻译不是很准确。因此,承担《斯大林全集》翻译的同志,对译稿重新译校。师哲、陈昌浩、姜椿芳三位局领导和好几位苏联专家,都投入到这部编译局"开山之作"中,务求打造一部精品力作,同时为马列著作编译工作积累经验。1953年9月,《斯大林全集》中文版第1卷正式出版,《人民日报》刊发了社论并配有编译工作的照片,占了整整一版,这让我们都感到非常自豪。1953年12月,《斯大林全集》中文版第2卷出版。之后每年出版1到3卷。直到1958年,终于完成了《斯大林全集》共13卷、约300万字的翻译出版工作。

《斯大林全集》的翻译为《列宁全集》和《马克思恩格斯全集》的翻译提供了宝贵经验。在翻译《斯大林全集》期间,局内组织了翻译标准的讨论,还请局外翻译家参加。在讨论中涉及严复提出的"信、达、雅"的翻译标准,对其中的"雅"颇有争议。后来局领导根据大家的意见和《斯大林全集》的翻译经验,把马列著作的翻译标准确定为"意思正确,译文通顺"。局领导还根据翻译《斯大林全集》第1、2卷的经验,提出翻译必须同研究相结合,要求译者必须弄清原著理论内涵,避免译文貌合神离。局领导还要求译者撰写介绍译著内容的文章,在报刊发表。这些经验对保证《马克思恩格斯全集》《列宁全集》的质量和马列著作编译队伍的成长有深远意义。

《列宁全集》中文版是根据《列宁全集》俄文第四版翻译的。俄文版共39卷，已出版38卷（第39卷尚未出版）。编译局从1953年起开始翻译《列宁全集》。1954年我所在的哲学组（后改为哲学室）着手翻译列宁的《哲学笔记》，翻译难度太大。我局邀请了马列学院的苏联专家基谢辽夫作系统讲解，由林利翻译，后来讲稿印成单行本出版。在苏联专家的帮助下，经哲学组全体同志的努力，《哲学笔记》于1956年出版。全书译文由林利审定，我承担了《黑格尔〈哲学史讲演录〉一书摘要》译文的改稿和审稿。后来《列宁全集》俄文第四版对《哲学笔记》作了大量增补，编入第38卷。1956年哲学室承担《列宁全集》第14卷《唯物主义和经验批判主义》的翻译，当时因林利准备去苏联哲学研究所进修，林基洲调任哲学室副主任，审稿和定稿主要由我和林基洲承担。林基洲很谦虚，说他对哲学不熟悉，要我负责全书的审稿。当我挑起这一重担时，同哲学室的其他同志一样，深感知识储备严重不足。为了译好列宁这部哲学名著，我们学习了欧洲哲学史，请苏联专家别洛夫讲解马赫主义的哲学思想和列宁对俄国马赫主义的批判。我们发挥团队精神，重点章节集体讨论定稿。经哲学室同志的集体努力，这部著作于1957年问世。《列宁全集》由于数量多、难度大，翻译进度比较慢，到1957年只出版7卷。中央十分重视《列宁全集》的翻译，指示要加快翻译，很多老同志也给编译局提意见，希望在有生之年能看到《列宁全集》。中央的指示和老同志的期望，给全局同志极大鼓舞。

1958年，全国兴起社会主义建设高潮，中央编译局和人民出版社两家领导商议，提出了一个宏伟计划：加快《列宁全集》的翻译出版，在国庆十周年时全部面世，向国庆十周年献礼。献礼计划鼓舞人心，却十分艰巨。还有31卷要在不到两年的时间里完成翻译出版，难度超出了常人的想象。但编译局和人民出版社的同志迎难而上，明知山有虎，敢把虎山上。这期间，编译局实行全局一盘棋，各部门所有俄语翻译力量都动员起来投入《列宁全集》的翻译。全局同志日夜奋战。当时在局内主持工作的张仲实和姜椿芳两位局长率先垂范，亲自审稿改稿。人民出版社马列著作编辑室的同志为了保证《列宁全集》高质量出版，夜以继日地审读译稿，进行加工整理，及时与译者沟通。为了争取时间，他们来局或者我们去出版社解决译文中的问题，保证译文高质量发排。我当时负责《列宁全集》第38卷(《哲学笔记》)的审稿工作。编入《列宁全集》的《哲学笔记》比起1956年出版的单行本《哲学笔记》，增添了不少新内容，篇幅大大扩展。这部著作不仅内容艰深，而且技术规格十分复杂。人民出版社的张光璐同志负责这卷的编辑工作，他不仅对译文提出一些修改意见，还约我一起去新华印刷厂排版车间，亲自指导工人师傅排版，现场解决排版中的难题。他的这种高度负责精神使我受益匪浅。出版部门的任务更为艰巨，他们要负责版式设计、排印、校对等大量工作。经过编译局和出版社同志们的勤奋工作，《列宁全集》陆续问世，有时一月出2卷，有时一月出5—6卷。我们笑称《列宁全集》成了"半月刊""周刊"。《列宁全集》中文第一版于国庆十周年前夕全部出版，献礼计划胜利完成。《列宁全集》的问世得到中央领导同志的表彰和广大读者的赞许。

《马克思恩格斯全集》的翻译难度更大。马克思、恩格斯的思想博大精深，他们的著作卷帙浩繁。《马克思恩格斯全集》中文版是根据俄文第二版翻译的。《马克思恩格斯全集》俄文第二版共50卷，正卷39卷，补卷11卷，每卷约50—60万字。编译局从1955年开始翻译《马克思恩格斯全集》，到1965年共翻译出版21卷。1966年"文化大革命"开始，马列著作的编译出版受到严重干扰。那时林彪别有用心地鼓吹"毛主席的话一句顶一万句"，"要百分之九十九读毛主席的书"。马列著作编译工作受到严重冲击，已经编好的《马克思恩格斯选集》被束之高阁，已经完成译校工作的《马克思恩格斯全集》第20卷也不能付排。毛主席针对林彪一伙的胡言乱语，多次指出要认真学习马克思列宁主义。1969年马列著作的编译工作得到恢复。1971年周恩来总理在全国出版工作座谈会上批驳了把学习马列著作同学习毛主席著作割裂开来甚至对立起来的错误观点，强调指出："水有源、树有根，毛泽东思想是继承了马克思主义，又发展了马克思主义。马克思主义是根，不能割断根嘛!"他要求立即出版《马克思恩格斯选集》和《列宁选集》,尽快出齐《马克思恩格斯全集》。周总理的讲话给编译局和人民出版社极大鼓舞。喜讯传来,群情激奋,犹如久旱逢甘霖。当时"文化大革命"还在进行,编译局和人民出版社的大批干部下放五七干校劳动锻炼。人民出版社为落实周总理指示,立即将编译局已经编好的《马克思恩格斯选集》和《列宁选集》出版发行,并同编译局一起商讨《马克思恩格斯全集》的编译出版。编译局动员全局力量投入《马克思恩格斯全集》的翻译,人民出版社紧密配合,做好编辑出版工作。

经过编译局和人民出版社的共同努力,《马克思恩格斯全集》陆续问世。1971年出版3卷,1972年出版8卷,1973年出版2卷,1974年出版4卷,1975年出版1卷。到"文化大革命"结束,《马克思恩格斯全集》正卷39卷全部出齐。从1977年起,又用8年时间完成了补卷11卷的翻译出版。到1985年,《马克思恩格斯全集》50卷全部出版,约3200万字。以此为标志,编译局同志历尽千辛万苦,终于完成了党中央交给的翻译三大全集的任务。《马克思恩格斯全集》中文版虽然是根据俄文版翻译的,但译文是可信的,因为俄文版的译文质量很高。苏联从列宁时代开始,就高度重视马恩著作的翻译和研究。《马克思恩格斯全集》俄文版凝集了苏联几代学者的研究成果。我局在根据俄文版全集翻译时,对有些重点著作是根据原著文字译校的。例如,《法兰西内战》是根据英文版译校的;《路德维希·费尔巴哈和德国古典哲学的终结》《反杜林论》《资本论》是根据德文版译校的。编入全集第四卷的《共产党宣言》是根据俄文版翻译的。鉴于《宣言》是马克思主义的奠基之作,1963年由马恩室主任宋书声同志主持,成立了《宣言》译文修订组。修订组根据德文版和恩格斯审定的英文版、法文版对全集第四卷中的《宣言》译文重新译校,采取集体定稿方式,逐句逐段修订。现在通用的就是这个版本,后来只作了少量修改。

我是1958年开始投入马恩著作编译工作的。我参加编译的第一部马恩著作是《德意志意识形态》,这部著作编入《马克思恩格斯全集》第3卷。这是马克思恩格斯的一部未完成的巨著。他们在这部著作中批判了青年黑格尔派布鲁诺·鲍威尔和施蒂纳的主观唯心主义观点,揭露了"真正的社会主义者"的假社会主义本质,揭示了费尔巴哈唯物主义的不彻底性,系统阐述了唯物史观的基本原理。承担翻译任务的有吴达琼、单志澄、孙家衡、齐淑文、何庆翠等同志,他们都参加过列宁哲学著作的编译工作。我和王治平承担了改稿和审稿任务。这部著作文体艰深,翻译难度极大,特别是《圣麦克斯》部分大量引用了施蒂纳的著作《唯一者及其所有物》的内容,其中文句晦涩,用语怪诞。尽管苏联专家康捷尔作了讲解,我们也下了很大功夫,但译文仍不能令人满意。为了保证译文质量,我们求助于北京大学哲学系,他们热情支持。熊伟教授帮助审阅了《圣麦克斯》的部分译稿,他手头就有德文版的《唯一者及其所有物》一书。他把马恩的引文同施蒂纳的原著进行核对。译文经熊伟先生修订润色，更符合原意，还纠正了俄译文中的一些错误。法学教授芮沐先生帮助审阅了与法学理论有关的部分，纠正了我们由于缺乏法学知识造成的不确切的译文。1960年这部著作问世。

1962年我和谢宁、洪佩玉同志对老局长张仲实翻译的《路德维希·费尔巴哈和德国古典哲学的终结》根据德文作了校改，编入《马克思恩格斯全集》第21卷，于1965年出版。1977年中央党校为选编学员用的教材，请我局重新校订这部著作。马恩室哲学组根据德文对这部著作作了校改后，由韩树英同志主持，与党校德文翻译组一起讨论了一遍。有些疑难问题还召开更大范围的讨论会，北京大学的熊伟，社科院哲学所的贺麟、杨一之等知名学者应邀参加。通过讨论，一些不确切的译文得到改正，一些原来没有解决的难题得到解决。新修订本收入党校编的《马列著作毛泽东著作选读》，后出版单行本。1980年朱光潜先生对这一著作书名的翻译提出批评。他在政协委员小组会议上说："马列著作的中译本错误很多。例如，《路德维希·费尔巴哈和德国古典哲学的终结》一书，'终结'应译为'结果'、'出路'。因为德国古典哲学到了马克思时代并没有完，而是被工人阶级所继承。"他的发言还刊载在《人民日报》上。一石激起千层浪。一些读者纷纷来电询问，在学术会议上不少学者问我的看法。为此，我们作了慎重研究。我们认为朱光潜先生的批评是不恰当的。首先，他把德国古典哲学同马克思主义哲学混为一谈，德国古典哲学是从康德开始，到黑格尔哲学达到顶峰，费尔巴哈是最后代表，马克思恩格斯批判地继承了德国古典哲学的合理内核，创立了辩证唯物主义和历史唯物主义，工人阶级继承的是马克思主义的科学世界观。其次，朱光潜先生把书名中的 Ausgang 解释为"结果""出路"，但该词还有"终结""结束"之义，而恩格斯的这部著作书名中的 Ausgang 正是此义，民主德国科学院语言研究所主编的《现代德语词典》提供了有力证明。它在解释 Ausgang 的第四个词义是 Ende，指某一段时间、时期的"终结"，并以恩格斯的这部著作的书名作为例子。此外，1894 年马克思女儿劳拉翻译、恩格斯校订的《路德维希·费尔巴哈和德国古典哲学的终结》法文版也译为"终结"。刘晖星同志以"屏羽"笔名写了长篇论文《关于〈路德维希·费尔巴哈和德国古典哲学的终结〉标题的译法》，对朱光潜先生的批评作了全面系统的回答，该文见《马克思主义研究资料》1982 年第一辑。

朱光潜先生还说："马列著作中译本的错误很多"。我们愿闻其详。马列思想博大精深，译者限于水平，译文会有不确切和误解之处。我们在不断修订和改进译文，我们也乐于听取读者的批评指正。朱光潜先生在翻译界久负盛名，他的批评更值得我们重视。当时他在《社会科学战线》1980 年第 3 期上发表了对我局翻译的马克思《关于费尔巴哈的提纲》译文的批评意见，同时发表了他翻译的《提纲》。

我寄予厚望，想从中吸取有益经验。我认真拜读后，有点儿失望。翻译马列著作的基本原则是忠实于原文，而朱先生凭个人的理解修改原著。例如，《提纲》第一条："从前的一切唯物主义（包括费尔巴哈的唯物主义）的主要缺点是：对对象、现实、感性，只是从客体的或者直观的形式去理解……"。在原著中"对象、现实、感性"是并列的，而朱先生在译文中改成："对象、现实界，即感性世界"。《提纲》第三条中说："环境的改变和人的活动或自我改变的一致，只能被看做是并合理地理解为革命的实践。"恩格斯改为："环境的改变和人的活动的一致，只能被看做是并合理地理解为变革的实践。"而朱先生把这句话译成："环境的改变和人的活动的改变或自我改造之间的一致，只有把这两种改变都看作革命的实践，才可以认识和合理地理解。"他把"人的活动"改为"人的活动的改变"，而后把"两种改变"说成是"革命的实践"。这种改译既不符合原文，又违背马克思的理论。朱先生还对《提纲》第九条的译文提出严厉批评，认为是"严重错误"。其实，不是原译错了，而是朱先生理解错了。原译是这样的："直观的唯物主义，即不是把感性理解为实践活动的唯物主义，全多也只能达到对单个人和市民社会的直观。"朱先生改译为："凭直观的唯物主义，即不是把感性世界看作实践活动的唯物主义，所能达到的最高水平不过是一些零星的个人的直观和市民社会的直观。"他把直观的对象"单个人和市民社会"变成了直观的主体。朱先生可能没有了解"市民社会"的含义。在马恩著作中,"市民社会"指各历史时期的经济制度或资产阶级社会的物质关系。市民社会怎么去直观呢?朱先生在译文中还把马克思的一些科学用语随意修改,例如,他把《提纲》第二条和第八条中的"理论"(Theorie)译为"认识",把"唯物主义学说"(Lehre)译为"唯物主义教条"。朱先生还在译文中常加上自己的解释,例如,在《提纲》第二条"此岸性"后用括号加上"可知性",在第六条"宗教心情"后用括号加上"或情操"。在译文中加上译者的解释,这种做法是不可取的。他还有一些不恰当的译文,这里不一一赘述了。

《反杜林论》早在1930年由吴亮平译成中文,以后多次修订再版。1963年我局为出版《马克思恩格斯全集》第20卷,决定根据德文重新翻译《反杜林论》。这项任务由马恩室哲学组承担,我和王治平审稿。吴亮平翻译的《反杜林论》成为我们工作的主要参考。为了吸取老前辈的经验,我们拜访了吴亮平,听取他的意见。他给予热情支持。我们花了一年多时间,完成译校任务。译稿打印后送交吴亮平,听取他的意见。他当时担任化工部领导,没有时间对我们的译稿提意见。1964年10月,我们去农村参加社会主义教育运动,译稿的最后整理工作搁下了。1965年3月,根据中央指示,我们编辑一套《马克思恩格斯选集》,《反杜林论》新译文经整理收入选集第3卷。这套选集因"文化大革命"极"左"思潮的干扰未能出版,直到1969年在毛主席发出认真学习马克思列宁主义的号召下才得以面世。

1970年12月出版了《反杜林论》单行本,这是第一次公开发行的新译本。

《列宁全集》和《马克思恩格斯全集》中文第二版的编译工作

1982年经党中央批准,编译局着手编译《列宁全集》中文第二版。为什么编第二版?因为39卷本的《列宁全集》所收的文献远远不够。苏联在出版39卷本全集的基础上又出版了55卷本的全集,另外还有不少列宁文献尚未包括在内。林基洲、岑鼎山、何宏江组织列斯室同志作了大量调

1987年民主德国马列主义研究院海登院长率代表团来我国访问时,在人民大会堂前同中央编译局领导合影(右二为顾锦屏)

查和搜集工作，编辑了60卷本的《列宁全集》，重新校订了原有的译文，翻译了大量新文献，编写了注释、人名索引、前言等各种资料，于1990年全部出版。这是我国自行编辑、收录文献最全的一套《列宁全集》。为了编译好这套全集，列斯室同志全身心地投入译校和资料编写工作。他们日夜奋战，把自己的全部精力奉献给这一宏伟工程，在我局编译史上谱写了壮丽诗篇。我当时主持局的常务工作，白天忙局务，只能利用晚上时间参与了三卷《列宁全集》的审稿工作。

2010年中央编译局和人民出版社商定出版《列宁全集》中文第二版增订版。我局马列著作编译部用了七年时间完成了增订版的编译任务。增订版于2017年中央召开的俄国十月革命百周年纪念大会上隆重推出。增订版原有卷次不变，仍为60卷，增补了40多篇新文献，编入相应卷次，约20万字。增订版改正了原有译文中少量不确切的译文；对列宁著作中的马恩引文根据原著文字重新作了译校；对各卷的前言和各类资料作了全面修订。我承担了四十三卷著作卷前言的修订工作。

1986年经党中央批准，编译局着手编译《马克思恩格斯全集》中文第二版。这主要由于：第一，原来的全集除了一些重点著作外，绝大部分都是从俄文转译的。虽然俄文版的质量相当好，但不根据马恩原著文字翻译，译文质量总有不少不尽如人意之处。二版决定根据原著文字重新译校。马恩著作60%左右是用德文写的，30%左右是用英文写的，还有10%左右是用法文和其他文字写的。第二，在第一版中误收了一些文章，例如：收入第1卷的《路德是施特劳斯和费尔巴哈的仲裁人》，收入第8卷的《马志尼和科苏特的活动。同路易-拿破仑的联盟。——帕麦斯顿》，收入第9卷的《人民得肥皂，〈泰晤士报〉得贿赂——联合内阁的预算》，收入第18卷的《沉默寡言的司令部饶舌家毛奇和一位不久前从莱比锡给他写信的人》，收入第19卷的《品特是怎样造谣的》《论美国资本的积累》。还有一些文章，如收入第15卷的《西西里和西西里人》，收入第41卷的《费·威·克鲁马赫尔关于约书亚的讲道》《参加巴登议会的辩论》《弗·威·安德烈埃和〈德国的高等贵族〉》《柏林杂记》《集权和自由》，经过考证，没有充分证据确认这些文章是马克思或恩格斯的著作，它们当然不能收入《马克思恩格斯全集》。第三，还有一些马恩著作没有收入第一版。第四，从编辑体例来说，第一版分正卷和补卷，这种编法不科学。国际马恩基金会出版的《马克思恩格斯全集》历史考证版（MEGA²）为我们编译《马克思恩格斯全集》中文第二版提供了可靠的版本依据。韦建桦、周亮勋为《马克思恩格斯全集》中文第二版精心设计，确定了编目。第二版分四个部分：第一部分为普通著作卷（1—29卷）；第二部分为《资本论》及其手稿卷（30—46卷）；第三部分为书信卷（47—60卷）；第四部分为笔记卷（编成多少卷尚未确定，初定10卷）。

1995年6月，《马克思恩格斯全集》中文第二版开始分卷出版。经过二十多年的努力，这项跨世纪的宏伟工程已经有了很大的进展，截止到2021年，已出版33卷。我在耄耋之年，有幸承担了第26卷（《反杜林论》和《自然辩证法》）的审稿工作。《马克思恩格斯全集》中文第二版的编译任务仍十分繁重，还有三十多卷有待编译。随着一批老同志离开工作岗位，这副重担落到了以中青年为主的编译队伍肩上。这支队伍继承了老一辈编译工作者的优良传统。他们有坚定的马克思主义信念；他们勤奋好学，善于吸收新知识；他们对工作高度负责，一丝不苟，精益求精，善于发挥团队精神。《马克思恩格斯全集》中文第二版的任务虽然十分艰巨，深信他们定能为这一任务的完成不断作出新贡献。

《马克思恩格斯文集》和《列宁专题文集》的编译工作

党的十六大以来，党中央高瞻远瞩，实施马克思主义理论研究和建设工程，并把编译出版《马克思恩格斯文集》和《列宁专题文集》列为工程的重点项目。我有幸参加两部文集的工作，感到十分光荣，同时也感到责任重大。

2004年4月，两部文集作为中央理论工程的重点项目正式启动。在"中央编译局马克思主义经典作家重点著作译文审核和修订课题组"下分别成立了《马克思恩格斯文集》和《列宁专题文集》编审委员会，韦建桦同志任主编，我任副主编。马列部全体同志和返聘的多位老同志都全身心地投入这项重要工程。

　　大家都感到，这两部文集，应当成为新时期马列经典著作编译的扛鼎之作，因此从选材开始，就精而又精。课题组在通读马克思恩格斯列宁著作的基础上，精选了他们在各个时期的代表性著作。同时，为了保证理论上的准确性，增强表述上的可读性，课题组均对照原文逐字逐句进行审核修订，出现争议的地方，大家集思广益，参考对照不同文字的多个版本集体讨论、反复推敲。各类资料都根据国内外最新研究成果进行修订。人民出版社的同志为使两部文集成为精品力作，精心设计。全书的审校，远远超过了普通图书的三审三校流程，达到10个校次，两本文集的编译出版工作做到了精益求精、万无一失。这两部文集的编译工作做到了恩格斯告诫的，翻译马克思的著作是

2003年8月，顾锦屏（正面左三）参加《马克思恩格斯文集》十卷本编目讨论会

"真正老老实实的科学工作"。

经过五年多的不懈努力,2009年年底,《马克思恩格斯文集》10卷本和《列宁专题文集》5卷本正式出版。两部文集的出版成为我党思想理论建设史上的一件大事。我们这些亲身参与的同志感到欣慰的是,胡锦涛总书记在党的十七届五中全会第一次全体会议上专门要求,要推进学习型党组织建设,坚持不懈用中国特色社会主义理论武装全党、教育人民,建立健全管用有效的学习制度,推进马克思主义理论研究和建设工程取得新进展,做好《马克思恩格斯文集》和《列宁专题文集》出版发行和宣传推广工作。时任中央政治局常委的习近平同志于2011年5月13日在中国浦东干部学院座谈会上也强调,两部文集是党中央实施马克思主义理论研究和建设工程所取得的标志性成果,全面反映了马克思主义的科学体系,是党员、干部学习马克思主义经典著作的权威性教材;要把马克思主义经典著作的学习同马克思主义中国化理论成果的学习结合起来,更好地掌握马克思主义立场、观点、方法。

做好经典著作编译工作的体会

马克思列宁主义是中国共产党的指导思想。我们党一成立就立即组织马列著作的编译出版。在白色恐怖的险恶环境下,党的理论工作者和进步知识分子冒着生命危险编译出版了马恩列斯的一些重要著作。1938年党中央在延安成立了马列著作编译机构，编译出版了《马恩列斯丛书》和《列宁选集》。新中国成立不久，经毛主席批准，党中央决定成立马恩列斯著作编译局，要求有计划有系统地翻译马恩列斯的全部著作。这一任务落到了我们这些刚从外语院校毕业的年轻人肩上。我们深知，这是一项十分光荣而又异常艰巨的任务，关系到党和国家的思想理论建设。崇高的使命感和责任感激励着我们，成为我们做好工作的不竭动力。几十年来，几代编译工作者牢记这一光荣而神圣的使命，甘心寂寞、安于清贫、淡泊名利、皓首穷经，为传播马列主义科学真理奉献了毕生精力。

翻译马列著作必须有一丝不苟的科学态度。翻译马列著作，是代圣人立言，笔重千钧。译者不仅要外语水平高，还要理论功底深；不仅要汉语水平好，还要知识面广。编译局从成立时起就提出翻译要与研究相结合，要求译者认真学习马克思主义，深入了解译著的理论内涵，切忌望文生义、貌合神离，只有这样，才能做到译文"意思准确"。为了保证马列著作译文准确，还要靠集体智慧。我们的工作有严密的工作程序，经过多道环节，层层把关。有些难题要经过业务会议讨论决定，有些问题还向中外专家请教。有些重点著作，校订组成员以原著为根据，参照各种外文版本，集体讨论定稿。

至于编书，也有个科学态度问题。马克思主义不是僵死的教条，而是不断发展的理论。马克思恩格斯根据资本主义的新变化和工人运动的新经验不断丰富自己的理论。

在"文革"时期,编译局根据毛主席和周总理的指示,编辑了一套《马克思恩格斯选集》,供广大干部学习马克思主义,选集收录了马克思主义三个组成部分的基本著作,还选了恩格斯在 1895 年写的一篇重要著作《卡·马克思〈1848 年至 1849 年的法兰西阶级斗争〉一书导言》。他在这篇文章中分析了 1848 年以来欧洲的经济发展情况,指出当时的资本主义生产还有很大的扩展能力,还远没有成熟到可以铲除的程度。恩格斯承认他和马克思当年关于无产阶级与资产阶级大决战已经开始的估计是不切实际的。他还总结了德国社会民主党利用普选权取得的成就,肯定普选权是无产阶级的一种崭新的斗争形式,应当利用普选权这

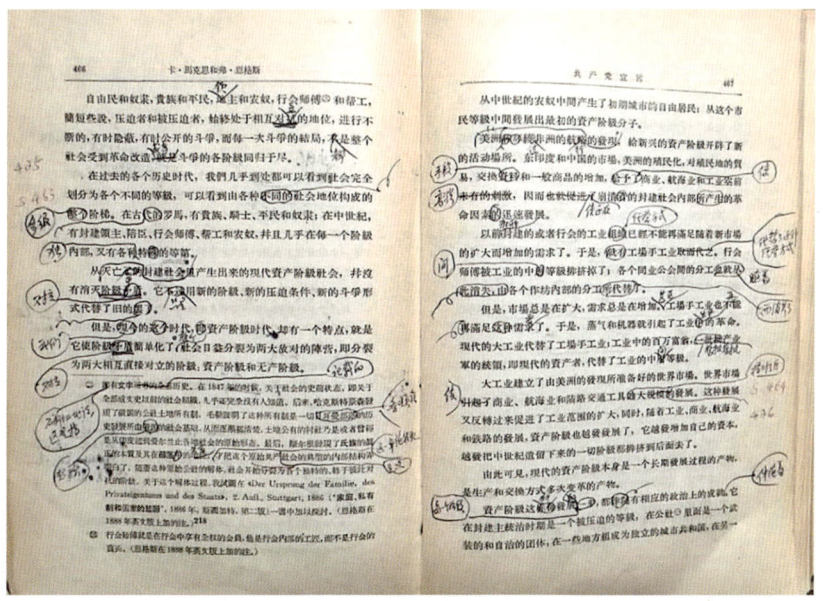

顾锦屏对《共产党宣言》的校改标注

一合法斗争形式为未来的决战积累力量。恩格斯同时告诫说，无产阶级不能放弃革命权，革命权是唯一的真正历史权利。恩格斯的这篇总结工人运动新经验、丰富和发展马克思主义革命理论的重要文章，在选集选目送审时却被当时把持意识形态领导大权的张春桥"枪毙"了。

在党的十一届三中全会以后，党中央纠正了过去"左"的错误，重新确立了解放思想、实事求是的思想路线。编译局以党的思想路线为指导，重新编辑了一套《马克思恩格斯选集》，新选集以科学的态度调整了选材，重新校订了译文。这套选集是学习和研究马克思主义不可缺少的基本读物。

马列著作编译工作任重道远

2021年7月1日，习近平总书记在庆祝中国共产党成立100周年大会上的讲话中指出："马克思主义是我们立党立国的根本指导思想，是我们党的灵魂和旗帜。""中国共产党为什么能，中国特色社会主义为什么好，归根到底是因为马克思主义行！"现在有些人鼓吹历史虚无主义，散布马克思主义"无用论""过时论"，马列著作编译工作的地位和作用也受到质疑。习近平总书记的讲话是对这些错误论调的有力批驳，使我们这些从事马列著作编译工作的同志备受鼓舞。

马克思主义之所以行，在于我们党创造性地把马克思主义基本原理运用于中国革命斗争实践、社会主义建设和改革实践,丰富发展了马克思主义,形成了毛泽东思想、邓小平理论、"三个代表"重要思想、科学发展观、习近平新时代中国特色社会主义思想。马克思主义中国化的这些理论成果指引中华民族实现从站起来、富起来到强起来的伟大飞跃。对于我们中国共产党人来说,马克思主义是"根"、是"魂"。时代在变,但"根"不能断、"魂"不能散。历届党中央领导都告诫全党:老祖宗不能丢,马克思主义基本原理必须坚持,马列著作要认真学习。习近平总书记在中央政治局集体学习《共产党宣言》会上的讲话中强调指出:学习马克思主义基本理论是共产党人的必修课,要深刻领悟和把握马克思主义真理力量,坚定马克思主义信仰,提高全党运用马克思主义基本原理解决当代中国实际问题的能力和水平。习近平总书记还对马列著作编译工作和编译队伍建设作了重要指示:"要加大经典著作编译力度,坚持既出成果又出人才,培养一支新时代马克思主义经典著作编译骨干队伍。要深化经典著作研究阐释,推进经典著作宣传普及,不断推出群众喜闻乐见、贴近大众生活的形式多样的理论宣传作品,让理论为亿万人民所了解所接受,画出最大的思想同心圆。"习近平总书记的讲话体现了党中央对马列著作编译工作的高度重视和对编译工作者的亲切关怀,为马列著作的编译和研究指明了方向。马列著作编译工作任重道远。现在这个重担落到了中青年肩上。我深信,马列著作编译队伍一定会不断发展壮大,马列著作编译工作一定会续写辉煌!

　　王锡君，马列主义经典著作翻译家。译审。曾任中央编译局马恩室主任、马列部主任。2006年荣获资深翻译家荣誉称号。享受国务院政府特殊津贴。参与《马克思恩格斯全集》中文第二版、《马克思恩格斯选集》等编译工作。

《马克思恩格斯全集》中文第二版编译计划制定的前前后后

王锡君

1985年12月,《马克思恩格斯全集》第45卷,也就是《全集》中文第一版最后付排的一卷书,终于问世了。历时30年的一项大工程宣告终结。马恩室的同志们传看着该卷的样书,多年来一直绷得紧紧的心弦顿时松了下来,有的同志甚至长长舒出一口气,似乎可以喘息一下了。

是啊,《马克思恩格斯全集》中文第一版自1955年第1卷同读者见面,到1985年整整过去30年了。这期间,三代人经过何等艰苦的努力,挥下多少汗水,绞尽多少脑汁,才得以完成这一宏伟的工程。手捧最后问世的这一份心血的结晶,怎能不让人思绪万千,感慨无限呢!

然而,局里和室里几个曾主持这一工作的同志,在激动之余,却远没有那么轻松。毋宁说,一种不可名状的重压又袭向心头,他们心中盘算着:《马克思恩格斯全集》还要不要出中文第二版呢?是马上着手再版工作,还是缓一缓日后再说呢?经过反复思量,答案越来越清楚:中国应当有自己的更完善的《马克思恩格斯全集》新版本,而且

本文为1993年纪念中央编译局成立40周年所作。

新版编译工作必须立即上马!

关于这个问题,社会上以及局内有这样一种看法:第一版刚刚问世,人们对编译质量的评价还不错,何必马上张罗出第二版呢?有人说:第一版可以管用一阵子,现在就忙着再版,是否操之过急?这样的诘问的确应当认真对待。说《马克思恩格斯全集》中文第一版编译质量不错,这合乎事实,这个版本是集体智慧的结晶。每一篇文章、书信、笔记等,无不经过多道工序,通过多人的手,翻译后校订一遍又一遍,又经过多道"统一"工作,并且出版社的同志们又经过细致的检查、加工,才付印成书。特别像《共产党宣言》等重点中的重点著作,更是在前人成果的基础上,经过反复修改,甚至是在各界专家的参与下逐句讨论定稿的。可以说,每一字一句,均经"千锤百炼",是经得起推敲的。但是,也应当承认,《全集》中文第一版

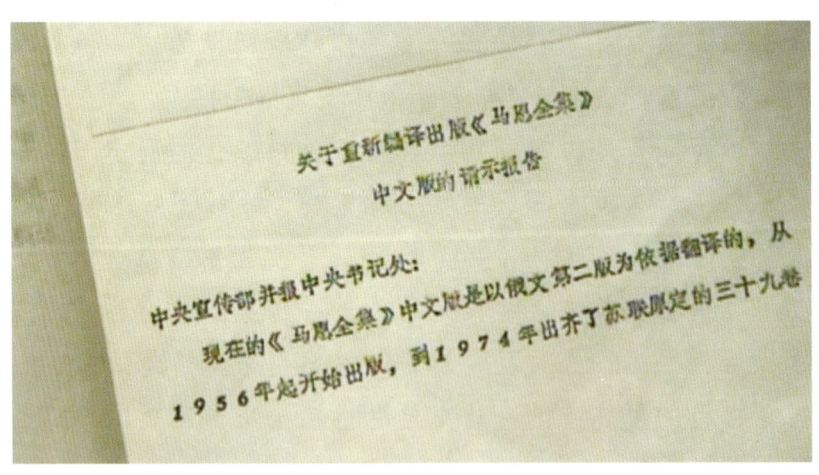

关于重新编译出版《马恩全集》中文版的请示报告

也确有其不足之处。

　　首先，译文的质量从总体来看参差不齐，还存在一些缺点，有待改善。《全集》中文第一版编译工作开始之际，一方面，马克思恩格斯著作还缺少比较齐全的原文版本；另一方面，从主观力量来看，也缺少大批精通德语、法语等的翻译人才。而我们知道，马克思恩格斯著作大部分是用德语写成的，另外的部分分别使用英语、法语、意大利语和西班牙语等。在这样的主客观条件下，《全集》大部分著作只好从苏联莫斯科俄文第二版转译，只有一些基本著作才是依据德文、英文原文翻译的。这样，译文不免受俄语转译的影响，保留了俄译的某些痕迹和不足之处。众所周知，马克思主义是我们的指导思想，马克思恩格斯著作是我们掌握马克思主义思想的基本依据。经典著作的译文必须准确地表达原文的意思，避免任何偏离，否则，很可能会在理论上引起误解乃至错误的解释。因此，原原本本地依据原文进行翻译，这是确保译文质量的一条根本要求。30年前，由于各种条件不具备，我们不得不从俄译文转译大部分著作，这实属不得已而为之。如今，马克思恩格斯著作原文版本已较为齐备，熟悉马克思恩格斯思想而又通晓德语、法语和英语的翻译人才也逐渐成长起来，因而，从原文译校马克思恩格斯著作的条件已经成熟，并势在必行了。

　　其次，《全集》中文第一版实际上收文并不全，并没有包括后来发现的一些著作和文献，同时也收进了个别不是出自马克思和恩格斯手笔的文章。如马克思于 1854 年 8 月 11 日间写了《革命的西班牙》一组文章，发表在美国《纽约每日论坛报》上。原来《全集》第 10 卷只收录了其中的 6 篇（报纸发表时分为 8 篇）。后来，原民主德国统一社会党中央马克思列宁主义研究院的科研人员在编辑《马克思恩格斯全集》历史考证版（MEGA）第 1 部分第 14 卷时，发现了这组文章中按马克思的原编号应编为第 7 篇的一篇文章，在该文中马克思继续叙述了西班牙第二次资产阶级革命中所发生的事件。这样，《革命的西班牙》这组文章就增加为 9 篇。像这样新发现的文献还有一批。此外，一些年来还发现马克思和恩格斯的许多封前所未见的信件等等。这些新发现的材料无疑应收进新版《全集》之中，以便使其收文更加齐全、完整。另一方面，有个别著作本不是马克思恩格斯的，但被误为马克思和恩格斯所写，而收进《全集》中文第一版之中。例如，《路德是施特劳斯和费尔巴哈的仲裁人》（原收入《全集》第 1 卷）、《品特是怎样造谣的》（原收入《全集》第 19 卷）、《沉默寡言的司令部饶舌家毛奇和一位不久前从莱比锡给他写信的人》（原收入《全集》第 18 卷）等文章，经考证就不是出自马克思和恩格斯的手笔，因而理所当然应从《全集》中剔除出来。

再说，从现行版本的编辑方面来看，也有不少尚待改进的地方。现行版本分为主卷（1—39 卷）和补卷（40—50 卷），这种编排上的不一致给读者带来不便。此外，中文第一版相当多卷次的前言（即说明）是照译俄文第二版的，后来发现俄文版前言在观点上有时有缺陷，不宜照录，从第16卷起便不再收入，只是当出书到补卷中的首卷第40卷时，才开始补编以我们自己撰写的各卷说明。但我们补写的说明内容较为概括、简单，尚不能充分反映我国相应的科学研究成果，而且从体例上说，这后11卷（第40—50卷）的说明同前15卷的前言也不尽一致，因此在再版时有加以弥补和改进的必要。最后，现行版本卷末所附的注释、人名索引、本卷中引用和提到的著作索引、期刊索引等资料，尚有不完备和评价不恰当的地方，有待改进。

由于这种种原因，现行中文版虽尚能初步满足我国理论学习和研究工作的需要，但远不能适应长远的更高的要求，重新编译一套质量高、内容全、资料齐备、可供长期使用的稳定的新版本的任务，已历史地提到日程上来。

问题在于，再版工作为什么必须立即上马呢？的确，如果条件允许，缓一些时间着手再版工作也未尝不可。那样，利用一段时间细致地总结一下编译第一版的工作经验，找出差距，针对存在的弱点采取较长期的措施，踏踏实实地开展深入的理论研究，把马克思恩格斯的生平活动、思想发展、重要观点和概念的形成与演进过程以及相关的历史背景弄得更透些，同时加强外语修养，这对全面提高再版的质量无疑是非常有益的。但是，看一下马恩室现有翻译干部的构成，便不难得出另一种结论。

《马克思恩格斯全集》中文第一版的主力编译人员都是从建国初期起经过多年培养逐渐成长起来的。当年，一批满怀革命热情的青年，在外语学校较短期学习专业课之后来到编译局，崇高的使命和光荣的岗位使他们废寝忘食地学习、工作，在老一辈理论家和翻译家手把手地指导下，逐渐成材，最后挑起了"代圣立言"的历史重担，齐心协力奋斗30年，完成了一项意义深远的文化和理论建设事业。这中间经历了多少艰难困苦，除了他们自己，外人是难以体会的。眼下，屈指一算，他们当中绝大多数人已年过花甲，五十几岁的人已算是"小老弟"了，有的同志甚至"壮志未酬身先死"。由这样一批老同志来承担编译新版《全集》的任务，当然是顺理成章的。然而，再版《全集》的事业是一项需要花费几十年时间的跨世纪的工程，至少要持续到21世纪20年代。老同志只能为这一事业举行奠基礼，大部分工作将要由后继者来承担。

可是，马恩室的业务干部的构成，同全国一些单位的情况一样，存在着严重的缺陷。由于"文革"的原因，我室干部队伍出现了一个断裂带：熟练的翻译工作者严重老龄化，另一极的年轻干部大多"初出茅庐"，中间缺少一代处于"而立"之年左右的熟练人才，老翻译"离退"在即，年轻同志的成长还需时日。于是，出现一种"二者择一"的尴尬局面：或者，《全集》第二版毫不迟疑地立即上马，这样，一方面通过发挥老翻译的"余热"，庶几尚可在五七年内抢出若干卷来；另一方面，通过工作实践和以老带新办法也可在此期间培养出一批接班人才，解决青黄不接的难题。这是一种选择。或者，错过这一时机，结果必然是"人书两空"。若干年后再想进行再版工作，从物色和准备人才等方面来看，其困难不知将大多少倍，出书时间不知要拖长多久。因此，既然《全集》的再版确属必要，则立即上马应是上上策。

正是基于这种考虑，中央编译局经充分酝酿，于1986年5月向中央提出《关于重新编译出版〈马恩全集〉中文版的请示报告》，并于同年7月经中央书记处批准付诸实施。计划中的中文版《马克思恩格斯全集》将是什么样子呢？我们对世界上已有的和正在出版的一些版本做了细致的调查，调查对象包括《马克思恩格斯全集》俄文第二版、原民主德国迪茨出版社出版的《马克思恩格斯全集》德文版、尚未出齐的《马克思恩格斯全集》历史考证版（MEGA）。经过认真比较，发现以MEGA为依据并参照其编辑方案较为合适。

新版本将主要是供研究工作者与理论工作者使用的版本，读者对象具备一定的理论和知识水平，因而，除马克思恩格斯的原著外，为方便读者阅读而提供的引读性材料和注解以及各种索引，不宜过分膨胀，同中文第一版相比可略有增大。

中文第二版拟编60卷左右，分4个部分：第1部分为论著（《资本论》除外）；第2部分为《资本论》及其手稿；第3部分为书信；第4部分为笔记、摘录。估计总字数约4000万字。

全部著作除拉丁语、希腊语等个别语种外，一律按马

《马克思恩格斯全集》中文第二版已出版的部分卷次

克思恩格斯写作时使用的原文重新进行译校。据统计,马克思恩格斯著作中用德文写的约占60%,用英文写的约占30%,用法文写的约占5%,其余为意大利文、西班牙文等。

每卷都将有我们自己撰写的《前言》,注释和各种索引材料将针对我国读者的需要重新编写。

编译新版《马克思恩格斯全集》是一项艰巨的工程,需要包括理论界、翻译界、出版界在内的全国各有关方面的大力支持。我们恳切希望各界的同志们给我们以帮助,来共同完成历史赋予我们的这一光荣任务。

徐洋，编审。现任中共中央党史和文献研究院第五研究部副主任。主要从事《资本论》及手稿的编译和研究。参与《马克思恩格斯文集》《马克思恩格斯选集》中文第三版、《马克思恩格斯全集》中文第二版相关卷次编译工作。

《马克思恩格斯全集》中文第二版《资本论》及手稿部分卷次的确定

徐洋

接触《马克思恩格斯全集》中文第二版第二部分编目的缘起

《马克思恩格斯全集》中文第二版的编译工作是一个与时俱进、不断调整和逐渐完善的过程。随着中文第二版所依据底本《马克思恩格斯全集》历史考证版（MEGA）的变化，随着我们对经典著作编译工作理解的加深，我们的相关认识也在不断改变。中文第二版第二部分即"资本论及手稿"部分的卷次结构和编目收文的确定过程，就突出地体现了这一点。

我本是学历史出身，参加工作后，有三件事促使我与《资本论》及其手稿的编译结下不解之缘。2007 年，我考上了武汉大学政治与公共管理学院的在职博士研究生，师从《资本论》研究大家顾海良教授，攻读马克思主义发展史专业，这个专业所在的学科后来在 2011 年独立为马克思主义

本文作于 2023 年。

学院。当时中央编译局马列部领导对我说，既然你的导师是顾海良，那么你的马克思主义政治经济学水平也不能差，以后你就从事《资本论》和手稿的编译吧！

2010年2月25日，马列部的老前辈胡永钦老师在当时的部主任蒋仁祥老师的陪同下，把他多年来收集和编写的有关《马克思恩格斯全集》中文第二版编目的一大摞材料转交给我，让我保管，意思是我以后要承担起有关编目的资料收集和研究的职责。这些宝贵的材料非常丰富，包括《马克思恩格斯全集》中文第二版有关卷次编目的材料，《马克思恩格斯全集》历史考证版目录、文献的材料，有关的会议记录和简报，有关的译稿、研究材料，马克思恩格斯的新文献的发表情况，等等，既有手写稿，也有打字稿，后来我按照安排，把这些材料中的一部分转交给了负责编辑工作的李楠同志。我花了一段时间集中精力对全部材料逐一进行研究、分类并编目登记。这其中有3份材料与中文第二版"资本论及手稿"部分的编目直接相关。

2012年8—11月，我被派往德国柏林，在柏林—勃兰登堡科学院MEGA工作站、也是国际马恩基金会秘书处所在地访问学习了3个月。在这期间，我住在德国学者、国际著名马克思恩格斯研究专家福尔格拉夫（Carl-Erich Vollgraf）老师家里，而福尔格拉夫当时是MEGA编委会成员，并且担任MEGA第二部分即"《资本论》及准备著作"部分的负责人。我到达柏林的时候，他负责的MEGA II/4.3卷刚刚面世，随着这一卷的出版，历史考证版第二部分宣告出版完毕，也就是把 1857—1895 年期间马克思恩格斯所有与《资本论》直接相关的手稿、编辑稿、刊印稿发表完毕了。我在福尔格拉夫的指导下，初步熟悉了这一卷的主要内容和编排理念。我发现，福尔格拉夫对马克思 1867—1868 年的手稿作了全新的解读，可能会影响中文第二版的编目。另外，鉴于与《资本论》相关的全部文献已经发表，中文第二版第二部分也就有了及时研究确定自己的卷次划分和编目收文的基础。此后，我就正式开始关注和研究这个问题。

《马克思恩格斯全集》中文第二版第二部分编目的困难和问题

为了便于理解，我先把《马克思恩格斯全集》中文第二版第二部分编目的主要困难和当时的主要问题解释一下。

中文第二版编者的主要困难是，我们在设计这一版的时候，并不掌握所有的文献材料。中文版所依据的底本《马克思恩格斯全集》历史考证版当时只出版了一小部分。老一辈编译工作者尽管通过与苏联、东德的 MEGA 编者交流等方式，获得了这一方面的若干信息，对于《资本论》及手稿的状况有一个大致的了解；但是这些文献到底有多少，什么样的材料应当收进中文版，并不是完全清楚。MEGA 编者自己很长时间也说不明白 MEGA 版的第二部分最终会收入哪些文献，卷次应当怎么划分。实际上 MEGA 版是边施工边设计，中文第二版跟在后面，当然也不好超前。不过 MEGA

版有利的地方是，该版的 4 个部分是分别编制卷号的，而且卷内还可以设置分卷；而中文第二版则是计划中的 70 卷书统编卷号，并且一开始显然并没有打算卷内设置分卷，因而变通余地比较小。

到 MEGA 版第二部分 2012 年出齐的时候，我们面临的主要问题就是卷次不足。

MEGA 版第二部分共 15 卷，因为有的卷次包含分卷（或者说册），实际上是 23（分）卷（册）：

MEGA II/1（1857—1858，分为 2 个分卷：1.1 和 1.2）

MEGA II/2（1858—1861）

MEGA II/3（1861—1863，分为 6 个分卷：3.1、3.2、3.3、3.4、3.5、3.6）

MEGA II/4（1863—1867/1868 分为 3 个分卷：4.1、4.2，收录 1863—1865 年手稿；4.3，收录 1867—1868 年手稿）

MEGA II/5、6、7、8、9、10（《资本论》第一册的 6 个版本：德文第一版、德文第二版、法文版、德文第三版、英文版、德文第四版）

MEGA II/11（《资本论》第二册 1867/1868—1870 年的第 II 稿，以及 1876—1881 年的第 V、VI、VII、VIII 稿）

MEGA II/12（《资本论》第二册 1884—1885 年恩格斯编辑稿）

MEGA II/13（《资本论》第二册 1885 年版）

MEGA II/14（《资本论》第三册 1871—1882 年马克思

手稿、1882—1895恩格斯编辑稿）

MEGA II/15（《资本论》第三册1894年版）

它们编排的基本逻辑是：先排《资本论》三大手稿（1857—1858、1861—1863、1863—1865），然后是《资本论》第一卷（册）6个版本，最后是《资本论》第二卷（册）的后期手稿、刊印稿和《资本论》第三卷（册）的后期手稿、刊印稿。

中文第二版第二部分按照计划一共是17卷。但是中文版当时决定**不收MEGA的4个卷次**，也就是《资本论》第1卷德文第二版、第三版、英文版，《资本论》第2卷恩格斯编辑稿，这样MEGA就还剩下19个（分）卷；中文第二版计划还要**合并MEGA的相关卷次**，具体来讲就是MEGA II/1.1、1.2和MEGA II/2，从3（分）卷合并为中文版2卷，即第30、31卷；MEGA II/4.1和4.3，从2分卷合并为中文版1卷。**如果我们这个计划可以实施，那么中文第二版就正好用17个卷次来收录MEGA版的19个（分）卷次的文献**。截至当时，中文第二版《资本论》及手稿部分第30—46卷的状况是：第30—35卷已经出版，未出版的第36、37卷确定独立出版，未出版《资本论》德文第一版和法文版确定要各占一卷，第44—46卷已经出版，那么还剩下4个卷次。中文版这4个卷次需要容纳MEGA II/4.1、4.2、4.3、11、14总计5个（分）卷的文献，而我们正好是打算把MEGA II/4.1和4.3合为一卷出版。合并的理由，是根据当时的认识，认为MEGA II/4

的3个分卷收的都是1863—1867年期间的手稿,即《资本论》第一卷德文第一版出版之前的手稿,其中4.1和4.2是1863—1865年手稿,4.3是此后到第一卷出版之前的手稿;并且4.1和4.3篇幅比较薄,可以合并为一卷。

然而,**福尔格拉夫**在2012年出版的MEGA II/4.3分卷中确认,4.3收录的文献写于1867年《资本论》第1卷德文版出版之后,不是1863—1867年手稿,而是1867—1868年手稿,属于1867—1882年《资本论》新的手稿,也可以说《资本论》第四部手稿的范畴,因而原则上不能和收录1863—1865年《资本论》第三部手稿的MEGA II/4.1和4.2合为一卷。不仅如此,原来为整个MEGA II/4卷的3个分卷设立的卷名"1863—1867年手稿"都不能用了:为了将就原来的卷名,福尔格拉夫不得已把MEGA II/4.3的书名改为"1863—1868年手稿"。于是,中文第二版就面临这个窘境:**还有5卷的文献需要收录,但是只剩下4个卷次的空间了。**要解决这个问题,无非有三种思路:**删减卷次**,也就是不再收入某些文献;**合并卷次**,把某些卷次做厚;**增加卷次**,也就是想办法扩容,这是随着讨论的深入而出现的思路。

此外其他一些问题,如《资本论》第1卷德文第二版、法文版、恩格斯《资本论》第2卷编辑稿收不收、怎么收等等。这主要是由于中文版所具有的翻译版和学习研究版的性质产生的问题。比如《资本论》第2卷恩格斯的编辑稿,早前已经知道它与后来正式出版的《资本论》第2卷近似,两者翻译成中文后,绝大部分文字都是一样的。对于决定收入的一些文献，是按照写作时间编排，还是按照《资本论》第2卷和第3卷来编排，常常也是令人纠结的问题。比如MEGA II/4.3卷包含1867—1868年的13篇文献，编者指出其中有7篇涉及第三册，3篇涉及第二册，还有3篇同时涉及第二和第三册，它们并不是按照先第二册后第三册的顺序写成，各篇写作的确切时间也很难确定，其中有些还是平行写成的。

截至2010年《马克思恩格斯全集》中文第二版第二部分的编目计划的状况

有几个时间节点可以帮助我们回忆2010年之前《马克思恩格斯全集》中文第二版第二部分的编目计划的变化过程。

1998年，马列部印制的《马克思恩格斯全集》中文第二版编译工作手册规定：除了摘录和笔记部分，所有已知的马克思恩格斯写成的文字都应当收进来；甚至虽不是马克思恩格斯执笔、但在他们的参与或影响下写成的文字，也应当收进来。按照这样的规定，MEGA版第二部分的全部材料，是有十足的理由收入中文第二版的。当然，考虑到翻译因素，有些文献，例如《资本论》第1卷德文第三版、英文版等，并没有收入的必要。

另外，《马克思恩格斯全集编译工作手册》还规定第二部分为17卷："第二部分是《资本论》及其手稿和个别直接有关的著作，共编17卷即第30—46卷"，具体情况为：

30—31卷：1857—1858，1859—1861年手稿

32—37卷：1861—1863年手稿

38—41卷：1864—1880年手稿

42—46卷：《资本论》第1卷德文版、法文版、第四版，第2、3卷

这是我看到的《马克思恩格斯全集》中文第二版第二部分最早的比较具体的卷次划分方案，尽管它没有逐卷指明内容。当时中文第二版的第30、31、32卷已经出版。

1999年8月17日，马恩室学术委员会一度把第二部扩展为19卷。

在胡永钦老师转交给我的《马克思恩格斯全集》中文第二版编目材料中，有一份由两张打字稿组成的备忘录式文件，题为《〈马恩全集〉中〈资本论〉及其手稿部分的卷次编排》，署为"1999年10月10日"，其中规定：

"根据1999年8月17日马恩室学术委员会会议的讨论结果，《马克思恩格斯全集》中《资本论》及其手稿部分分为19卷，具体卷次如下：

卷30　1857—1858年手稿

卷31　1857—1858年手稿（续）、1859年的著作《政治经济学批判。第一分册》以及1859—1861年手稿

卷32 1861—1863年手稿

卷33 1861—1863年手稿《剩余价值理论》

卷 34 1861—1863 年手稿《剩余价值理论》

卷 35 1861—1863 年手稿《剩余价值理论》

卷 36 1861—1863 年手稿

卷 37 1861—1863 年手稿

卷 38 1863—1868 年手稿……[即 MEGA II/4.1+4.3；文中备注说，中文正文有 1000 多页；值得注意的是，当时中文版编者已经知道 MEGA II/4.3 所收文献延伸到了 1868 年]

卷 39、40（1864—1965 年手稿）……[即 MEGA II/4.2；文中备注说，估计译成中文有 1170 多页，再加上资料部分，大约有 1400 页，"因此只能分成两卷"]

卷 41《资本论》第 2 卷第 II 稿……[即 MEGA II/11 前半部分，文中备注称为"MEGA II/11 上册"]

卷 42《资本论》第 2 卷第 V、VI、VII、VIII 稿，《资本论》第 2、3 卷马克思手稿和恩格斯的有关手稿……[即 MEGA II/11 的后半部分或者说"MEGA II/11 下册"，MEGA II/12，MEGA II/14；文中备注说："《资本论》第 2、3 卷的手稿是指 MEGA II/12 和 II/14 收入的一些零星手稿。这部分文献究竟有多少，哪些应收入《全集》中文第二版，还待调查清楚。"]

卷 43《资本论》第 1 卷德文第一版

卷 44《资本论》第 1 卷德文第二版……[文中备注说，"本卷还准备附有如下材料"即马克思对第一版和第二版的修改、补充]

卷 45《资本论》第 1 卷法文版

卷 46《资本论》第 1 卷 1890 年第四版

卷47《资本论》第2卷1885年版
卷48《资本论》第3卷1894年版"

这个方案的特点是：(1)它收入了现在我们知道的MEGA第二部分的几乎全部文献，包括各种零碎文献；(2)它同时收入第1卷德文第二版和法文版；(3)它把第二册第II稿单立一卷；(4)恩格斯的第二、三册编辑稿都收进来；(5)把MEGA II/4.1和4.3两分卷合并为一卷；(6)充分考虑到篇幅问题，甚至决定把完整的一卷MEGA II/4.2拆成中文版的两卷。不过这个方案规定《资本论》第2卷收入的不是1893年第二版，而是1885年第一版，这乍一看与中文第二版的编辑原则似乎有些差异：按照1998年《编译工作手册》的规定，中文第二版收载马克思恩格斯生前"最后审定的版本"。

1999年10月，俄罗斯学者来访促使我们考虑改变19卷框架。

在胡永钦给我的编目材料中，有一份由三张打字稿组成的会议纪要，题为《俄罗斯学者与局领导和马列部有关同志座谈纪要》。根据这份纪要，1999年10月俄罗斯学者、国际著名马克思恩格斯编辑学家巴加图里亚（Georgij Bagaturija）和瓦西娜（Ljudmila Vasina）来访，并在4日和15日就第二版编目问题与局领导和马列部有关同志，包括韦建桦、李其庆、蒋仁祥、翟民刚、章丽莉、张钟朴、胡永钦、周亮勋等进行座谈。在涉及《资本论》及手稿时，也许当时中文版编者已经意识到卷次不足的问题，所以巴加图里亚他们提的建议主要是合并、删减卷次方面的。简单说，俄国学者提出的建议是：（1）把1861—1863年手稿编为5卷（言下之意大概是合并原卷36、37为一卷；会议纪要中备注说："这一点已不可行，因为这一手稿的第1卷即第32卷已经出版"）；（2）MEGA II/4.2 不拆成两卷（原卷39、40）；（3）把 MEGA II/4.3 拆成两部分（即把分别属于《资本论》第二册和第三册的材料拆开，分别编入原卷38、42）；（4）不收 MEGA II/12（即恩格斯《资本论》第2卷编辑稿，在原卷42，理由是"与正式出版的《资本论》第2卷出入不大"，把差异用脚注作出说明即可）；（5）MEGA II/11 不拆分到两卷中（原在卷41、42，现全部收入原卷41；瓦西娜作了两点说明："这部分分成两册是由于第1册由她们编，而第二册由日本学者编，为了工作方便才这样分的，她们还在考虑是否合成一卷。其次，原来她提供的第 II 稿的篇幅有702印刷页的数字有误……"）。如果完全采纳上述建议，总计可以把中文版的卷次减少2卷，具体来说就是原卷36、37减少1，原卷39、40减少1，变成17卷。

1999年12月，第二部分再次被规定为17卷。

在编目材料中，有打印在一大张纸上的打字稿表格，题为《〈全集〉第二版第二部分卷次》，注明"1999年12月13日"。材料说明，1999年12月3日，蒋仁祥召集王锡君、冯文光、周亮勋商定第二部分划分为17卷。简单说，这个方案对1999年8月17日方案的改动在于：（1）合并原卷36、37为第36卷；（2）合并原卷39、40为38卷；（3）删掉了原卷42中的MEGA II/12。这样，19卷的框架变为17卷的框架。这实际上是接受俄国学者建议的结果。这个框架设计仍然决定同时收入德文第二版、其附带的一些零碎文献和法文版，继续收入恩格斯的第三册编辑稿，但决定不再收入恩格斯的第二册编辑稿。

2010年10月，"《马恩全集》中文第二版'资本论'及'手稿'（30—46卷）情况"对17卷有了新的安排。

2010年12月，张钟朴老师交给我题为"《马恩全集》中文第二版'资本论'及'手稿'（30—46卷）情况"的表。与1999年12月13日的方案相比，这个方案有如下变化：（1）36卷和37卷不再合并，而独立编为两卷；（2）《资本论》第2卷的底本从1885年德文第一版变成1893年德文第二版；（3）《资本论》第1卷德文第二版被排除出去。

而且实际上这个时候，第二版第二部分已经固定成17卷，不可能再增加卷号了，因为不但这一部分的首卷，即第30卷和尾卷，即第46卷，均已出版，而且中文第二版第四部分，也就是书信卷的

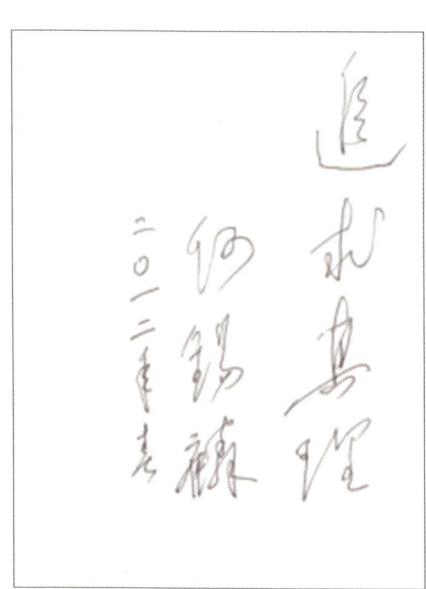

马列主义经典著作翻译家、中央编译局原顾问何锡麟给徐洋的题词

首卷即第 47 卷也已经出版。

2012—2016：在不断研究中确定第二部分的卷次划分

2012 年 MEGA II/4.3 出版。刚才我也提到，这卷给我们的分卷带来的最直接的问题是：**MEGA II/4.1（1863—1865 年手稿）和 4.3（1867—1868 年手稿）还能不能合为一卷？** 如果不能合并，MEGA II/4.3 的文献应该放到哪里？带着这样的思考，我摸排了 MEGA 版第二部分发表的全部文献，梳理了自《马克思恩格斯全集》中文第二版启动以来第二部分卷次结构变化的经过，结合 MEGA II/4.3 的新认识，提出了尚未在中文第二版发表的《资本论》及手稿部分的文献在卷次划分和文献收录方面可能存在的种种问题，向张钟朴等老师请教。在张老师的指导下，我提供了供讨论的几种拆分合并方案。

2013 年 3 月 26 日，我们聘请的德国专家、MEGA 编者**考普夫**（Eike Kopf）访问编译局时，应邀作了题为"《资本论》的第二部和第三部草稿"的讲座，专门谈了他对《马克思恩格斯全集》中文第二版第二部分尚待决定卷次的编目问题的意见。讲座由柴方国主持，我做的翻译。考普夫首先提醒我们，恩格斯曾表扬马克思把科学上的彻底性看得要比快速发表更为重要："只要列举一下马克思为第二册留下的亲笔材料，就可以证明，马克思在公布他的经济学方面的伟大发现以前，是以多么无比认真的态度，以多么严格的自我批评精神，力求使这些伟大发现达到最完善的程度。"考普夫说，如果我们能够较好地解决编目问题,那么"中文第二版在卷次划方面就会比它当作基础的 MEGA 版本身更正确!"他给出了他的中文第二版第二部分的方案,特点是严格按照时间顺序编排文献,时间线索一目了然。也许是他充分照顾了我们提供给他的方案,所以没有提及为《资本论》第 1 卷德文第二版和《资本论》第 2 卷恩格斯的编辑稿。

2013 年 9 月,福尔格拉夫应邀访问编译局,局领导和马列部有关同志同他就《马克思恩格斯全集》中文第二版的诸多问题进行了深入研讨。9 月 12 日在编译局 2 号楼 301 资料室,专门开会研究第二版第二部分的编目问题,参加人员有柴方国、李其庆、张钟朴、冯文光等。福尔格拉夫在会上说,在编辑一个规模较大的版本的时候,像我们这样随着工作的进展而不断改变计划的情况是经常发生的,例如在柏林、莫斯科,都有过这样的事情;"人们在结尾时总是比在开头时聪明"。会上两国学者讨论了对 MEGA II/4.3 进行拆分的可能性;福尔格拉夫本人还发表见解说,《资本论》第 1 卷德文第二版相对于法文版来说更为重要。

2014 年 5 月 19 日,《马克思恩格斯全集》中文第二版编委会召开会议专门研究第二部分的编目问题。会议经过研究决定:(1) 36、37 卷不能合并,继续作为两卷出版;(2)MEGA II/4.1 单独作为一卷出版;(3)MEGA II/11 不能拆分,继续作为一卷出版;(4)MEGA II/4.3 按照论述《资本论》第二册和论述《资本论》第三册进行拆分,分别合并进 MEGA II/11 和 MEGA II/14。(5)《资本论》第 1 卷法文版必须出版。**会议最后并不绝对排除采用卷内分册的方式对第二部分进行扩容。**留下的问题是：（1）怎么拆分MEGA II/4.3，既然该卷有3篇文献同时论述了第二册和第三册？（2）42卷正文将达到828+104[MEGA II/4.3专论第二册的3篇文献的印刷页码]=932个MEGA页，翻译成中文后再加上大约占全书五分之一的资料部分在一卷中能不能装订？（3）恩格斯对第三册的编辑稿可以收入中文第二版，而他对第二册的编辑稿没有收，是否合适？

这次编委会会议之后，张钟朴等老师继续思考第二部分的编目问题。**2014年6月5日**，我同**张钟朴**老师通电话，询问有关《资本论》第2卷恩格斯编辑稿的情况。张老师说，考虑把恩格斯的《资本论》第2卷编辑稿收入《马克思恩格斯全集》第二版。理由是，既然收入恩格斯《资本论》第3卷的编辑稿，那么不收入第2卷的编辑稿，不合适，也埋没了恩格斯的贡献。此外，还考虑把马克思的《资本论》德文第二版也收进来，这样除了全面以外，其他同《资本论》第1卷相关的材料也可以收进来。这就可以尽可能达到文献的完备。张老师考虑如下：

（1）把马克思1863—1865（1867）年手稿（内容为《资本论》第一、二、三册的初稿）编为一卷，分为上下两册，其中MEGA II/4.1（第一、二册手稿）为该卷上册，MEGA II/4.2（第三册主要手稿）为该卷下册；

（2）把马克思1867—1881（1882）年手稿（内容为《资本论》第二、三册后期手稿）编为一卷，分为上下两册，即把 MEGA II/4.3、MEGA II/11 以及 MEGA II/14 中的马克思手稿编为一卷，其中第二册手稿为该卷上册，第三册手稿为该卷下册；

（3）把恩格斯 1882—1895 年的《资本论》第二册和第三册编辑稿，以及少量与第四册相关的文献编为一卷，就是把 MEGA II/12 即《资本论》第二卷恩格斯编辑稿和 MEGA II/14 中的恩格斯《资本论》第三卷编辑文稿合编为一卷；

（4）这样，6 个 MEGA 版卷次收入 3 个中文第二版卷次，还剩下 3 个 MEGA 版卷次 MEGA II/5、MEGA II/6、MEGA II/7，即《资本论》第 1 卷的三个版本：德文第一版、德文第二版、法文版正好收入另外三个中文第二版卷次。

这个方案既完备且严整。它最大的贡献是开始尝试用卷内分册进行扩容的做法。它留下的具体问题仍然是：（1）怎么拆分 MEGA II/4.3？（2）1863—1882 年手稿中的第二册手稿正文达 932 个 MEGA 页，篇幅是否太大？

2014 年 9—11 月，我们聘请的德国专家**黑克尔**（Rolf Hecker）继续作为马列部专家来编译局工作两个月。10 月 28 日，他同柴方国、沈红文和我就《马克思恩格斯全集》第二版第二部分的编目问题进行了座谈。由于黑克尔是 MEGA II/6（《资本论》第 1 卷德文第二版）和 MEGA II/8（《资本论》第 1 卷德文第三版）的编者，他比较强调这两个德文版的价值。其间他曾提出两种建议。第一种建议的亮点在于，他认为《资本论》第 1 卷的第一版和第二版甚至也可以编为包含两册的一卷，以达到收录文献最大化的效果。后按柴方国建议，考虑如何把所有1863年以后的经济学手稿（II/4.1，II4.2，II/4.3，II/11，II/12，II/14）装入三个中文版卷次，留三个中文版卷次给《资本论》第1卷的另外三个刊印稿，黑克尔提出第二个方案，总体上与张钟朴老师的方案一致，不同之处在于：（1）不是把1867—1881年（或1882年）手稿编为一卷2册，而是编为一卷3册，即把MEGA II/11中的《资本论》第二册第II稿独立为一册；（2）把恩格斯对第一册的编辑手稿也同后来他对第二、三、四册的编辑稿编为一卷；（3）除完整手稿外，各卷（册）严格按照写作时间顺序编排，也就是说，相关文献不再划分为第二册和第三册，而是混编。这个方案的好处是：（1）省却了对MEGA II/4.3中的文献进行属于第二册和属于第三册的划分的问题；（2）基本按照原貌反映马克思的思路和创作手稿的历程；（3）把第二册第II稿从MEGA II/11中独立出来，既省却了篇幅上的麻烦，也符合马克思《资本论》创作史的时间段划分。

鉴于《资本论》第1卷德文版和法文版付排在即，迫切需要确定这两卷的卷次号，因而最终确定《马克思恩格斯全集》中文第二版第二部分的编排问题。

2014年11月6日上午9:00—12:00，《马克思恩格斯全集》中文第二版编委会在2号楼301资料室举行会议，研究《马恩全集》中文第二版第二部分的文献收录和卷次划分问题。出席会议的同志有：韦建桦、顾锦屏、柴方国、李其庆、王学东、王锡君、张钟朴、冯文光等。经过充分讨论，会议对《马克思恩格斯全集》中文二版尚未确定的卷次

（38—43卷）作出如下决定：

（1）采用卷内分册的方式对《马克思恩格斯全集》中文二版第二部分进行扩容。

（2）马克思1863—1882年手稿分为两卷。其中1863—1865年手稿占一卷，分两册，上册收入MEGA II/4.1，下册收入MEGA II/4.2；1867—1882年手稿占一卷，分三册，上册收入MEGA II/4.3，中册收入MEGA II/11中的《资本论》第二册第II稿，下册收入MEGA II/11中的其余的文献和MEGA II/14中的马克思手稿。

（3）恩格斯的1883—1895年编辑稿占一卷，收入MEGA II/12的《资本论》第二册编辑稿和MEGA II/14中的《资本论》第三册编辑稿。

（4）按照先手稿后刊印稿的顺序编排，即先排马克思1863—1882年手稿，随后排恩格斯1883—1895年编辑稿，最后排《资本论》第一卷的三个版本。

这次会议之后，在《资本论》第1卷德文第一版和法文版具体编译过程中，出现了与卷次划分相关的新问题。2016年6月14日《马克思恩格斯全集》中文第二版编辑委员会举行工作会议，与会者有：韦建桦、柴方国、顾锦屏、张钟朴、李其庆、王学东、王锡君等。**会议经过深入研讨和反复论证，在涉及第二部分卷次和编目的方面作出如下决定：**

鉴于中文版作为翻译版和学习版的性质，以及与《资本论》第 1 卷德文第一版和法文版编译工作的衔接，不再收入《资本论》第 1 卷德文第二版；把 2014 年 11 月 6 日方案中作为 1 卷上下册的 1863—1865（1867）年手稿编为两卷，其余卷号以此顺延。2016 年 7 月 8 日，马列部向局领导打报告，专门报告了《马克思恩格斯全集》中文第二版第二部分卷次的更改。

至此，《马克思恩格斯全集》中文第二版第二部分的卷次最终确定：

30—31 卷：1857—1858 手稿，1859—1861 年手稿

32—37 卷：1861—1863 年手稿

38 卷：1863—1865 年手稿（MEGA II/4.1）

39 卷：1863—1865 年手稿（MEGA II/4.2）

40 卷上：1867—1882 年手稿（MEGA II/4.3）

40 卷中：1867—1882 年手稿（MEGA II/11 中的第二册第 II 稿）

40 卷下：1867—1882 年手稿（MEGA II/11 中第二册第 V—VIII 稿 + MEGA II/14 中的第三册后期手稿 + 其他卷次的零碎手稿）

41 卷：1882—1895 年手稿（MEGA II/12 的第二册编辑稿 + MEGA II/14 中的第三册编辑稿）

42 卷：《资本论》第 1 卷德文第一版

43 卷：《资本论》第 1 卷法文版

中央编译局编译的新版《资本论》

44—46卷：《资本论》第1、2、3卷（1890、1893、1894年版）

这个方案是老中青三代经典著作编译工作在局领导和部领导的指导下，在外国专家的帮助下，经过多年深入研究和反复讨论得出的成果。在这个过程中，一些想法经历了放弃、采纳、放弃的过程，一些新的想法又被提出来，并在不断协商中进行修改，直到取得最大共识，得出最稳妥的结论。最终的方案遵循《马克思恩格斯全集》中文第二版的翻译版、学习研究版的性质，兼顾经典著作编译的科学性和可行性，尽可能地考虑了文献收录的完备性。不仅如此，这个方案还对MEGA版本身在编排上的某些可能的缺陷作了改善。第一，中文版的方案把马克思1867年以后的后期手稿单独拿出来，集中设置一卷（第40卷上中下），从而显示了《资本论》1867年以后的手稿是全新手稿（第四部手稿）而不是补充性手稿的理念；而MEGA版的编排则主要是强调前三大手稿的独立性，把1867年之后的手稿分别缀在第二册和第三册刊印稿的前面。第二，中文版的方案把1867—1868年的手稿（MEGA II/4.3）与1868—1882年的手稿（MEGA II/11、14）合为一卷；而MEGA版则不得不把它们与1863—1865年的手稿（MEGA II/4.1、4.2）合为一卷，不仅时间段上匹配度不高，而且导致同一卷书出现不同的标题（4.1和4.2称为"1863—1867年手稿"，4.3不得已改称"1863—1868年手稿"）。第三，中文版的方案把1867/1868—1870年的《资本论》第二册第II稿单独设置一卷，而MEGA版则把它同1876—1881年的手稿合为一卷（MEGA II/11），从时间段和篇幅均衡上看，中文版的做法似乎要恰当一切。第四，中文第二版把恩格斯1882—1895年的编辑稿单独拿出来，集中设置一卷，也就是第41卷；而MEGA把它们分散设置，缀在第二册和第三册刊印稿的前面，第三册的马克思手稿和恩格斯的刊印稿还编在一卷。因此我觉得，从吸收《资本论》创作史研究新成果、更为清晰合理反映马克思《资本论》创作史和《资本论》第2、3卷形成史的角度看，中文第二版的编排还是具有自己的特点的。当然，不排除在以后的工作中对这一"最终"方案进行微调的可能性。最后，我们的这些安排，如果称得上改善的话，那也是在充分吸收MEGA的研究成果的基础上做出的。正如福尔格拉夫所说，人们在一件事情结束的时候，往往显得比在这件事情开始的时候要聪明。

　　李朝晖，译审。现任中共中央党史和文献研究院第五研究部编译一处处长、二级巡视员。参与《马克思恩格斯全集》中文第二版和《马克思恩格斯文集》等编译工作。

《马克思恩格斯全集》中文第二版第29卷编译心得

李朝晖

2020年是恩格斯这位伟大的无产阶级革命导师200周年诞辰,世界很多地方都举行了隆重的纪念活动。在中国,中央党史和文献研究院牵头召开了"纪念恩格斯诞辰200周年理论研讨会",国家邮政局审定发行了一套纪念邮票《恩格斯诞辰200周年》。《马克思恩格斯全集》中文第二版第29卷的出版也为纪念恩格斯诞辰200周年献上了一份特殊的礼物。

《马克思恩格斯全集》中文第二版第29卷是在2017年列入当时中央编译局的五年规划的,2018年机构改革后又被列为中央党史和文献研究院五年规划。当时的马列部领导指派我当这一卷的负责人,负责这一卷书的定稿,返聘的王学东老师负责审稿。还有其他一些中青年同志也加入进来,组成了一个老中青相结合的团队。王学东老师严格把关,提出了很多十分中肯的意见,大大提高了整卷书的质量,特别是在遇到不好处理的问题时,他的意见往往是决定性的。年轻同志也发挥了十分重要的作用,他们不仅

本文作于2023年。

参与了新文献的翻译，还独立承担资料编写工作。资料处的曹浩瀚负责注释，编辑处的高杉负责文献索引，编辑处的李园园负责人名索引，资料处的张贤佳负责译名统一。他们很快就通过实践熟悉了马恩著作编译工作的流程、规范和要求，凭借出色的外语能力和十分严谨的态度，每个部分都完成得干净利落。资料处的朱羿负责地名索引，编译一处的李莉娜负责技术规格，他们都发挥了中年骨干的作用。编辑处处长李楠和我们部门副主任章林作为编辑工作和资料工作的专家，为整卷书严把了最后一道关。

经过近3年的努力，第29卷于2020年出版。这一卷主要对应的是《马克思恩格斯全集》中文第一版第22卷，也有几篇文章出自第37、45、50卷。它的编译主要依据《马克思恩格斯全集》历史考证版（MEGA^2）第一部分第31卷和第32卷，同时参考了《马克思恩格斯全集》德文版第22卷和英文版第27卷。这卷收入的是恩格斯从1889年底到1895年8月5日他逝世前的著作，包括17篇恩格斯为马克思和他本人的著作再版所写的导言、序言和跋；附录收入21篇其他人在恩格斯指导下或根据恩格斯提供的材料所写的文章、关于恩格斯讲话的报道以及恩格斯同其他人的谈话记录。

第29卷在收文和编排上吸收了MEGA^{2}的最新考证成果，这主要表现在：第一，这一卷收录了11篇作者为恩格斯但《马克思恩格斯全集》中文第一版却未曾收入的新文献，其中，正文新增3篇文章，附录新增8篇文章。第二，在文章的编排上，有 5 篇文章中文第一版第 22 卷收入正文，第 29 卷收入附录。因为据 MEGA² 考证，其中 4 篇文章其实是报刊对恩格斯演说的报道，而《马克思的〈资本论〉第三册》这一篇文章只能确定与恩格斯关系密切，不能确定是出自恩格斯的手笔。

MEGA² 收文全，考证扎实，资料翔实，确实是我们从事编译工作的一个十分可靠的基础。但以 MEGA² 为依据，也会遇到中文第一版未曾遇到的棘手难题。比如，同一篇文章，恩格斯用德文写成，后来又由他本人翻译成英文或法文，他在翻译过程中为了便于不同国家的读者理解，往往文字表述有所修改；有的主体部分改动很少，但在开头和结尾或者作了大量补充，比如《德国的社会主义》的德文版就对法文版作了补充，或者作了大量删除，比如《〈社会主义从空想到科学的发展〉1892 年英文版导言》的德译文《论历史唯物主义》就作了删节。MEGA² 往往会以原文全文收入这些不同文字的版本。但是，无论中译文译自哪种文字，除了补充的和删除的之外，在表述上往往都只能有很少的差别。又比如，同一篇文章，保存下来的既有草稿，又有誊清稿、修改稿或已经发表的文字，这样的不同稿本在表述上往往也存在或大或小的差别。MEGA² 的处理办法是在它的资料卷（Apparat）开设了一个异文表（Variantenverzeichnis），其中详细列出这种差别。新的中文版如何处理上述这些不同的版本呢？

问题提出后，由柴方国副院长、韦建桦老师、顾锦屏老师以及部门领导沈红文、徐洋等组成的学术委员会召开了讨论会，最后决定，无论是不同语言的版本，还是草稿、誊清稿、修改稿或已经发表的文字，新的中文版原则上不可能重复收文，但也不能忽略这些珍贵的文献，因此，版本之间的重要差别都在脚注中详加说明，使读者可以借助脚注了解相关著作不同版本的基本情况。

这里以《〈社会主义从空想到科学的发展〉1892年英文版导言》为例。比如《马克思恩格斯全集》中文第二版第29卷第363页有我们加的两条脚注：

① 本文的德译文以《论历史唯物主义》为题发表在《新时代》杂志上，在德译文中，从开头到此处的这7段文字被删去。——编者注
② 在德译文中，"体面人物"的后面加有"即英国庸人"。——编者注

针对《〈社会主义从空想到科学的发展〉1892年英文版导言》的德译文《论历史唯物主义》的起始点和行文中恩格斯所作的修改，我们也都通过脚注的形式予以说明，感兴趣的读者借助这些说明也可以了解《论历史唯物主义》这篇文章的样貌。

再举一个关于草稿和誊清稿的例子。《未来的意大利革命和社会党》是恩格斯用法文写成的文章，草稿和誊清稿都保存了下来，正文依据誊清稿翻译。因此在第537页加了这样的脚注：

① 在草稿中不是"共和主义者"，而是"马志尼主义者"。——编者注
② 在草稿中没有"正如马克思所说"这几个字。——编者注
③ 参看马克思《路易·波拿巴的雾月十八日》，《马克思恩格斯全集》中文第2版第11卷第139—140页。——编者注
④ 在草稿中，这句话的后面还有一句话："而我们要看看他们是否是认真的。"——编者注

如果读者对恩格斯这篇文章的修改过程感兴趣,就可以参考这些脚注。马克思恩格斯著作差别不大的各种版本就以这种方式得到呈现。

《马克思恩格斯全集》中文第二版第 29 卷

大家知道,《马克思恩格斯全集》中文第一版中,除了少数基本著作,大部分是从俄文转译过来的,而中文第二版要求根据马克思恩格斯写作时的原文(主要是德文、英文和法文,还有少量其他文字)翻译,或对旧译文重新校订。翻译和译文校订是一件需要十分严谨对待的工作,稍不注意,就有可能"失之毫厘,谬以千里"。在翻译和校订中,首先要做到的就是吃透原文。对理解造成妨碍的既有语言上的问题，也有写作背景、思想观点、历史典故等方面的问题，要解决这样的问题往往需要多管齐下，从多方面详加考证。

举个例子，《马克思恩格斯全集》中文第二版第29卷第287页有这样一段话：

> 帝国宪法，以交给人民及其代议机关的权利来衡量，纯粹是1850年普鲁士宪法的抄本，而1850年宪法在条文里反映了极端反动的内容，根据这个宪法，政府握有全部实权，议院连否决税收的权利也没有。这个宪法在宪法冲突时期证明，政府可以用它为所欲为。

这段文字里"政府可以用它为所欲为"这句话，旧译文为"政府可以对它为所欲为"，两种译法只有一字之差，但意义却相差甚远。旧译文的意思是：政府可以对1850年宪法任加修改；新译文的意思是：政府可以利用这部宪法恣意妄为。为什么要作这样的改动呢？我们可以对比一下：

《马克思恩格斯全集》历史考证版第1部分第32卷第49页的原文是这样说的：

> einer Verfassung, die in der Konfliktszeit bewies, daß die Regierung mit ihr machen konnte, was sie wollte.

《马克思恩格斯全集》英文版第 27 卷第 225—226 页的英译文是这样说的：

a constitution, which proved during the period of the conflict that the government could do anything it liked with it.

"mit"这个介词相当于英语的"with",可以表示工具、手段等,有"用、以"的意思。新译文就是在这个意义上理解这个词的。但"mit"在与动词搭配时,有时后面所接的名词成为动作施加的对象。如"mit jmdm（某人）kämpfen",并不是"与某人并肩作战"的意思,而是"同某人作斗争"的意思,"mit"联结的"jmdm"成为斗争的对象。旧译文就是在这个意义上理解这个词的。为什么说这种理解是错的呢？

首先从上下文来看,恩格斯认为 1850 年的普鲁士宪法给了普鲁士国王掌握的政府全部实权,宪法自然就成为政府手中的一柄利器,可以有效地利用它来对付议会里的资产阶级。在这样的上下文里,突然转而谈对它的修改,不太符合逻辑。

再从历史的现实来看。

普鲁士宪法。普鲁士王国迫于革命的压力,曾在 1848 年颁布了一部宪法。革命失败后,这部宪法被修改,新修订的宪法大大增加了国王和容克的权力,而资产阶级的权力遭到限制。这部宪法于 1850 年颁布,在 1851—1857 年间对宪法的个别条文作过修订。1867年北德意志联邦成立，这部宪法修订后成为联邦宪法。1871年德意志帝国成立，这部宪法再次修订后成为帝国宪法。

宪法冲突。1860—1866年间普鲁士政府与议会里的资产阶级自由派就军费问题发生的旷日持久的冲突，政府为达到增加军费的目的利用宪法给予的权力多次解散议会。

从上述事实可见，1860—1866年间并未对宪法进行修改，反而是政府利用宪法所给的权力为所欲为。

再举一个例子。《马克思恩格斯全集》中文第一版第22卷第418页有这样一句话：

la bella Italia〔美丽的意大利〕千方百计地想要表明，它在这方面既不亚于发生巴拿马案件的国度——la belle France〔美丽的法国〕，也不亚于有信教习俗和韦耳夫基金的国度——纯洁和畏神的德国。

这句话在《马克思恩格斯全集》历史考证版第一部分第32卷第198页的表述为：

la bella Italia besteht darauf, zu zeigen, daß sie in dieser Beziehung nicht unebenbürtig dasteht neben la belle France von Panama und neben der züchtigen Germania der Gottesfurcht, der frommen Sitte und des Weifenfonds.

在《马克思恩格斯全集》中文第二版第29卷中，我们对这句话重新作了翻译：

美丽的意大利坚持不懈地想要表明，它在这方面既不亚于发生巴拿马案件的国度——美丽的法兰西，也不亚于敬畏上帝和虔诚信教且有韦耳夫基金的国度——贞洁的日耳曼尼亚。

旧译文"有信教习俗和韦耳夫基金的国度——纯洁和畏神的德国"在新译文中改为"敬畏上帝和虔诚信教且有韦耳夫基金的国度——贞洁的日耳曼尼亚"，为什么要这么改呢？

这里涉及几个典故。

Germania（日耳曼尼亚），是德国（Deutschland）的拉丁语名称，主要在文学和诗歌中使用，带有民族主义和爱国主义的情感。这个名称在1848年革命时期开始流行，1871年后成为德意志帝国的象征。在油画中，日耳曼尼亚常常以手持"帝国之剑"、金黄色长发披肩、丰满而健康的女性形象出现。恩格斯在这里使用这个词，是站在受压迫的工人阶级的立场上，讽刺德国统治阶级的虚伪。旧译文"德国"丢掉了这个词上述的种种含义，有损恩格斯使用这个词的讽刺力度。

"敬畏上帝和虔诚信教"是当时德国著名的惯用语，在当时的一些讽刺诗中常见到这一表述。德国社会民主党人经常把德意志帝国称为"敬畏上帝和虔诚信教的帝国",以讽刺统治集团的伪善。因此"敬畏上帝和虔诚信教"不宜分开。

"贞洁的日耳曼尼亚"也是当时著名的讽刺性用语,它出自下面的事件:1877年3月22日,艾希斯费尔德的新教教士们为庆祝德皇威廉一世八十寿辰举行了酒会并在酒会后聚众闹事。德国天主教杂志《日耳曼尼亚》报道了此事,随后柏林《前进报》(德国社会民主党的机关报)在4月15日第44号以《敬畏上帝和虔诚信教》为题转载了《日耳曼尼亚》的报道。因此"贞洁的日耳曼尼亚"这个表述不宜在中间穿插别的词。

在从事马恩著作编译工作的过程中,我觉得非常幸运的是,有一段时期,很多老一辈翻译家还在这个领域兢兢业业地工作。我常常听他们说,翻译切忌望文生义,搞文字搬家。在校订第29卷的译文时,我深深体会到了这一原则的重要性。下面就有这样一个例子。

《马克思恩格斯全集》历史考证版第1部分第31卷第184页有一句话:

"und den ferneren Vorwand, als Schützer des griechischen Bekenntnisses zu Gunsten der unirten Griechen sich einzumischen, obwohl diese sich längst mit ihrer Stellung zur römischen Kirche versöhnt hatten."

跨世纪的宏伟工程　253

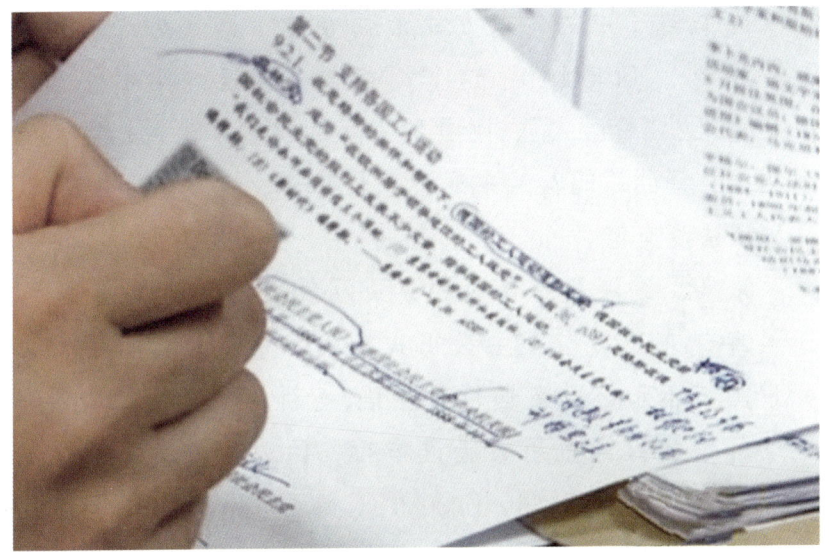

《马克思恩格斯全集》中文第二版集体改稿

在这卷第 222 页有恩格斯本人的英译文：

"and the further pretext for interference as protectors of the Greek faith, for the benefit of the Uniate Greco-Catholics, although these had long since become reconciled to their position with regard to the Roman Church."

我们在编译第二版时是这样翻译的：

另一个干涉的借口是：作为希腊正教的维护者，要保护东方礼天主教徒，虽然后者早已安于在罗马天主教教会中的现状。

这个句子中的"东方礼天主教徒"原文为"unirten Griechen"。"Griechen"这个词在各个德汉辞典中都只有一个意义:"希腊人"。刚看到一版的这种译法时,不禁疑窦丛生,译错了吗?后来通过了解基督教的历史明白过来,这种译法没有错。

原来,这涉及基督教的分裂及教派之间的长期冲突。1054年,东正教与天主教正式分裂。东正教盛行的拜占庭帝国统治地区主要通行希腊语,《新约》是用希腊语写成的,宗教仪式也用希腊语举行。因为东方的正教使用希腊语,所以有时用"Greeks"(德语"Griechen")来指东正教徒。因为西方的天主教使用拉丁语,所以有时用"Latins"来指天主教徒。波兰等民族居住于东正教和天主教的正面冲突区,在16世纪末接受了这样一种安排:将正教与天主教合并,承认罗马教皇的最高权力,接受天主教基本教义,但仍旧保持正教教会仪式。这个词恩格斯本人的英译文为"Uniate Greco-Catholics"。这里,原指东正教徒的"Greco"或"Griechen"已经改信天主教,失去了东方的正教的信仰,而只保留了东方的正教的仪式。因此,这样合并而成的教派的教徒就被称为东方礼天主教徒。

《马克思恩格斯全集》中文第二版也像第一版一样,为了便于读者更好地理解马恩原著而编写了大量资料。资料部分,无论是注释、人名索引,还是文献索引、地名索引,新的版本都注重吸收国内外最新考证和研究成果,实际上是进行了重新编写。下面举一个例子说明。

这一卷收入了恩格斯《1891年社会民主党纲领草案批判》一文。恩格斯在其中对德国社会民主党在《反社会党人法》被废除而重获合法地位后制定的党纲草案提出了修改意见，在中文第二版第29卷第283—284页我们可以看到相关内容：

第三段。我认为头一句必须修改。
"在个人占有者的统治下。"
第一，下面接着谈的是一个经济事实，应当从经济上去说明。但是"个人占有者的统治"这个说法则造成一种假象，仿佛原因在于那一伙强盗的政治统治。第二，属于这种个人占有者之列的，不仅仅是"资本家和大土地占有者"（写在这后面的"资产者"是什么？是第三类个人占有者吗？大土地占有者也是"资产者"吗？既然谈到了大土地占有者，那给我们德国整个肮脏腐败的政治打上了自己特有的反动印记的强大的封建制度残余却可以不提吗？）。农民和小资产者也是"个人占有者"，至少今天还是；但是在整个纲领中都没有提到他们，因此在表述中应该使他们根本不包括在这里所说的这类个人占有者之内。
"劳动资料和被剥削者创造的财富的积累。"
"财富"是由（1）劳动资料、（2）生活资料构成的。因此，先讲财富的一个部分，接着不讲另一部分，却讲总的财富，并且用一个"和"字把两者联结起来，这既不合语法，也不合逻辑。

"……在资本家手中正以日益加快的速度增大着。"

然而，上面所说的"大土地占有者"和"资产者"到哪里去了？如果这里只需举出资本家，那么上面也只需这样提就够了。如果要详谈，单单举出资本家是根本不够的。

恩格斯文中引号里的话引自纲领草案，整篇文章基本上都是以这种形式写成。因此，如果把这份草案放在注释里，在阅读正文时对照着看，对于理解正文无疑是大有裨益的。但这份草案直到1968年才找到并发表。因此，出版于1965年的中文第一版未能收入。新出版的第29卷把这份草案和根据恩格斯的意见修改后的草案并列收入卷末注。关于上文所涉及的纲领条文，修改前和修改后分别如下：

[第三段]在个人占有者——资本家、大土地所有者和资产者——的统治下，劳动资料和被剥削者所创造的财富在资本家手中的积累，正以日益加快的速度增大着。

[第三段]在这种剥削的统治下，被剥削者创造的财富在剥削者——资本家和大土地占有者——手中的积累正以日益加快的速度增大着。

这样相对照，有兴趣的研究者既可以了解草案修改前的原貌，也可以了解恩格斯的哪些意见德国社会民主党吸收了。而在我们所举的这个例子里，恩格斯的修改意见应该都被吸收了。

第29卷的任务完成后，我深切体会到，马恩著作编译真是一个需要慢工出细活的工作。译文有一个从初校到审稿的过程，资料部分也一样。稿子交付出版社后，还要一遍一遍地看清样。一群人，苦干好几年，才出一本书。不过，这样的工作让人有使命感，干的时间长了，可能还有归属感。这应该就是一群人接着一群人，不断走下去的原因吧！

张红山,译审。现任中共中央党史和文献研究院第五研究部副主任。2024年荣获中国翻译协会"优秀中青年翻译工作者"荣誉称号。参与《马克思恩格斯全集》中文第二版等编译工作。

《马克思恩格斯全集》中文第二版第 38 卷编译工作的点滴回忆

张红山

2019 年 12 月,《马克思恩格斯全集》中文第二版第 38 卷由人民出版社出版。至此,从 2016 年到 2019 年,历时三年之久的编译工作画上了圆满的句号。从 2006 年进入中央编译局马列部工作开始,这是我第一次作为卷负责人承担一卷书的编译工作。在此之前,就《马克思恩格斯全集》第二版而言,我已经参与过几卷书的编译,例如第 35、36、37 卷,但都是承担部分内容的某些环节的工作。虽然说这些卷次同属于《资本论》手稿的编译,在内容上相互贯通,因此这些工作安排有连续性,但是,当我接到任务,要承担起第 38 卷从工作稿审订到清样审读等环节工作,并且要与负责资料和编辑工作的同事做好沟通协调以保证工作进度时,我的心里还是忐忑不安的。

第 38 卷与第 39 卷组成一个单元,共同收入《资本论(1863—1865 年手稿)》,第 38 卷收入这部手稿包含第一册《资本的生产过程》保存下来的部分和第二册《资本的流通过程》(第Ⅰ稿),第 39 卷收入第三册《总过程的各种形

本文作于 2023 年。

态》。第38卷的校订底本是《马克思恩格斯全集》历史考证版第2部分第4.1卷。应该说,启动第38卷的编译出版流程有着扎实的基础。这卷书的主体内容第一册手稿《第六章 直接生产过程的结果》和第二册《资本的流通过程》(第Ⅰ稿)已经在《马克思恩格斯全集》中文第一版第49卷发表过,后来部分内容经过校订后重新收入《马克思恩格斯文集》第8卷。我们展开工作的第一步是整理出一部完整的工作稿。首先,已经收入《马克思恩格斯文集》第8卷的译文可以直接采用。其次,《资本论》编译专家冯文光、张钟朴已经对第二册《资本的流通过程》(第Ⅰ稿)未收入《马克思恩格斯文集》第8卷的旧译文进行了校订和审定,这也就是第Ⅰ稿的第一章、第二章和第三章的部分内容。在《马克思恩格斯全集》中文第一版第49卷中,《资本的流通过程》(第Ⅰ稿)是依据俄文翻译的(而《第六章 直接生产过程的结果》是以德文版为依据,同时参考俄文版进行翻译的),历史考证版第2部分第4.1卷对第Ⅰ稿进行了重新辨读和编辑,所以这篇手稿经过校订后译文变化比较大,特别是许多原来的正文被历史考证版编者移入异文表中。

站在前人的肩膀上,我们这个编译团队所要完成的工作有如下几项:补充翻译一篇新文献《关于马尔萨斯的注释》;补充完成第一册《资本的生产过程》保存下来的散页和零星注释的译文校订;对照历史考证版第2部分第4.1卷审读全部译文,有疑问的地方提出修改建议并请张钟朴老师确定最终方案;随着工作的开展，我们对原本收入过《马克思恩格斯文集》第8卷的译文包括注释也进行了少量修订；充分吸收第4.1卷资料卷的考证成果，特别是异文表的重要内容和注释的内容，修改充实第38卷的前言和注释等资料内容；其他的资料工作，包括译名统一、文献索引、名目索引等。

现在回忆起来，可以将全部工作总结为以上几个方面，但在刚开始时，我自己并不是特别清楚必须要做的工作有什么。这是因为，按照原来的工作程序，我们可以不进行正文的审读，直接开始资料部分的审稿和定稿。现在增加这样一个译文审查的环节，主要是因为在《马克思恩格斯文集》十卷本编译工作完成之后，我们吸取《马克思恩格斯文集》的一些工作经验，采纳了《马克思恩格斯文集》工作中的一些好做法，以便进一步提高经典著作编译的质量。第38卷的校订稿，同《马克思恩格斯全集》中文第二版中"《资本论》及其手稿"部分的其他卷次校订稿类似，大都是好几年前乃至十几年前由老同志完成的。当时由于历史考证版的第二部分没有全部出版，一些信息我们不掌握，也由于文献资料和技术手段的缺乏，这些校订稿特别是在编辑和资料方面还存在某些不足。经过《马克思恩格斯文集》十卷本的工作，大家对经典著作译校的原则和标准的认识有了进一步提高，并要求进一步吸收对历史考证版资料卷的考证成果。因此，本着精益求精、追求完善的工作态度，同时也是为了在实践中加强对年轻编译人员的锻炼，给他们压担子，促使他们早日能够独立承担工作，就《资本论》部分各卷手稿而言，大约是从第36、37卷开始，面对老同志们留下的校订稿，就增加了这样一个工作环节。当然，在进一步审订老同志留下的校订稿、补充考证资料的同时，我们每个人都在这个过程中收获颇丰，被编译前辈们深厚的理论水平、严谨求实的作风、在表述上精益求精的态度所感染，深受教育。

我们在第38卷的实际工作中，对照较高的编译标准，进行全方位的查漏补缺，遇到问题就想方设法解决，而不是抱着反正老同志已经有了方案的心理绕着走。在整个工作过程中，我充分感受到了这个编译集体团结协作、精益求精、追求完善的优良传统，每个人都在为提高第38卷的编译水准而不懈努力，为马列主义经典著作事业而贡献自己的聪明才智。

张钟朴老师是编译和研究《资本论》的专家和权威，对《资本论》全部三卷的文本和理论都了如指掌，对《资本论》创作史有深入细致的研究，同时也是第38卷部分校订稿的审稿人。尽管如此，面对我这样一个晚辈和后学者，他从来都是持积极鼓励、循循善诱、从善如流的态度。在工作过程中，我先对照原文审读工作稿，经过思考和研究之后，对有疑问的地方用铅笔写下修改意见，积攒一部分审读稿后，我将稿子送到他的家里。这时张老师已经搬离单位附近，住得比较远，去一次需要乘坐地铁换公交，路上要一个小多小时，所以每次送稿子时我都要抓住机会，

《马克思恩格斯全集》中文第二版第38卷

当面请教一些问题。虽然已年届高龄,每次离开时张老师却总是坚持将我送出小区。在陆续接到张老师退给我的译稿后,我发现,他对每一处修改意见都进行了反复研究和思索,给出了确定的方案,有的地方是同意我的意见,也有的地方是坚持原有译文,还有的地方在原方案和我的意见之外另提出了新的方案。在许多地方,他还在译稿的空白处写下批注,或者简要说明改与不改的理由,或者提示我特别注意某个重要概念的翻译,或者指出某个问题要我接着进行查考和研究。虽然我们没有就每个问题当面讨论，但张老师写在译稿上的这些字句每每给我以巨大的启示，如同当面受教一般。

张老师是《资本论》的编译和研究的泰斗级人物，对理论、文本和创作史问题有全面的研究，但对晚辈从来都是平易近人，从不以专家和领导自居，从不以势压人，对后学者的意见也是十分重视，这一点在第 38 卷的编译过程中有着突出的体现。我们提到过，第 38 卷收入的《资本论》第一册《资本的生产过程》完整保存下来的手稿部分，即《第六章　直接生产过程的结果》等内容已经在《马克思恩格斯文集》第 8 卷发表过。刚开始工作时，他告诉我这部分译文直接采用《马克思恩格斯文集》第 8 卷的相关内容即可，不必再对照原文审读。可是，我自己在对照原文审读译稿过程中，在遇有中文难以读通的地方，还是忍不住去看原文以求得理解。有的地方，译文并无问题，只是我的理解有问题。但是，慢慢地，我也发现了一些问题，在经过研究后，还是提出了相应意见。张老师并没有因为《马克思恩格斯文集》第 8 卷出版时间并不长，而他自己也是该卷译文和资料审定人之一，就完全拒绝我的所有修改意见。相反，他本着严谨求实的态度，对我的意见极为重视，经过逐一研究后，对有些改动意见进行了吸收，例如对一处作者注的注码位置进行了调整，还删掉了一个编者注，并在工作稿上写下相应的批注。

徐洋副主任进入编译局工作比我早，接受张钟朴等老一代编译家的教导和熏陶的时间更长，后又师从《资本论》研究大家顾海良教授学习，对《资本论》及手稿的状况有着深入的研究，对历史考证版的使用也有颇有心得。在第38卷进行编译工作的同时，他作为卷负责人正在进行第37卷的清样审读工作。我记得工作刚开始不久，徐洋就找到我，告诉我第37卷有部分手稿页被马克思剪贴利用到第38卷中，这些地方要逐一找出来，在译文上保持两卷的统一。这样，我才注意到这种情况。经过查考，我们发现，马克思在撰写《资本论（1863—1865年手稿）》第一册手稿时，对《政治经济学批判（1861—1863年手稿）》有关《资本的生产过程》的某些内容进行了剪贴和抄写等直接利用。在第一册手稿完整保存下来的《第六章　直接生产过程的结果》当中，这种情况也有体现。后来，我们专门对两卷书的相应部分对照德文进行比较，原文一致则译文尽量保持一致，而如果马克思在抄写过程有所改动，则我们的译文也体现出这种不同。

后来，徐洋还告诉我，第38卷所收的第二册《资本的流通过程》（第Ⅰ稿）的封面情况特殊，需要加以关注。原来，第二册第Ⅰ稿的封面在《马克思恩格斯全集》历史考证版第2部分被发表了两次：第一次在第4.1卷，这一卷也就是第38卷的外文底本，当时的编者经过考证认定，现在我们看到的封面就属于第Ⅰ稿，没有疑义；2012年，第4.3卷发表了第二册第Ⅳ稿，编者经过考证，认为原来在第4.1卷发表的所谓第Ⅰ稿封面其实属于第Ⅳ稿，这样第Ⅳ稿就有了双重封面。为了彻底搞清楚这个问题，我进行了仔细查考和研究，形成了专门的书面材料，并经过编委业务会讨论，最后决定我们仍在第38卷发表第Ⅰ稿的这张封面，将来发表第Ⅳ稿时也可以再发表一次。为了突出我们这样做的依据，徐洋建议将这张手稿页原图作为插图放在第二册第Ⅰ稿正文开始前，因为马克思在这张手稿的正面写有一个特别大的罗马数字"Ⅰ"。

还有一个重要的编译问题和第二册第Ⅰ稿有关。正是由于对《资本论》第二册手稿的深入研究和熟悉掌握，徐洋在第38卷发表第二册第Ⅰ稿的同时，就提出其他卷次进一步发表第二册其他各篇手稿需要统筹考虑的问题。这些问题包括八篇带编号手稿的写作时间、相互联系、整理情况等，特别是第二册第Ⅲ稿，历史考证版相关卷次对这一问题似乎没有确切的表述，而历史考证版第2部分最后出版的第4.3卷则完全颠覆了以前的观点，认为《资本论》第二册并不存在一个"第Ⅲ稿"。面对这些复杂问题，我们不能回避，第38卷就要在第二册第Ⅰ稿的题注中交待基本情况，后面各卷再各自详细展开阐述，各卷之间要保持内容一致。正是在徐洋的提醒和指导下，我仔细阅读各卷《导言》，研究各篇手稿内容，完成了几个重要题注的编写。

我们处的夏静是德语专业科班出身，长期从事《资本论》手稿的编译和研究工作，是《马克思恩格斯全集》第二版第42卷即《资本论》第一卷德文第一版的校订者。夏静工作经验非常丰富，对经典著作译校工作中存在的各种问

《马克思恩格斯全集》中文第二版第 38 卷集体改稿

题特别敏感,具有很强的发现问题和找出解决方案的能力。在第 38 卷工作的后期,夏静参加进来,对照原文通读了全卷校订稿,对本卷译文的改善做出重要贡献。刚才我提到,第 38 卷有一篇新文献需要翻译,即《关于马尔萨斯的注释》这篇手稿,这是马克思在 1866 年准备《资本论》第 1 卷付排稿期间留下的一篇过程稿,与正式发表的第一卷相应内容关系密切。这篇手稿作为附属部分收入历史考证版第 4.3 卷,但从写作时间与相互联系来看,将它发表在第 38 卷比较合适。这是因为,在该卷收入有关《资本论》第一册的手稿中,除了完整保存下来的《第六章 直接生产过程的结果》和前面几章的若干散页，还有一部分内容就是马克思在1866年准备付排稿期间写成的一些零星注释。将《关于马尔萨斯的注释》编入零星注释部分是合适的。这篇新文献的初译由周思成完成，我进行了初校并编写了注释，然后请夏静对照原文仔细校改，最后由张钟朴老师完成审稿。可以说，这篇字数不多的手稿却凝结着老中青几代编译工作者的心血，充分体现了我们这个编译团队精诚团结的工作作风。

另外，正是由于夏静提出并坚持自己的意见，第38卷所收第一册手稿的散页部分中手稿第263—264页才改变了原来的编辑方案，从《第六章　直接生产过程的结果》的第469m页和469页之间被移至散页部分，与其他散页第259—260页连续编排，这样就更符合上下文联系和手稿本身的保存状态，将后人对马克思的手稿的编辑介入程度缩小了。

第38卷属于经济学手稿的范畴，而资料处的闫月梅长期从事经济学手稿卷的注释编写和定稿工作，对理论内容和文本都十分熟悉，在注释编写方面积累了丰富的经验，相比之下，我在这方面却是个初学者。在整个工作过程中，她从一般惯例的角度提出注释的增删意见，包括注文的具体表述、注码的位置、相关原始文献的查考等等。在规格方面有不确定的地方时，我时常向她请教。我在审读正文时提出关于注释的一些修改意见，包括吸收资料卷的考证成果，她也往往表示赞同，许多条注释就这样在我们的不断交流讨论中确定下来。我们前面提到过，第38卷收入的第一册手稿有些内容是马克思在写作过程中剪贴利用第37卷收入的《政治经济学批判（1861—1863年手稿）》而写成的。闫月梅同时也是第37卷的注释定稿人，她细心整理出这两卷需要统一译文的地方，形成一份书面材料，为我的工作提供了极大的方便。闫月梅是学习经济学专业出身，始终有理论研究的兴趣。在整理这些剪贴手稿页的过程中，她产生了浓厚的研究兴趣，就此申报了个人课题，还邀我参加。经过我们的努力，这项课题顺利完成结项，这成为努力将编译与研究结合起来的成功之作。现在回忆起与她一起工作的时光，不免有些伤感，因为闫月梅现在因病在家休养，暂时不能继续工作，也就不能参与第40卷上的注释工作了。祝愿她能够早日康复，重新回归我们这个大家庭。

在其他资料和编辑方面，编辑处的李楠、我们处的张红、资料处的沈延、编辑处的刘洪涛等人都为这一卷书的顺利出版做出了各自的贡献，特别是在审读清样期间与出版社的沟通方面，李楠事无巨细，一一亲自把关，协调双方意见，便利出版印刷工作得以顺利进行。

最后需要特别强调的是，第38卷的工作同《马克思恩格斯全集》中文第二版的所有卷次一样，是在部门领导的大力支持和各位专家同事的大力帮助下顺利推进的。除了我们具体参与这一卷工作的同事经常就各种问题进行讨论，凡是遇到较重大的编排问题和译文问题，部门就会组织安排编译业务研讨会,集体研究解决问题,参加研讨会的除了部里从事其他卷次的专家学者,还有相关的局领导和退休的老领导老专家。我们的经典著作编译是典型的集体工作,这种工作方式能够充分保证经典著作的科学性和准确性。

《列宁全集》中文第二版的特点和意义

林基洲

中央编译局从1957年开始筹划编译新版《列宁全集》的工作。1982年5月,中央书记处讨论了中央宣传部和中央编译局的有关报告,正式决定编译出版《列宁全集》中文第二版。新版工作随即全面展开。1984年10月出版了前

编译出版《列宁全集》中文第二版的请示

本文为1993年纪念中央编译局成立40周年所作。

4卷，到1990年底，新版60卷书按预定计划由人民出版社全部出齐。

为了编好这一版，编译局编辑人员从1957年起就开始对苏联从20年代至60年代先后出版的《列宁全集》五个版本和40卷俄文版《列宁文集》，以及其他国家出版的同类全集，作了深入细致的分析研究，还考证了俄文第五版未收的和近20年来苏联新发表的大量列宁文献。在调查研究的基础上，我们确定了中文第二版的编辑方针、分卷原则、收载文献的范围和数量。中文第二版以55卷本的俄文第五版为蓝本，全书分60卷，比中文第一版多21卷，比俄文第五版多5卷，收载列宁文献9289篇，比中文第一版多5009篇，是目前世界上收载列宁文献最多的版本。

中文第二版新增加的文献大部分是列宁在十月革命以后写的，内容涉及社会主义时期党的建设、政权建设、经济建设、法制建设、科学文化、对外关系、国际共运等方面。这些新文献为深入地全面地研究列宁的思想理论观点，特别是列宁的社会主义建设理论的形成和发展增添了极为宝贵的资料。

新版的编辑处理，做到了既科学合理，又方便读者使用。全书分成著作、书信和笔记三大部分。目录和正文的每一个标题下面标明写作或发表日期，书脊上标明该卷类别和起讫年月。许多列宁文献的标题是俄文版编者加的，新版收入这些文献时对标题作了改动，使之与文献内容更加贴切。每卷正文之后增设了"附录"部分，收入同正文有关的一些提纲、草稿等。新版增加了53页我国20—40年代翻译出版的列宁著作早期珍本的书影插图,说明了列宁著作在中国的传播,间接反映了列宁思想对中国革命的影响。

新版各卷的编译工作从编定目录到最后付型,整个工作流程为大小工序60道。其中工作量最大也最重要的是重新校订已有的译文和翻译大量新文献。在前6年作准备的期间,我们组织局内外力量译出了不见于中文第一版的全部列宁新文献,编成17卷《列宁文稿》,由人民出版社陆续出版。校订人员力求译文意思准确、文字顺畅。他们在吃透原著的每字每句的意思,弄清其中的思想、论点和论述的逻辑关系乃至语气分寸,熟悉写作的背景和涉及的事实之后,根据最新的原文版本仔细校订。在初校、定稿、最后审定的整个过程中,字斟句酌,反复推敲,改正错译和漏译以及文理不顺、佶屈聱牙的译句。负责统一译名、译语的同志们将列宁著作中出现的各类术语和经常使用的词语词组制成20万张卡片,通过查阅大量资料并向有关专家求

《列宁文稿》

教，对列宁著作中两万多个专用名词和大量译语、2千多次引用过的各种典故和文学形象作了考订，然后提出统一译法的方案，编写出版了140多万字的《列宁著作资料汇编》和约50万字的《列宁著作典故》。此外，还由专人对全书的引文和技术规格作了统一。由于校订集体的共同努力，新版译文质量有了明显的全面的提高，可以在相当长时间内保持稳定，为学习研究列宁思想提供了精确可靠的译文。

新版各卷都有我们自己编写的前言，扼要介绍了该卷写作的历史背景、主要著作的内容、列宁一些重要理论观点和策略思想的发展变化，以及列宁对马克思主义的新贡献。每卷卷末所附的注释在充分利用俄文本的注释资料基础上，参阅其他有权威性的历史资料和文献加以订正或增删，从中国读者的需要出发，对列宁著作中提到的事件、学说、党派、机构、报刊、典故等作了较为详尽的介绍。卷末的人名索引起注释的作用。这个索引收录5千多人名条目，开列了列宁所提到的所有人物的原名、笔名、假名、代号及其生卒年月。除少数笔记卷外，各卷的人名索引都附有人物小传，介绍该人物的简历、政治倾向或学术流派。撰写人员舍弃了俄文资料中对一些人物的非历史主义的不公正评价，实事求是地记述他们当时所担任的职务和活动。各著作卷所附的年表记述了列宁在相应时期的主要实践活动和理论活动。各卷还增设列宁引用和提到的各种文献资料的索引。上述各类参考资料的字数比中文第一版增加5倍。

人民出版社从编排到出版，从封面装帧、版式字体、插图安排到纸张材料的选用等方面，都精益求精，并参照国际上已有各种同类版本的特点，作了整体设计，采取了一些革新的措施。在校对工作上采取了特别措施，一般书稿3次即可付印，而对新版全集则正文校对4次、核对3次，注释、索引等校对5次、核对2次，相当于正常工作量的两倍。中国印刷公司、北京新华印刷厂等单位高质量地完成了印制工作。新版在版式设计和封面装帧方面，从外观上体现了中国版的特色，具有民族风格的封面给人以清新明快、素雅大方的感觉。

新版《列宁全集》是在中央宣传部的关怀和新闻出版署的支持下，中央编译局、人民出版社、北京新华印刷厂等单位有关人员精心设计，精心施工，通力合作，历时15年集体完成的一项马克思主义理论基本建设工程。仅就编译工作来说，编译局先后参加的人员就近百人。此外还有全国12所高等院校和研究单位的近50位教师和研究人员参与其事。在15个春秋中，大家殚精竭虑，含辛茹苦，默默耕耘，顶住了在此期间出现的资产阶级自由化思潮的冲击，不为马克思列宁主义"过时论""无用论"的喧嚷而动摇，坚守阵地，把自己的全部智慧和心血倾注于这个伟大的事业中。

今天我们所有为新版《列宁全集》出过力的同志们感到欣慰的是：党中央决定编译出版《列宁全集》中文第二版的任务已经完成，李瑞环同志在庆祝《列宁全集》中文第二版60卷出版发行座谈会上指出："这是马列经典著作编译出版的一大成果，也是中国共产党人对传播马列主义的一大贡献。它的出版,对于我们更好地坚持和发展马克思主义,推动国内各项工作,实现第二步战略目标,具有非常重要的意义。"

列宁在马克思和恩格斯逝世以后坚持并发展了马克思主义,领导俄国人民建立了世界上第一个社会主义国家,开创了人类历史的新纪元,把国际共产主义运动和民族解放运动推进到一个新的历史阶段。尽管现在国际共产主义运动和社会主义事业发生困难和曲折,列宁关于帝国主义的理论、关于无产阶级革命和无产阶级专政的理论、关于殖民地半殖民地民族解放运动的理论、关于无产阶级政党的理论、关于社会主义建设的理论等等,过去被实践反复证明是正确的,至今仍然是指导无产阶级革命和社会主义建设的行动指南。因此,近几年来国际敌对势力把攻击共产党和社会主义的矛头指向列宁主义。他们号召社会主义国家中的"和平演变的潜在力量""要与列宁主义的遗产决裂""彻底而且公开地否定列宁主义"。他们认为,这样就可以"瓦解世界共产主义共同的马克思列宁主义理论,加速共产主义的政治崩溃和理论失败"。一批被资产阶级政客称为"自由战士"的反共反社会主义分子遥相呼应,恶毒诽谤列宁,向他们痛恨的"现在社会主义制度的最后堡垒"——列宁主义进行猖狂的攻击,全盘否定列宁开创的社会主义事业,诅咒列宁的党没有前途。马克思主义运动内部的各色同路人曲解列宁主义,使之接近社会民主主义。在马克思主义面临新的挑战的今天,新版《列宁全集》的问世，表明中国共产党人坚持马克思主义，依然高举马列主义的旗帜，坚定地沿着列宁开辟的社会主义道路继续前进。一百多年的历史说明，马克思主义是在不断战胜各种敌对思潮的攻击和反动势力的"围剿"、克服马克思主义运动内部的各种错误倾向中向前发展的。我们学习列宁的著作，会从列宁当年同各种反动势力和机会主义思潮的斗争中找到思想武器和理论武器，获得信心和力量，把握历史发展的趋势，自觉地挫败国际敌对势力的和平演变图谋，批判新的机会主义思潮。

列宁第一个把科学社会主义理论变为现实，在一个农民占人口绝大多数的经济文化比较落后的俄国探寻建设社会主义的具体道路和特殊规律。新版《列宁全集》充分体现了列宁进行这种伟大探索的实践活动和理论活动。列宁解决了大量前人没有提出过的问题，提出了社会主义建设各个方面的许多光辉思想，制定出适合俄国国情的社会主义建设的方针政策。列宁阐述了无产阶级夺取政权以后要把工作中心转向经济建设、高度重视发展生产力的思想，正确处理了国际斗争和国内建设的关系，政治和经济的关系，多种经济成分之间的关系，经济计划和市场的关系，中央集中领导和发挥地方积极性之间的关系，个人利益、集体利益与社会利益之间的关系，等等。列宁的理论联系实际、一切从实际出发的求实精神，列宁的勤于思考、勇于探索和创新的科学态度，列宁总结实践经验提出的理论思想和一系列见解，对发展我国的社会主义事业有重要的理论意义和启迪意义。

何宏江,马列主义经典著作翻译家。译审。曾任中央编译局列斯室副主任、马列部副主任。2006年荣获资深翻译家荣誉称号。享受国务院政府特殊津贴。参与《列宁全集》中文第二版、《列宁选集》中文第三版和《斯大林选集》(二卷本)的编译工作。

译事甘苦总难忘

——回忆《列宁全集》中文第二版编译工作

何宏江

从门外汉到略窥堂奥

我于1978年夏天来到编译局后被分在张慕良负责的校订组，这时《全集》第二版还没有正式上马。张慕良这个组正在校订列宁的名著《共产主义运动中的"左派"幼稚病》，既是提供给中央党校作为教材用的，又是摸索《全集》第二版译文校订的标准。参加这个组工作的不仅有列斯室刘丕烈等几位同志，先后还有黑龙江大学和河南大学俄语系的几位老师。张慕良是编译局创局时期的老同志，他熟悉经典著作，翻译经验丰富，在学术上一贯严谨认真，一丝不苟。在讨论译文改动时他往往追根溯源，言必有据。我在这个组待了不到半年，受益匪浅。张慕良可以说是我进入列宁著作译校工作的引领人。

之后室里决定让我独立带领几位同志负责即将正式上马的《全集》第二版第41卷译文的定稿工作。我接手这项

本文口述于2023年，整理者詹珩。

工作后,深知自己初来乍到,还是个门外汉,只有虚心学习、兢兢业业、埋头苦干,才不致辜负组织上的信任。因此我要求自己尽快熟悉并掌握与译文校订相关的每一道工序。从剪贴稿件、抄写卡片开始做起,统一人名地名、统一中文用字、统一技术规格、撰写注释、编译文献索引、修改人物小传和列宁年表的文字以至试写整卷的前言,一道一道工序去学,一点一滴去做。决不嫌事小而不为,决不因枯燥而缩手。这样校订一卷下来,我对整个的工作流程就心中有数,不仅学会了每一道工序的做法,而且也明白了每一道工序的关键和甘苦。有些工序,如统一译名,既要抄写许多卡片,又要在译文中一一核对,做起来往往会觉得枯燥乏味,对业务能力的提高好像帮助也不大,因此有些年轻同志不太愿意干。我想自己不妨尝试一下。正好第41卷里有一个俄文词парламентализм的译法前后很不统一。我便和组里的年轻同志伊阳明一起对《全集》中文第一版中的这个译名作了调查摸底。当时没有电脑可用,全靠用笨办法,把《全集》中文第一版30多卷翻了个底朝天,一卷一卷去查,一张一张卡片去抄。最后卡片做了800多张,发现原来译法五花八门,竟多达15种。我们经过归纳整理,认为这个译名的译法可以归并为三种。我们把这个结论写成材料,交室里发了《译名通报》,《全集》第二版中这个译名基本上就按这个思路处理了。通过这件事,我体会到有些工作虽然看起来枯燥乏味,但只要投入去做,便一定会有所收获,饶有乐趣。

我过去在学习俄语时觉得俄语中动词的时态复杂多变，不易掌握，因此后来在学习和教学工作中始终把动词的用法作为重点。但通过第41卷的译文校订，我发现列宁著作中动词的变化并不大，需要统一的译名基本上都是名词和名词词组，如何确定名词的词义和译法学问很大，别有天地，原译文中出现问题的地方不少都与此有关，这一卷译文修订结束后，我根据发现的问题写了一篇有关词义辨析的心得体会，从七八个方面来判定一个名词的词义和译法。举个例子来说，俄文中 демократия 这个词出现得很多，中文的对译是"民主"，原来的译文也是这样译的，并没有错。但原译文有些地方读起来总令人感到费解和别扭。校订时我注意到列宁在这里用的是复数。根据俄语词典的解释，抽象名词 демократия 在用作复数时，词义已变得具体化了，应译成"民主国家"。这样改译后译文就显得顺畅明白了。我的这份心得体会后来室里打印成内部资料，供大家校订时参考借鉴。

《全集》第二版第41卷定稿工作结束后，室里组织林基洲、岑鼎山、樊以楠、姜其煌等五六位老同志对我们的定稿作了检查，认为符合要求，可以付排。

在《全集》第二版全面铺开后，凡译文中有重大改动而校订组又解决不了的，便提交给室里和局里组织讨论和解决。给我留下深刻印象的是对列宁《党的组织和党的文学》一文中 литература 一词译法的修改和对一处列宁关于爱国主义论述错译的纠正。由于这两处改动涉及面广、社会影响大，都是由王惠德、宋书声等局领导主持，组织全局力量，广泛收集材料，反复调查论证，多次深入讨论，最后才达成共识，作出修改。之后还在《红旗》杂志、《光明日报》等中央报刊上发表专文，对改译作了说明。这两次讨论我都有幸参与了。关于这两次讨论的详细情况，由于已经有同志回忆口述，我在这里不再赘述。

我要谈的是对另一个译名的讨论。80年代初列斯室决定出版两卷本的《斯大林选集》。我被指定负责这部选集下卷的后半部分译文校订。这部分中收入了斯大林晚年撰写的《马克思主义和语言学问题》。1950年苏联《真理报》发表了这篇文章后，就由李立三等同志译出。我记得50年代我在上外读研究生时就在苏联专家指导下学习过这篇文章的俄文，也读过它的译文。当时的印象是译文紧扣原文、精确通畅，不愧出自名家手笔。但这次我接手这篇文章的校订后才得知，文中народность一词的译法在上世纪60年代曾在我国学术界引起过很大争议，《人民日报》甚至多次组织各方讨论，发表了很多文章。народность原来译作"部族"，这次讨论后被否定了，但是又没有找到更好的替代方案。这个问题就一直悬而未决。80年代我们修订这篇译文时这个问题无法绕开。我自知才疏学浅，只好把问题提交局里定夺。当时的局长王惠德同志对此十分重视，亲自主持讨论，参加的不仅有编译局的不少老同志，还有社科院民族研究所所长牙含章等四五位专家。非常遗憾的是，由于种种原因，这次讨论仍然没有达成共识。我在讨论结束后写了一篇综述，把问题的来龙去脉、正反双方的论据、多种文字对这一译名的处理方案作了比较详细系统的介绍。宋书声同志看了我的这篇综述后对我鼓励有加，推荐给民族研究所主办的《民族研究》杂志全文发表，局里的内部刊物《马列著作编译资料》也略加删节转载了。本世纪初《民族研究》杂志现在的编辑曾给我来过电话，了解这篇文章写作前后的经过。二十多年过去了，旧事重提，我不禁感慨莫名，当年的许多当事人已经离我们而去，问题却还是悬而未决。

　　我所以要提到上面的几场译文修改的讨论，是因为我通过这几次讨论获益良多，认识到自己在理论修养上的欠缺，需要尽快提高，体会到经典著作翻译的严肃性，一字一句，都要反复斟酌、郑重落笔，特别是对编译局的传统作风有了进一步的了解。编译局学术上的民主作风，求真务实、不尚空谈的工作态度，群策群力、集思广益的团队精神都使我感触颇深，我为自己有幸加入这样一个集体感到庆幸，也愿意尽快融入这个集体中去，为共同的事业努力奋斗。

　　我还要提到一件对我提高经典著作翻译能力很有帮助的事。我和黄有自来局后不久，经林基洲推荐，我们接受了中国青年出版社译校伽·谢列布里雅柯娃长篇传记小说《盗火》的任务。第一部《马克思的青年时代》早在1959年就由刘辽逸、青水等四位前辈翻译，中国青年出版社出版。这本书出版后受到广大读者的欢迎。《盗火》记叙了马克思中年时期的战斗和生活经历，再现了这一时期的重大历史事件和马克思许多重要著作产生的历史背景。《盗火》分上下两卷，上卷在"文革"前已由青水先生译出，但经过十年动乱，译稿已缺失第一章。出版社让我们补译这一章并校订上卷余下的八章，还要译出下卷。我们在老林的鼓励和指点下，利用下班后的业余时间完成了这本六七十万字小说的译校。通过这一实践，我们弥补了翻译经验的不足，初步熟悉了马克思和恩格斯的生平，学会了查找经典著作引文、使用相关资料、制作译名卡片的方法，对于我们后来的工作确实好处不少。顺便提一下，上世纪90年代初我们得知，出版界对1978年至1990年间我国出版的外国文艺译作作了评选，俄文译著有四部获奖，我们译校的《盗火》获得二等奖，是中国青年出版社获奖的唯一作品。能忝随草婴、查良铮这两位前辈获得这一殊荣，对我们来说既是肯定，更是鞭策。

我已记不清是1980年底还是1981年初，列斯室副主任樊以楠同志因患眼疾，无法坚持工作，准备离休。局里决定让我接手她留下的这一摊工作。这一决定令我深感意外。樊以楠同志是创局元老、译界前辈，担任马恩室、列斯室领导多年，而我来局不久，室里比我水平高、资历深、经验丰富的人有很多，这时《全集》第二版已正式上马，工作千头万绪，我很担心自己无法胜任。但是在老林和岑鼎山的鼓励下，我还是硬着头皮应承下来。樊以楠同志在临别时对我多有奖勉，还把她的一本旧的工作笔记本送给了我，她说：这个本子我用了好些年，留给你或许将来对你会有用。这个笔记本我一直保存至今，这是前辈对我的嘱托和激励，是值得我永远纪念的。从这个时候起，我便在林基洲、岑鼎山的领导下，投入《全集》第二版译校出版的组织管理工作。与此同时，我仍然承担着《全集》相关卷次的校订和审定。前后和老林、老岑合作了十多年，他们的榜样和帮助令我终生难忘。这是我一生中最为紧张繁忙、最值得怀念的岁月。

下面我把我所了解的《全集》第二版的具体情况回忆一下。

一项宏大的工程

编译局成立后不久，就编译出版了《列宁全集》中文第一版，及时满足了正在开始进行社会主义建设的我国人民的迫切需要，对于我们学习和研究列宁的思想遗产起了十分有益的作用。但是随着时间的推移，第一版的缺点也逐渐暴露出来，由于这一版是完全按照苏联20世纪40、50年代编辑出版的俄文第四版翻译的，因此俄文第四版本身存在的严重缺陷也不可避免地反映在中文第一版中。比如：这一版名为《列宁全集》，其实收载的列宁著作并不齐全，特别是有相当数量的十月革命后的列宁文献没有收入，而且对列宁文献的编辑处理带有明显的时代烙印，书中所附的前言、注释和年表等参考资料，有的内容过于简略，有的提法不够科学准确。此外，由于当时译校工作带有突击性，在很短时间里许多卷同时上马，加上译校人员的经验和水平限制，中文第一版译文的质量存在不少问题，难以保持相对稳定，对其中有些误译和漏译，后来陆续出版的列宁著作的单行本、汇编本和选集曾作过一些修改和补正。但读者在阅读和引用列宁著作时却往往因此无所适从，不知该依据哪一个版本。

从1975年开始，编译局就开始筹划重新编译《列宁全集》。从那时起，大约用了6年的时间先后做了以下几方面的工作：

一是对苏联从上个世纪20至60年代先后出版的5个俄文版本的《列宁全集》和40卷《列宁文集》以及其他国家出版的同类全集，作了深入细致的分析研究。我们一篇一篇文献、逐字逐句地核对，甚至连一个标点符号也不放过。在此基础上，确定了中文第二版的编辑方针、分卷原则、取材依据和文献数量。

二是收集和翻译中文第一版未曾收入的列宁文献。苏联在60年代初出版的《列宁全集》俄文第五版和此后出版的4卷《列宁文集》，提供了大量新发表的列宁文献。我们把这些新文献收集起来，加上从早期出版的36卷《列宁文集》中选出的一部分还没有翻译成中文的列宁文献，组织全国17所高等院校的教师参加翻译，经我们校订后把这些文献编成17卷《列宁文稿》，由人民出版社陆续出版。这套文稿的出版，为我们编译中文第二版奠定了良好的基础。

三是选择列宁的一部分名著,组织一些高等院校和有关社会科学研究单位的同志和我们共同对译文进行校订,并把这些重新校订过的译文提供给中央党校作为教材试用,通过这一工作,摸索和探讨了中文第二版译文的译校标准和要求。

四是着手对译名进行统一,针对中文第一版中译名统一上存在的问题,我们做了以下一些工作:先将列宁著作中出现的各类术语和经常使用的词语词组制成 20 多万张译名卡片,然后对列宁著作中两万多个专有名词和大量译名、2000 多次引用过的各种历史典故和文学典故作了考证,提出了统一译法的方案,编写出版了 140 多万字的《列宁著作资料汇编》和约 50 万字的《列宁著作典故》。在对一些影响重大的译名的译法进行修改时,我们反复征求了有关方面专家、学者的意见,组织各种讨论,最后才确定下来。我们还先后编发了近 100 期的《译名通报》,统一一些经常出现的重要译名的译法。

五是试编各种参考资料。中文第一版的参考资料,包括前言、注释、年表完全是按照俄文第四版翻译的。而中文第二版的参考资料是我们自己编译的。为了探索编写这些参考资料的经验,我们试写了一部分通用注释和人物小传。前后写了四五种试写稿,经过反复讨论,确定了各种参考资料的编写原则。

六是制定中文第二版各道工序的工作条例,中文第二版卷帙浩繁,编译时间跨度大,前后一共 15 年,参加译校工作的人员局内外加起来有近150人。要使这样一个规模宏大的综合工程有条不紊地进行，必须有可以遵循的规章。我们把整个编译工作流程分解为大小60道工序，对其中各个主要工序分别提出了详细的要求和标准。为了让大家对这些工序一目了然，我当时和岑鼎山商量后，总结出了一张流程图，现在还存在编译局档案室。我们还先后制定了各种工作条例和工作细则18个，总字数近10万字。

七是组织译校队伍。考虑到新版《全集》译校工作量很大，当时能投入这项工作的人手不够，我们从局内外选调了一部分人员，特别是近20名青年同志参加这项工作。我们采取以老带新、脱产和在职并举的方式组织他们学习理论、进修外语、提高翻译水平和各项编辑资料工作的能力，使他们较快地适应了新版《全集》译校工作的需要。另外，我们还和12所高等院校和科研单位挂钩，请他们承担一部分译校工作。

经过几年的准备，到80年代初，编译出版新版《全集》的计划已经成熟。《全集》第二版是不是正式上马的问题也提上日程，成了局内瞩目的焦点。作为一个组织者和领导者，老林在这个过程中表现出难得的气魄和决心。他认为，根据我们的主客观条件，《全集》第二版应该立即上马，而且要力争在1990年以前将全书出齐。这样的计划是否可行，很多同志当时感到心中没底，因此产生了不同的看法和种种疑虑。一时间众说纷纭，似乎都有道理。但老林却力排众议,坚持贯彻这一想法。于是,1982年开始发排头4卷,1984年10月见书,以后每年出7—11卷,终于在1990年底将全书出齐。现在回想起来,不能不承认局领导,特别是老林当时下的决心是正确的,采取的措施也是有力的。设想一下,如果推迟3—5年,那么这部60卷的巨著也许至今还没有完成呢。

我记得1984年《全集》第二版头4卷出版后,在人民大会堂召开了出版座谈会,参加座谈会的中央领导同志有杨尚昆、胡乔木、王任重、邓力群,他们都讲了话,新华社专门发了通稿,《人民日报》也作了报道。等到1990年

庆祝《列宁全集》中文第二版出版发行座谈会

60卷全部出齐后，中宣部在1991年12月召开表彰大会，当时的中宣部长王忍之向100多名同志颁发了荣誉证书，其中编译局的同志就有80多人。这种规格的出版座谈会和表彰会，三大全集中只有《列宁全集》中文第二版有过，充分说明这项工程不仅规模大，意义也很重大。

这项工程还有很多"副产品"，比如《列宁短篇哲学著作》《列宁著作资料汇编》《列宁著作典故》《列宁全集索引》等等。其中《列宁短篇哲学著作》是由顾锦屏、郭值京编辑审定的，这是一个独创的版本。《列宁全集索引》包括《总目录》《主题索引》《中俄文版页码对照》三卷，其中《主题索引》是列斯室30多人历时4年才完成，在当时还无法依靠电脑检索的情况下，这些书全靠人工一个页码一个页码编成，到现在还有着不可替代的使用价值。

苏共中央马列主义研究院和中央编译局在业务上是对口单位，早在上世纪50年代双方就开展了良好的合作，该院曾先后派出多名专家来编译局帮助工作。但在60年代中苏关系破裂后，我们两个单位的合作也从此中断。1989年5月戈尔巴乔夫来华访问，中苏关系趋向缓和，但编译局和苏共中央马列主义研究院的关系仍未恢复。1989年《全集》第二版的译校出版工作进入扫尾阶段，这年冬天我去莫斯科大学短期进修。我利用这一难得的好机会去拜访了50年代曾在我局工作过的专家，转达了局里老同志对她的问候和关心。之后又联系了苏共中央马列主义研究院列宁室的负责人。1990年1月我在李永全同志的陪同下前往苏共中央马列主义研究院。该院列宁室由主任杰谢捷里克主持召开全室会议,我在会上用俄语向他们介绍了中文《全集》第二版的编译出版情况和这一版本的特色,回答了他们的提问,向他们赠送了《全集》第二版第1卷。杰谢捷里克拿到赠书后赞不绝口,夸赞我们的书籍印刷精美。会后苏共中央马列主义研究院的内部刊物全文刊登了我的俄文发言稿。这本刊物我在退休时已上交编译局档案室留存。这是我向苏方推介我们编译局最新成果的一次努力,取得了较好的效果。

新版《列宁全集》的特点

我们花费那么多时间和精力完成《列宁全集》中文第二版,就是为了弥补以前版本的不足。与《列宁全集》中文第一版和俄文第五版相比,《全集》第二版在很多方面有改进和突破,也可以算它的特点。

首先,收载文献十分丰富,比较充分地反映了列宁的思想遗产的全貌,《全集》第二版是供学习和研究者使用的,因此凡对研究列宁的理论和实践活动有价值的文献都一律收入。《全集》第二版以55卷本的俄文第五版为蓝本,全书分60卷,比中文第一版多21卷,比俄文第五版多5卷,收载的列宁文献达9289件,可以说囊括了迄今为止已发现的列宁的全部重要著作,比中文第一版多收列宁文献5009件,文献总量也大大超过了俄文第五版,是目前世界上独一无二的、收载列宁文献最为丰富的版本。除了列宁的文献，书中还附有各类参考资料，60卷书的总字数达2998万字，比中文第一版的总字数增加一倍多，新增加的文献中有完整的文章、讲话，也有决议草案、指示、书信、提纲和笔记。大部分新增收的文献是列宁在十月革命以后写的，内容涉及社会主义时期党的建设、政权建设、经济建设、法制建设、科学文化、对外关系、国际共运等方面。这些文献为深入地全面地研究列宁的思想理论观点和社会主义实践活动增添了极为宝贵的第一手材料。

第二个特点是编排比较合理，尽可能做到符合中国读者的习惯和需要，方便读者的使用，全书分成著作、书信和笔记三大部分。除笔记卷外，每部分的文献基本上都按写作日期或发表日期顺序排列，并在各卷目录和正文的第一个标题下面标出这一日期，每一卷的书脊上也标明该卷的类别和起讫年月，这样处理，便于读者检索。

《全集》第二版的正文之后还增设了"附录"部分。著作卷的附录收入了同正文有关的一些提纲、草稿等。这些材料虽然不是列宁的正式著作，但可以帮助我们了解列宁的思想和观点发展变化的脉络，很有理论意义和研究价值。书信卷的附录收入一些由列宁签署或与其他人共同签署，但不能确定是列宁草拟、口授或审定的函电。

俄文第五版中的列宁文献的许多标题都是由编者加的，其中有的标题不符合中国读者习惯；有的不够醒目，没有体现文献的实质内容；有的受当时历史条件的制约，带有明显的时代烙印,如有的书信的标题故意避开了受件人的姓名。全集第二版对收入的这类文献标题作了一些改动,使之与文献内容更加贴切。

《全集》第二版还收载了53幅我国早期翻译出版的列宁著作的书影插图。这些早期珍本,是我们从北京、上海、广州等地的图书馆、博物馆、旧书店中查找到的。这些图片生动地说明了列宁著作在中国的传播,反映了列宁思想对中国革命的影响。

《全集》第二版在版式和封面装帧方面,颇具中国特色。人民出版社从编排设计到印装出版,在封面装帧、版式字体、插图安排、校对工作到纸张选用等方面,都精益求精,采取了许多特殊措施,保证了这一版的印刷质量。

第三个特点是译文质量明显提高,这是《全集》第二版质量好坏的主要标志之一。为了提高译文的质量,我们首先注意了据以译校的原文版本。我们决定,凡是收入《全集》第二版的文献的译文,都根据上个世纪80年代初出版的《列宁全集》俄文第五版的最新印刷本逐字逐句地重新校订,补正其中的漏译和误译。有些著作列宁是用德文或英文写的,我们就依据相应的文本译校。

我们要求参加译校的同志吃透原文的含义,弄懂原著的概念范畴和理论观点,把握各段各句的逻辑关系乃至语气分寸,弄清原著涉及的史实和背景,在此基础上,按照"意思正确,译文通顺"的要求,改正原译文在意思理解等方面的错误,弥补文字表达上的缺陷。努力做到每一处改

参加《列宁全集》中文第二版编译工作的部分同志（左二为何宏江）

动，尤其是涉及政治理论方面的改动，都有根有据，经得起各方面的推敲。原译在逻辑关系、语气分寸等方面把握不当，表达欠妥的，我们也尽量予以改进，使之比较切近原著，有些译名佶屈聱牙、生涩难懂，我们也尽量加以修改。

中文第一版对某些词语的译法不准确或不统一，在一定程度上妨碍了读者正确理解列宁的思想，《全集》第二版结合译名的统一工作，在这方面做了较大的改进。

《全集》第二版不仅注意了对一词一句的译法的推敲，而且注意了列宁对某一个问题、某一个论点在不同时期不同文章中的表达统一和不同，务求能前后呼应，表现出他的思想观点发展的脉络，避免前后提法由于翻译不当引起矛盾和不一致。中文第一版由于许多卷同时上马，即使是同一卷中的文章也是由很多译者分头译的，当时在这方面很难照顾。《全集》第二版的译文，由于有了中文第一版和《列宁文稿》作为基础，在这方面有了较大的改进。总之，《全集》第二版的译文质量的提高是明显的，可以在相当长的时间内保持稳定，为学习和研究列宁思想提供了精确可靠的译文。当然，译事无止境，《全集》第二版的译文也还存在一些有待改进的问题。

第四个特点是参考资料完备翔实，是帮助读者理解和把握列宁著作的必不可少的工具。全集第二版各卷附有我们自己编写的前言、注释、人名索引、文献索引，著作卷附有介绍列宁在相应时期中活动的年表，个别卷还附有主题索引，《全集》第二版全部参考资料所占的篇幅比中文第一版增加了5倍。我们在编写这些资料时，广泛利用了近30年来国内外列宁研究的成果，本着实事求是的精神，力求材料精当、立论准确，能够保持稳定，有助于中国读者对列宁著作的理解和研究。

总而言之，《全集》第二版在编辑规模、编辑体例、编辑质量方面都大有精进，得到了党中央高度评价。江泽民同志在庆祝中国共产党成立七十周年大会上的讲话中指出，《列宁全集》中文第二版的出版发行"是我国政治生活和党的建设中的大事"。李瑞环同志在《列宁全集》中文第二版60卷出版座谈会上强调说，新版《列宁全集》的出版，对于我们更好地坚持和发展马克思主义，推动国内各项工作，实现第二步战略目标，具有非常重要的意义。

郭值京，马列主义经典著作翻译家。原中央编译局编审。2002年荣获资深翻译家荣誉称号。参与《列宁全集》中文第二版、《列宁选集》中文第三版、《列宁专题文集》等编译工作，编有《列宁短篇哲学著作》。

小巷深处耕伟业

——《列宁全集》中文第二版及其他经典著作编译工作追忆

郭值京

我一生多半的工作时间是在中央编译局度过的,在编译局30多年经历的富有战斗性的往事,永远贮存在我心中。在马列著作编译这条战线上,我有幸参加了《列宁全集》中文第二版、《列宁选集》中文第三版、《列宁画传》和《列宁专题文集》的战斗。现在回忆过往,感慨万千。

"我们用笔做刀枪":《列宁全集》中文第二版

编译局是从上个世纪70年代开始筹划编译《列宁全集》中文第二版的工作。因为是一项巨大工程,准备工作必须充分。思想上的统一、认识上的一致,是很重要的一环。我记得当时在列宁斯大林室的全室会议上,对出版全集中文第二版的问题讨论时,并不是每个人的认识和想法都一样。在组织工作方面,包括调兵遣将、战斗组织的划分和每个人分工的明确,以及规章制度的制定……经过几年的准

本文口述于2023年,整理者詹珩。

备，正式吹响进军号，工程全面启动是在1975年，这项工程的总领导、总指挥是副局长林基洲，具体业务领导和安排都是室主任岑鼎山。当时林基洲的思想非常明确，必须要在大多数老同志离退休之前把工程"抢"出来、拿下来，否则这项工程就很难完成。可是所谓的"抢"，并不是3天、5天，不是几个月，也不是几年，而是十几、二十年，这对老同志来说，就是后半生的定音之作，年轻同志经历过这场战斗，也都步入中年。

1975年，我44岁，正是中年，精力还算充沛。对于这项工程，一开始我认识很平淡，只是把它作为列斯室的一项正常工作看待，认为列斯室不干《列宁全集》，还干什么？这是顺理成章的。对当时国内国际形势以及国际共运的形势知之不多，当然也就和工作联系不起来。随着时间的推移，报纸上、刊物上、舆论上有些反常，国际上反马克思列宁主义的思潮日益浮出水面，并很快扩散开来，引起人们思想的混乱和动摇，这正中西方帝国主义的下怀。他们支持、培植社会主义国家的"持不同政见者"，宣扬西方的价值观、政治模式、经济模式。到80年代，东欧局势日益紧张，发生剧变和动荡。这时，我开始认真关注报刊上的这些舆论，做起了剪报工作。后来，苏联的形势也一天比一天紧张起来，全盘否定斯大林，进而矛头指向列宁和列宁主义。对批判列宁的材料我很重视，因为我们正在编《列宁全集》中文第二版。但是，我绝对没有想到苏联会有最后覆灭的结局。这太令人吃惊，太不可思议。在如此大的"地震"面前，我国不可能不受到影响。很明显，马列主义在当时不时兴了，研究马列的人越来越少，马列的书卖不动，这就更直接影响到编译局。形势的发展太突然，几乎让人没有思考和抉择的余地。马列主义这块阵地到底要不要占领？马列主义这面旗帜到底要不要竖起来？《列宁全集》中文第二版的工作要不要搞下去？我想在马列著作编译战线工作了几十年的战士的回答和抉择都应该是肯定的：在中国，马列主义这面红旗不能倒。由此很自然地悟到出版《列宁全集》中文第二版的重大意义。这是意识形态领域之战，是争夺马列阵地之战。既然是如此重要的战斗，那必须争取胜利，绝不能失败。工作要做好，书要出好。当时我也是这样想的。这无形中形成了一种强大的推动力，增强了工作的责任感和使命感。全集第二版的工作，就是在这种"风起云涌""硝烟弥漫"的形势下往前推进的。领导丝毫没有松劲，思想是坚定的，即使后来苏联《列宁全集》第五版不再出下去，我们中国的《列宁全集》第二版必须进行到底。做具体工作的同志，也没有人埋怨、后悔、退缩，反而更加紧张地一卷接一卷、各个分工环节一环套一环让书按计划出手。全室上下，真是一种争分夺秒、夜以继日"抢场"的景象。应该说，那些年月列斯室的工作很紧张，人很累。但这种付出是值得的，令人自豪。

在这项工作中，每个处的工作任务各不相同。我是负责编写处的工作，这个处的主要任务是编写注释。对这项工作我不反感，相反觉得很中我意，但开始时从个人兴趣和能够积累资料的角度考虑多一些，而对注释的真正作用、要求，以及如何写出高水平的注释，想得并不多。我记得有一次林基洲召集参加写注释的同志开会，他说："希望大家不要小看注释工作，注释是正文的延续，是读者阅读正文的拐棍，要求一个注释编写工作者，应有外文、中文、编辑、研究等多方面的综合水平和能力，才能写出高质量的注释。"这段话既是一种要求的尺度，也是一种鞭策。参加编写注释工作的有五六个同志，平均每人要负责十几卷书，任务还是蛮重的。老组长张瑞亭负责60卷注释的总审稿，担子就更重。当我走进注释工作的天地，就像进入知识浩瀚的大海洋中，深不见底。因为列宁著作涉及的面太宽、太广、太深，涉及历史、地理、哲学、经济、文学、政治、自然科学，包括当时的尖端科学……这就是我们写注释的范围。只有亲身参加到这个工作中来，才会真正感到自己知识的贫乏。怎么办？没有别的出路，只有一边干，一边积累知识，求教于书，求教于人，尽量不能出错。编写注释，程序很多，但我认为最关键的是两个环节：一是认真读懂正文，把注释的位置摆好，这是前提；二是找准资料，这是基础。注的种类非常多。纯资料性的注比较好办，这种注要求资料准确无误，时间、地点、事件不要搞错。对政治性、理论性较强的注，例如题注，包含了政治理论观点，就要非常慎重，要拿出来讨论。还有学术性的注，如《唯物主义和经验批判主义》中有一些关于物理、化学方面的注，我们不懂，就必须向有关部门和专家、学者咨询、请教。属于典故方面的注也不少，俄罗斯寓言、《圣经》……这方面的书也是必备的。为此，我弄到了一本《圣经》，放在手头。

十几年的编写注释工作使我受益匪浅：第一，使我极大地扩展了知识面，进一步温习了苏联的革命史；第二，了解了列宁的一些重要著作的历史背景和时代意义；第三，学会了一整套收集、整理、编写资料的方法；第四，帮助我认识到要珍惜各种资料，要重视一些特殊重要的资料，进一步深入研究下去，把问题搞清楚，拓宽做资料工作的眼界，资料工作可以变成研究工作。在这十几年的编写注释工作中，我曾经围绕一些重要资料做过某些研究，译、写了一些东西，在局内外的刊物上发表。比如，我读到报刊上批判列宁哲学思想、直接批判《唯物主义和经验批判主义》的文章，有的文章竟然说列宁《唯批》中的基本原理都是错的。这到底是怎么回事？凭直觉，我对这些意见不但不能接受，甚至很反感。怎么办？我决心真正认真地阅读《唯批》，深入研究这本书的历史背景及其理论在当时斗争中的重大意义，试着说出自己的理解和观点，以积极的态度参加社会上的大讨论。我先后写了两篇关于列宁《唯批》的文章，第一篇的题目是《列宁的反映论是直观反映论吗？》，将近一万字，中国艺术研究院马列文论所的《文艺理论与批评》杂志接受了我的文章，很快刊登在他们1989年第2期杂志上。林基洲看到这篇文章后，说了许多肯定和鼓励的话,赞扬了这篇文章。他要我再为《读书》杂志写一篇,主编到家中来约稿,我欣然同意。第二篇的题目是《光辉的战斗檄文——学习〈唯物主义和经验批判主义〉》,写这篇文章也是为了纪念《唯批》发表80周年,文章发表在《读书》杂志1989年第9期上。通过写这两篇文章,我得到了提高,思想也清楚了一些,对列宁的哲学著作越来越感兴趣,同时,也反过来帮助我做好关于列宁哲学著作的其他各项工作。这时,我已经比较明确地意识到,从哲学社会科学的角度来说,这就是一场十分尖锐而严峻的斗争。

还有另外一种情况,例如《列宁全集》第12卷第226页上,列宁有一个脚注中涉及中国的王安石,并对王安石有一个结论性的评价。后来中国有的书以列宁的评价作为标准加以引用。我为此找了一些历史书和辞典来研究了一下,写了一篇文章,提出我的看法,认为对王安石还应按照中国自己的评价来评价,这条注一直给我留下十分深刻的印象。经过这十几年,我对做资料工作产生了浓厚的兴趣,有时回味无穷,觉得资料工作的天地是可以大有作为的,就看你怎么去做。

虽然我们的工作意义重大,也能让人成长,但确实也很紧张、艰辛,就像在进行一次又一次战斗。既然是战斗,就会有牺牲。由于长年工作的紧张、劳累,列斯室陆续去世同志的比例就大一点。有的同志没有等书出齐就走了,有的同志退下岗位,不久就去世了。例如负责《列宁全集》60卷注释总审稿的老同志张瑞亭,连年被评为先进工作者和优秀党员。在职期间,他担子很重,全集60卷注释就三四百万字。他每天回家总是提一大包稿子,干到深夜,十几年如一日。他要求自己很严格,太劳累了,离休后不到一年,就身患癌症。当他得知自己患不治之症之后,要家属将来丧事从简。1993年5月去世后,没有开追悼会,没有举行告别仪式,最后为他送行的少数几个同志,所看到的竟是素面无妆的病容,让人心里太难过了。再说说《列宁全集》中文第二版总指挥林基洲,他送别张瑞亭以后,自己绝对没有想到两个月以后,大家要送别他。就在同一年7月,他倒在办公大楼里,再也没有醒过来。当时他不到65岁,重任在肩,还有许多工作等着他去做。列斯室主任岑鼎山在这项工作中,付出的心血很多,很劳累。离休以后,多种疾病缠身,始终无法治愈,很快就离开了人世。在我们这条战线上动人的故事还有很多很多。有人以为编译局是平静的书斋式的机关,其实不是。编译局是意识形态领域的战场,我们用笔做刀枪。

战斗在继续:《列宁选集》中文第三版、《列宁画传》和《列宁短篇哲学著作》

《列宁全集》中文第二版完成以后,我们紧接着投入了《列宁选集》中文第三版和《列宁画传》的编撰工作。这后两套书是全集的缩本,是帮助一般读者更容易阅读、了解列宁和列宁主义，也是一种更加深入、细致的宣传，这是全集工作的延续。编选集和画传是部分同志参加。选集最主要是选材问题，根据当时的形势和中国读者的需要来选材，都是一起讨论。我记得变化比较大的是第3、4卷，加进了不少关于新经济政策方面的文章。我当时是负责第2卷。

《列宁画传》是1990年4月问世，所以编这本画传也是为了纪念列宁诞辰120周年。应该说这本画传是以比较快的速度完成的。我们参加的同志每人分头负责1—2章的编撰工作。画传图文并茂，资料翔实。当读者翻开画传，展现在眼前的是一幅幅生动、立体的画面，让人很直观地了解列宁伟大的革命的一生，从各个章节中可以具体了解各个历史时期列宁所作出的重大决策和进行的斗争。最后一章是《列宁和中国》，内容十分丰富，包括列宁的著作在中国的传播、列宁和中国革命者的关系……在1990年那个极不寻常、"寒流滚滚"的时期，中国出版这本画传，更具有特殊深刻的意义。

当这些工作都完成后，我写报告主动向局领导申请，独立编撰《列宁短篇哲学著作》，说明我的想法。很快得到《列宁全集》中文第二版总指挥、副局长林基洲的批准，并表示，完成后，由人民出版社出版。在这之前，我们也作了一点社会调查，征求某些重点院校哲学教授和社科院专家的意见，都得到正式书面的积极反应和支持。他们认为：编这样一本论文集，有利于打破那种认为列宁只有两本哲学著作的误解，能进一步发扬列宁的哲学思想，使人理解哲学与实际斗争的密切关系。这些意见太好了，增加我编好这本书的信心，这也正是我要编这本书的目的。我希望通过这本文集能更全面地介绍、宣传马列的哲学思想，进一步证明列宁哲学思想的正确和深刻，以及对历史的推动作用。对广大读者来说，《唯批》和《哲学笔记》毕竟还是难读一些，而短篇哲学著作容易读懂。我非常紧张地用了两年的时间完成了这项工作，经过局领导审定，1993年由人民出版社出版。人民出版社马列部主任郇中建同志（北大哲学系毕业）看到这本书很赞赏，他说这本书很有用、能普及，可以成为大学的哲学教材。书销得很快，1998年又再版一次，并纳入《马列文库丛书》，总算这本书得到社会

郭值京编《列宁短篇哲学著作》

的认可，对此感到欣慰，也算了却了自己的一个心愿。也就在1993年我正式从岗位上退下来，心中是踏实的。

离休以后，似乎和列宁的著作、列宁主义有一种割不断的感情，有好几年，我继续译、写了一些东西，大部分也都发表了。我还计划编两本书《列宁杂文选》《列宁和高尔基》，目录都编排好了，但因当时的现实不可能出版，只好不了了之，这是我心中的遗憾。

接受新的战斗任务：《列宁专题文集》

党的十六大以后，中央实施了马克思主义理论研究和建设工程，声势浩大，几乎集中了各路人马。编译局编的《马克思恩格斯文集》和《列宁专题文集》是重点项目之一，因此局领导很重视，亲自挂帅。当时我已经离开岗位十多年了，年逾古稀，更主要是当时身体状况欠佳。一开始找到我时我思想上还有些矛盾，担心身体不行，但最后我还是接受了，因为我也知道，中央能下如此大的决心，开展如此规模宏大的马克思主义理论研究和建设工程，其意义和影响非同小可。在有生之年能参加到这项工程中去，献绵薄之力，是一个党员应尽的责任，身体是差一点，但还不至于倒下。

领导分配给我的任务是和一位年轻的同志一起参加编《列宁论辩证唯物主义和历史唯物主义》。刚才说过了，对于这个专题我并不陌生，因为以前在编译《列宁全集》中文第二版时，我一直和列宁的哲学专著打交道，并且后来我也独立地编了一本《列宁短篇哲学著作》。因此接受这个任务，开始我并没有感到多大压力，甚至想得比较简单。随着工作的开展和深入，逐步感到有些压力和紧张，要真正编好30多万字的这个哲学专题集子，不是轻而易举的事。因为编这套书和编译全集不同，从工作一开始，领导就交代了方针和要求：编这5本书，不是要求多而全，编成5个大厚本，主要对象不是专家学者，而是要少而精，编成读本形式的集子，面向广大读者群众，也就是要大众化，要使广大读者能有兴趣来读列宁的哲学著作，而且要读懂并运用于自己的实践。因此编这本书，做法上和以往就有许多不同，今天回过头来归纳一下，要想把这本书编好，就要认真扎实地做好三个环节：第一个环节是选材。过去编《列宁短篇哲学著作》时，自己的指导思想是多而全，想尽量把列宁的哲学论述推荐给读者。而这次恰恰相反，选材必须少而精，必须是理论论述十分明快的、深入浅出的、容易读懂的。在选材的方法上是把普遍查阅和重点挑选相结合。既要普查《列宁全集》60卷，不让有遗漏，又要把重点放在一些重要著作上。选材这一关是最基础和重要的一关。我记得开始我们选了30多万字，连附件约40万字。经审查修改，最后出书正文连附件一共30来万字，共14篇著作，都是列宁最重要的哲学论著。这次节选了《唯物主义和经验批判主义》和《哲学笔记》。《唯批》我们是一节一节读，一节一节选，《哲学笔记》是一条一条选。

第二个环节是为每篇文章写题注,这恰恰是编这套书的一个新的要求和亮点,要用极简练的文字把文章的要点告知读者。过去两版《列宁全集》和多版《列宁选集》都没有这样做过。细细一想,这是一种对广大读者负责的做法,是真正想引导广大读者读懂马列原著的途径之一。对我们编者来说,是一项创造性的劳动,要花点硬功夫。首先自己要把文章读懂,要吃透精神,才能写出来。这就强迫我们认真读每篇文章,反复读、反复写、反复修改。有的内容提要写起来不是那么容易和顺利。比如《唯批》,写上万字的文章都说不明白,现在要用简短的文字交代清楚,是要费点脑筋的。

在写题注的过程中,我有点感触和体会,就是我们这些编译马列著作的人如何处处为读者着想,为读者开辟进入马列主义的途径。本来中国人读外国的书就不容易,而且又是顶尖级的理论著述,让人望而却步,这就需要借助于扶手、阶梯、拐棍和途径,写题注就是很好的途径之一。

第三个环节就是做好资料工作。书后的附件部分对读者来说是很重要的。这一次附件部分我们根据编书的要求做了一些修改、删节和选择,同时注意5卷之间的统一。

为了抓紧时间,尽量把工作赶在前面,不拖后腿,我把后面的附件部分,也就是注释和索引工作都放到晚上去干,差不多都是晚上干出来的。正好在选材、题注以及附件部分所有这些工序都完成以后,医生要我马上住院,我当时的心情是踏实的,因为我觉得自己没有耽误工作,没

中央编译局荣获资深翻译家称号的部分老同志合影（前排右一为郭值京）

有把很多工作留给别人去做。当然,今天看来,那只是初稿,实际上后来编译局领导同志、顾锦屏、翟民刚和在职的许多同志还做了大量工作。这套文集反复审查修改的过程比较长,小组编完了,先交局领导审——修改、再审——再修改,几次反复,然后送上面审,上面还有个大编委会,也同样反复审,有点精雕细刻的味道,说明领导很重视,不让出现任何差错。经历了5年时间,书终于出来了,而且这次中央和宣传部门加大了宣传力度。除了召开新闻发布会外,《人民日报》《光明日报》连续用大版面介绍这两部文集,专家学者也开始写文章,形势非常好,让人很振奋。

从历史的角度看,苏联解体后很长一段时期内,从国际范围来说,至少从现象上看,研究、宣传列宁主义的人,读列宁著作的人已经不多了。列宁和列宁主义几乎有些销声匿迹了,即使有些议论和声音或文章,其中不乏歪曲、污蔑之词。有些不理解的人半开玩笑地说,你们傻不傻?辛苦了半天,结果你们出的书无人买、无人读。尽管大气候是如此,各种议论也很多,但是编译局编译列宁著作、研究列宁主义的工作从未停止过。在这条战线上工作的同志一如既往兢兢业业,积极、热情地战斗着。在大家心中,一直把编译列宁的著作看作是一项神圣、伟大的事业。一些退下来的老同志,回忆往事时,觉得我们一生为这个事业而奋斗是值得的,我们没有虚度年华。这种信仰和信念并不是空穴来风,不是盲从、盲目,而是建立在几十年工作、学习、理解、认识的基础上。我们坚信,在世界历史上，列宁永远是一位伟人，他的光辉、睿智的思想和理论会永存于世。

事实证明，真理的光辉不会被短暂的历史阴云遮蔽。这些年来，随着中国的国际影响力不断增强，科学社会主义又焕发出新的生机。借这个机会，我想向老列斯室已经故去的领导和曾经一起战斗过的战友致以崇高的敬意和表示深深的悼念。历史会记住他们。我想当他们知道七十多年来中国、编译局发生的巨大变化，他们在天之灵会得到最大的安慰。

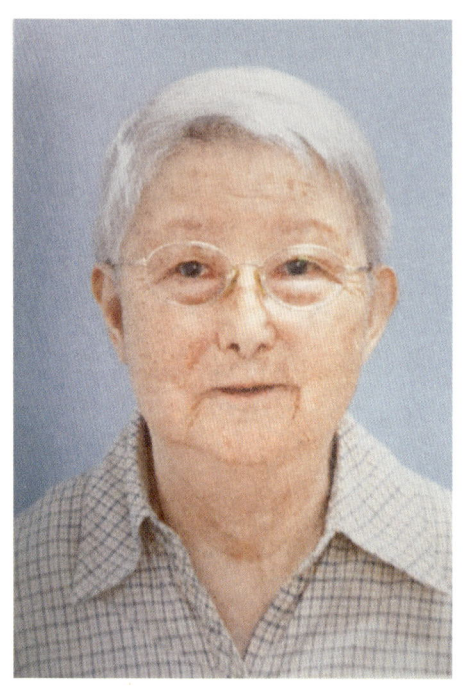

刘方清,马列主义经典著作翻译家。张申府、刘清扬之女。原中央编译局马列部副译审。2002年荣获资深翻译家荣誉称号。参与《列宁全集》中文第二版等编译工作。

中国编译工作者的创造性贡献
——《列宁全集》中文第二版人名索引工作回顾

刘方清

我在中央编译局工作了几十年,今天我主要回忆我参加《列宁全集》中文第二版人名索引工作的一些情况。我们以前也编过《列宁全集》,但这次的版本有个特点,它增设了篇幅浩大的参考资料,由中国编译工作者自己编写前言、注释、人名索引、年表和文献索引,为广大读者学习和研究列宁思想提供了极大的方便。所以,为《列宁全集》编人名索引并给列宁提到的5000多人物撰写小传,这是一项全新的工作,也是一项很有挑战性的工作。

为了搞好这项工作,从1982年新版工作全面展开以来,我们就抓紧进行各方面的准备,包括研究编写方针和原则,确定人名索引体例,调查收集有关资料,尤其是全面调查《列宁全集》俄文第五版人名索引的编写情况,并进行了反复的战前练兵。我们组织人力为《列宁家书集》单行本编写了人名索引,经过当时列斯室3位室主任审阅后又进行了反复修订。我们还试编了第1至第10卷的人名索引。经过多次工作试验和反复修订编写原则,终于编写出第1卷人名

本文为1993年纪念中央编译局成立40周年所作。

20 世纪 50 年代中央编译局列斯室工作人员合影

索引并经局室领导审阅定稿,确定了人名索引的模式,才正式投入编写工作。

其实一开始我接受人名索引工作任务时,对这项工作的复杂性和艰巨性的认识是很不足的。真正做这项工作,才能明白资料工作并不是一种拼拼凑凑的简单劳动。人名索引作为一项资料工作,它并不像人们所想象的那样轻而易举,似乎只要把现成《列宁全集》俄文第五版索引材料进行编辑加工就大功告成了。事实远不是这样。搞好这项工作,编写人员不但要有正确的政治观点,而且要有多方面的准备。不仅要熟悉各方面的资料,还要了解19世纪末20世纪初苏联以及国际共运的历史梗概,了解苏联党内斗争概况,苏联以及西欧各主要党派的政治倾向、发展演变及其相互关系,熟悉列宁的思想观点。此外还必须掌握苏联的一些史地知识,例如苏联和各加盟共和国名称的变化、苏共党名称的演变,原苏联各加盟共和国在历史上的归属关系,甚至对俄国十月革命后一些机构建制的演变也要有所了解,否则在人物小传上就难免出现错误和笑语。

为什么说这项工作不容易呢?编写人物小传,首先要注意的是对人物作出公正的历史评价。列宁提到的人物包括世界知名的政治家、军事家、文学家和学者,其中有些人在历史上还没有定论或存在争议,尤其是20世纪30年代在联共(布)党内斗争中被斯大林清洗的一批苏联党和国家领导人,比如布哈林、季诺维也夫等等。对于这些人怎样给予实事求是的介绍,这是一个尖锐的问题。为了写好这

《列宁全集俄文第五版人名索引》

些人物的小传,我们首先查阅并翻译和摘录了苏联第一版大百科全书和小百科全书、我国出版的《辞海》《简明社会科学词典》《鲁迅全集》以及美国出版的《苏联已故人名词典》《共产国际人名录》等等资料中的记述,为布哈林、李可夫以及斯大林和托洛茨基等一批主要人物写出小传初稿,广泛征求局领导和局国际共运史研究所有关专家的意见,作为撰写同类人物的样板。

对人物的评价,我们以历史唯物主义为指导,贯彻实事求是精神,持慎重态度。对于布哈林、季诺维也夫、加米涅夫等人,我们既没有像一些辞书那样乱扣帽子,什么

"反党联盟头目""进行叛国活动"等等,也不同于《列宁全集》俄文第五版索引的处理方法。例如布哈林,《列宁全集》俄文第五版索引主要是历数他的"非马克思主义立场"和"反党派别活动",而对他在十月革命后担任的职务只简单地概括了一句话。这种非历史唯物主义的写法使读者不能全面客观地了解布哈林,也无助于理解列宁的思想。我们则尽量实事求是地记述他从事过的活动和担任过的职务,让读者通过具体事实判断他的功过是非。对于布哈林的"派别活动",列宁在世时已有定论的历史事实,比如1918年领导"左派共产主义者"集团,1920—1921年工会问题争论期间领导"缓冲"派等,我们如实反映,而对俄文第五版索引所提"1928年起领导党内右翼反对派"问题,考虑到联共(布)党内斗争的复杂性,这些问题在当时尚有争议,我们就采取客观语气,说他是"被作为'右倾派别集团'的领袖受到批判"等等。这样既反映了布哈林1929年受批判的史实,又避免了对问题的性质正面表态。关于布哈林的理论观点,《列宁全集》俄文第五版索引说,布哈林"在国家、无产阶级专政和民族自决权等问题上持反列宁主义立场"。列宁同布哈林在国家问题上的争论,实际上是研究无产阶级对待国家的态度这个问题时内部探讨的不同看法,后来两人的观点都有发展,消除了分歧,取得了一致看法。这一争论和分歧到20年代末因为受党内派别斗争的影响而被加以夸大。所以我们就回避了这个问题。

事实证明,我们对布哈林、季诺维也夫等人小传的实事求是写法，经受了历史的考验。1988年苏联最高法院先后为布哈林、李可夫、季诺维也夫等几十人恢复名誉，随后苏共中央监察委员会又为他们恢复了党籍。对照报刊上为他们平反的报道，我们写的小传基本上是客观的，站得住脚的，不但做到了对人物评价的公正性，也保证了资料的相对稳定性。同时，根据苏共中央的平反决定，我们在1988年以后出版的《列宁全集》索引中，对这些人物在20世纪30年代被判罪、1988年得到平反的结局都作了补充说明。

按照实事求是原则，对于在历史上有过革命功绩而后来倒向孟什维克或犯有错误的一些人，比如普列汉诺夫、查苏利奇、考茨基等人，我们既不掩盖他们后期的错误，也不抹杀他们前期的业绩，而是采取实事求是的写法。即使是对被《列宁全集》俄文第五版索引冠之以"列宁主义最凶恶的敌人"头衔的托洛茨基，也没有乱扣帽子，尽量给以符合实际的评价。

编写人物小传，不但要强调人物评价的公正性，还要注重历史事实的准确性。我们编写《列宁全集》新版人名索引不只是以《列宁全集》俄文第五版人名索引为蓝本，还对其材料进行了认真的核实，并根据注释正文和中国读者的需要作了必要的补充。凡是苏联百科全书，包括各版大小百科、十月革命百科、国内战争百科、哲学百科等等书籍中有相关条目的，都进行了查阅比较，发现史料有矛盾时，要反复考证，直到把事实搞清楚。对于西欧比较重要的人物，除俄文资料外，还参考了其他文种的材料，必要时还请教了专家，尽量做到每条材料都查有实据，准确无误。比如卡·伯·拉狄克作为苏联共产党和共产国际早期活动家之一，1925—1927年曾担任莫斯科中山大学校长，而这项职务在《列宁全集》俄文第五版索引中只字未提。由于拉狄克早在1927年就被作为"派别活动分子"开除出党，在苏联后来出版的百科词典中根本找不到介绍他的条目。为了核实和在小传上补充这一职务，我们反复查找旁证材料，后来在《格拉纳特百科词典》《共产国际人名录》中找到了旁证，并且在盛岳写的《莫斯科中山大学和中国革命》这本书中看到了详细而具体的记述，从而确有把握地加上了这句话。

又比如关于卡·胡斯曼担任第二国际社会党国际局书记的任期问题。《列宁全集》俄文第五版索引写的是"1904—1919年"，德文版《国际史》记载的是"1905—1920年"，而第三版《苏联大百科全书》和《第二国际人物简介》说的则是"1905—1922年"。这3个年代究竟哪个更准确，我们征求了编译局国际共运史研究所专家的意见，最后确定了"1905—1922年"的提法。

再比如德国将军吕·哥尔茨的卒年，《列宁全集》俄文第五版索引写的是"1930年"，而第三版苏联大百科写的是"1946年"，足足相差了16年。为此，我们查阅了3种德文百科，说法一致，全是"1946年"，从而推翻了《列宁全集》俄文第五版索引的说法。

再举一个典型的例子:《列宁全集》第 2 卷人名索引中有一个尤·利佩尔特（J.Lippert），这个人是奥地利历史学家和民族志学者，通俗作家，写有《基督教、民间信仰和民间风习》《文化史》等著作，而列宁正文中提到的利佩尔特是西斯蒙第条目的作者，与索引的介绍不符，好像不是同一个人。经过反复查证，终于在英文版《政治学辞典》中找到了西斯蒙第条目作者的全名：保尔·利佩尔特（Paul Lippert），从而更正了《列宁全集》俄文第五版索引张冠李戴的错误。

总之，为了查证核实一个材料，哪怕只是一个年代、一项职务，往往要翻阅许多资料，甚至要到书库里钻上半天，这类例子是举不胜举的。

另外，撰写人物小传虽然不拘一格，但也尽量照顾同类人物的相对平衡。我们把 60 卷全集中分散出现的不同类型的重要人物，包括帝王将相、政治家、军事家、文学家等等分别列出名单，摘录各种史料中的记载，作为撰写小传的参考。在整个工作过程中，我们参阅的资料不胜枚举，而翻译、摘录的材料也不下几十万字了。

另外，人名索引这项资料工作还要求编写人员熟练地掌握更多的外语。遗憾的是，我们在这方面的准备是很不够的。

最后，我还想强调一点的是，干资料工作就要有埋头苦干、默默无闻的奉献精神和一丝不苟、认真负责的工作态度。人名索引工作的劳动量是相当大的，尤其是到上个世纪80年代后半期,全集一卷接着一卷出书,有时几卷索引的发排、看清样都挤在一起,几乎没有丝毫的喘息,而从事这项工作的人最后只剩下我和王丽华同志。为了不拖全集出版工作的后腿,我们把加班加点视为常规,把历年的暑期休假置诸脑后,克服种种困难,保证了任务的按时完成。

　　回首往事,尤其是回顾这最后十多年为新版《列宁全集》编写人名索引的业务生涯,我自觉是尽了最大的努力,无愧于人民对我的培养,无愧于自己的良心。我感到能为这项马克思主义理论基础建设工程添砖加瓦,是值得回忆和欣慰的。遗憾的是,由于我本人能力有限,工作中还有不少缺点和不足之处,这些只有留给后人去补救了。

李京洲,译审。曾任中央编译局马列部副主任。参与《列宁全集》中文第二版及增订版和《列宁全集补遗》第1卷的编译工作,主持《列宁全集补遗》第2卷的翻译、编辑。

百尺竿头　更进一步
——谈《列宁全集》中文第二版增订版的编译工作

李京洲

我是1985年调入中央编译局工作的，直到退休，从事了几十年的经典著作编译工作。我在部队待了五年，也从事过其他工作，经历相对丰富一些。相比较而言，我感到编译工作是一项非常艰苦的、非常考验毅力和耐力的工作，而且学无止境、常做常新，永远到不了尽善尽美。编译工作者永远绷着一根不断学习的弦。列宁在《宁肯少些，但要好些》这篇文章里，就提出：第一是学习，第二是学习，第三还是学习，使我们学到的东西真正深入血肉，而不是学而不用。干了几十年的编译工作，一直是"在干中学、在学中干"，既获得了很大提高，也收获了一系列的荣誉，包括政府特殊津贴、中央编译局领军人才等。列宁的这段话，也是我在从事经典著作编译工作过程中，通过实践锻炼从而得到业务能力的提高，所感同身受的。

几十年的编译生涯，经历很多，成果也是有一些。这里，我重点想谈一谈参与编译《列宁全集》中文第二版增订版的一些工作情况。

本文口述于2022年，整理者路军。

百尺竿头、更进一步：《列宁全集》中文第二版增订版工作的启动

1985年一到编译局，我便参加了《列宁全集》中文第二版的编译工作。当时，这项工作已经开展了3年，我加入后，主要负责全集的资料工作，包括普通译名统一、固定译名统一、技术规格、成语典故、文献索引等任务。5年后，1990年12月，《列宁全集》中文第二版60卷全部出齐，我完成了其中33卷的相关资料工作。应该说，一从事经典著作编译工作，就能够参加这么重大的任务，是非常幸运的。这五年的工作实践，让我积累了很多业务工作经验。其间，还获得了首都师范大学俄语系的本科学历。参与《列宁全集》中文第二版的编译工作，是我"在干中学、在学中干"的良好开端，也为我之后几十年的编译生涯奠定了一个坚实的基础。

当时，《列宁全集》中文第二版主要参照的是《列宁全集》俄文第五版，同时，我们还从《列宁文集》俄文版中选收了500多篇文献。中文第二版共收入列宁文献9000多件，约3000万字，60卷洋洋大观。这是当时我国自行编辑的、在全世界各种列宁著作版本中收载文献最丰富的版本，其译文质量也超过我国以往的列宁著作各种版本。1991年4月26日，中央在人民大会堂召开座谈会，庆祝《列宁全集》中文第二版出版发行，李瑞环讲了话，说："这套全集

的出版,是马列经典著作编译出版的一大成果,也是中国共产党人对传播马列主义的一大贡献。"薄一波、胡乔木、丁关根、王任重等出席了会议,有的还讲了话。三个月后,1991年7月1日,江泽民同志在庆祝中国共产党成立70周年大会上的讲话中,专门提到,"要在现代化建设和改革开放的实践中,坚持马克思主义,发展马克思主义","《列宁全集》中文第二版、《毛泽东选集》第二版已经出版发行。这是我国政治生活和党的建设中的大事。共产党员要认真学习马列著作和毛泽东同志的著作"。这都凸显了党中央对《列宁全集》中文第二版的高度重视和充分肯定。

但是经典著作的编译、研究是一项与时俱进、不断完善、常学常新的工作。《列宁全集》中文第二版相对于第一版就是补充和进步。随着对列宁主义研究的深入和世界上一些新的研究成果的不断涌现,经过几十年的沉淀,《列宁全集》中文版需要"百尺竿头、更进一步",编辑《列宁全集》第二版增订版的工作应运而生。2010年,中央编译局和人民出版社进行了协商,决定对《列宁全集》中文第二版进行增补和修订,出版《列宁全集》中文第二版增订版。这项工作随之启动。

党中央对编译出版《列宁全集》中文第二版增订版非常重视,将这个项目列为中央马克思主义理论研究和建设工程重点项目和国家出版基金重点资助项目。当时,我任马列部编译四处处长,按照局里安排,带领全处同志以极大的工作热情投入到这一项目中。面对时间紧迫、业务量巨大、头绪繁多等现实困难，当时参与项目的同志都付出了大量的精力和心血，保证了项目的顺利进行。我结合局里的"以老带新"项目，与学员共同完成了《列宁全集》中文第二版增订版第5卷、40.5万字的编译工作，并独立包卷了第15、26、40卷，共约157万字的编译工作，还参与了增补文献选材工作和注释资料库、人名索引资料库、文献索引资料库的审订工作。2017年，《列宁全集》中文第二版增订版共60卷完成了增补修订工作，现在都已经全部出版。

查漏补缺、推陈出新：在《列宁全集》中文第二版的基础上增补新的文献

上世纪90年代初期，正是市场经济大潮波涛汹涌的时候，"搞导弹的不如卖茶叶蛋的"。"马列主义无用论"也一时甚嚣尘上。现在经过几十年、回过头来再看，可以自豪地说，我们这些作经典著作编译工作的同志，当时还是坚守住了这块阵地。

1990年《列宁全集》中文第二版出版完毕后，我们并没有就此"松口气、歇歇脚"，而是继续围绕列宁文献作进一步的工作。这期间，我们根据苏共中央马列研究院未来得及出版的《列宁文集》俄文版第41卷稿本，加上已收集到的一些在俄文报刊上陆续发表的列宁新文献，一共是289件，编译了《列宁全集补遗》第1卷，2001年出版。之

跨世纪的宏伟工程　327

《列宁全集》中文第二版增订版

后，我们又根据俄罗斯政治百科全书出版社1999年出版的《弗·伊·列宁。不为人知的文献》一书编译了《列宁全集补遗》第2卷，这一卷共收载了列宁文献约340件。

编译《列宁全集补遗》，成为我们一个深入学习研究列宁文献的好机会，也正是在这项工作中，我们发现其中的很多文献对于进一步深入学习研究列宁的思想和实践活动具有重要价值。因此，我们决定从中选取一些相对重要的文献，按发表时间顺序分别收入《列宁全集》中文第二版增订版相应卷次。这也算是之所以能够开展《列宁全集》中文第二版增订版工作的一个重要原因和现实基础，正是在实践中学习、在学习中发现问题、最后通过实践解决问题。

经过选择取舍，最后我们确定增订版收入文献共44篇，其中32篇收入正文部分，12篇收入附录部分，总计约20万字，需增补的卷次共21卷。这些新增的文献，我们在《列宁全集》中文第二版增订版的第1卷卷末，专门作了《〈列宁全集〉第二版增订版新增文献一览表》，并且在相关卷次的《前言》中对新增文献作了必要的说明。

新增文献大致分为这几类：一是由于种种原因以前一直未发表的比较重要的文献。比如，收入第38卷的《在全俄工会中央理事会共产党党团会议上的讲话》、收入第39卷的《答俄国共产主义青年团第三次代表大会代表问》、收入第43卷的有关没收教会珍宝一事的《致维·米·莫洛托夫并转俄共（布）中央政治局各委员》等。二是新发现或新确认的列宁文献。比如，收入第 1 卷的关于工人劳动和生活条件的《调查提纲》（1884—1885 年），这是从沙俄警务厅有关 1885 年底与列宁同时期被捕者的案卷中发现的，后经苏共中央马列研究院的专家与列宁同期著作对比，并根据一些当事人的回忆，最终确认其作者是列宁；收入第 2 卷的《关于粮价问题》（给编辑部的信，1897 年 2 月底—3 月初）。这篇文献算是几经波折，原本已收入《列宁全集》俄文第二版和第三版，但由于有人怀疑该文献不是列宁写的，所以后来出版的《列宁全集》俄文第四版和第五版都没有再收载这一文献。后来经苏共中央马列研究院进一步考证、分析后确认，是列宁所写，因此我们也决定应该收进来。三是较之已发表文献相对更完整的文献或文献全文。比如，1920 年 9 月 22 日，列宁在俄共（布）第九次全国代表会议上作的《俄共（布）中央政治报告》是一篇关于世界革命问题的重要文献。《列宁全集》中文第二版第 39 卷收载的只是关于这一报告的简短报道，我们增补了该报告的速记记录；还有一些文献以前发表时作了删节，我们增补了全文。四是对《列宁全集》中文第二版已收载的相关文献加以补充的文献。比如，关于布尔什维克杜马党团主席马林诺夫斯基退出国家杜马以及他是否为沙皇保安机关密探这件事，《列宁全集》中文第二版已收入了列宁的相关文章和给马林诺夫斯基的信等文献。为了更全面反映这一事件的来龙去脉，我们又增补了《关于开除马林诺夫斯基》（1914 年 6 月 3 日以前）和列宁参与起草的《罗·瓦·马林诺夫斯基案件调查委员会的结论》(1914年7月)等文献。

博采众长、除旧布新：重新修订《列宁全集》中文第二版

《列宁全集》中文第二版首批四卷是1984年10月出版，之后基本每年发排8至11卷，1990年12月60卷出齐。距离2010年，已经过去了前后20年、近30年的时间，对列宁主义的研究有了很大的进展，一些编译内容也需要进一步补充完善。这是我们完成《列宁全集》中文第二版增订版过程中的一项重要工作，也是增订版较中文第二版的一项重大改进。修订主要包括以下几个方面：

一是对列宁著作中的马克思和恩格斯著作引文的修订、统一。这是修订工作的一项主要内容。《列宁全集》中文第二版中有大量马克思和恩格斯著作引文，所依据的都是《马克思恩格斯全集》中文第一版译文。从1995年起，《马克思恩格斯全集》第二版一些卷次陆续问世。2009年，10卷本的《马克思恩格斯文集》也正式出版。这就为我们重新对表对标，提供了权威的译文依据。我们当时统计了一下，《列宁全集》中文第二版中共有马克思和恩格斯著作引文1100多条，这1000多条引文，在《马克思恩格斯文集》和《马克思恩格斯全集》中文第二版中大部分都有了新的译文。因此，增订版相较于中文第二版，引文基本是全新的。对于剩下的约200条引文以及第58卷中的大量马克思

在庆祝中央编译局成立50周年大会上,列宁斯大林著作编译室工作人员合影(最后一排左一为李京洲)

和恩格斯的书信,我们也都按照马克思和恩格斯著作最新版本的编译标准逐条进行了审核和校订。

我们当时的修订原则是:能照统的尽量照统,实在不能照统的,保留差异。因此说,编译工作不是死抠字眼去死板地翻译原文,而是需要根据相关背景兼容并包、选出最合适的那一个,编译工作者的创造力就体现在这里,这也是编译工作的魅力所在。举个例子,我们现在都知道,恩格斯是"第二小提琴手"。这个称谓的出处是1884年10

月15日，恩格斯写给约·菲·贝克尔的信，信中说："不幸的倒是，自从我们失去了马克思之后，我必须代替他。我一生所做的是我注定要做的事，就是拉第二小提琴，而且我想我做得还不错。我很高兴我有像马克思这样出色的第一小提琴手。"但这么一大段话，列宁在《弗里德里希·恩格斯》一文中引用时，压缩成了一句话"马克思在世的时候，我拉第二小提琴。"但我们考虑到这是一篇列宁写于1895年、为悼念恩格斯逝世所写的文章，当时俄国社会民主党正在革命斗争中，需要革命领袖发出一些简短的、口号式的号召，以起到鼓舞斗志的作用，也体现了列宁的写作风格。因此，我们就按照列宁的原话予以保留。

二是对正文部分的修订。《列宁全集》中文第二版出版后，一些专家学者、热心读者给我们提出了意见或建议，我们自己也陆续找出了一些疏漏和瑕疵。同时，参考了《列宁专题文集》和《列宁选集》中文第三版修订版的成果。我们将这些内容体现在《列宁全集》中文第二版增订版的修订中。

举个例子，苏联解体后，国内外学界、政界都在探讨苏联解体的原因。其中就有观点认为苏联解体的祸根在斯大林，列宁就曾经批评过斯大林，不想让他继续当党的领袖。这个事情的出处，就在列宁《给代表大会的信》中评价斯大林的一段话。《列宁全集》中文第二版对这段话的翻译是这样的："斯大林太粗暴，这个缺点在我们中间，在我们共产党人相互交往中是完全可以容忍的，但是在总书记的职位上就成为不可容忍的了。因此，我建议同志们仔细想个办法把斯大林从这个职位上调开，任命另一个人担任这个职位，这个人在所有其他方面只要有一点强过斯大林同志，这就是较为耐心、较为谦恭、较有礼貌、较能关心同志，而较少任性等等。这一点看来可能是微不足道的小事。但是我想，从防止分裂来看，从我前面所说的斯大林和托洛茨基的相互关系来看，这不是小事，或者说，这是一种可能具有决定意义的小事。"但是《列宁全集》中文第二版出版后，一些专家和读者向我们提出，"这个人在所有其他方面只要有一点强过斯大林同志"这句话有歧义。之前《列宁全集》中文第一版是怎么翻译的呢？是这么说的："这个人在各方面同斯大林同志一样，只是有一点强过他"。细细琢磨，就可以感觉出来差别。因此，我们在修订《列宁选集》中文第三版时采用了后面的翻译，编译《列宁全集》中文第二版增订版时，也采用了这个翻译。虽然可能这个翻译也未必是最理想的，但至少意思较为清楚，不致引起误解。看似兜兜转转一圈，又改了回来，但通过这件事，大家学习了、思考了、探索了、成长了，这就是进步。

三是对资料部分的修订。主要是对各卷注释条目释文和人名索引条目释文进行修订、统一，非常细碎、烦琐，是增订版最为繁重的一项工作。我们在增订版工作之初就发现，由于受所参照的《列宁全集》俄文第五版影响，《列宁全集》中文第二版的这部分资料存在比较多不统一的地方。比如注释，在一些卷次中出现的同一条注释，我们叫通用注，在行文上就存在不同程度的差异；还有一些人名索引，不仅著作卷、书信卷、笔记卷分别写法详简不一，而且著作卷和书信卷各自也存在着同一人名条目的释文在不同卷次中"相互打架"的问题。等等。经过系统整理、认真比对、充分讨论研究，《列宁全集》中文第二版增订版对注释和人名索引尽可能加以统一。共修订通用注条目1500多个，涉及的各卷条目释文总共5000多条次。又对中文第二版中的5000多个人名索引作了统一。同时，我们还根据史学界的最新研究成果，在充分考虑列宁著作中相关论述的基础上，对注释和人名索引中涉及的重大历史事件和重要历史人物的评价问题进行了研究，修改或删除了一些不恰当的提法和表述。对于注释和人名索引中的一些错漏的地方以及与马克思恩格斯著作中相同注释和人名索引不一致的地方，我们也分别作了补正和统一，并在此基础上建立了统一的电子版注释资料库和人名索引资料库，为全集各卷的修订工作打下了资料基础，创造了便利条件。此外，我们还结合正文、注释和人名索引的修订，对各卷的文献索引和大事年表作了相应的修订和统一，并且按照出版规范要求，利用新版《列宁画传》以及中央编译局典藏的俄文各版《列宁画传》，补齐了《列宁全集》中文第二版各卷前言后、正文前所附的列宁不同时期的照片。

四是对各卷前言的修订。《列宁全集》中文第二版各卷前言原本基础比较好，完整地阐明了本卷著作写作时期的历史背景和时代特征，综合叙述了列宁在所涉及的历史时期从事理论研究和革命实践活动的主要脉络和重要贡献，扼要介绍了本卷所收文献的基本内容和理论要义，因此增订版各卷对前言没有作大的修改，只进行适当的补充和完善，增补了列宁的一些重要理论论述，纠正了对列宁思想介绍中存在的片面性和不恰当的表述。

詹汝琮，马列主义经典著作翻译家。研究员。曾任中央编译局马恩室副主任、马列主义研究室主任、当代马克思主义研究所所长。2002年荣获资深翻译家荣誉称号。享受国务院政府特殊津贴。参与《斯大林全集》中文版、《列宁全集》中文第一版、《马克思恩格斯全集》中文第一版等译校工作。

新中国经典著作编译史上的开山之作

——回忆《斯大林全集》第1卷中文版的译校工作

詹汝琮

马克思主义是中国共产党的指导思想。新中国建立后，我国人民特别是干部迫切需要学习、掌握马克思主义。为此党中央决定设立专门机构，系统翻译出版马克思主义经典著作。

1953年1月29日，原俄文编译局局长师哲同志在机关小灶食堂，宣布了中央关于合并中央俄文编译局和中宣部斯大林全集翻译室成立马克思恩格斯列宁斯大林著作编译局的决定，并宣布局长为师哲，副局长为陈昌浩、姜椿芳。这一历史时刻令人激动，我至今记忆犹新。

从1953年到现在，整整七十年了。七十年来，中央编译局（2018年和其他中央机关合并成立中央党史和文献研究院）的同志们，一代又一代，数十年如一日，呕心沥血、默默奉献，翻译出版了一系列马克思主义鸿篇巨著，可以说没有辜负党中央成立编译局的初衷，同时也实现了包括我们在内所有马克思主义经典著作编译工作者的初心。记

本文原为1993年纪念中央编译局成立40周年所作，收入本书时经本人修改审定。

得早在1959年国庆十周年,中宣部副部长周扬同志就在一次会议上指出,《列宁全集》中文版的出版是思想文化战线上的重大成就。

回首七十年,在所完成的卷帙浩繁的译著中,我不能不提及《斯大林全集》第1卷中文版的译校工作。它是中央编译局成立后第一部问世的开山之作。在这里不妨顺便指出,斯大林现今是备受争议的历史人物,但在上世纪五十年代苏共二十大以前,他可是叱咤风云的苏共领导人和国际共产主义运动的伟大导师。他的著作和马恩列著作并列奉为马克思主义经典。《斯大林全集》第1卷中文版是编译局历史上投入人力最多、译校工序最繁杂、质量最过硬、发行量最大的一部译著。一卷书经过集体如此循环往复校译,在我国经典著作翻译史上可以说是空前的。其历程、其轨迹,值得铭记。遗憾的是,参加该卷工作的主力老同志全都撒手人寰,而当年怀着学习心态参加工作的一批年青新手现今健在的也只我一个人了。年近百岁、回顾往事,难免挂一漏万。

一

中央马恩列斯著作编译局,顾名思义其任务就是要把马恩列斯著作统统翻译出版,要完成这项任务是很艰巨的。尤其编译局刚成立,一缺熟练的俄文人才,二缺翻译经典著作的经验。但是共产党人从不在困难面前却步,局领导决定赶快上马,首先校译《斯大林全集》第1卷,因为苏联作为第一个社会主义国家,正在编辑出版马恩列斯三大全集,而且《斯大林全集》即将全部出版。

具体任务确定后,接着就要解决翻译干部问题。当时编译局的俄文队伍几乎全部来自原俄文编译局和斯大林全集翻译室的原班人马,而且其中只有为数不多的熟练俄文骨干,相当部分是翻译经验不多或刚出校门不久的同志,显然要完成当前任务需要大大增加新的翻译力量。但新中国成立之初,百废待兴,大批苏联专家来华支援我国建设,各个部门都需要俄文翻译。在这种俄文人才紧缺的情况下,我局要想调进一批现成的、能熟练从事俄文翻译工作的干部是不现实的。虽然师哲同志任全国俄文指导委员会的领导,掌握全国俄文人才的信息,也无法解决这个问题。因此,只能通过哈尔滨外专(后并入黑龙江大学)、北京俄专(北外前身)、上海俄专(上外前身)等等俄语院校毕业生分配来补充。

在人力安排的同时,为了适应业务开展,设置了除行政办公机构外三个主要业务部门:①第一翻译室,负责提供经典著作的中文初译稿;②第二翻译室,负责翻译经典著作以外的重要俄文理论著作;③编审室(一般称校审室)负责对第一翻译室提供的初译稿进行校订、定稿、付排。此外还另设一个人员不多的业务秘书组,主要服务中央书记处的俄文口译需要(不久划归中央办公厅)。

由于编审室工作庞杂,还下设校审组(负责译稿交流

《斯大林全集》中文版以及《人民日报》为《斯大林全集》中文版第 1 卷出版刊发的通讯

等）和卡片核对组（负责人地名、专有名词、技术规格的统一、语法修辞等）。

二

当时，按照局领导的具体计划，《斯大林全集》第 1 卷要从 1953 年 3 月开始译校，6 月付排，同年 10 月底出书，时间安排非常紧凑。为了确保译文质量，工作一开始，就确定了层层把关的集体译校原则。三位局领导都直接参加校订工作，师哲同志虽身兼数职，也忙里抽闲负责全集的最后定稿。同时还集中全局其他最有经验的翻译人员，担任译校主要环节的主力。如此大力投入人员，不仅为了提高本卷译文质量，也为了共同探索集体翻译的路子，为后续各卷译校取得经验。

我们上马的《斯大林全集》第1卷的中译稿来源比较特殊，它不是来自本局第一翻译室（刚成立，未开始工作），而来自苏联。这里有个历史背景：1952年10月，苏共召开第十九次全国代表大会，中共中央派出以刘少奇同志为团长的代表团参加。1953年1月，刘少奇同志回国，同时带回了《斯大林全集》第1卷中文译稿。

这部中译稿在苏联已经基本定稿了。它是由苏联外文出版社中的中国老同志翻译的，他们很多是在中国大革命时期去苏联的，语言风格还停留在上世纪二三十年代。他们的译文，有时半文半白，让国人读起来感到不够顺畅，甚至个别译文不很准确，因此有进一步改善空间。

三

我们收到的这部苏联定稿仍作为初译稿由编审室按规定的工序进行校审。当时校审的主要工序是"初译稿　初校　二校　最后定稿　付排"，每道工序中又有一些小工序。

初译稿由编审室分成三部分由姜椿芳（副局长兼第一翻译室主任）、陈山（编审室副主任）、何匡（第二翻译室主任）作为初校校审员分别校审，然后他们的校稿彼此互校。互校的意见由原初校校审员吸收。同时，苏联汉学专家李必新、安东诺夫、郭朗秋各自根据俄文对全卷译文核校一遍，他们主要把关译文是否意思准确。他们的修改意见，也交原初校校审员吸收。每篇译稿经过这样几道修改后，由初校校审员签字，称初校稿。三部分初校稿统一交陈昌浩（副局长兼编审室主任）校改后，称二校稿。再交师哲审订，称最后定稿。无论初校、二校还是最后定稿，他们在校审前均由各自助手（也称助校）根据原文先校改一遍。当时，编审室的助校有张启荣、陈慧生、张秀珊和我。此外李宗禹是陈昌浩的助校，菲菲（欧阳菲，苏联长大）和高叔眉是师哲的助校。记得还有陆梅林协助陈山工作。在校审的同时，编审室卡片核对组对初校稿进行汉语修辞润色，并对译名、引文和技术规格等等进行统一。

在按工序循序推进的同时还定期举行集体定稿会，这一点将在后面讲到。从前面所说的工序就可以看出，《斯大林全集》第1卷中文版的译校，除去苏联外文出版社的译校工序不计，光在中央编译局从初校到最后定稿，就要经过将近十道校改，而且每道工序都要核对俄文原文，真可谓精雕细刻。

在陈昌浩完成二校稿后，打印了很多份，分送国内著名汉语学者，我记得有叶圣陶（现代作家、教育家、优秀语言艺术家）、吕叔湘（语言学家、语文教育家、《现代汉语词典》主编）、朱文叔（中小学教科书编辑、《辞海》编纂、人民教育出版社副总编）、陆志韦（语言学家、教育家、诗人、原燕京大学校长）、王力（现代汉语学家、语文教育家、翻译家、散文家）等同志，请他们从汉语语法修辞角度提出意见。当时叶圣陶同志是出版总署副署长，仍抽出时间从头至尾校看一遍。退回来的修改稿子我都看过，他改得非常认真，包括标点符号都不放过，如果将他们的宝贵意见整理出来，本身就是一部生动的汉语语法修辞教科书。可以说，正是有了这些专家学者的心血浇灌，《斯大林全集》第1卷中文版的汉语语法修辞才达到了真正规范化。

此外，我们还把最后定稿送给中央负责理论工作的领导以及马列学院（中央党校前身）、人民出版社理论研究室等单位征求意见（当时还没有社会科学院）。

四

集体译校之所以取得成效，不但靠科学的工序安排，也靠译校者个人具有追求真理和精益求精的精神。

在《斯大林全集》第1卷译校中，除了前面所说的校审者按工序进行外，初期还尝试采取集体定稿形式。每周利用一个晚上，由副局长陈昌浩主持召开译稿讨论会，对初校稿逐字逐句讨论通过。会前将初校稿分送参会者事先准备。记得当时参会的有：三位局长、初校稿校审员、助校和苏联专家，还吸收了第一翻译室组长（记得有宋书声和张慕良二位）。讨论会充分发扬学术民主，与会者畅所欲言。虽然有时为了不同意见，争得面红耳赤，甚至苏联专家之间也会对原文理解各执一词，但最后都能择善而从、取得共识。凡是会上确实无法解决的问题，则反馈回苏联马列研究院进行咨询。

通过这种集体定稿形式，译文得到优化。举一个例子。《告公民书。红旗万岁！》一文开头一句原文是"Волшие надежды и большое разочарование!"。先后有"巨大的希望和巨大的失望""巨大的希望而结果是一场巨大的失望""巨大的希望变成巨大的失望"等译法。经过讨论，会上提出干脆去掉其中两个"巨"字和"的"字，改成"大希望变成大失望"，文字简短有力，充分体现出原文的宣传性、鼓动性。这就是集体智慧的结晶。

虽然集体定稿效果不错，但比较费时，一篇短短译文需要花很多时间才能定下稿来，这将影响出书计划。因此这种讨论会就从逐字逐句定稿过渡到着重解决校审中的疑难问题，比如原文理解、难句表达等等。以后就成为定期业务讨论制度。

翻译经典著作是一项艰苦的脑力劳动，需要不畏困难、刻苦钻研、精益求精的精神。在这方面，师哲同志身体力行，为我们做了表率。那时，他住在南宽街，他家住里院，我们的办公室在外院。我们一些年轻同志那时按规定每天晚上必须自习，学习外语、理论等等，星期天晚上也如此。师哲同志有时看到我们晚上还在学习，就会过来跟我们聊聊。

师哲同志当时身兼中央政治秘书室、俄专等五六个单位领导，工作繁重，但是他总是尽量抽时间审订译文，从无遗漏,而且做到字斟句酌、一丝不苟。记得一天晚上,他兴冲冲地来到我们办公室,说他在校订《高加索的工人们,是复仇的时候了!》一文时遇到一处译文,原文"Редеют царские батальоны……",初译为"沙皇军队削弱下去……",几经修改,译成"沙皇陆军愈战愈弱……"。他仍觉得其中用词不妥,一时又找不到合适的。几经苦苦思索,又请教了部队同志,最后找到了"减员"这个军事术语,于是改成"沙皇陆军大量减员……"。为了一个俄文的贴切译语,几天苦苦探索,难怪他如获至宝。这样的事例在陈昌浩同志以及其他前辈身上也不少。

五

翻译过程中,译者由于外语基础、专业造诣、汉语修养的不同,特别是翻译观点不同,会有不同译风,对同样的原文会有不同的译法。对同一段外文,有的译者倾向按字按句硬译直译,有的则主张摆脱原文文字结构、统摄原意、另行遣词造句,即所谓意译。这种情况在翻译界很自然。但是,在经典著作集体译校中,必须把译校者的翻译观点和译风统一起来,不然各唱各的调、各吹各的号,彼此仅凭个人喜好进行修改。你喜欢译"但是"、我喜欢译"不过",结果你改来、我改去,互相抵消力量,译文质量得不到提高,集体校订就变成无效劳动。在《斯大林全集》第1卷的译校过程中,我们体会到,只有把这个问题解决,把每个同志精力集中到非改不可的译文上，集体译校才能达到集思广益、相得益彰的群体效益。

但是，怎样统一？客观的翻译标准是什么？这是历史上、也是新中国的翻译事业中还未解决的问题，也是我们经典著作翻译面临的现实问题。局领导认为，与其坐而论道，不如先从实践中去掌握，通过对译文的共同讨论来沟通译风取得共识。

但是，只从实践中领会翻译标准是不够的，还需要从理论上加以明确。为此，局领导又带领我们展开了翻译标准的讨论。同志们结合《斯大林全集》第1卷的译例对晚清严复主张的"信、达、雅"到鲁迅的"宁信而不顺"、到郭沫若的"统摄原意，另铸新词"，进行了热烈讨论。这场讨论一直延续到1954年，其间还邀请了外单位的翻译家参加。经过多次讨论，仍然没有得出一个能够让大家一致接受的客观翻译标准。但是，通过讨论，局内达到了共识，那就是：经典著作的翻译必须忠实于原文，既不能为了片面追求辞藻华丽而因词害意，也不能因拘泥原文语序死译硬译令人无法卒读。

最后，局领导请示上级后指出，经典著作的译文标准是"意思准确，文字通顺"。师哲同志又把"文字通顺"具体解释为"读得上口"，"少搞的、呢、吗、了"。也就是说，译文既要避免佶屈聱牙、读不上口，又要防止过分口语化、使文气松弛。这里需要指出，"意思准确"不仅指原文意思，还包括原文体裁和语言风格，比如不能用文学语言来翻译政论文章。结合当时我们编译工作刚刚起步这一实际情况，这个标准是实事求是、具有现实指导意义的，克服这两种倾向是非常必要的。举一个例子，记得有一处原文是"…тогда выборы ничего, кроме вреда не принесут…"。一开始译文是"……那时选举除去损害外，不会带来好处……"，这显然是硬译，读起来有点洋腔怪调，不像汉语行文。在"意思准确，文字通顺"原则指导下，经过修改，最后改为"……那时参加选举就有百弊而无一利……"，这样就不但顺口，而且传神了。

在《斯大林全集》第1卷译校过程中，师哲同志还提出"翻译与研究相结合问题"，要求我们注意研究原著的内容，不要只停留在文字搬家。

六

1953年10月，《斯大林全集》第1卷中文版经过中央编译局和人民出版社的共同努力，从开始译校到出书，仅仅用了8个月的时间就正式出版，共发行了100多万册。10月25日，《人民日报》头版突出刊发了《斯大林全集》第1卷中文版的出版消息。11月9日，又在《人民日报》第5版以整版图片形式，报道"《斯大林全集》中文版出版"，其中包括编译局同志进行翻译的情况。不久，陆定一和胡绳同志又先后在《人民日报》上专文介绍它的内容。后来，《斯大林全集》第1卷中文版个别篇章还收入中小学语文教

詹汝琮（左）在庆祝中央编译局成立50周年大会上

科书。

尽管今天对斯大林著作的意义有待讨论，但是《斯大林全集》第1卷中文版作为新中国经典著作翻译史上的开山之作，无疑是编译局翻译工作者、苏联专家和我国汉语学者呕心沥血的成果、集思广益的结晶、精益求精的体现。它的译校过程，为七十年来中央编译局经典著作编译工作的认真、扎实、严谨作风树立了良好范例！

马克思主义理论工程的标志性成果
——《马克思恩格斯文集》和《列宁专题文集》编译工作回顾

韦建桦

我们党历来高度重视马克思主义经典著作编译事业，因为马克思主义科学真理在中国传播和运用的一个基本前提，就是经典文本的中国化，也就是把马克思主义伟大导师在经典文本中使用的欧洲语言文字转换成中国语言文字，使中国的广大读者能读懂、能领悟、能把握、能运用。

一百多年来，在中国共产党的正确领导下，经典著作编译出版事业不断发展，有力地推动了马克思主义中国化时代化的伟大进程。在革命、建设、改革的征途上，共产党人和广大群众通过阅读经典译本学习马克思主义，从中了解科学理论的要义，认清历史发展的方向，凝聚团结奋进的伟力。在这个过程中，经典译本引导和帮助人们逐步掌握马克思主义的立场观点方法，树立正确的政治信念、思想观念和文化理念，使思维方式和话语体系发生前所未有的深刻变革，同时推进中华优秀传统文化实现创造性转化和创新性发展。

本文作于2021年，2025年初修改审定。

在当今世界，只有中国共产党人以矢志不渝的科学信念和高瞻远瞩的战略眼光，设立专门机构，培养专业队伍，制订长远规划，进行周密部署，坚持不懈地推进马克思主义经典文献编译和研究工程。作为坚守在这个阵地上的理论战士，我们为承担崇高使命而感到无比自豪。抚今追昔，展望未来，我们决心恪尽职守、竭诚奉献，决不辜负党和人民的信赖和重托。

为了在新的历史条件下巩固和加强马克思主义在意识形态领域的指导地位，扎实推进中国特色社会主义事业，2004年年初，党中央作出了实施马克思主义理论研究和建设工程的战略决策，接着进行了全面的动员和部署。理论工程的一项重要任务，就是组织精干力量，重新审核和修订马克思主义经典作家重点著作译文，编成十卷本《马克

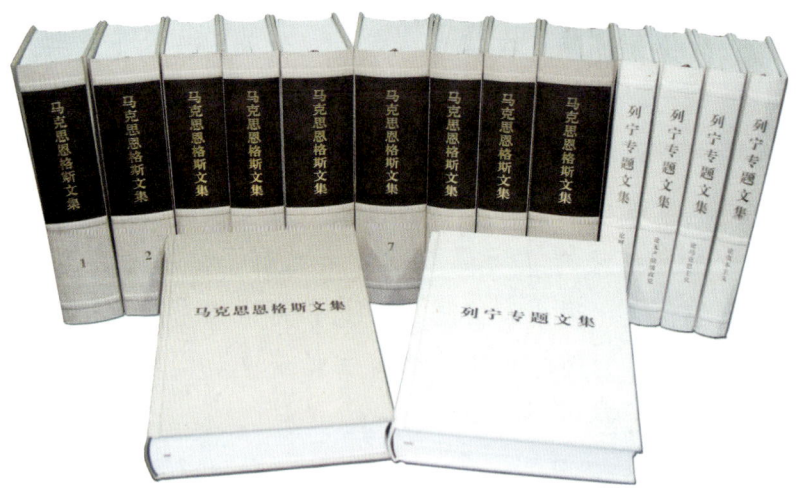

《马克思恩格斯文集》10卷本、《列宁专题文集》5卷本

思恩格斯文集》和五卷本《列宁专题文集》，为深入学习和研究马克思主义理论提供选材更精当、结构更严谨、译文更精准、资料更翔实的基础文本，以适应我们党在新时期用马克思主义中国化理论成果武装全党、教育人民的需要。这是时代的呼唤，是群众的要求，也是经典著作编译工作者的心愿。

中央领导同志指出，重新审核和修订马克思主义经典作家重点著作译文，并加以精心编纂和辑录，是一项具有重大现实意义和深远历史影响的战略任务。因此，两部《文集》的编译工作从一开始就作为理论工程重点项目被放在突出的位置。为了顺利推进、圆满完成两部《文集》的编译任务，经党中央研究批准，理论工程于2004年设立马克思主义经典作家重点著作译文审核和修订课题组，相关工作由中央编译局组织实施。

在此后的五年里，中央领导密切关注、悉心指导、大力支持两部《文集》的编译工作，亲自审核批准编辑方案，定期听取工作汇报，反复强调要坚持科学的态度和方法，以确保译本的准确性和权威性。这一切，使我们进一步提高了认识，明确了方向，鼓舞了斗志，增强了信心。

课题组和编委会牢记党和人民的嘱托，以高度的政治责任感全力以赴投入这项重要工程，一丝不苟、精益求精地做好篇目遴选、文献汇辑、译文修订和资料编纂等各项工作，努力使"准确性"和"权威性"的要求真正得到落实。在大量艰巨复杂的工作中，老专家发挥了中坚作用，一些年逾七旬的同志在第一线奋力坚持工作，有的甚至病逝在工作岗位上。一批优秀的中青年骨干勇挑重担，迎难而上，完成了一个又一个攻坚任务。同志们为实现共同的目标而齐心协力、相互砥砺、专心致志、埋头苦干，度过了五个难忘的春秋。在这个过程中，理论界、学术界的同志，特别是理论工程咨询委员会的委员们向我们提供了有力的支持和热情的帮助。

《马克思恩格斯文集》正文约580万字，各种资料约190万字，总字数约770万字；《列宁专题文集》正文约120万字，各种资料约30万字，总字数约150万字。同以前出版的马列著作相比，这两部文集的编译工作具有更加鲜明的时代特色、实践品格和创新意识。

十卷本《马克思恩格斯文集》的特点，一是选文精审，内容完整，既全面反映经典作家的理论体系，又充分体现马克思主义与时俱进的科学品格。《文集》精选了马克思和恩格斯在各个时期的代表性著作，内容涵盖马克思主义哲学、政治经济学和科学社会主义，同时还包含马克思主义创始人有关政治、法学、史学、教育、新闻、科技、语言、文艺、军事、民族、宗教、环境等问题的重要论述。

二是体例新颖，结构严谨，既反映经典作家理论创造的历程，又突出重点著作的地位。《文集》首次采用按年代编排与重要专著单独设卷相结合的编辑方法。第1卷为马克思主义形成时期的著作；第2卷为欧洲1848年革命前后时期的著作；第3卷为第一国际成立至马克思逝世前的著作；

第4卷为恩格斯在马克思逝世后所写的著作；第5、6、7卷为《资本论》；第8卷为《〈资本论〉手稿选编》；第9卷为恩格斯的《反杜林论》和《自然辩证法》；最后一卷即第10卷为书信专卷，全卷选收马克思恩格斯从1842年到1895年写的280封书信。这种崭新的编排方法，既体现了马克思主义基本理论形成发展的历史进程，又突出了《资本论》《反杜林论》等著作在马克思主义科学体系中的重要地位。

三是精心修订译文，认真统一译名，既保证理论上的准确性，又增强表述上的可读性。我们紧紧围绕中央提出的"使译文更加准确反映马克思主义经典作家的原意"这一明确要求，选择最权威、最可靠的外文版本作为审订依据，吸收国内外最新研究成果，采纳理论界的合理意见，对收入《文集》的全部译文逐字逐句进行严格审订，努力使译文做到确切稳妥而又明白晓畅。我们始终恪守恩格斯提出的原则：把翻译马克思主义经典著作视为"真正老老实实的科学工作"。

为了让大家了解我们审核和修订译文的情况，我在这里举一个实例，这个例子出自恩格斯的《反杜林论》。在这部著作《第一编　哲学》中，恩格斯指出"否定的否定""是自然界、历史和思维的一个极其普遍的、因而极其广泛地起作用的、重要的发展规律"，他写道：

Wenn ich von all diesen Prozessen sage, sie sind Negation der Negation, so fasse ich sie allesamt unter dies eine Bewegungsgesetz zusammen, und lasse ebendeswegen die Besonderheiten jedes einzelnen Spezialprozesses unbeachtet. Die Dialektik ist aber weiter nichts als die Wissenschaft von den allgemeinen Bewegungs-und Entwicklungsgesetzen der Natur, der Menschengesellschaft und des Denkens.

原译文是：

当我谈到所有这些过程，说它们是否定的否定的时候，我是用这唯一的运动规律来概括所有这些过程，正因为如此，我没有去注意每一个个别的特殊过程的特点。而辩证法不过是关于自然、人类社会和思维的运动和发展的普遍规律的科学。

译文中出现了"否定的否定"是"唯一的运动规律"这种提法。这显然不符合恩格斯的本意，因为唯物辩证法的基本规律包括对立统一规律、质量互变规律和否定之否定规律。原译"这唯一的运动规律"的德文原文是"dies eine Bewegungsgesetz"，其含义是"这样一个运动规律"，恩格斯的表述是十分准确的，据此，我们对译文作了如下改动：

当我谈到所有这些过程，说它们是否定的否定的时候，我是用这一个运动规律来概括所有这些过程，正因为如此，我没有去注意每一个个别的特殊过程的特点。而辩证法不过是关于自然界、人类社会和思维的运动和发展的普遍规律的科学。

修改后的译文语义清晰,准确地反映了恩格斯著作的原意。细心的读者会发现,《马克思恩格斯文集》不仅纠正了以往译本中的错误,而且进一步将原译文中的"自然"一词(德文原文是"Natur")修订为"自然界";此处虽然只增加了一个字,但从原著语境来看,新译文确实显得更加精准妥帖。通过认真审核和修订,我们一方面提升了经典著作译文质量,一方面也加深了对经典作家倡导的科学

2010年9月30日,韦建桦(前排右二)等在柏林—勃兰登堡科学院展示中央编译局编译的《马克思恩格斯文集》等重要成果

精神的理解。

四是各类资料详备，贴近读者需要，既为学习研究原著提供必要的辅助材料，又对把握理论精髓起到引导作用。《文集》各卷均附有注释以及人名、文献和名目等各种索引，最后一卷还附有马克思恩格斯生平大事年表。所有的注释和索引都根据国内外最新研究成果进行了修订，努力做到考证严谨、内容翔实。我们还为《文集》所收的108部著作编写了题注，概述各篇著作的主要观点，帮助读者领会这些著作的理论要旨。同时，在对各篇文献写作出版情况的说明中，我们增加了对重点著作中文译本的介绍，以便读者了解和研究这些著作在中国传播的概况。

五卷本《列宁专题文集》的特点，一是采用全新的编辑思路和框架结构。《文集》分专题编为五卷，即《论马克思主义》《论辩证唯物主义和历史唯物主义》《论资本主义》《论社会主义》和《论无产阶级政党》。五个专题构成的总体框架，把系统反映列宁主义科学内涵同密切结合新时期理论武装工作需要这两个要求有机地统一起来，既注重反映列宁毕生坚持和发展马克思主义的理论贡献，又着眼于适应广大干部群众学习中国特色社会主义理论体系的实际需要。

二是体例新颖，收文精当。各卷以文献选编与重要论述摘编相结合的形式，从60卷《列宁全集》中精选115篇最具代表性的著作，同时从本卷未收的著作中摘选与本专题有关的重要论述，编成《重要论述摘编》，作为对所收文献的补充。这种新颖的编辑体例有利于反映列宁重要理论思想的完整性和系统性，同时又体现了收文"少而精"的原则。

三是资料更丰富，题注有创新。各卷均附有详细的注释和索引。为了帮助读者掌握各篇著作的科学内涵，我们在每篇文献前面都加上了导读性题注，言简意赅地介绍有关著作的时代背景、核心内容和主要观点。

正是由于具有这些特点，两部《文集》对于推进理论学习、理论研究、理论教学和理论宣传发挥了重要作用，受到了中央领导的充分肯定和高度评价，被誉为马克思主义理论研究和建设工程的标志性成果、广大干部群众学习马克思主义理论的权威性教材。

两部《文集》在社会各界引起的热烈反响和普遍好评，给我们带来了荣誉。我们清醒、冷静地认识到，这些成绩并不仅仅是课题组和编委会成员经过五年耕耘收获的果实；从根本上说，这是一代又一代经典著作编译家心血与智慧的结晶，是理论界的同志和广大读者长期支持经典著作编译工作的见证。我们应当怀着强烈的责任意识，以崭新的精神风貌去开拓新的局面、创造新的业绩、续写新的历史篇章。

在中国特色社会主义胜利推进的新时代，党中央站在历史和全局的高度，进一步深入实施和扎实推进马克思主义理论研究和建设工程，为经典著作编译事业创造了新的重要的发展条件和历史机遇，同时也对编译工作提出了新的更高的要求。习近平总书记深刻阐明了马克思主义的科学内涵和思想精髓、实践基础和理论品格、历史地位和指导意义，对全党同志联系实际学习经典著作提出了明确要求，同时指出了在新形势下推进经典著作编译出版、研究阐释和宣传普及工作的方向与途径。习近平总书记的一系列精辟论述，是我们坚守阵地、履行使命、勇于开拓、做好工作的根本遵循。

我们要认真学习、深刻领会、全面贯彻习近平总书记的重要指示精神，努力使马克思主义经典著作编译事业在新时代达到新水准、呈现新境界。我们要恪守正确政治方向，发扬前辈优良传统，加大经典著作编译力度，不断完善版本体系，促进版本升级，为推进党的思想武装和理论建设提供内容丰富、种类齐全、选材精当、适应需求的经典读本，同时要努力深化经典著作研究阐释，切实推进经典著作宣传普及，不忘初心，牢记使命，勤勉工作，奋力开拓，为实现中华民族伟大复兴不断做出新的贡献。

《马克思恩格斯文集》十卷本工作的一点回忆

徐洋

2004年,中央启动马克思主义理论研究和建设工程,工程在中央编译局设立"马克思主义经典作家重点著作译文审核和修订课题组",任务是编译《马克思恩格斯文集》十卷本;后来根据中央领导同志的指示,又增加了编辑《列宁专题文集》五卷本的任务。当时参加《文集》工作的主要是多年从事经典著作编译和研究工作的老同志,其中也包括一部分老领导、老专家,中青年参与的不多。我作为十卷本课题组的学术秘书,有幸全程参与了新中国经典著作编译史上的这一重要工程。十卷本的工作在我的职业生涯和学术道路上打下了深刻的烙印。

其实,十卷本《马克思恩格斯文集》本身的调研、筹划、设计和组织工作,比马克思主义理论研究和建设工程的正式启动要早。我参加的研究部署十卷本工作的第一次正式会议,是2003年7月8日在中央编译局举行的。当时参加会议的有:韦建桦、顾锦屏、翟民刚、张海滨、王锡君、冯文光、张钟朴、周亮勋、蒋仁祥、杨金海、柴方国、

本文作于2023年。

章丽莉、胡永钦、李其庆、牟建君和我。会议由时任局长韦建桦主持。他主要谈了编译出版十卷本的缘起和意义，传达了中央领导同志对意识形态工作和宣传文化工作的重视，以及对编译局马克思主义经典著作编译工作的关心。由于《马克思恩格斯全集》中文第二版总计70卷，卷帙浩繁，工程庞大，不可能很快完成，而理论界又有尽快看到马克思恩格斯重点著作新译本的强烈愿望，于是韦局长等领导同志研究决定，将马克思恩格斯的重点著作编成十卷本《文集》，作为《马克思恩格斯全集》中文第二版的"精华本"先行出版。这一设想得到了中央领导部门的肯定。后来马工程启动，十卷本就正好纳入进去了。

我在十卷本《文集》中的具体工作有三项：（一）担任学术秘书；（二）担任第一卷负责人韦建桦老师的助手；（三）负责编写第十卷所附《马克思恩格斯生平大事年表》初稿。编写马克思恩格斯生平大事年表，让我了解了马克思恩格斯的生平大事和思想发展历程，大致熟悉了马克思恩格斯的主要传记和马恩著作的主要版本。担任学术秘书，主要的职责是协助课题组首席专家、《文集》主编韦建桦老师掌握各卷工作进度、组织内部业务讨论，包括参与筹备学术研讨会、准备会议材料、做好会议记录、撰写会议纪要、承担与局外学者的联络沟通等等。

在十卷本《文集》编译工作进行的6年半期间，我几乎参加了所有会议，做了大量的记录。作为历史系的毕业生，我本着能记多少记多少的原则，把各位老师大会小会上的发言要点尽量原样记录下来。今天翻看这些会议记录，当年研讨会上严肃深入而又往往轻松幽默的场景，仍然历历在目。前辈们对马克思主义的坚定信念和对经典著作编译事业的诚挚感情，深深感染了我；前辈们渊博的学识、精湛的外语水平和卓越的中文表达能力，令我钦佩不已。十卷本《文集》编译工作是一所大学校，研讨会就是这所学校最好的课堂。我做会议记录的过程，也是我"沉浸式"学习

中央编译局《关于编辑十卷本〈马克思恩格斯文集〉的报告》

经典著作编译的方方面面，并在这一神圣事业中逐渐成长的过程。此外，作为学术秘书，我还受命收集整理了理论界学术界对马恩著作中译文的商榷和建议，供各位领导和专家参考。

对我影响最大、给我帮助最多的工作，是担任十卷本《文集》第一卷负责人韦建桦老师的助手。2009年底十卷本《文集》正式出版后，我在编译局正式启动的"以老带新"工作中，又万分幸运地成为韦局长的学生。韦局长作为导师，在2010—2011年两年时间里，对我在业务学习和编译实践上进行悉心指导。"以老带新"两年制的学习期结束后，韦局长在工作中仍然继续对我进行指导，给以帮助。

韦局长不仅对马克思主义经典著作的理论要义和发展脉络有着深入的研究，而且对中西历史文化十分熟悉，他的德文和中文水平都臻于我们难以企及的高度，尽管上个世纪70年代末才调入编译局，但仿佛是天生为从事经典著作编译事业而来的。十卷本《文集》第1卷收录马克思主义形成时期的著作，即马克思恩格斯1843—1848年初的著作。这是马克思和恩格斯完成从唯心主义向唯物主义、从革命民主主义向共产主义转变的时期，也是他们共同创立唯物史观的时期。这一时期的著作往往理论比较艰深，语言比较难解。韦局长在十卷本《文集》编译期间，把第一卷所收文献的中译文对照外文彻底审校了两遍。当时，关于译文校订和审核的标准，十卷本《文集》编审委员会在韦局长领导下确定了七条原则：1.要确保译文准确表达马克思主义经典作家的原意；2.要突出重点；3.对所收的所有著作都要逐字逐句认真审核，确保意思准确，文字通顺；4.慎重对待通用的术语、范畴和经常被引用的名言警句；5.在语言表达方面，主要修订那些用词不当、逻辑关系不清、不够明白晓畅甚至容易引起歧义的译文，以便读者准确地理解原著；6.重视注释和主题索引的工作，注意它们与正文的吻合，所涉及的重要史实一定要查考清楚；7.在整部《文集》中，重要译名和译语要前后统一。韦局长带头全面彻底落实上述原则，对原译中少量不准确的地方作了订正，对容易产生歧义的地方作了修改，对中文表述欠佳的地方作了改善，还亲自审看这一卷的注释、名目索引等资料并提出了很多修改意见。这就使得这一卷的中译文和相关资料的质量大大提高。这里仅就《〈黑格尔法哲学批判〉导言》略举两例。

例1：只加一个逗号，文意大大明晰。

《〈黑格尔法哲学批判〉导言》中有一句话德文原文是：

Während das Problem in Frankreich und England lautet: *Politische Ökonomie* oder *Herrschaft der Sozietät über den Reichtum*, lautet es in Deutschland: *National-Ökonomie oder Herrschaft des Privateigentums über die Nationalität.*

《马克思恩格斯全集》中文第二版第3卷译为：

在法国和英国，问题是**政治经济学**或**社会对财富的**

统治；在德国，问题却是**国民经济学**或**私有财产对国民的统治**。

《马克思恩格斯文集》第1卷把这句话修改为：

在法国和英国，问题是**政治经济学**，或**社会对财富的统治**；在德国，问题却是**国民经济学**，或**私有财产对国民的统治**。

原译中文表述有歧义。易被理解为"政治经济学或社会"这两者对财富进行统治，"国民经济学或私有财产"这两者对国民进行统治。

而从德文原文来看，前一句中的"政治经济学"同"社会对财富的统治"并列，后一句中的"国民经济学"则同"私有财产对国民的统治"并列。这里有两点值得注意：第一，在两个oder（相当于英文的or）的两边，各是两个名词词组，即"Politische Ökonomie"和"Herrschaft der Sozietät über den Reichtum"，以及"National-Ökonomie"和"Herrschaft des Privateigentums über die Nationalität"；第二，原文中oder用正体，oder两边的名词词组用斜体。原文的意思是，在法国和英国，由于资本主义私有制已经充分发展，人们已经提出了"政治经济学"的问题，或者说已经提出了"社会对财富的统治"的问题；而在德国，由于资本主义私有制尚未充分发展，人们谈论的还只是

"国民经济学"的问题,即"私有财产对国民的统治"的问题。所以马克思随后说:"因此,在法国和英国是要消灭已经发展到终极的垄断;在德国却要把垄断发展到终极。那里,正涉及解决问题;这里,才涉及冲突。"

为明确表达原意,现在两处加上逗号。同时,韦局长也指出:在这个句子中,oder 一词也可以译为"或者说""也就是说",甚至译为"即";但本着尽可能少改的原则,在准确表达原意的前提下,我们保留了原译"或",只在上述两处加上了逗号。

莫斯科前进出版社 1975 年出版的《马克思恩格斯全集》英文版第 3 卷的译文为:

Whereas the problem in France and England is: *Political economy*, or the *rule of society over wealth*; in Germany, it is: *National economy*, or the *mastery of private property over nationality*.

正是在 or(或)之前加了逗号,与现在的中译文一致。

例 2:全人类的解放还是普遍的人的解放?

《〈黑格尔法哲学批判〉导言》中还有一句话,德文原文是:

Nicht die radikale Revolution ist utopischer Traum für

Deutschland, nicht die allgemein menschliche Emanzipation, sondern vielmehr die teilweise, die nur politische Revolution, die Revolution, welche die Pfeiler des Hauses stehen läßt.

《马克思恩格斯全集》中文第二版第3卷译为：

对德国来说，彻底的革命、全人类的解放，不是乌托邦式的梦想，确切地说，部分的纯政治的革命，毫不触犯大厦支柱的革命，才是乌托邦式的梦想。

《马克思恩格斯文集》第1卷修改为：

对德国来说，彻底的革命、普遍的人的解放，不是乌托邦式的梦想，相反，局部的纯政治的革命，毫不触犯大厦支柱的革命，才是乌托邦式的梦想。

原译的主要问题在于"全人类的解放"这一表达。德文原文是"die allgemein menschliche Emanzipation"，译"全人类的解放"看上去似乎符合原文，但在马恩著作中，与中文"全人类"对应的德文词主要是"die ganze Menschheit"。如：

（1）《马克思恩格斯全集》中文第二版第3卷《第六届莱茵省议会的辩论（第一篇论文）》中"难道圣经不是把全人类分成山羊和绵羊两大类吗"。

（2）《马克思恩格斯全集》中文第一版第2卷《神圣家

族》中"本身不是批判的批判的全体人类","一身兼为整个自然界和全体人类的主客体";

(3)《马克思恩格斯全集》中文第一版第2卷《英国工人阶级状况》中"好像要把整个人类重新装备起来";

(4)《马克思恩格斯全集》中文第一版第4卷《反克利盖的通告》中"让全人类永远安然自得","称土地为全人类的公共财产","全人类不可让渡的公共财产","替'全人类保留'","全人类的财产"等等;

(5)《马克思恩格斯全集》中文第二版第19卷《福格特先生》中"这个吮吸全人类骨髓的世敌";

(6)《马克思恩格斯选集》中文第二版第3卷《反杜林论》中"而是想解放全人类"。

以上"全人类"用的是"die ganze Menschheit"。

《马克思恩格斯文集》《列宁专题文集》编辑委员会在工作

"Menschheit"单独出现则译为"人类"。如《马克思恩格斯文集》第1卷《英国工人阶级状况》中"人类的事业"。另外，allgemein在哲学语境下一般译作"普遍"或者"一般"，如黑格尔哲学中的普遍、特殊、个别，或者马克思政治经济学的重要概念"资本一般"（Das Capital im Allgemeinen）。

韦局长告诉我，上述理由，主要是着眼于语言表达；而对于经典著作译文的修订工作来说，更重要的是考虑思想内涵和理论逻辑。

其实，形容词menschlich就其语义学含义来说，既可以译成"人的"，也可以译成"人类的"；但在本文中，马克思集中论述的是"人的解放"问题，而不是"人类解放"问题。马克思认为，封建阶级的政治统治和宗教的思想统治，使现实生活中的德国人变成了非人；因此，无论是政治批判还是宗教批判，都应当"提高到真正的人的问题"的高度，使德国人重新成为人。因此，马克思强调指出："德国唯一实际可能的解放是以宣布人是人的最高本质这个理论为立足点的解放。"他同时明确地指出："德国人的解放就是人的解放。这个解放的头脑是哲学，它的心脏是无产阶级。"

"人的解放"问题，也是马克思在同一时期的论著《论犹太人问题》中集中阐述的命题。《论犹太人问题》厘清了"资产阶级政治解放"和"人的解放"的关系，指出要实现"人的解放"，就必须突破资产阶级政治解放的历史局限性，对社会进行彻底的革命改造，消灭私有制，消除人的生活本身的异化。

需要指出的是,《论犹太人问题》一文中多次出现"人的解放"这一概念,德文原文也是"die menschliche Emanzipation"。在《马克思恩格斯全集》中文第一版中,这个词译成"人类解放";而在《马克思恩格斯全集》中文第二版,这个词已全部改译为"人的解放";在十卷本第1卷相应的地方,这个词当然也相应地保留了"人的解放"的译法。

问题出在《〈黑格尔法哲学批判〉导言》一文的中译文中。在中文第一版,"allgemein menschliche Emanzipation"译为"全人类的解放";在中文第二版,这个词没有得到纠正。韦局长在编译十卷本第1卷时发现了这个问题,作了纠正。

韦局长在修订这处译文时,还谈到"人的解放"与"人类解放"的联系和区别。他指出,我们所说的"人类解放",是指使整个人类永远摆脱政治压迫和经济剥削。马克思主义认为,无产阶级只有解放全人类,才能最终彻底解放自己。马克思恩格斯曾多次阐明这一观点。"人的解放"与"人类解放"虽有相通之处,但在马恩著作中区别是十分明显的:前者指现实生活中的每一个个体,通过消灭私有制、消除人的自我异化,实现人"对人的本质的真正占有",也就是实现向"合乎人性的人的复归";后者是指无产阶级通过革命,将全体人类从压迫和剥削制度下解放出来。两者的终极目标是一致的,但角度不完全一样。前者更多地出现于早期著作中,具有哲学的内涵和意蕴;后者则涉及无产阶级革命和共产主义的远大目标。

从"人类解放"到"人的解放",只改了一个字,却具有重大意义。这一改动使人们对经典作家早期著作中的重要概念和术语有了进一步完整的认识,因而受到理论界的赞同和好评。现在,"人的解放"一语已成为当代中国马克思主义哲学界经常使用的重要概念。

我作为助手的工作,就是跟在后面学习韦局长是如何校订的,即把韦局长的修改同原文相对照,把所校订的内容同清样稿进行核对。韦局长常常结合译例给我讲解校订工作的要领。他说,在校订经典著作的时候,要注意吃透原文,从精神实质上理解经典作家的原意,否则在校改时有可能貌合神离,有可能把旧译改差,甚至把对的改错;要注意把原文中的小品词翻译出来,经典作家的确切意思、原文中的细微色彩,往往只有通过这些小品词才能比较精确地呈现;德文和中文是两种不同的语言,有时候中译文看似对原文增减了一些字词,但这种增减是根据原文的逻辑、语法、语气等隐性但固有的要素作出的,并非译者自作主张随意进行增减;德文中的人称代词、指示代词、关系代词可能在原文中很清楚,但是如果简单地转换为中文的代词,就有可能指代不清,这个时候就有必要把它们明确写出来;标点符号的运用也是翻译的有机组成部分,要服从清晰表达原意的需要,而不必完全照搬,如此等等。

韦局长曾根据编译经典著作的体会,对翻译家严复提出的"信、达、雅"原则在经典著作译校中的应用作了精辟的阐述。他指出，所谓"信、达、雅"，关键在"信"，就是译文既要表达作者的意思，又要用与原文文体和风格相一致的译文来表达。至于"达"和"雅"，那要看原文的实际情况。马克思恩格斯的论著，条理清晰、逻辑严谨、语言流畅、文采斐然，我们当然应当努力反映原著的风采，尽可能使译文做到既"达"又"雅"。但是，马克思恩格斯在他们的著作中引证的一些论敌的文章，例如施蒂纳、蒲鲁东、杜林等人的文章，情况就不一样了。那些引文有的佶屈聱牙、文理不通，有的矫揉造作、故作高深，既不"达"，更不"雅"。在这种情况下，我们就要真实地反映引文的原意和原貌，只有这样，读者才能理解马克思恩格斯对这些引文的批驳和嘲讽。

除此之外，韦局长还经常提到严复倡导的另一个要点，那就是译文要"刻意求显"；这四个字的意思是：译者应当尽力使译文表述清晰，语言明确，不含歧义。在校订十卷本《文集》第1卷译文时，韦局长特别注意这一点；有时，经过反复研究和审核，确定译文无懈可击，但考虑到读者可能难以理解，编译者还是不放过这样的地方，总是尽量设法帮助读者消除困惑。例如，马克思恩格斯在《德意志意识形态》中谈到共产主义革命时，强调要"消灭劳动，并消灭任何阶级的统治以及这些阶级本身"。马克思恩格斯一贯强调劳动实践对于人类文明和历史进步的伟大意义，而这里忽然提到要"消灭劳动"，自然会使读者感到难以理解。实际上，马克思恩格斯在这里所说的"消灭劳动"，是指消灭资本主义私有制统治下的异化劳动。关于这种说法的含义，在《马克思恩格斯文集》第1卷第570—573页、579—582页有详细的阐释；在《1844年经济学哲学手稿》中，马克思还作了系统的说明。据此，韦局长在这个地方增加了一条脚注，对这个判断的实际涵义作了说明，同时提示读者参看本卷的相关论述。后来的事实证明，这条脚注对于许多读者理解经典原文起到了重要的作用。

韦局长有一个非常值得学习的工作方法：他在校订的时候，总是把自己的思考和依据用工整清晰的行楷简明而充分地写在校订稿的页边，有时候还会对以前几个版本的译文作出对比和点评，指出它们的长处和不足。在不少场合，这些旁注还会旁征博引，列出佐证。有时候，一条旁注就相当于一篇小论文了。这样，即使他本人不在旁边，我们也能够一目了然地理解这里为什么要作这样的修改，或者为什么不作出修改，并从中更深入地领会马克思恩格斯学说的实质，理解德文和中文的异同，体悟校订工作的精髓。相形之下，有的同志，特别是一些年轻同志，在做校订工作时，校订符号有时勾画不清、相互交义，校订依据往往写得过于简略，或者字迹潦草，他人辨认起来比较困难。

十卷本《文集》工作的后期，特别是编辑资料和集中审看清样的时候，大量年轻同志参与到工作中来，他们也普遍感受到在这种大兵团作战中成长的喜悦。无论是老同志还是年轻同志，都以能够参加《文集》工作而感到光荣和自豪。在6年多的历程中，同志们怀着高度的政治责任感，迸发出极大的工作热情，齐心协力，不计报酬，认真细致，埋头苦干。在编译《文集》的紧张工作中，很多同志牺牲了休息时间，很多同志把家事放在一边，累病了是常有的事情，马列部的老主任周亮勋同志还献出了宝贵的生命。在《文集》工作最为紧张的最后几个月里，很多同志几个星期连续上班，到了晚上，马列部所在的二三四层常常灯火通明，不少同志工作到晚上十一二点才回家。在这个过程中，没有任何同志叫苦叫累，大家总是安排到什么工作就做什么工作。从译文校订、资料编写到技术编辑，从文字审读、资料查找到各道清样转抄，从核查目录、版面、书眉到转页码，上至局领导和部领导，下到刚刚参加工作的年轻同志，都是不挑不拣，认真完成。

《马克思恩格斯文集》《列宁专题文集》2009年12月由人民出版社正式出版，受到中央领导同志的高度评价和理论界的广泛赞誉。为进一步提高对马列著作编译工作重大意义的认识，全面总结两部《文集》校订、资料、编辑、组织管理、人才培养等方面的经验，展望马列著作编译事业的未来发展，《文集》编译工作总结大会于2010年1月21日至23日在北京召开。韦建桦局长、王学东副局长等有关局领导，马克思主义经典作家重点著作译文审核和修订课题组全体成员暨《马克思恩格斯文集》编委会、《列宁专题文集》编委会成员，局办公厅有关领导同志，马列部其他参与两部《文集》工作的同志参加了这次会议。会议进行了主题发言、分组讨论和大会交流。会议期间，同志们怀着对经典著作编译事业的满腔热忱和崇高的历史使命感，展开了热烈、全面、深入的讨论。

在大会交流环节，我代表自己所在的小组进行汇报。我对年轻同志参加两部《文集》工作的感受作了如下的归纳：（1）老同志在马列著作编译过程中表现出来的坚定的信仰，严谨的治学态度，淡泊名利、埋头苦干、无怨无悔的精神风貌，让我们深受感动，深受教育；老同志是青年同志的精神支撑，青年同志从老同志那里既学到了工作经验，也获得了毕生从事马列著作编译事业的信心。（2）两部《文集》是锻炼年轻人的最好的平台，年轻同志在老同志的指导下，感觉很有进步，因为只有在实际工作中才能取得更大更快的进步；两部《文集》是一次大练兵，大家在《文集》工作中表现出来的团队精神、合作精神，不怕困难、肯于吃苦、冲锋在前、享受在后的作风，使人深受鼓舞，作为这个团队的一员，感到非常自豪，非常骄傲。（3）两部《文集》编译过程中的做法和经验非常好，应当在今后的经典著作编译工作中继承和发扬。比如研讨会的机制非常好，建议以后研讨会要扩大范围，所有参与工作的同志最好都要参加；又如及时的交流沟通非常重要，要保持各个卷次、各道环节、各个方面的经常联系。

韦局长在总结讲话中强调要百倍珍惜我们自己创造的精神财富，更好地推进我们的事业。他指出，我们所创造的精神财富,首先是经典著作的中文译本,包括刚刚出版的两部《文集》;另一个精神成果,就是我们在两部《文集》编译过程中积累的宝贵经验、发扬的良好学风、建立的有效机制、形成的深厚友谊,其中最重要的,是追求真理的科学精神、认真负责的工作精神、相互配合的协作精神和不畏艰难的奉献精神。他说,我们正是依靠这四种精神,才完成了光荣而又艰巨的任务;我们要始终保持和发扬这四种精神,不断推进我们共同的事业。韦局长的讲话振聋发聩、催人奋进,鼓舞着我们年轻一代为了经典著作编译事业而继续奋斗。

张海滨,副研究员。曾任中央编译局秘书长。2014年荣获资深翻译家荣誉称号。参与《列宁全集》中文第二版增订版、《马克思恩格斯文集》《列宁专题文集》等编译工作。

马列经典著作编译工作中的一抹亮彩

——谈谈《列宁专题文集》的编辑特色

张海滨

  我是"文革"期间上的大学，即所谓的"工农兵学员"。1976年9月，我从黑龙江大学俄语系毕业后分配到中央编译局，先后在国际共运史资料室（后改称国际共运史研究所）和局办公室（后改为办公厅）工作。2009年12月底办理退休手续后，我又被返聘回马列著作编译部，也就是现在的中央党史和文献研究院第五研究部工作，一直到现在。

  我到编译局时"文革"还没有结束。由于"文革"的内乱，各行各业、各单位人才断档，后继乏人，编译局也是如此。为了马列主义经典著作编译事业发展的需要，从1975年至1979年，编译局先后从辽宁大学、南京大学、黑龙江大学、北京第二外国语学院、西安外国语学院、广州外国语学院、北京外国语学院等院校，选调了学习俄语、德语、英语、法语、西班牙语和日语的"工农兵学员"毕

本文作于2022年。

业生来局工作，据不完全统计，大约有60多人。后来许多人陆续调走或出国，最后留在编译局工作的也就有20多个了。

为了弥补和解决我们这些"大学生"的先天不足，以便能够适应和胜任今后的翻译与研究工作，局领导对我们这些1975、1976两年期间来局的新人进行了语言和理论两方面的培训。语言方面的培训，主要是组织我们采取中外文对照阅读的方式进行，请有经验的老专家为我们解答问题，从而加深和提高对两种语言的理解和把握。理论方面的培训，主要是组织我们学习三大选集，即《马克思恩格斯选集》《列宁选集》和《毛泽东选集》。对马克思、恩格斯和列宁的一些重点著作，还请当时马恩室、列斯室和国际所的老同志给我们作辅导报告。这些老同志都是参与经典著作翻译校订的专家，他们从时代背景到理论观点，给我们进行详细的讲解，甚至对经典著作翻译中的重点和难点也进行认真的分析和说明。这种形式的培训学习使我们受益匪浅，为以后的工作打下了比较坚实的基础。当时国际所还派我去北京大学国政系旁听国际共运史专业课。这对于我在国际所的工作是极其有益的。

自1976年9月至1993年5月，我在国际所工作了将近17年，从事过翻译、编辑和研究工作。可以说，这十几年的工作磨炼，为从事编译局的业务工作打下了较好的基础。

我在编译局的工作经历中还有7年时间是在局办公厅，主要是从事行政管理及全局性协调服务工作。因此，与许多同期来编译局的同志相比,我从事的工作岗位比较多、也比较杂。正因为有不同岗位的工作经历,加之有领导的指导和老同志们的帮助,使我从中得到了很好的锻炼与成长。

下面主要谈谈我直接参加与马列主义经典著作编译有关工作的情况。我直接参与这项工作任务是从2004年开始的。

2004年1月,党中央决定在全国实施马克思主义理论研究和建设工程。这是一项具有重大现实意义和深远历史意义的思想理论工程,是中央在新的历史条件下,坚持和巩固马克思主义在意识形态领域指导地位,提高理论自觉和文化自信,深入推进马克思主义中国化、时代化和大众化而实施的一项重大战略决策。同年4月,中央召开了实施马克思主义理论研究和建设工程工作会议,随后理论工程的各项任务全面展开。理论工程中的重要项目之一,就是由中央编译局承担编译十卷本《马克思恩格斯文集》和五卷本《列宁专题文集》。编译这两部文集是新形势下加强全党马克思主义理论学习、建设马克思主义学习型政党的需要。

为了完成好中央交给我们的这项重大任务,编译局进行了认真细致的组织工作,组成了以局长韦建桦为主编、老领导顾锦屏为副主编的文集编委会以及老中青三代业务骨干组成的编译队伍。编委会对两部文集的整体框架结构、收文原则、资料编写等进行了多次研究讨论,还多次征求了局外理论界专家学者的意见。中央马克思主义理论研究和建设工程咨询委员会的专家学者对两部文集的《征求意见稿》进行了几十次的讨论和审阅。

党中央对两部文集的编译工作自始至终都给予高度重视和关心,中央有关领导同志曾多次作出重要指示。中央的关心和重视,理论界的热切期盼,不仅使我们感到使命艰巨、责任重大,更是给予我们巨大的工作动力。编译局的经典著作编译工作者们克服各种困难,本着严肃认真、一丝不苟的态度和精益求精的精神,全力投入两部文集的编译工作。

中央主管部门最初希望两部文集,最好能够在2007年党的十七大召开之前正式出版发行。要在短短的三年多时间完成两部经典著作文集的编译任务,而且要达到中央提出的"两个精品"(即马克思主义理论的学术精品和中国特色社会主义的文化精品)的要求,这对于编译局来说是相当艰巨的。尽管如此,我们的编译工作计划也必须按照这个时间表进行安排。为了把两部文集做成中央提出的"两个精品",编译工作的每一道工序都需要慎之又慎、精益求精。这使原定的出版时间就显得相当紧张。当韦建桦局长向有关领导汇报了文集编译工作的进展情况之后,中央领导同志认为,要确保经典著作的准确性和权威性,并及时地作出了"时间服从质量"的指示。这一明确指示,为我们更精细地编译好两部文集,提供了较为充裕的时间保证。

经过近6年的艰辛努力,总计约920万字的两部文集,终于在2009年12月正式出版发行。党中央为此在人民大会堂召开了两部文集的出版座谈会，对两部文集的编译出版工作给予高度评价，明确指出，新出版的两部文集是马克思主义理论研究和建设工程的标志性成果，是学习马克思主义经典著作的权威性教材。

两部文集为广大党员和干部群众学习马克思主义基本理论提供了选材更精当、译文更准确、编排更合理、资料更翔实的基础文本和学习读本。

我有幸参与这样一项具有重要意义的马列主义经典著作编译工作，是我在编译局工作几十年中值得骄傲和自豪的一件事。我参加了两部文集编委会的工作，而且直接参加了五卷本《列宁专题文集》的全过程工作。不仅参与了《列宁专题文集》框架结构的研究讨论、篇目遴选和具体编辑工作，还参加了部分卷次中题注的编写工作。这里主要想谈一下关于《列宁专题文集》的编辑特色问题。

五卷本《列宁专题文集》的文献，均选自中文第二版《列宁全集》。第二版《列宁全集》总共60卷，收载文献9289件，包括列宁的著作、文章、报告、讲话、书信、批示、批注等等，总字数3000多万。马列主义经典著作卷帙浩繁、博大精深，一般读者很难做到全部通读。即使四卷本《列宁选集》收载的文献也有195篇，总字数达330万。要知道，从《列宁全集》60卷及9200多篇文献中进行遴选也不是一件轻而易举的事。

在我们讨论研究《列宁专题文集》选编的关键时刻，

《列宁专题文集》

中央领导同志明确指示：列宁专题文集的选编一定要体现"少而精"的原则。这部专题文集尽管是"少而精"，同样要做到，既要体现列宁思想理论的系统性和完整性，又要充分反映列宁毕生坚持和发展马克思主义的理论贡献以及对无产阶级革命和社会主义建设实践经验的科学总结，还要注意突出重点，有利于广大党员和干部群众学习、理解和把握马克思列宁主义基本理论，以适应学习和研究中国特色社会主义理论体系的实际需要。

在深刻领会中央精神的基础上，编委会认为，这部文集在选材和编辑上一定要有别于已有的选集本和选读本，在版本上一定要富有新意才能实现中央提出的"少而精"原则。虽然选编经典著作专题读本对于我们编译局来说不是第一次，但是编辑这种专题文集读本却是第一次。应该说，这种读本是对马列主义经典著作在版本上的充实和完善。

《列宁专题文集》编委会进行了反复讨论和研究，在专题设置、各专题篇目的遴选等方面几易其稿。中央马克思主义理论研究和建设工程咨询委员会先后举行过7次会议，对五卷本《列宁专题文集》（征求意见稿）进行了认真仔细的讨论审议，另外还进行了3次书面的审议。在中央理论工程咨询委员会的指导和帮助下，最终形成了现在的五个专题卷，即《论马克思主义》《论辩证唯物主义和历史唯物主义》《论资本主义》《论社会主义》和《论无产阶级政党》。文集的五个专题卷在选材和编辑上，概括起来有以下四个特色：

第一，篇幅虽小，但是内容却相当丰富。

五卷本《列宁专题文集》总共收载列宁的文献115篇，既有全篇、也有节选。这些文献是列宁在俄国各个历史时期具有代表性的重要著作、文章、报告、讲话、书信和笔记。在各卷所收的文献之外，为了能够完整、准确、系统地反映列宁的有关思想理论，还为各相关专题卷选编了"重要论述摘编"，也可称为"语录"，总共177条，涉及文献130多篇，全书五卷总字数150多万。这样所收文献共达245篇，涵盖的列宁文献比四卷本《列宁选集》所收的文献195篇还要多出50篇，而且所选内容大多是《选集》没有收载的，而总字数却比《选集》少了一半多，更不用说同《全集》相比了。专题文集尽管篇幅这样少，但是其所涵盖的列宁的思想理论内容却相当丰富。

　　这里我想以《国家与革命》一书为例，谈一下编委会是如何解决选材与理论专题对应及取舍问题。众所周知，《国家与革命》是列宁全面系统阐述马克思主义国家学说、无产阶级革命和无产阶级专政的重要著作。列宁在本书中还系统阐发了马克思在《哥达纲领批判》中提出的关于共产主义社会分为第一阶段和高级阶段的学说，论述了两个阶段的基本特征，并明确把马克思所说的"共产主义社会第一阶段"或低级阶段称为社会主义。因此，从理论专题上看，《国家与革命》既可以收入《论马克思主义》卷，也可以收入《论社会主义》卷。根据既要体现列宁思想理论的"完整性系统性"，又要体现"少而精"的编辑原则，编委会在讨论研究时很快就达成了共识，决定《论马克思主义》卷全文收载《国家与革命》；《论社会主义》卷只收载第五章《国家消亡的经济基础》，该卷的"重要论述摘编"再收载第六章《马克思主义被机会主义者庸俗化》中关于防止工人阶级政权官僚化的一段重要论述，作为社会主义理论观点的补充。同时编委会要求，这两卷收文的题注在说明列宁的思想理论要义及重点时略加区别，以利于读者理解和把握。另外，《论无产阶级政党》卷的"重要论述摘编"部分，还收载了该书第二章中关于马克思主义教育工人政党的一段重要论述。这样以不同的形式收载《国家与革命》一书，不仅很好地解决了不同理论专题卷重复收文的问题，而且比较完整地体现了列宁的思想，也突出了不同理论专题卷中列宁思想理论的重点。

第二,体例新颖,采取文献和语录相结合的方式。

以往编译局编译的马列主义经典著作版本主要有全集本、选集本、各类选读本以及各种单行本。一般这些版本在编排体例上是按编年顺序,即按写作或发表的时间顺序编排。我们这部专题文集则是根据各卷的不同特点采取了不同的编排方式。

一是按编年原则的编排方式。有三卷:《论资本主义》《论社会主义》《论无产阶级政党》。

二是按理论逻辑及重点著作为主的编排方式。有两卷:《论马克思主义》《论辩证唯物主义和历史唯物主义》。

《列宁专题文集》编委会工作会议

三是各卷均采取"文献选编"和"重要论述摘编"相结合的形式。可以说，这是马列主义经典著作在编辑体例上的创新。各卷前一部分的"文献选编"是精选列宁在各个时期所撰写的有关本卷理论专题最具有代表性的著作、报告、讲话和文章等。后一部分的"重要论述摘编"是摘选该卷没有收载的文献中与该卷理论专题有关的重要论述和名言警句。这种编辑形式使各专题卷既能体现列宁相关思想理论的完整性和系统性，又能突出重点；既精简了篇幅，又有利于读者的阅读以及比较完整系统地理解和掌握列宁的思想理论精髓。

第三，资料翔实，导读性题注的现实针对性强。

五卷本《列宁专题文集》各卷均附有注释和人名索引，以备读者查考和了解历史背景。与以往编译局编译的马列主义经典著作版本不同的是，除了把文献原有的题注放在卷末外，编者为每一篇文献都重新撰写了导读性题注，放在该篇文献的首页下方。这个题注简明扼要地概述该篇著作的核心内容及主要思想理论观点。这样有助于读者抓住重点，准确理解和把握该篇著作的思想精髓和理论要义。

我们在撰写导读性题注时，能用列宁的原话表述就一定用原话，同时更注意突出列宁著作中那些与中国马克思主义理论创新和社会主义建设实践密切相关的内容，尽可能体现其较强的和鲜明的现实针对性。

这里以《论我国革命》一文的题注为例。1923年1月，列宁在病中口授的这篇文章"总结了俄国社会主义革命和建设的经验，驳斥了俄国孟什维克和第二国际代表人物借口俄国缺乏实行社会主义的客观经济前提来否定俄国革命的论调。"列宁"运用革命辩证法论证了俄国进行社会主义革命和建设的必要性和可能性。"他指出："世界历史发展的一般规律不仅丝毫不排斥个别发展阶段在发展的形式或顺序上表现出特殊性，反而是以此为前提的"；"俄国革命的道路不同于欧洲，东方各国的革命道路又将不同于俄国，这种特殊性是符合世界历史发展的总的路线的；……俄国由于自身的历史条件，可以先夺取革命的胜利，然后在工农政权和苏维埃制度的基础上提高生产力和文化水平。"读者学习了这个题注，联系中国革命的发展道路和中国特色社会主义建设的现实，就可以更进一步地深刻认识和理解列宁继承和发展马克思主义关于世界历史发展规律这一思想理论的精辟及其重大意义。

第四，紧扣主题，突出时代特色，适应新时期的实际需要。

从五卷本《列宁专题文集》各卷的书名就可以清楚地看出，这五个专题紧紧扣住：什么是马克思主义？怎样对待马克思主义？什么是资本主义？怎样认识和对待资本主义？什么是社会主义？怎样认识和建设社会主义？建设什么样的无产阶级政党（即马克思主义政党）？怎样建设这样的党？怎样认识、理解和把握马克思主义世界观和方法论？这些问题，既是重大的理论问题，也是重大的现实问题，更是广大党员和干部群众十分关心和迫切需要认识和解决的问题。我们相信，认真学习研读五卷本《列宁专题文集》，对于提高我国广大党员和干部群众的马克思列宁主义理论水平，廓清在马克思主义理论上的许多模糊认识，一定会大有裨益。

我们编辑出版《列宁专题文集》完全是按照党中央的要求，其出发点不在于求全而在于求精，主要是着眼于充分反映列宁坚持和发展马克思主义的理论贡献，着眼于广大党员和干部群众学习和研究马克思列宁主义基本理论及中国特色社会主义理论体系的实际需要。

新版《马克思恩格斯选集》和《列宁选集》的版本特色

韦建桦

2010—2012年是马克思主义经典著作编译群体协力攻坚、持续奋进的三年。在这三年中，我们始终恪守务本求实的原则，专心致志，勤勉工作，圆满完成了编译新版《马克思恩格斯选集》和《列宁选集》的重要任务。这是继十卷本《马克思恩格斯文集》和五卷本《列宁专题文集》之后，我们在马克思主义理论研究和建设工程中推出的又一重要成果。在马克思逝世130周年之际，我们将新版经典著作译本奉献给中国读者，以此来纪念我们心中景仰的伟大思想家。

在这篇文章中，我将分别阐述两部新版选集的编纂意图、编译思路和版本特色，最后谈一谈我对中央编译局历史传统的认识。今年是编译局成立六十周年。新版选集的问世，标志着先驱者近百年前开创的崇高事业正在新的历史起点上向前推进，昭示着后来者有足够的决心、勇气和

本文原载《马克思主义与现实》2013年第4期，原标题《论新版〈马克思恩格斯选集〉和〈列宁选集〉的版本特色——兼谈六十年来中央编译局的历史传统》，收入本书时经本人修改审定。

能力坚守阵地、弘扬传统、继往开来。

一、略叙缘起——我们为什么要编纂新版选集？

在当今世界，只有中国共产党人以矢志不渝的科学信念和高瞻远瞩的战略眼光，设立专门机构，进行周密部署，坚持不懈地推进马克思主义经典文献编译和研究事业。经过数十年的艰苦努力，中国的马列著作译本逐步形成了种类齐全、风格多样、不断完善并在亿万群众中广为流传的版本体系。在这个体系中，选集是历久弥新、影响深远的版本形式。同全集、专题读本以及单行本相比，选集规模适中、内容凝练、条贯清晰，力求用精选的著作完整地反映经典作家博大精深的理论体系。因此，早在革命战争年代，我们党就在延安精心组织编译出版经典作家选集，有力地推动马克思主义真理的传播和运用，指导中国革命取得伟大胜利。新中国成立以来，党中央责成编译局在编译经典作家著作全集的同时编译选集。遵照中央指示，我们陆续编译出版了《马克思恩格斯选集》中文第一版（1972年出版）、第二版（1995年出版）以及《列宁选集》中文第一版（1960年出版）、第二版（1972年出版）和第三版（1995年出版）。在社会主义建设和改革进程中，这些选集版本对加强党的思想理论建设发挥了重要作用，它们是广大干部群众学习马克思主义的基本教材，同时也是理论工作者在研究、教学和宣传工作中的必备文献，其重印次数之多和发行总量之大，在世界各国同类著作中位居第一。

2009年，由中央编译局编译的十卷本《马克思恩格斯文集》和五卷本《列宁专题文集》正式出版。这是马克思主义理论研究和建设工程的重点项目和标志性成果，是译文更加准确、资料更加翔实的基础文本。十卷本《马克思恩格斯文集》充分利用近一个世纪以来经典著作编译工作的丰硕成果，精选了马克思和恩格斯在各个时期写的有代表性的重要著作；同时，编审委员会根据当今最权威、最可靠的外文版本，对全部译文和资料重新做了审核和修订，使这十卷著作真正成为我们正在编译并陆续出版的七十卷本《马克思恩格斯全集》的精华本。五卷本《列宁专题文集》采用全新的编辑思路和框架结构，把系统反映列宁主义科学内涵与紧密联系中国特色社会主义实践这两个要求有机地统一起来。编审委员会从《列宁全集》中文第二版60卷中精选115篇最具代表性的著作，分专题编为五卷，即《论马克思主义》《论辩证唯物主义和历史唯物主义》《论资本主义》《论社会主义》和《论无产阶级政党》，并为每一篇著作撰写了导读性题注，言简意赅地介绍有关著作的核心内容和理论要旨。在列宁著作编译史上，这是一个力求进一步体现时代性、科学性和实践性的新版本。

目前通用的两部选集，即《马克思恩格斯选集》中文第二版和《列宁选集》中文第三版是在1995年出版的，其中的译文和资料同两部文集相比不可避免地存在差异。如前所述，文集和选集的读者对象不尽相同；选集就其版本性质和编排方式来说，对于马克思主义理论学习和普及具有特殊意义和不可替代的作用。因此，我们认为必须充分利用文集的编译和研究成果，及时编辑新版选集，以确保经典著作译文的统一性和资料的科学性，满足社会各界广大读者对新的文本的殷切期待。中央批准了我们的报告，要求我们抓紧时间认真做好新版选集的编译工作。

二、细说思路——新版选集要解决什么问题？

两部新版选集的编译方案是在全面总结以往经验、具体分析原有版本的基础上，根据不同情况分别制定的。充分利用以往版本的成果、认真分析其中存在的不足，这是我们厘清编辑思路的关键所在。1995年出版的《马克思恩格斯选集》中文第二版，从总体上看是一个好的版本，但存在一些重要问题亟须解决：

一是整体结构需要调整。《马克思恩格斯选集》中文第二版分为4卷，选录了马克思和恩格斯从1843年至1895年所写的重要著作、手稿和书信。其中第2卷以辑录政治经济学论著为主，包括马克思的《资本论》（节选）以及马克思和恩格斯的政治经济学论文。然而在这些著述之外，第2卷又编入了不属于经济学范围的5篇文献，即马克思的《国际工人协会成立宣言》《国际工人协会共同章程》《论蒲鲁东》以及恩格斯的《德国农民战争》序言、《致国际工人协会西班牙联合会》。这种编排方式不利于体现第2卷内容的连贯性和统一性，影响了编年体例与专题纂辑相结合的整体结构。

此外，我们根据历年研究成果，对选集第二版各卷文献的写作和发表时间进行了核查和考证，发现有些著作的编排顺序与客观史实不尽相符。例如恩格斯的《自然辩证法》(写于1873—1882年)本应编入第3卷(辑录1871—1883年著作)，第二版选集却将这部手稿编入第4卷(辑录1883—1895年著作)，这就偏离了选集确定的编年原则。

二是各卷编目需要改进。《马克思恩格斯选集》中文第二版力求以精选的文献反映马克思恩格斯在各个历史时期的理论成果。总的看来，这个目标在各卷编目中得到了体现，但个别卷次的收文仍需斟酌。以第1卷为例，本卷应当在开篇部分用马克思和恩格斯的代表性著作反映他们从唯心主义向唯物主义、从革命民主主义向共产主义的彻底转变；但第二版第1卷只收录了马克思1844年2月在《德法年鉴》上发表的《〈黑格尔法哲学批判〉导言》，没有收录恩格斯在同一杂志上发表的《国民经济学批判大纲》。恩格斯的这篇论著曾被马克思誉为"批判经济学范畴的天才大纲"。由于选集第二版未收这篇著作，恩格斯在世界观和立场方面的根本转变就没有得到充分反映。在第二版其他各卷中，也存在类似的问题。

三是全部译文需要与十卷本《马克思恩格斯文集》的最新译文统一。所谓"最新译文"，并不是指《马克思恩格斯文集》的译文与迄今为止的各种译本迥然不同，而是指我们在编译《文集》时，依据经典原著对以前的译本进行了全面审核，着力修订散见于各卷著作中的那些词不达意、晦涩难懂或易生歧义的译文和译名；通过修订，使译文更加贴切地反映经典作家的原意，同时使理论概念和学术语汇的译名更加准确和统一。因为上述问题不同程度地存在于《马克思恩格斯选集》中文第二版各卷之中，所以，采用最新译文、推出新的版本就成为迫在眉睫的任务。只有完成这个任务，才能确保经典文本的权威性和严肃性，使中文译本充分反映我们今天对经典著作研究和认识的水平。

《马克思恩格斯选集》中文第三版

四是各卷所附资料和各篇著作的题注需要增补和修订。《马克思恩格斯选集》中文第二版的各类资料，包括注释、人名索引、文献索引和名目索引，从总体上看是完整的，但在一些地方仍然存在不够确切、不够严谨或条理不清、语焉不详的问题。不少注释直接译自俄文版、英文版和德文版，语言表述带有翻译痕迹，不够自然流畅；有些注文在史实和观点上因袭成说，需要重新稽考。针对这些问题，《马克思恩格斯文集》编审委员会对以往译本所附的资料进行了认真审核，做了大量的匡正、补遗和修订工作，努力为读者提供准确翔实的参考材料。与此同时，我们还为《文集》所收的108篇著作编写了题注，简明扼要地阐述各篇著作的写作背景、主要观点、理论价值和历史地位，帮助读者把握这些著作的要义。在对各篇著作出版流传情况的介绍中，我们增加了对重要著作中文译本出版情况的说明，以便读者了解和研究这些著作在中国的传播情况。所有这些编辑成果，都亟需在选集中加以充分利用。

鉴于上述情况，我们认为编译《马克思恩格斯选集》中文第三版势在必行。

《列宁选集》的情况有所不同。1995年出版的《列宁选集》中文第三版结构严谨，编目合理，采用了《列宁全集》中文第二版的最新译文。实践证明这个版本具有多方面的优点，但也存在一些需要解决的问题：

首先是选集各卷的卷首说明需要补充和修订。按照编辑体例和读者需要，卷首说明必须简洁而又完整地阐明本卷著作产生时期的历史背景和时代特征，综述列宁在这一时期从事理论研究和实践活动的主要脉络、重要贡献和深远意义，然后对本卷所收文献逐篇加以介绍。《列宁选集》

中文第三版正是这样做的，但从内容的完整性、叙述的逻辑性和立论的科学性来看，各卷情况不够平衡，需要吸收五卷本《列宁专题文集》的编辑成果，在认真研究的基础上加以完善。

其次是涉及重要理论问题的译名必须根据最新研究成果进行复核和勘正。列宁是坚持和发展马克思主义的典范。列宁著作中的大量理论概念与马恩著述中的相关表述在内涵上是一脉相承的，但在特定历史条件和文化背景下，列宁对某些理论概念的运用和诠释又往往具有鲜明的时代特色和民族特色。从这个角度看，《列宁选集》中文第三版的译名系列需要进一步研究，以确定哪些译名需要与马克思恩格斯著作统一，哪些译法必须体现列宁思想的特征。

第三是选集各卷中的马恩著作引文必须全面审核。在《列宁选集》中文第三版中，出自马克思恩格斯著作的引文总共有446条（正文中的引文406条，注释中的引文40条）。其中在十卷本《马克思恩格斯文集》中经过审订的引文总共有367条，这些引文必须与《文集》的最新译文统一；另有未收入《文集》的引文总共有79条，需要按照《文集》的编译标准重新校订。

最后是各卷资料必须修订和充实。《列宁选集》中文第三版的卷末注释总计有1488条。这些注释对于读者理解原文具有不可或缺的作用，但也存在不足之处。例如，有的注释对历史事件和历史人物的介绍和评价不够准确；有的注文中的重要提法与马恩著作的相关注释不尽一致；还有一些注释说明同一个问题，但在各卷中的评价和表述互不相同。此外，在人名索引和名目索引的个别条目中，也存在评价不够确当、定位不够妥帖的问题，需要认真研究，加以勘正。

基于上述分析，我们决定保留《列宁选集》中文第三版的结构和编目，在此基础上有针对性地进行修订工作。

对《马克思恩格斯选集》中文第二版和《列宁选集》中文第三版优点和缺点仔细分析的过程，也正是我们逐步形成新版选集编译理念的过程。在这个基础上，我们认真研究了新时期中国广大读者的理论需求，吸收了学术界提出的宝贵建议，考察了迄今为止各国出版的同类版本，按照联系实际、贴近群众、博采众长、为我所用的原则，制定了新版选集的编译方案。

三、试析特色——新版选集新在哪里？

三年来，编委会全体同志以精益求精、一丝不苟的态度，潜心从事篇目遴选、文献编纂、译文审核和资料修订工作，并在编译实践中不断检验既定方案的合理性和可行性。从总体结构到文本细节，我们一次又一次地进行研讨、调整和改进，尽一切可能使两部选集在时代特色、学术质量、编辑体例和使用效能方面达到新的水准。

《马克思恩格斯选集》中文第三版编为四卷，总字数约为310万字。同选集第二版相比，新版选集体现了更加严谨而又新颖的编辑风格。

在整体结构方面,《马克思恩格斯选集》中文第三版进一步完善了编年体例与专题纂辑相结合的总体框架。所谓编年体例,主要运用于新版选集第1卷、第3卷和第4卷。具体地说,第1卷选辑马克思和恩格斯1843—1859年的33篇著作;第3卷选辑马克思和恩格斯1864—1883年的25篇著作;第4卷选辑恩格斯1884—1895年的16篇著作,同时精选了马克思和恩格斯1842—1895年写的102封书信。在这三卷书中,我们严格按照写作和发表的时间顺序,编入马克思恩格斯的哲学著作、科学社会主义论著以及指导国际共产主义运动的重要著述。根据这个原则,我们在审慎查考各种外文版本和相关史料的基础上,对收入选集第二版的若干文献的排序做了调整。例如上文提到的恩格斯的《自然辩证法》,先前收入选集第二版第4卷,现按写作时间编入新版选集第3卷,并增补了这部手稿中的若干段落。

所谓专题纂辑,主要体现于新版选集第2卷。我们将这一卷确定为政治经济学专卷,集中编录马克思的《资本论》(节选)、《马克思的经济学手稿》(摘选)以及马克思和恩格斯的4篇著名经济学论文。同以前的版本相比,新版选集中的这部政治经济学专卷结构谨严、条理分明、内容精审、重点突出,有助于读者比较集中地研读马克思主义经济学文献。

编年体例与专题纂辑相结合的编排方式,体现了逻辑与历史相统一的原则。将这一原则运用于新版选集的结构安排,不仅有利于读者清晰地了解经典著作诞生和传播的历程,而且有利于他们全面地把握马克思主义理论各个组成部分的思想精粹和相互联系。

在文献选辑方面,《马克思恩格斯选集》中文第三版对第二版的篇目做了调整和增删,力求在有限的篇幅内更加准确地反映马克思和恩格斯创立的理论体系,更加完整地涵盖马克思主义哲学、政治经济学和科学社会主义的理论精髓,更加全面地介绍马克思和恩格斯在政治、法律、历史、教育、伦理道德、科学技术、文学艺术、军事、民族、宗教等领域的精辟论述,并在整部选集中凸显马克思主义的实践特征、科学精神和与时俱进的理论品格。

文献的增删是一项严肃的工作。编委会在这方面进行了认真研究,为各卷编目的每一处调整都提供了可靠的科学依据。这里仍以新版选集第1卷为例。本卷增收了恩格斯的两篇著作,一篇是《国民经济学批判大纲》,另一篇是《英国工人阶级状况》(节选)。前一篇标志着恩格斯从唯心主义向唯物主义、从革命民主主义向共产主义转变的彻底完成,马克思曾对这篇著作做过详细摘录,指出这篇著作"表述了科学社会主义的某些一般原则";后一篇是恩格斯在深入调查研究的基础上写成的论述工人阶级在资本主义制度下的社会地位、斗争历程和历史使命的重要著作,被列宁称作"世界社会主义文献中的优秀著作之一"。新版选集第1卷增收了上述两篇文献,这就弥补了选集第二版的缺陷和遗憾，使恩格斯在19世纪40年代为创立科学社会主义所做理论贡献得到了更加完整的反映。与此同时，编委会考虑到新版选集应收最具代表性的文献，同时也考虑到本卷的篇幅和容量，决定删去恩格斯的早期著作《英国状况。十八世纪》。

在译文审订方面，《马克思恩格斯选集》中文第三版所收的全部著作均采用十卷本《马克思恩格斯文集》的最新译文。在编辑过程中，我们对译文再次进行了校核和审读。在极个别地方，我们也发现文字的表述尚不十分完善。虽然这些地方的译文已经表达了作者的原意，仅仅是个别语序、遣词和标点略有瑕疵，对于反映原著思想内容来说并无影响；虽然人们常说译事艰难，不可能做到尽善尽美，但编委会仍本着精益求精的原则，组织专家进行深入讨论，以求提出令人满意的改订方案。唐人卢延让《苦吟》诗云："莫话诗中事，诗中难更无。吟安一个字，捻断数茎须。"此诗道尽了诗人为推敲字句而惨淡经营的情状。其实，对于经典著作编译工作者来说，锤炼译文的艰辛有过之无不及。

这里试举一例。在马克思《1848年至1850年的法兰西阶级斗争》一文第3节中，有这样一句话：

Bis Tagesanbruch kreißte der „Berg". Er gebar *„eine Proklamation an das Volk"*, die am Morgen des 13. Juni in zwei socialistischen Journalen eine mehr oder minder verschämte Stelle einnahm.

《马克思恩格斯文集》中的译文是：

直到天明，山岳党一直在忍受分娩的痛苦。它生下了一个《告人民书》，于6月13日早晨在两家社会主义报纸的不显眼的地方刊登出来。

这里提到的"山岳党"，在1848—1851年间是指法国制宪议会和立法议会中集合在《改革报》周围的小资产阶级民主主义者和社会主义者。"山岳党"一词，马克思在这篇文章中大都用法文写做"Montagne"（意思是"山岳"），而此处则使用了德文"Berg"一词（意思也是"山岳"），并且特意加上了引号。从上下文来看，"Berg"就是指"山岳党"，应无疑义；对于这句译文的正确性，历来没有人表示怀疑。然而在编辑新版选集时，我们"于不疑处质疑"，希望弄清马克思的这种特殊书写方式是随意为之，还是别有深意。经过查考文献，我们发现马克思在这里不露声色地使用了一个典故。原来，他套用了罗马诗人贺拉斯《诗论》中的名句（"山岳开始忍受分娩的痛苦，它生下了一只小小的老鼠"），借以讽刺山岳党人在言论上虚张声势，而在行动上却怯懦畏缩；他们那篇羞羞答答的《告人民书》，就是这种色厉内荏、摇摆不定的小资产阶级本性的产物。在弄清原委之后，我们对原译文做了改动。新版选集中的译文是：

直到天明,"山岳"一直在忍受分娩的痛苦。它生下了一个《告人民书》,于6月13日早晨在两家社会主义报纸的不显眼的地方刊登出来。

同时,我们在这里加了一条注释:

马克思在这里套用了罗马诗人贺拉斯《诗论》中的名句:"山岳开始忍受分娩的痛苦,它生下了一只小小的老鼠。"马克思文中的"山岳",指山岳党。

此处仅仅删去一个汉字,加上一个引号,增补一条注释,却让编译者付出了许多考证的精力和时间。然而,为了使新版选集更加真实完整地反映马克思原文的涵义和风格,我们认为这样做非常值得。

在资料整合方面,我们力求使各卷的卷首说明、卷末注释、各种索引以及大事年表真正成为内容丰富、考证精当、彼此呼应、相互补充的有机整体,成为对理解正文、研究经典具有参考价值和学术意义的辅助材料。为此,我们在重新研读马恩著作的基础上,为各卷撰写了完整的卷首说明;我们审核了四卷著作所附的1992条注释,在考订史实、订正讹误、统一译名、规范语言表述等方面做了大量工作;我们采用了《马克思恩格斯文集》的题注,同时还专门编写了马克思恩格斯书信分类检索,以利于读者查考书信中有关科学世界观的创立与发展、科学社会主义的理论与实践、重要著作的创作与流传、世界各国经济社会状况与发展道路、经典作家的风范与情操等重要方面的内容。我们在第4卷卷末增补了《马克思恩格斯生平大事年表》,帮助读者了解两位导师从事理论研究和革命实践的历程。

这里特别需要提到的是,编委会的同志们倾注了大量心血,编纂了涵盖整部选集内容的名目索引,并努力增强它的思想性、系统性、条理性和适用性。这个索引汇集了四卷选集中所有重要的理论概念,将每一个词条分为若干细目,具体介绍了这些概念在正文中出现的情况。例如"哲学"这一条目,下设"概述""哲学的对象、内容和形式""哲学的基本问题""哲学的历史和流派""哲学和现实、实践""哲学和自然科学""哲学和宗教""哲学和无产阶级""哲学和社会主义、共产主义"等分条,并详细标明选集中关于这些问题的具体论述所在的卷次和页码。此外,名目索引还包含各类重要史实、政党组织、社会思潮、学术流派、科技术语和地理名词。这些条目也都条分缕析,一一标示出处,为读者在学习和研究时提供检索之便。

新版《列宁选集》作为第三版的修订版,仍编为四卷,总字数约为339万字。同以往版本相比,这个新版本也呈现出鲜明的特色。

一是各卷说明更加充实。我们力求以准确简练的语言阐明列宁著作的时代背景、理论要旨、历史地位和指导意义,帮助读者理解列宁思想的精髓及其对世界社会主义运动的理论贡献,从而更加自觉地运用马克思主义立场、观点、方法来指导实践。

按照这个标准,我们对《列宁选集》中文第三版各卷说明进行了全面修订。这里以第4卷为例。本卷选载列宁在1919年6月至1923年3月,即国内战争后期和实施新经济政策时期的68篇著作。这是列宁革命生涯的最后一个阶段。在短短四年时间里,列宁对社会主义建设的重大理论和实践问题进行了创造性的探索,对马克思主义执政党建设和苏维埃政权建设的经验和教训做了科学的总结。然而,本卷原有的卷首说明只是简略地介绍了1919年至1920年苏维埃俄国的形势,没有完整地交代本卷著作产生时期的重要时代特征,也没有扼要地概括列宁在这一时期实践活动和理论研究的主要内容和卓越贡献。针对这个不足之处,我们对原有的卷首说明做了修订。在新的卷首说明中,我们概述了苏维埃俄国在战争结束后进入国民经济恢复时期的形势,阐述了列宁在历史转折关头所做的理论思考和战略决策,介绍了列宁在新经济政策实施期间围绕什么是社会主义、怎样在经济文化落后的俄国建设社会主义的重大问题所做的一系列深刻论述,指出这些论述丰富了科学社会主义的理论宝库。新的卷首说明还阐述了列宁在这一时期对无产阶级政党建设和社会主义政权建设做出的理论贡献。

此外,在新版《列宁选集》各卷的卷首说明中,我们还对如何完整准确地介绍列宁著作的问题进行了研究,并对原有的评介文字逐一进行了审核和修订。例如,对于列宁的《俄国资本主义的发展》这部重要著作，选集第 1 卷原有的卷首说明做了如下评价：

《俄国资本主义的发展》是创造性地运用马克思的经济学说研究和解决俄国社会和经济问题的光辉典范，为后来布尔什维克制定纲领和策略提供了可靠的依据。

从一定角度来说，这个评价是中肯的；缺点是没有完整地揭示列宁这部著作的重要理论价值。我们参照《列宁专题文集》题注中的相关论述，吸收学术界近年来的研究成果，对《俄国资本主义的发展》这部著作的思想内涵和理论贡献做了如下概括：

这部著作根据马克思主义政治经济学基本原理，阐明了关于社会分工、资本主义商品生产及其实现剩余价值的条件、资本主义国内市场建立的过程和条件等一系列与俄国资本主义发展密切相关的重大理论问题；指出在这种经济基础上进行的俄国革命，必然是资产阶级革命。列宁还对资本主义的历史作用作了阐述，指出资本主义既有进步的历史作用，即促进社会生产力的提高和劳动的社会化，同时又造成了最深刻的全面的社会矛盾，因而必然具有历史暂时性。资本主义的发展给工人阶级进一步实现其真正的和根本的社会主义改造任务创造了必要的条件。

此外,我们还对原版卷首说明中个别不够确切的文字表述做了修改和补正。

二是各卷译文更加准确。新版选集采用《列宁全集》中文第二版的译文。在编辑过程中,我们对理论界长期关注和讨论的一些重要理论概念及其译名逐一进行了考证和研究,努力使这些译名准确反映原著的精神和意蕴。

列宁著作中的许多重要理论概念,同马克思恩格斯使用的术语具有密切的联系,例如"意识形态"(идеология; die Ideologie)、"自然历史过程"(естественно-исторический процесс; der naturgeschichtliche Prozeβ)、"社会经济形态"或"经济的社会形态"(экономические формации общества, экономическая общественная формация, формация общественного хозяйства, общественно-экономическая

《列宁选集》中文第三版修订版

формация; die ökonomische Gesellschafts-formation）、"公有制"、"公共所有制"或"社会所有制"（общественная собственность, общинная собственность; das Gemeineigentum, das gesellschaftliche Eigentum）等等。列宁在阐述理论问题和实践问题时，总是严格地按照马克思和恩格斯的观点，准确地使用一系列重要的概念和术语；但在有些场合，他的表述或书写方式又带有他那个时代的特点和俄罗斯民族的语言文化特色，反映了他的理论思考具有联系实际和与时俱进的品格。鉴于这种情况，我们对重要概念和术语的中文译名进行了专门研讨，最终确定哪些译名在哪些场合必须与马恩著作统一，哪些译法在特定情况下必须尊重列宁自己的表达方式，以便体现这位伟大思想家独特的理论创造历程。

在编辑新版选集时，我们对全部译文进行了认真审读，对个别文字和标点做了适当的调整和勘正。特别是对读者十分重视并提出意见的译文，我们进行了深入讨论，力求用更加确切顺畅的中文表达列宁原意。例如，在《给代表大会的信 对1922年12月24日一信的补充》中，列宁写道：

Сталин слишком груб, и этот недостаток, вполне терпимый в среде и в общениях между нами, коммунистами, становится нетерпимым в должности генсека. Поэтому я предлагаю товарищам обдумать способ перемещения Сталина с этого места и назначить на это место другогочеловека, который во всех других отношениях отличается от тов.

Сталина только одним перевесом, именно, более терпим, более лоялен, более вежлив и более внимателен к товарищам, меньше капризности и т. д. Это обстоятельство может показаться ничтожной мелочью. Но я думаю, чтос точки зрения предохранения от раскола и с точки зрения написанного мною выше о взаимоотношении Сталина и Троцкого, это не мелочь, илиэто такая мелочь, которая может получить решающее значение.

《列宁选集》中文第三版的原译文是：

斯大林太粗暴，这个缺点在我们中间，在我们共产党人相互交往中是完全可以容忍的，但是在总书记的职位上就成为不可容忍的了。因此，我建议同志们仔细想个办法把斯大林从这个职位上调开，任命另一个人担任这个职位，<u>这个人在所有其他方面只要有一点强过斯大林同志</u>，这就是较为耐心、较为谦恭、较有礼貌、较能关心同志，而较少任性等等。这一点看来可能是微不足道的小事。但是我想，从防止分裂来看，从我前面所说的斯大林和托洛茨基的相互关系来看，这不是小事，或者说，这是一件可能具有决定意义的小事。

《给代表大会的信》是列宁在病重期间口授的信件。信中提出的问题关系到党的前途和命运。上述《补充》涉及党中央最高层领导的思想作风建设和组织建设，历来为史家和广大读者所关注。一些同志提出，译文中的"这个人在所有其他方面只要有一点强过斯大林同志"一语，意思不够清晰，容易产生歧义。我们认真考虑了学界的意见，经过认真讨论，对这句话做了审慎的修订：

因此，我建议同志们仔细想个办法把斯大林从这个职位上调开，任命另一个人担任这个职位，这个人在各方面同斯大林一样，只是有一点强过他，这就是较为耐心、较为谦恭、较有礼貌、较能关心同志，而较少任性等等。

读者可能已经注意到，这里的相关译文实际上恢复了《列宁全集》中文第一版的译法。这种表述是否理想，仍可商讨；但至少意思较为清楚，不致引起误解。译文的完善过程和人们的认识进程一样，不可能一劳永逸。我们期待读者的检验和指正。

三是各卷引文更加统一。我们根据《马克思恩格斯文集》的最新译文，对选集正文和注释中出现的367条马克思恩格斯著作引文进行了统一，同时对未收入《马克思恩格斯文集》的79条引文，也按照《文集》的编译标准逐条进行了校订。在这项工作中，我们既注意引文与马恩原著的统一性，又考虑到列宁引证时的具体语境和逻辑思路。特别是列宁自己翻译的引文，我们没有机械地照搬马恩著作的中译文，而是进行缜密的分析对照，在用词和表述上保留列宁的译法。

通过译名审核和引文校勘工作，两部选集进一步展现出相互之间在理论上的内在联系。

四是各卷资料更加详备。我们根据最新研究成果，对《列宁选集》涉及的重大历史事件和重要历史人物的评价问题进行了研究；在此基础上，对注释和人名索引中的各种重要提法进行了审订，以保证文字表述的准确性，同时兼顾与马恩著作中相关资料的一致性。我们还全面修订了名目索引，增补了列宁生平大事年表。在整个资料工作中，我们始终恪守言必有据、信而有征的原则，努力做到对历史负责、对原著负责、对读者负责。

四、瞻念前程——我们如何认识自己的传统与责任？

新版选集是在中央编译局成立六十周年之际问世的。一位饱经沧桑的翻译家对我说，这两部厚重的著作凝结着厚重的历史。

这句话令我感慨万端。"厚重的历史"这五个字，让我想起中国的马克思主义经典著作编译家近百年来走过的路，同时也想起我们今后将要走的路。

这两部选集不仅是编委会成员辛勤工作的成果，而且是一代又一代经典著作编译工作者心血和智慧的结晶，是理论界的同志们长期支持经典著作编译事业的见证。恩格斯曾经指出，编译马克思著作是光荣而又艰巨的任务，是

"真正老老实实的科学工作"。六十年来,中央编译局的同志们始终铭记恩格斯的教诲,把传播科学真理视为神圣使命。无论在什么情况下,他们从来不畏艰难、不图私利、不慕虚名、不受干扰,不因获得褒扬和赞誉而陶醉自满,也不因受到嘲讽和贬损而气馁消沉。他们一辈子在自己的岗位上默默坚守、默默担当、默默耕耘、默默奉献,从青春年少直到两鬓斑白,理想坚定如初,目标始终如一。他们用终身的实践,为"淡泊明志、宁静致远"这一中华古训注入了新的时代内涵。这是马克思主义理论工作者的高尚情怀,是贯穿于中央编译局全部历史的一条红线。

元代学者王冕诗云:"不要人夸好颜色,只留清气满乾坤。"(《墨梅》)我看这两句咏梅诗就是编译局人的风骨和气节的写照。新版选集的工作就是在前辈高风亮节和嘉言懿行的激励下完成的。这项工作的全部进程,也正是编委会全体同志学习优良传统、经受新的考验、培养新生力量、创造新的业绩的过程。

展望未来,我们任重道远。在中华民族实现伟大复兴的航程中,马克思主义经典著作始终是指引中国革命、建设和改革方向的灯塔。我们党成立九十多年、新中国建立六十多年、改革开放三十多年的历史证明,马克思主义在中国的广泛传播,全党马克思主义理论水平的不断提高,马克思主义中国化历史进程的持续推进,都是以马克思主义经典著作的编译、出版和学习为前提、为必要条件的。在中国特色社会主义事业胜利推进的新形势下,党中央反复强调经典著作编译事业在党和国家工作大局中的重要地位，充分肯定我们这支队伍的献身精神和劳动成果，并对编译工作与时俱进、不断发展提出明确要求，寄予殷切期望。

历史选择了我们这些人承担如此重要的责任，我们为此感到欣幸和自豪，决不辜负人民的信赖与重托。马克思说过："如果我们选择了最能为人类而工作的职业，重担就不会把我们压倒，因为这是为大家作出的牺牲；那时我们所享受的就不是可怜的、有限的、自私的乐趣，我们的幸福将属于千百万人，我们的事业将悄然无声地存在下去，但是它会永远发挥作用。"我们的前辈曾从马克思的上述名言中汲取源源不竭的动力；在新的时代条件下，马克思的这些千古不磨、铿锵有力的语句，也将永远成为我们的座右铭。

新版选集出版后，我们将迎接新的任务和新的挑战。七十卷本《马克思恩格斯全集》中文第二版和六十卷本《列宁全集》中文第二版增订版的工作必须抓紧时间有序推进。《马列主义经典作家文库》的编辑工作需要在启动后认真落实。任务艰巨，头绪纷繁，责任重于泰山。这就要求我们进一步增强使命意识，珍惜中央编译局几代同志在数十年艰苦奋斗中赢得的崇高荣誉、树立的集体形象，让坚定的信念、严谨的学风、敬业的恒心和纯洁的操守始终成为我们这支队伍的灵魂。我们要以弘扬优良传统的决心和超越前贤的自信续写新的历史篇章，满腔热忱地为实现中华民族伟大复兴做出应有的贡献。

《马列主义经典作家文库》的由来和特点

韦建桦

必须重视单行本和选编本的工作

从 2014 年起,我们开始以《马列主义经典作家文库》为丛书总称,精选马克思、恩格斯和列宁的重要著述,编成著作单行本和专题选编本出版。从那时起直到今天,已经有六批三十种著作相继问世,受到了广大干部群众和理论界的广泛好评。著作单行本主要收录经典作家的基本著作以及在各个历史时期的代表性著作。列入著作单行本系列的文献一般都是全文刊行,只有一些篇幅较大的著作,比如马克思恩格斯的《德意志意识形态》、列宁的《哲学笔记》等等,采用节选的形式。专题选编本主要辑录经典作家集中论述有关问题的短篇著作和论著节选。我们决定编纂这套文库,是为了适应新时代马克思主义理论学习和研究不断深化的形势,满足广大读者多层次、多角度、多方面的需求。

其实,从 20 世纪 50 年代到 80 年代,中央编译局一直

本文作于 2023 年,2025 年初修改审定。

都根据形势发展的需要，认真编辑并陆续出版马克思主义经典著作的单行本和选编本；从90年代起，我们以《马克思列宁主义文库》为丛书总称，编辑出版了一批单行本。无论在我们党领导的革命时期，还是在新中国成立后的社会主义建设和改革时期，经典著作单行本和选编本对于推进马克思主义理论学习、理论研究和理论宣传工作都起了重要作用。邓小平同志指出："学马列要精，要管用的。长篇的东西是少数搞专业的人读的，群众怎么读？"确实，马克思、恩格斯和列宁的著作卷帙浩繁，让一般的读者完整

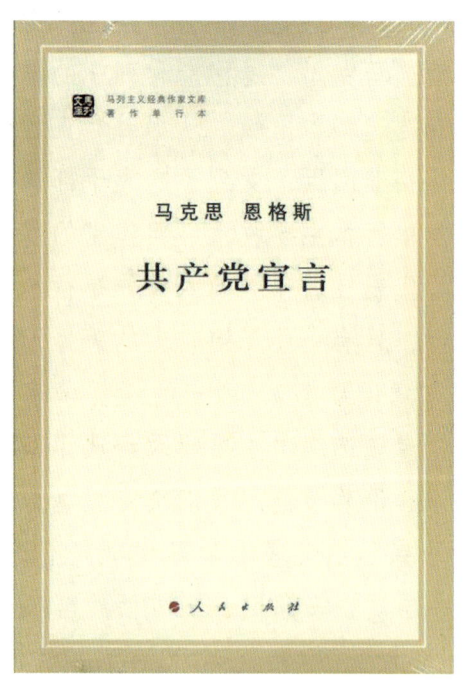

《马列主义经典作家文库》之马克思恩格斯《共产党宣言》

地去阅读是很困难的。有的读者愿意读《马克思恩格斯选集》，但还有很多读者希望有经典著作单行本和选编本，因为这样的书便于携带，人们可以随时随地选读一些对自己的工作、学习或人生修养有指导意义的内容。所以，经典著作单行本和选编本一直是马克思主义经典著作版本体系中很受欢迎的重要类别。我们必须重视单行本和选编本的工作。正是在这样的背景下，我们于2013年写了一份报告，建议开启新版文库，即《马列主义经典作家文库》的选编工作，并附上了编纂方案；经过研究和论证，领导表示同意。于是，这项重要工作就被正式列入经典著作编译的总体计划和日程。

新版文库的新思路、新面貌、新风格

既然是新版文库，那么，它"新"在哪里呢？它与以往的单行本、选编本和旧版文库有什么区别呢？

首先，新版文库的译文和资料一般是最新的。进入新世纪以来，经典著作编译工作取得了一批又一批新成果。2009年，十卷本《马克思恩格斯文集》和五卷本《列宁专题文集》正式出版，受到了中央领导和社会各界的高度评价，被誉为马克思主义理论工程的标志性成果。与此同时，《马克思恩格斯全集》中文第二版的编译工作也在顺利推进，迄今已经出版35卷。党的十八大以后，我们齐心协力、攻坚克难，胜利完成了《列宁全集》第二版增订版共六十卷的编译工程，这个新版本是目前全世界各种列宁著作版本中收载文献最丰富、最齐全的版本。除此之外，我们还编辑出版了新版《马克思恩格斯选集》和《列宁选集》。

我们适时启动新版文库的工作，一个重要目的就是通过这种版本形式，让更多的读者了解和利用经典著作编译工作的最新成果，使这些成果在新时代的马克思主义理论学习和研究中更好地发挥积极作用。

我们编入《马列主义经典作家文库》的马克思恩格斯著作一般采用《马克思恩格斯文集》十卷本、《马克思恩格斯全集》中文第二版和《马克思恩格斯选集》第三版的最新译文。凡是未收入上述版本的马克思恩格斯著作的译文，如果条件具备，我们就按照最新版本的编译标准进行审核和修订；如果条件不具备，我们就努力做好文中专有名词译名的统一工作。例如，在《共产党宣言》的单行本中，我们在附录部分收录了恩格斯撰写的《共产主义信条草案》，这篇文献以前是根据俄文版转译的，收载于《马克思恩格斯全集》中文第一版第42卷。这一次我们根据德文原义进行了认真校订。列宁的著作则采用《列宁全集》中文第二版增订版的译文。这样既确保了经典著作译文的统一性和准确性，也保证读者通过最新译文领悟经典著作的理论要旨。

《马列主义经典作家文库》所收著作的资料主要分为注释和人名索引。以往的一些单行本虽然也有较为丰富的资料，但在一定程度上存在不够完善、不够确切的问题。而新版文库的资料则选自《马克思恩格斯全集》中文第二版、十卷本《马克思恩格斯文集》和《列宁全集》第二版增订版，这些资料全都经过反复研究和严格审核；如果涉及没有收入上述版本的文献，我们就对资料部分进行重新审订，确保所有的表述完整详实、准确可靠，使之真正成为对理解正文、研究经典具有参考价值和学术意义的辅助材料。例如，在编辑《马克思恩格斯论中国》时，我们恪守言必有据、信而有征的原则，对其中涉及的全部史料、史实，包括《清史稿》在内的文献典籍进行了认真考证，努力做到对历史负责、对原著负责、对读者负责。

其次，新版文库的编辑方法是新的。《马列主义经典作家文库》里的很多著作是经典作家最具代表性的重点著作，以往都有了各种版本的单行本，但这一次我们以新的方式进行编辑。除了经过仔细校订的正文外，我们还撰写了编者引言，并根据实际情况增加附录以及其他有参考价值的详实资料。在编者引言中，我们不仅阐述相关著作的写作背景、理论内涵、思想精髓、历史地位和实践价值，而且介绍它们的流传情况以及在各国的出版情况，特别是说明这些著作在我们党成立后在中国是怎样传播的，有哪些译本，在哪些出版社出版；新中国成立后编译局做了多少次修订，出了多少个版本。例如，在《共产党宣言》单行本的编者引言中，我们清晰而又完整地介绍了《宣言》在新中国成立前后出版的7个全译本，以及编译局成立后的历次修订情况。篇幅虽然不长，却能让读者清楚地了解这一重要文献在中国的流传情况，也为马克思主义传播史的研究者提供了宝贵资料和信息。

虽然以前的部分单行本也有附录，但在新版文库中我们对每一本书的附录都重新进行了认真研究，并根据实际情况进行必要的调整和增补。例如，在《共产党宣言》单行本附录部分，我们精选了恩格斯的三篇著作，即《共产主义信条草案》《共产主义原理》和《关于共产主义者同盟的历史》；摘选了马克思恩格斯关于《共产党宣言》的重要论述；此外还收录了一篇历史文献，即《共产主义者同盟章程》。这样就形成了学习和研究《宣言》的文献群，使读者"一本在手"就能较为完整地了解《宣言》产生的历史背景、写作过程、科学内涵和指导意义。不仅单行本如此，专题选编本的附录也遵循同样的工作原则。例如，我们在编辑《马克思恩格斯论中国》时，不仅汇编了马克思和恩格斯撰写的有关中国的18篇文章，还在附录中收入了他们从19世纪40年代至90年代的各种著作和书信中有关中国的重要论述，尤其是《资本论》中有关中国的论述。这样一来，读者就能全面了解马克思和恩格斯是如何在理论研究和革命实践中长期关注中国的。

新版文库在附录的编辑工作中采取了许多创新的做法。例如，在马克思《1844年经济学哲学手稿》单行本中，我们不仅在译文方面采用了最新成果，而且在编辑方面赋予了新的特色，首次收录了这部手稿的两种文本，以适应学习和研究的需要。具体说来,我们在本书正文部分刊出了按马克思手稿的逻辑结构和思想内容编排的文本,同时在附录中第一次刊出了按照手稿写作顺序编排的文本,目的是呈现手稿原貌,为理论界和学术界的研究提供必要的文献依据,同时也有助于广大读者具体了解马克思手稿形成的历史过程。

第三,新版文库的整体结构和思路是新的。我们力求

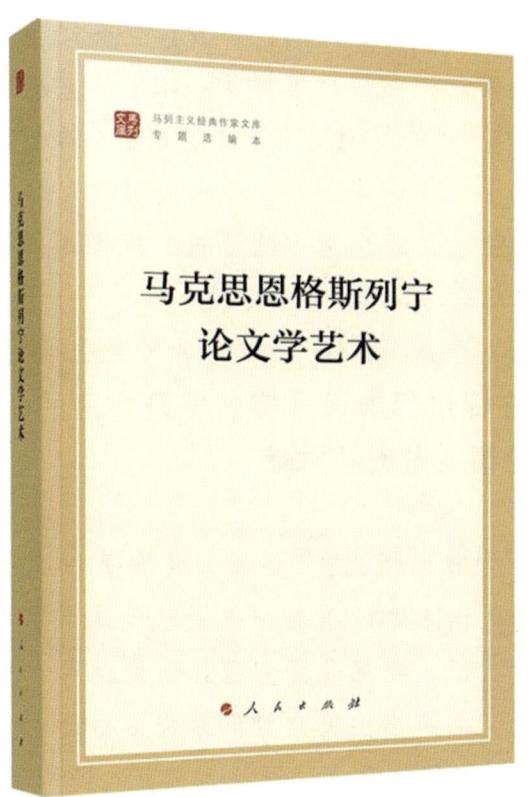

《马列主义经典作家文库》之《马克思恩格斯列宁论文学艺术》

使《马列主义经典作家文库》的编辑思路进一步贴近广大干部和群众的社会实践和现实生活,帮助广大读者特别是青年同志不断走近马克思主义经典宝库,以便从中汲取精神营养、获得理论指引。因此,在文库的结构上,我们既注重编纂马克思、恩格斯和列宁的基本著作以及他们在各个历史时期的代表性著作,力求使文库的内容全面涵盖马克思主义哲学、政治经济学和科学社会主义,又注意辑录三位革命导师在政治、法学、史学、教育、伦理、科学技术、文学艺术、军事、民族、宗教和生态文明等领域的重要论述。例如,我们最近编辑了一本《马克思恩格斯列宁论文学艺术》,目的是使广大读者通过这个专题选编本了解经典作家关于文学艺术的社会本质及其发展规律的精辟论述。今后,新版文库选编本的编辑工作将逐步展开,其内容将涉及读者关注的各个重要领域。

发挥文库在促进经典著作宣传普及方面的优势,努力为党的理论事业做出新贡献

习近平总书记指出:"要加大经典著作编译力度,坚持既出成果又出人才,培养一支新时代马克思主义经典著作编译骨干队伍。要深化经典著作研究阐释,推进经典著作宣传普及,不断推出群众喜闻乐见、贴近大众生活的形式多样的理论宣传作品,让理论为亿万人民所了解所接受,画出最大的思想同心圆。"习近平总书记的重要论述,是做

好新时代经典著作编译和理论宣传普及工作的根本遵循，是我们不断推进和完善《马列主义经典作家文库》编辑出版工作的重要指针和动力之源。

为了进一步做好文库的编辑工作，我们需要在各个方面进行不懈的努力；其中十分重要的一点就是深入实际，进行调研。我们不仅要与理论界、学术界的同志交流，而且要同社会各界的广大读者加强沟通，切实了解他们的想法和需求。我们长期与高校师生保持联系，带着问题意识去了解他们学习和研究马克思主义经典著作的心得与收获，了解他们关心什么、想看什么。这一切，对于我们加强和改善文库的选题和编辑工作很有启发意义。

文库是一个开放的体系，我们可以根据读者的需要、编译工作的心得以及新发现的文献，不断推出新书，使它成为一个常学常新、能为大家提供帮助的版本系列；也可以在关键的时间节点，通过文库推出具有纪念意义的理论精品。例如2018年，恰逢马克思诞辰200周年，为表达对马克思和恩格斯这两位伟大革命导师的缅怀和敬意，我们在文库的基础上精选了15本著作，制作了一套特辑，内容厚重、装帧朴素，发行十分成功，引起了强烈反响，无论是在领导干部和理论工作者中，还是在广大青年学生中，都受到了热烈欢迎。今后，我们还将继续在这方面发挥文库的作用。

编辑《马列主义经典作家文库》也是培养青年编译人才的有效途径之一。我们为许多年轻同志积极参与文库编辑工作而感到莫大的欣慰。近年来，编委会每编一本书，总会有年轻同志先做准备工作。他们广泛地收集整理国内外各种相关的资料和信息，写成详细的调研报告。这些报告为遴选相关文献、撰写编者引言奠定了基础，同时又为日后的编译、研究工作积累了宝贵的素材。更重要的是，在文库单行本和选编本编辑过程中，他们主动地围绕篇目的选择、附录的编辑以及引言的撰写提出宝贵建议，同时认真负责地做好文献核查和资料编排工作。总之，在文库编辑的各个环节，他们都秉持一丝不苟、精益求精的态度。在这些年轻同志看来，文库的编辑工作和《马克思恩格斯全集》的编译工作同等重要，任何一个要件都必须准确无误、万无一失、无懈可击。我们的年轻同志正是以这种科学态度和奉献精神为保证文库的学术质量做出了贡献；与此同时，他们自己也在实践中积累了经验，提高了素养，增长了才干。由此可见，文库的编辑出版工作既是党的理论阵地，又是青年学习的课堂、人才淬炼的熔炉。今后，我们要充分利用这个课堂和熔炉，使经典著作编译队伍不断发展壮大。

相比《全集》和《文集》，文库的读者群更广泛，在促进经典著作的宣传普及上更具优势。因此，我们要进一步高度重视文库的编辑工作，提高文库的编纂水平，使文库真正成为广大读者特别是青年同志学习理论、明确方向、坚定信念、增强斗志的权威性教材。国家的希望在青年，民族的未来在青年。文库的编辑工作一定要重视青年人的建议，适应青年人的需求，让青年人通过阅读经典著作感悟真理的力量，同时又能从经典作家身上学习如何树立远大理想、如何在人生道路上砥砺前行。

　　鲍世修,马列主义军事著作翻译家,军事思想和国际战略研究高级研究员。江苏东台人。曾任军事科学院马克思主义军事理论毛泽东军事思想研究所所长、研究员。享受国务院政府特殊津贴。参与《马克思恩格斯军事文选》《马克思恩格斯军事文集》《马克思恩格斯全集》以及《马克思恩格斯选集》中文第二版等编译工作。

参与《马列军事文集》编译工作的点滴回忆

鲍世修

在上海俄文学校学习

新中国成立后不久,我就到华东人民革命大学附设的上海俄文学校学习俄语。虽然只在那儿学习了不到一年,但学校的教育对我的人生观产生了深远影响,也帮我奠定了扎实的专业基础。

1949年12月,开学之初,当时的校长姜椿芳就把陈毅市长请来给我们做首场政治报告。陈市长勉励我们,只有认真学好专业知识,才能有效报效国家和服务人民。我记得他在谈到要处理好学习政治和学习外语的关系时,拿空军打了个比喻。他说:"一个空军人员,如果他立场不坚定,可能驾起飞机到敌人那边去,那这个空军就等于零,但是空军光是注意政治,技术很差,一飞上去就被敌人打下来,那也是等于零。这样的空军有什么用呢?"我对他的讲话印象非常深刻。

本文口述于2022年,整理者詹珩。

姜校长在开学典礼上也说：我们的学校不是一般的学校，而是一所革命学校。之所以叫"革命"学校，是因为这所学校办学的目的非常明确，那就是为了满足国家当前建设的需要，为了使我们的国家和人民今后能过上更美好的生活，所以大家来到这里学习，是为了今后能更好地为国家建设服务，为人民的幸福生活服务，这就是说，你们的学习目的，简而言之，就是为人民服务。

这就是我们当时得到的最具体、最实在的、准备步入社会的人生指向。因为有这样的认识和觉悟，我们学起来也很尽心尽力。

考虑到学外语的学生毕业走向社会后知识结构方面的特殊需要，我们学校一开始就采取了开放式办学的方法，大量邀请国内各学科领域的知名专家学者，给我们上大课，开讲座。我就听过著名的马克思主义哲学家和教育家、《平凡的真理》作者冯定，著名资深的经济学家、《新经济学大纲》作者沈志远的学术报告。这对我们迅速成长是很有益的。

在实践中成长

入学不到一年，我记得非常清楚，1950年11月7日，当时是苏联的十月革命节，学校管分配工作的老师把我叫去，说鲍世修同学，我们准备分配你去工作了。我大吃一惊，我说我学了不到一年，怎么就能马上出去工作呢？他说你知道，现在中苏两国交流很多，急需俄语人才。我们对你的学习过程进行了考查，认为你现在掌握的俄语知识，出去完全能够应付你的工作。这样，我成了上海俄文学校第一个出校的学生。学校只给我3天的准备时间，我跟家里打好招呼，置办好生活必需品，就到了中国人民解放军华东军区装甲兵司令部。当时我国从苏联买了两个坦克师的装备，并商定由苏方配齐官兵随装备一起到中国来，教中国官兵掌握和使用。我主要做翻译工作。但在这个岗位上我遇到了许多前所未有的难题。在俄语的掌握方面，当时我的听、说能力都比较强，一般日常交流没问题，但是技术方面的很多专业术语，我弄不清楚，根本没办法用中文表达出来。在那种情况下，首先要学专业。所以从那会儿我就明白，如果不懂专业，根本当不好一个翻译。当时也找不到坦克方面的专业中文书籍，我想，坦克和汽车的原理是相似的，我就找了有关汽车制造的专业书籍自学，同时也每天向苏联老师要第二天的讲课提纲，晚上提前预习和翻译好。坦克教学包括几个大的方面，当时一般的坦克有乘员5名，1名驾驶员，1名车长，1名通讯员，2名炮手。这5名坦克兵的专业我都得学。在这期间，我协助教出了两个连的中方战士。

编译马列军事著作

1959年，苏联专家回国了，我被调到军事科学院外国军事研究部翻译处工作，当时还是叶剑英元帅亲自签署的任命书。这件事有个背景。新中国成立初期,毛主席就提出军队中高级干部要学习马克思、恩格斯、列宁和斯大林的军事著作,但是当时却没有这方面合适的成套的读本,只能去延安时期的译作中找到一些零散的篇章。后来,军事科学院成立,叶剑英院长和后来的宋时轮院长亲自调集全军高端翻译力量,着手系统编译马恩列斯军事著作。

踌躇满志的我刚到军科院,就迎来当头一喝。当时翻译处曹汀处长跟我说,鲍世修同志,我们知道你的口语很好,但你文字方面的能力还不行,你得好好锻炼。这期间,叶院长的指导对我的成长起到了很重要的作用。

记得在军事科学院成立初期,普遍存在着一种认识,认为我们来院是干翻译的,搞研究是别人的事。叶院长了解了这一情况后,在一次对翻译人员的讲话中,专门谈了翻译与研究的关系。他说,翻译本身就是研究,翻译任何时候也离不开研究。在军事科学院搞翻译的人,要做到翻译与研究相结合,落脚于研究。搞翻译的人都有比较高的文化程度,能直接通过外文接受和辨析外来的东西,最有条件从事研究工作,也最有能力搞好研究工作。叶院长看似浅显实际富含哲理的讲话,既是对翻译在科学研究事业中所起作用的充分肯定,又是指引翻译人员通过走译研结合的道路发展自我、刻苦成才的金玉良言。

叶院长还提出:搞科研要实事求是,就是研究问题要有客观的态度。要敢想敢说,这是做好研究工作的大前提。搞研究还必须有一套正确的方法,这就是会想、会说、会做，研究人员毕生追求的"独创"，正是靠走"三会"的道路达成的。叶院长经常勉励军事科研工作者要以苦字当头：应有的修养要苦修；应有的本领要苦练；应具备的知识要苦学；应干的工作要苦干。他还说，研究学术，必须下苦功夫，有旺盛的求知欲。

这些话我都认真记在心里，苦练本领。既然我文字方面的能力不行，我就在这块儿下苦功夫，慢慢琢磨、慢慢磨炼。当时翻译每篇文章的时候，我都反复推敲，拿不准的地方还要对照德文原文，同时要兼顾语言的准确性和通俗性，有时候翻译一篇文章就要用一两个月。在翻译过程中我也切身体会到，翻译和研究确实分不开。要翻译准确，首先得把原文全部搞通。什么叫全部搞通？就是不仅在文字上弄明白，还要弄明白它的意义和内容。在研究马恩军事理论的过程中，我渐渐形成了完整的军事理论框架，写了《马克思恩格斯军事理论研究》《论无产阶级军事科学的基石》两本书。

后来接任院领导位置的宋时轮院长也给我留下了深刻的印象。为落实中央军委加强高中级干部军事理论教育的指示，军事科学院曾先后三次翻译选编出版了马克思恩格斯列宁斯大林军事文选（文集）。这都是在宋院长的直接领导下完成的。他对军事经典著作的译校质量要求是极其严格的。在领导选编工作过程中，他常向译校人员反复叮咛：译校军事经典著作，必须慎之又慎，搞错了是会死人的。这一方面反映了他对经典作家理论观点的高度尊重，另一方面，也体现了他对广大读者的极端负责。他经常讲，我这样说并不是在搞耸人听闻，随便吓唬人，而是从经典著作译校工作的高度严肃性出发的。党章和国家宪法都规定马克思列宁主义是我们总的指导思想。这就是说，马克思、恩格斯、列宁、斯大林提出的一些理论观点和主张，从原则上说，我们都是要照着去做的。如果在人类活动的其他领域做错了事，有时还可以进行纠正和弥补，但如果在战争领域出了差错，就会付出血的代价。因此，从事军事经典著作译校工作的人，必须十分小心谨慎，九点九分都不行，不仅文字要搞得非常准确，就是标点符号也不能出错。宋院长关于保证译校质量的讲话，在我们译校人员中留下了极为深刻的印象，它是一种巨大的无形力量，使跟随他做事的同志，在工作性格的养成上获益良多。

搞翻译，尤其是经典著作编译的人就得这样兢兢业业、深耕细作。后来我跟中央编译局的同志一起工作的时候，在他们身上也看到了这种特点。

与中央编译局的至诚合作

军事科学院自1958年建院以来，数次编译马恩列斯军事著作，都同中央编译局关系密切。长期以来，两单位间的至诚合作，堪称经典著作编译部门协作共事的典范。

军事科学院对中央编译局的支持，主要表现在几个方面：

20 世纪 80 年代在军事科学院与中央编译局专家商讨译校方案（右一为鲍世修）

20 世纪 60 年代早期，军事科学院调集全军高端翻译力量编译了一套三卷本的《马克思恩格斯军事文选》。后来，中央编译局着手编译中文第一版《马克思恩格斯全集》时，出于对军事科学院译文质量的高度信任，于是就把该套文选的译文收入《全集》。

军事科学院在 20 世纪 80 年代初编译五卷本《马克思恩格斯军事文集》《列宁军事文集》和《斯大林军事文集》时，按规定必须选收相关《全集》的译文。由于军事译文的专业性强，《全集》译文难免有疏漏，这就需要我们两家聚在一起核校更正。在这当中，军事科学院专家提出的正确校改方案，对新一版《全集》译文质量的提高肯定是会有帮助的。

当中央编译局翻译出版的马克思主义经典著作，在理论界、学术界、翻译界受到无端非议时,军事科学院的专家不畏译界"权威",站出来仗义执言,驳斥种种翻译歪论,从而维护了中央编译局译校产品的高度权威性。这方面最明显的例子是,20世纪80年代军科院专家就怎样按原文译校《共产党宣言》问题,连续在当时的北京外国语学院学术校刊《外国语教学与研究》上发表文章,据理争辩,以正视听,收到极好效果。

军事科学院的专家还积极配合编译局开展翻译理论和技巧方面的研究活动,不断撰写相关文章,与译界同道分享从事译事的心得体会。

军事科学院通过各种方式和渠道向国内理论界、学术界、翻译界乃至国际马克思恩格斯著作编辑研究、考证机构,通过细致、生动的描述,介绍中央编译局那些为马克思主义中国化的第一步奉献了青春年华,甚至生命的经典著作翻译家群体的整个光辉傲人业绩。军事科学院就有专人撰写过如《记在中央编译局工作的上外毕业生校友》一类的朴实文章,受到各方关注。

根据中央编译局工作需要,军事科学院的科研人员尽了自己应尽的本分,例如,认真准备、积极参加各届马克思主义论坛,还被吸收参加某些实质性的译校文字工作,如《马克思恩格斯选集》中文第二版的修订;参与拍摄过一些大型电视文献纪录片,如《思想的历程》《卓越的恩格斯》等。

军事科学院还曾向编译局推荐国外知名院校和研究

机构专家、学者来局里进行学术交流,其中就有美国弗吉尼亚军事学院学养深厚的历史学教授和德国席勒研究院院长等。

中央编译局对军事科学院的帮助主要表现在以下几个方面。

马克思、恩格斯、列宁、斯大林著作资源的无私提供。举例来说,上世纪80年代,军事科学院编译《马克思恩格斯军事文集》时,按宋时轮院长要求,需尽量搜全两位经典作家的军事文献。当时,中文第一版《马克思恩格斯全集》还没有出齐,故而有些选中的文稿,只能求助于原始出版物。我记得正是中央编译局图书馆给我们提供了19世纪德国出版的《新莱茵报》,才最终解决了问题。

为提高军事科学院出版的7卷本马恩列斯军事文集的译文质量竭尽心力和智慧。就以《马克思恩格斯军事文集》为例,该套书选收文章459篇、199万字,为保证其译文质量,中央编译局的专家与军事科学院专家一起,逐字逐句认真推敲,务求尽善尽美。这种极端负责的态度,给人留下极其深刻的印象。

为便于国家理论界、学术界、翻译界更多、更好地了解军事科学院长期从事马恩列斯军事著作编译和研究所取得的丰硕成果,以扩大其在国内外的影响,中央编译局做了大量工作。例如,吸收军科院的研究人员参加由编译局主办的大型学术会议,如历届马克思主义论坛;让军科院研究人员参加大型电视文献纪录片的拍摄,如《思想的历

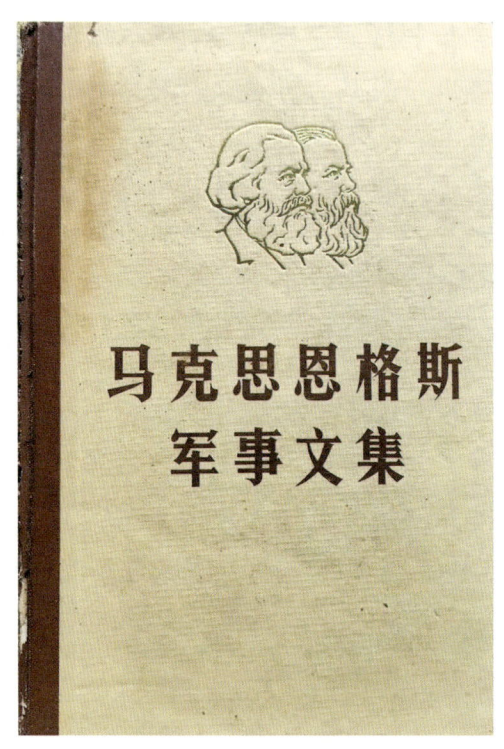

《马克思恩格斯军事文集》

程》《卓越的恩格斯》等。此外,编译局还聘请军科院专家参加由编译局主办的高端学术团体,如中国马克思恩格斯研究会等。再就是吸收军科院人员参加由编译局组织承办的高级专家赴省市考察团,从而丰富提高了参与者的眼界和素养。

帮助军事科学院向外推广传播学术研究和编译马恩军事著作的巨大成果。上世纪80年代,东德马克思列宁主义研究院海因里希·格姆科夫教授来华访问时,中央编译局的一位领导就介绍我跟他认识,并让我向他讲述了中国军事科学院研究和编译马克思恩格斯军事著作的详情。当我把一套5卷本《马克思恩格斯军事文集》摆上桌面时,他连声说,真正学习和研究马克思恩格斯军事思想的是中国同志。后来,他向我院索要了一套该书,并说回国后要陈列出来,供大家学习研究。

从以上几个事例和史实不难看出,中央编译局对军事科学院的帮助和支持以及军事科学院对中央编译局的相应反馈是至诚合作的完美体现。

陈瑞林,马列主义经典著作翻译家。原中央编译局当代马克思主义研究所处长,译审。2002年荣获资深翻译家荣誉称号。曾参与《马克思恩格斯全集》中文第一版等编译工作,参与编辑《译语参考资料》《马克思列宁主义经典著作译语汇编》等。

回忆马列经典著作翻译中的译语选编工作

陈瑞林

初到校审室

1950年，我高中还没毕业，就到哈尔滨外国语专门学校学习。1953年年底，分到中央编译局，没多久就参加了全国的普选运动，真正开始工作是1954年。我刚到编译局时底子很薄，一开始把我分到图书馆，后来又分到校审室译语组。当时校审室除了译语组，还有译名组、引文组、修辞组三个组，都是为翻译工作服务的。译名组原先叫卡片组，是搞译名统一的，就是从质量较好的马列经典著作译本以及其他一些译本中搜集大批译名资料，制成卡片，供翻译人员参考。关于译名，不能一会儿这么翻，一会儿又那么翻，应该统一起来，这是非常重要的。引文组，就是把马列斯的话，带引号的，还有不带引号的，进行统一。总的来说，译名组和引文组的工作主要是统一、核对工作。

本文口述于2015年，整理者李平、詹珩。

修辞组，就是把初步翻译出来的文稿中国化，把一些生硬的表达变成中文通顺的表达，使译文合乎我们的语言习惯，有中国味。

　　能分配到译语组，我自己是非常满意的。当时给我们安排的工作是把翻译出来的书，中文和俄文对照着看，记录好的句子、译法等，手抄、油印后编成《译语参考资料》，一开始是给局内翻译同志参考，后来也给局外人看。我记得一共出了18期。刚接触这项工作时，感觉好像走进了宝库，觉得遍地是珠宝，唯恐因为自己底子差、水平低，漏选译法优异的名词、短语、长短句等"珍珠玛瑙"。为了提高自己的能力，我认真钻研，打牢基础。一方面，我注意学习理论知识，包括哲学、逻辑学、联共（布）党史、政治经济学和《毛泽东选集》等。另一方面，我在翻译方面苦下功夫，学俄文，学语文，经常阅读翻译方面的刊物，包括《俄文教学》《中华俄语》《俄罗斯语文》《上海语文和教学》《教学和研究》等。另外，我还积极参加各种翻译讲座，聆听老前辈们介绍翻译经验。这些为我做好译语选编工作奠定了良好的基础。

　　校审室的工作在马列著作编译过程中起到了重要作用。当时许多搞翻译的同志经常到我们各个组，来解决翻译过程中遇到的疑难问题。有的同志说，你们整理出来的东西很有帮助，对翻译很有启发，不仅能提供具体方案，而且还能提供翻译方法，起到"举一反三"的作用，就是可以把抽象的变成具体的，具体的可以变成抽象的。

但是，也有人对校审室的工作不理解。有人认为搞译名、引文很简单，高中生都行。当时修辞组一些同志是大学生，学的是俄文，结果跑来做修辞，觉得所学非所用。尤其是20世纪50年代国家提出"向科学进军"的口号后，一些同志为追求个人前途离开了。当时的局长陈昌浩给大家做工作，说做大事情要从做小事情开始，小事做好了将来必有前途。当时我对这句话理解不是很深，后来的工作印证了：编译局是培养人才的最高学府，只要踏踏实实干，经过长期的积累，就能得到升华，就能提高。贺麟就把编译局称作"翻译的最高学府"。大家都知道著名的文学家叶圣陶先生吧，他对我们编译局贡献很大。记得有一次，我们就修辞工作请来许多有名的大家，其中就有叶圣陶。他不单对遣词造句提出了好多意见，甚至连标点符号也不放过。其中有一条意见当时我们没有吸收，他又来信寻问结果。后来师哲、姜椿芳一些领导一起研究，最后给定下来了。名人尚且如此重视这方面工作，我们怎能看轻自己。所以，领导安排什么，我就钻研什么，踏踏实实地学习、工作。

付出就有收获

我在译语组除了参与编辑《译语参考资料》，还参与编辑了一本书，叫《马克思列宁主义经典著作译语汇编》。我们将选自马克思、恩格斯、列宁和斯大林等人的十余卷著作中近7000个译例汇编成册,在1957年公开出版了。当时陈昌浩还想把《词典》和《译语汇编》合出一部《马列主义翻译大词典》。后来因为一些原因,这个想法没有实现。《译语汇编》当时发行了8000多册,很受欢迎。在上个世纪80年代,我还收到一封信,问哪儿能买到这本书,或者哪儿能复印。这说明当时已经买不到这本书了。曾经在编译局工作,后来调到中国社科院经济研究所的余大章,就一些翻译方面的问题请教张钟朴,张钟朴告诉他《译语汇编》里就有。余大章看了后说,《译语汇编》特别有用,有些字词不好翻,要不是看里面的译法,怎么想也想不到。还有一个例子是,宋洪训在总结《列宁全集》第一卷工作的时候提到,有些东西不好翻,但在《译语汇编》里能找到好几种译法。这些都说明《译语汇编》很受欢迎。但可惜的是,因为反右派以及局里人事变动的影响,有人提出应该改革校审室这些组,陈昌浩当时坚决不同意,但后来因为种种原因还是撤掉了。如果当时的机构能保留下来,应该是更好的。我们后来商量利用业余时间接着编《译语汇编》,可是人民出版社提出一个版权问题,要求领导同意。我们就去请示领导,结果因为综合考虑没有同意,这项工作就到此为止了。

在参与这些工作的过程中,我得到了锻炼和提高,再加上我爱钻研、爱积累,这方面应该说还是有一点成绩的。有一件事可以讲一讲。有一次人民大学给编译局来了一封信,说他们对时间的表述方法争执不下,要求编译局当裁

《马克思列宁主义经典著作译语汇编》

判。具体是这样的,一种观点认为应该用"1888年1月1日到1888年12月31日为止"这种表述,另一种观点认为应该说"1888年1月1日到1889年1月1日为止",还说俄文就是这样的。后来这个问题就到我这了。我查了后发现一般就算到当年最后一天,外文也不会包括第二年的1月1日,俄文也不会这样多冒一天。就这个事我写了一篇文章在《中华俄语》上发表,这是我平生第一次公开发表文章。我越来越体会到译语选编是一项科学研究工作。我将选材与研究结合起来,不仅注意汇集大量生动的典型译例,而且认真对比中外文表达的特点,潜心研究其中的翻译技巧和翻译规律,利用业余时间又写了《长句的译法》《形象句译法》等好几篇文章,上海《教学、研究与翻译》连续三期刊载了,给了 100 多块钱,这在当时不是一笔小数,解决了我的经济困难。为了探讨长句的译法,我把大量长句译例,在比较和分类的基础上作了深入分析,写成了《略谈翻译长句的原则和方法》一文,发表在《俄罗斯语文》1959 年第 2 辑上。

还有一件事也值得讲一讲。《马克思恩格斯全集》《列宁全集》《斯大林全集》三大全集第一版出版以后,引起全国轰动,这是新中国成立以后马列经典著作在中国第一次正式出版,国家非常重视,《人民日报》还发表社论。后来校审室发了一篇介绍资料,结果社会上有意见,有人说编译局是"为封建主义招魂",引起了全国讨论。那时候大家俄文水平都不高,翻译出来的东西参差不齐,客观上需要统一翻译原则和方法,编译局就组织了关于翻译标准的大讨论。当时争论得很厉害,何匡、陈昌浩都写了文章,郭沫若、茅盾都来信发表过意见,《俄文教学》、哈尔滨外国语专门学校都参与到讨论中。后来因为反右派斗争讨论停止了,不了了之了。现在回头来看,何匡、陈昌浩的意见都是正确的。何匡对"信、达、雅"的标准进行了诠释,陈昌浩阐述了编译局一贯奉行的"意思正确,译文通顺"原则。其实,不管是"信、达、雅",还是"意思正确、译文通顺",以及后来提出的"等值翻译",本质上都是忠实内容和风格，并用合乎规范的中文来表达。前些年外文局出了一本《翻译论集》，收录了当时的几篇讨论文章。应该说编译局后来是解决了这个问题，科学翻译观被很多人接受。虽然当时争论很激烈，但经过几十年的检验，证明编译局的东西还是正确的。

在这个过程中，我写了一篇《马克思恩格斯论翻译》，相当于给编译局的翻译找到了经典依据，很受欢迎，从几件事上可以看出来。第一，人民出版社原来打算编一本关于马恩学外语的书，看到我这篇文章后，他们的副总编和姜椿芳联系，表示想把书的内容进行调整，补充马恩论翻译的相关内容。这里还有个小插曲，人民出版社为什么和姜椿芳联系呢？因为姜椿芳的笔名是林林，我的笔名是林放，他们一开始以为这篇文章是姜椿芳写的，后来才知道是我。我当然同意了。另一件事，有位名家，写了篇《马克思恩格斯学外文》，寄到编译局来，让编译局提意见，这个任务交给了我。我发现他用的材料比较旧，比如他说马克思恩格斯懂得欧洲所有国家的七八种文字，这是不对的。他参考的是人民出版社1973年出版的保尔·法拉格的《回忆马克思恩格斯》。但我看到的很多材料有另一种说法。恩格斯结结巴巴能说出20多种语言。马克思呢，据恩格斯说懂30种文字。我把这个情况跟他说了，他也吸收了我的意见。还有一件事，我们正式出版《马列主义编译资料》时，去中央党校征求意见。当时有个老师接待我，说《马克思恩格斯论翻译》很有用，是到他们那儿学习的某个省委宣传部长林放写的。我说不对,那是我写的,他当时就乐了。再有一件事,20世纪80年代,沈昌文办了个内部刊物,参考了人民出版社的那本书和名家的那篇文章。

虽然在经典著作翻译大工程中,我只是微不足道的一分子,但我在译语组学习、工作这些年很有收获,我是很满意的。

翻译与系统思想

在我参加《马克思恩格斯全集》中文第一版翻译工作的过程中,我发现在马克思和恩格斯的著作中,包含着丰富的系统思想。一些中外学者——包括一般系统论的创始人——甚至认为,马克思是现代系统理论的先驱和奠基者。

中央编译局荣获资深翻译家称号的部分老同志合影(一排右三为陈瑞林)

我们也有必要运用系统思想对马恩原著的某些通行于目前的汉语译文加以考察，才能深化对经典著作的理解并推动翻译工作的改进。为此我专门写了一篇文章《经典著作的翻译与系统思想——〈马克思恩格斯全集〉中文版部分译文商兑》，全文两万多字，发表在《中国社会科学》1992年第2期。

我在文章中提到，人们普遍认为，马克思和恩格斯是用这样几个词语来表述资本主义经济危机的各个阶段的：危机、萧条、复苏、高涨，其汉语译法早经定型，料无疑义。实际上，事情绝非这样简单。作为资本主义社会总体研究的重要组成部分，马克思和恩格斯二人都非常重视对于资本主义经济危机问题的研究，马克思为此准备了三大本笔记簿，花了许多时间做关于英、德、法等国经济危机问题的笔记。他不仅写了一些有关的文章，而且还打算在《资本论》第3卷中作专门阐述。恩格斯则专文总结了1845至1885年英国发生的历次经济危机。他们不仅从部门经济的角度研究了工业危机、商业危机、农业危机、财政危机、银行危机、交易所危机、货币危机、铁路危机、劳动危机和抵押危机等各种各样的危机，而且还从危机发展史的角度考察了英国以及其他各国在不同时间内爆发的中间危机和普遍危机。马恩对此的有关论述用语非常丰富，翻译起来确实有些困难。为了准确地用汉语表达出马恩的原意，除了全面、深入地了解马恩的有关论述之外，译者还必须研究列宁及斯大林论述垄断时期经济危机问题的用语，从马恩和列斯关于经济危机问题的思想的继承和发展关系上考察有关用语的区别和联系，而无论如何不能孤立地就词译词。

我在译语组的工作经验这时候就派上了用场。我首先精确地统计出《马克思恩格斯全集》中文第一版内的所有有关例句，分类排队、考订比较、综合分析、统筹处置，然后运用这种贯穿着系统思想的"先见森林，后见树木，再见森林"的方法，发现和纠正现行译文中的缺陷。比如下面几个例句：

1. 1847年的危机（Krise）在贸易和金融方面要比在工业方面更为严重。

2. 1847年金的流出是在4月停止的，崩溃（Krach）却在10月才发生。……那时，金的流出在引起了一个比较轻微的先兆危机以后，已于4月停止，然后到10月才爆发真正的商业危机。

3. 的确，在1866年的破产（Krise）之后，1873年左右有一次微弱而短暂的复苏（Aufschwung），但这次复苏并没有延续下去。的确，完全的危机（Krise）并没有在它应该到来的时候即1877年或1878年发生，但是从1876年起，一切重要的工业部门都处于经常停滞的状态。既没有完全的破产（Krach），也没有人们所盼望的、在破产（Krach）以前和破产（Krach）以后惯常被人指望的工业繁荣时期。

4. 在1825年——第一次总危机（allgemeine Krise）

时期……

5. 自从1825年第一次普遍危机（allgemeine Krise）爆发以来……

6. 现在我们这里的竞争对工商业的影响，表现为工业各部门的普遍的长期萧条（Depression）……表现为某种停滞（Stockung）……

7. 从1815年到1863年的48年间，只有20年是复苏和繁荣时期，却有28年是不振（Druck）和停滞（Stagnation）时期。

8. 在英国，在法国，在美国，经常萧条（Druck）继续笼罩着一切关键性的工业部门……

9. 当1842年初萧条（Stockung）变为真正的商业危机……

10. 工业的生命按照中常活跃、繁荣、生产过剩、危机、停滞（Stagnation）这几个时期的顺序而不断地转换。

11. 英国、北方各国和美国的危机，在法国从没有直接引起"法国的危机"，而只是发生间接的影响——慢性的灾难、生产的限制、商业的萧条（Stagnation）以及普遍的不安。

12. 不断重复出现的周期——工商业繁荣、生产过剩、危机、恐慌、经常的萧条（Stauung）、逐渐复苏（Wiederbelebung）……

13. 如果中间阶段延长，以致新商品从生产领域出来时，市场还是被旧商品占据着，那么就会产生停滞

（Stauung）……

14. 在周期性的危机中，营业要依次通过松弛（Abspannung）、中等活跃、急剧上升和危机这几个时期。

15. 每隔十年，生产的进程就被普遍的商业危机强制地打断一次，随后，经过一个长久的经常停滞（Abspannung）时期，就是短短的繁荣年份……

16. 生产一定要经过繁荣、衰退（Depression）、危机、停滞（Stockung）、新的繁荣等等周而复始的更替。

17. 这种衰落（Krise）时期以前也有过，平均每十年重复一次；它们延续下去，直到被新的繁荣时期所接替，如此不断地循环。

18. 在危机时期，他们可以开工2小时、3小时或者6小时，而在急剧发展（Prosperität）的时期则开工13小时到15小时……

19. 如果现代工业不是在周期性循环中经过停滞、繁荣（Prosperität），狂热发展（Aufschwung）、危机和极度低落这些彼此交替、各有相当时期的阶段……

从这些例子可以看出，某些词语的译法有些混乱，"同词异译"和"异词同译"的现象较为突出。比如Krach译崩溃和破产（见例2和例3），Krise译危机、破产和衰落（见例1、例3和例17）；比如Depression、Druck、Stagnation和Stauung都译为萧条（见例6、例8、例11和例12）等等。在这些译法中，必然存在着正确与错误、恰当与不妥、统一与纷乱的区别。

我在文章中通过具体案例,运用系统思想去进行研究。比如,经济危机周期是由危机、萧条、复苏和高涨四个部分组成的整体,我们可以将它理解为一个系统,这四个部分则是构成这一系统的要素。同时,四者又各自含有不同的构成要素和表现形式。因此,要正确地翻译危机、萧条、复苏和高涨等用语,就必须注意"周期阶段"的整体性,做到从整体去把握部分。

就《马克思恩格斯全集》中文第一版的中译文来看,被用来表述"危机"阶段的词语有:危机、崩溃、恐慌和破产。这些词语都是据俄文版中кризис、крах、паника等词语译出的,孤立地看译得都不错,但若查对德文,从整体和部分的关系来看,就会发现其中"破产"的译法是错误的。马克思和恩格斯用过好几个词语来表达"危机"这个概念,如危机(Krise crisis,相应的俄译为кризис,下同)、崩溃(Krach、crash、крах)和恐慌(Panik、panic、паника),它们的意思是一致的。例如:

1. 1847年的危机在贸易和金融方面要比在工业方面更为严重。

2. 1847年金的流出是在4月停止的,崩溃却在10月才发生。……那时,金的流出在引起了一个比较轻微的先兆危机以后,已于4月停止,然后到10月才爆发真正的商业危机。

3. 1847年……的恐慌比以往任何一次都更严重，更富于破坏性。

上述3例引自不同篇章，但讲的都是1847年的经济危机。

"危机""崩溃"和"恐慌"都是对当时经济危机总体状况的概括，三者在这里的意思是相同的。在于光远主编的《马克思恩格斯列宁斯大林论资本主义经济危机》一书中的"名目索引"部分里，列有"危机（崩溃、恐慌）"的条目，表明于光远也作这样的理解。然而，在《马克思恩格斯全集》中文第一版里，在应该译为危机和崩溃的地方译成破产则是不妥的，因为中文的危机、崩溃和破产三词并不完全是一个意思。例如：

4. 的确，在1866年的破产（Crisis）之后，1873年左右有一次微弱而短暂的复苏，但这次复苏并没有延续下去。的确，完全的危机（Crisis）并没有在它应当到来的时候即1877年或1878年发生，但是从1876年起，一切重要的工业部门都处于经常停滞的状态。既没有完全的破产（Crash），也没有人们所盼望的、在破产（Crash）以前和破产（Crash）以后惯常被人指望的工业繁荣时期。

5. 生产的进程……经过一个长久的经常停滞时期，就是短短的繁荣年份，这种繁荣年份总是又以热病似的生产过剩和最后再度破产（collapse）而结束。

以上 2 例选自恩格斯《英国工人阶级状况》1892 年英国版序言。例 4 讲的是 1866 年和该年以后的经济危机，例 5 讲的是 1852 年的经济危机。这篇《序言》原文是英文，中译"破产"一词在原文中分别为 Crisis、Crash 和 Collapse，在《马克思恩格斯全集》德文版中则为 Krise、Krach 和 Zusammenbruch，俄译 кризис 和 крах。显然，英、德、俄文之间以对应词互译是无可挑剔的。由前述可知，此处中译文应为"危机"或"崩溃"，而原来翻译时却把上述五处均译为"破产"，实在不妥，因为破产与危机是不同等级的概念。请看恩格斯对资本主义经济危机周期中"危机"这个阶段的状况所作的极有代表性的描述：危机爆发后，"商业停顿，市场盈溢，产品滞销，银根奇紧，信用停止，工厂关门，工人群众因为他们生产的生活资料过多而缺乏生活资料，破产相继发生，拍卖纷至沓来。"不难看出，"破产"是在"危机"这个阶段中发生于某些经济部门的事情，二者之间是部分和整体的关系，不应混同。我用下列图式来直观地展现恩格斯的有关描述：

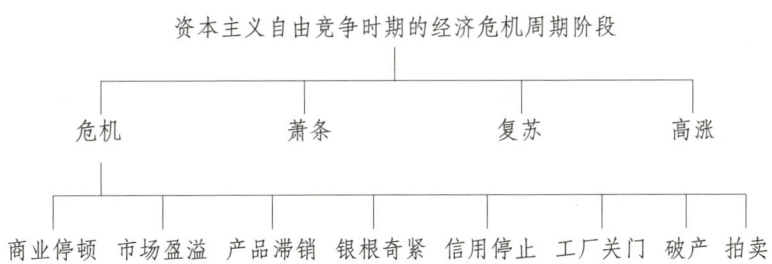

查考原文可知，马克思和恩格斯是用不同的词来表达

"危机"和"破产"这两个概念的,对于后者,他们常使用Bankrott和Ruin二词。例如:

6. 这次破产不论就其数量和资本总额来说,在英国商业史上都是空前的,大大超过了1825年危机时期的破产。

7. ……在危机期间这种集中是通过许多大资本家和更多的小资本家的破产实现的。

例6中的"破产",德文原文为Bankrott,俄译банкротство。这段话是就危机期间在利物浦和曼彻斯特等地从事有价证券即期票和股票交易的经纪人,从事航运、茶叶和棉纺织品交易的经纪人以及毛织品厂老板等人大批破产的事实所发的议论。例7中的"破产",德文原文为Ruin,俄译разорение。这段话指的是在经济危机期间许多资本家因无力偿还债务破产,从而出现了"大鱼吃小鱼"的情况。显然,由于混淆了危机、崩溃和破产的概念而导致的误译,是应当在新版翻译中得到纠正的。

这只是一方面的例子,运用系统的观点来看,《马克思恩格斯全集》中文第一版中还有不少类似的误译。

回想在编译局的几十年,我觉得自己成长了很多、收获了很多,这些回忆和成果在马列著作编译史上可能只是沧海一粟,对于我来说却是一辈子的财富。

追忆马克思恩格斯的三部哲学名著的译校工作

顾锦屏

在马克思、恩格斯的理论宝库中,《德意志意识形态》《反杜林论》《路德维希·费尔巴哈和德国古典哲学的终结》是三部重要哲学著作,是三颗放射着异彩的明珠。为译好这三部名著,马恩室同志花了不少力量,整个译校过程体现了编译局翻译马列经典著作的好传统和好经验。现就我记忆所及,对往事作个简短的回忆。

译校经过

《德意志意识形态》早在 1938 年已有郭沫若同志的译本,但只译了其中的第 1 章:《费尔巴哈。唯物主义观点和唯心主义观点的对立》。全国解放后,广大干部迫切希望能读到该书的全译本。1953 年中共中央马恩列斯著作编译局成立,开始系统翻译马恩列斯的全部著作。建局头几年,由于抽不出适当力量,《德意志意识形态》的翻译没能提上

本文原载《马克思恩格斯著作在中国的传播》,人民出版社 1983 年版。收入本书时经本人修改审定。

日程。该书的翻译开始于1957年下半年。当时长期从事马列著作翻译工作的谢唯真同志，主动提出愿意承担这部著作的译校工作，局内给他配备了几个年轻同志作为助手。翻译工作开始没有多久，谢唯真同志因病休养，有的同志下放劳动锻炼，这项原来由翻译经验丰富的老同志承担的任务落到我们这些年轻人的身上。我们继续工作了一段时间，局内决定全局一盘棋，集中力量翻译《列宁全集》，向国庆十周年献礼，《德意志意识形态》的译校工作只好暂时搁下。1959年下半年这项工作又恢复。到1960年底，这部50多万字的巨著终于同读者见面了。这部著作当时是根据

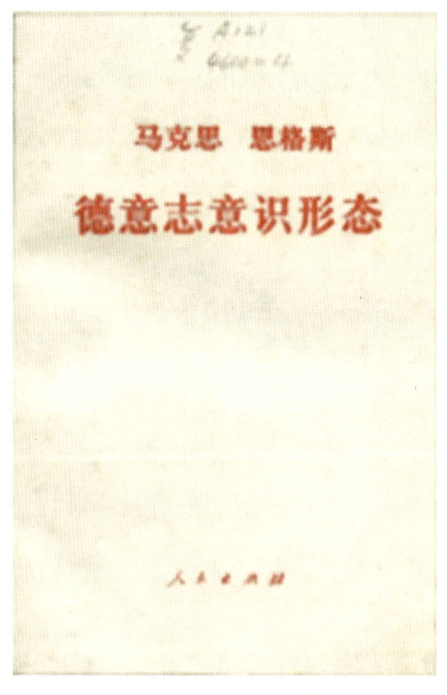

《德意志意识形态》中央编译局译本

俄文，参考德文翻译的。

《费尔巴哈和德国古典哲学的终结》在20年代末30年代初就有几种译文，但这些译文早已绝版，解放后很难找到，最流行的是张仲实同志的译本和编入原苏联出版的《马克思恩格斯文选》（两卷集）中的译文。这两个译本都是根据俄文翻译的。1963年，我们以张仲实同志的译文为基础，根据德文重新译校了这部著作。这部著作先发表在1965年出版的《马克思恩格斯全集》第21卷。后来多次出版了单行本。1977年中央党校为选编学员用的教材，请我局重新校订这部著作。马恩室哲学组同志又根据德文重校了一遍。最后，我们同党校德文翻译组同志一起逐句逐段进行了讨论。这个新的校订本收入党校编的《马列著作毛泽东著作选读》，作为内部教材试用。

《反杜林论》在1930年由吴亮平同志译成中文，以后多次修订再版，一直流传到现在。1963年我局为出版《马克思恩格斯全集》第20卷，决定根据德文重新翻译《反杜林论》。为了吸取老前辈的经验，我们还拜访了吴亮平同志，听取他对译校《反杜林论》的意见。我们花了一年多时间，基本上完成了译校任务。译稿打印了若干份，分送有关同志提意见，打算听取意见后再付排。1964年10月，我们去参加农村社会主义教育运动，译稿的最后整理工作搁下了。1965年3月根据中央指示，我局编辑一套四卷本的《马克思恩格斯选集》。《反杜林论》的新译文经整理收入了《选集》第3卷。《选集》在1966年6月全部装订成书。但就在这时"文化大革命"开始了。这套《选集》被打入了冷宫，在仓库里压了两年半之久，直到1969年2月才被允许内部发行。因此，《反杜林论》的新译本直到这时才与读者见面。1969年底，我局恢复业务工作，同志们如久旱逢甘霖，精神振奋地投入《马克思恩格斯全集》的翻译工作。1970年12月，在毛泽东同志的"认真学习马列"的号召下，出版了《反杜林论》单行本。这是第一次公开发行的我局的新译本。1971年3月它又收入《马克思恩格斯全集》第20卷出版。后来又收入1972年出版的《马克思恩格斯选集》第3卷。

这三部哲学名著，经过老一辈翻译工作者的辛勤劳动，后来又经过我局同志的努力，终于有了质量较高的译本。

尊重前人的劳动

在这几本书的译校过程中我们深深体会到，我们的工作成果离不开前人的劳动。他们是拓荒者。他们在极端困难条件下为传播马克思主义真理而艰苦奋斗的革命精神是我们的鼓舞力量，他们的劳动成果是我们继续前进的基础。吴亮平同志译的《反杜林论》和张仲实同志译的《费尔巴哈和德国古典哲学的终结》，虽然由于过去条件的限制，资料的缺乏，依据文本的不同，存在着这样那样的问题，但质量都比较好。这两个译本为我们提供了重新译校的良好基础。我们在重新译校时强调要尊重前人劳动，只能改好，

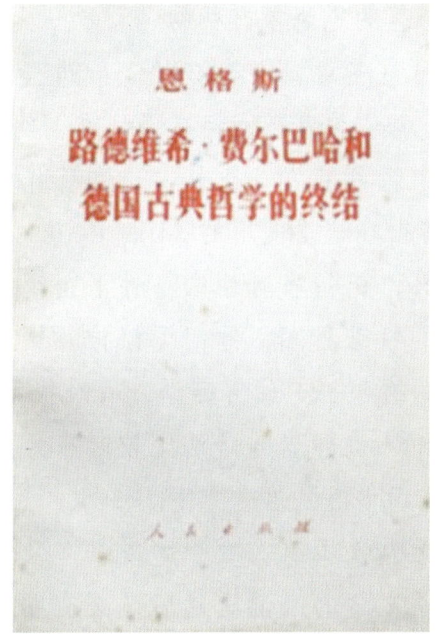

《路德维希·费尔巴哈和德国古典哲学的终结》
中央编译局译本

不能改坏。我们重新译校这两部著作时以德文本为依据,同时参照了俄、英文等译本。修改重要理论原理的译文时,参照其他译本反复推敲,相互验证,到确有把握时才动笔修改。有些问题没有把握,就全组讨论,或提交室和局的业务会讨论。

凡有两种以上的中译本,我们尽量注意吸收它们的长处。比如,在重新译校《费尔巴哈和德国古典哲学的终结》时,我们虽然以张仲实同志的译本为蓝本,但也认真参考了《马克思恩格斯文选》(两卷集)中的译文,这个译本有它的独到之处,它对俄文吃得透,理解深,忠实于原文。

它对我们把握原著的思想很有帮助。

在翻译《德意志意识形态》时,虽然我们没有把郭沫若同志译的第1章作为基础,但在遇到难以处理的地方,也拿来参考,从中得到启发。比如,这本著作的书名就很难译。马克思恩格斯在这里使用的《Die deutsche Ideologie》有其特殊的含义,是指当时德国条件下出现的一种反映小资产阶级幻想的特殊思潮,他们用精神领域里的批判来代替推翻现存制度的斗争。如何翻译,一时找不出好的方案,最后经过讨论,认为郭老的译法比较起来好些,于是就采用了"德意志意识形态"这个方案。

由于我们既吸收了前人的劳动成果,又集中了我们的集体智慧,新译文总的来说比起旧译文有明显的改进。但有时由于推敲不够,理解不透,处理不慎,把原来译得正确的改错了。这是今后工作中要引以为戒的。

讲到尊重前人劳动时,还应注意吸取国外的翻译成果,像《反杜林论》《费尔巴哈和德国古典哲学的终结》这样的重要著作,有多种外文译本。翻译要以原著文字为依据,这是理所当然的。但是,别的外文译本可以帮助我们正确地理解原文,启发我们更好地用自己民族的语言来表达原著的内容。特别是这两部著作的俄译本有重要参考价值。《费尔巴哈和德国古典哲学的终结》是由普列汉诺夫翻译的,后来俄译本就以他的译本为基础作修订。《反杜林论》中许多重要论述,列宁在自己的著作中曾大量引用过,并译成俄文,后来的俄译本吸收了列宁的译文。因此这两个译本的质量很高。在我们译校工作中这两个俄译本成了主要参考版本。

依靠集体的智慧

这三部著作是集体劳动的成果。哲学著作的翻译像其他著作一样，要求译者不仅有较深的理论和外语的造诣，还要有比较广博的知识和娴熟的汉语表达能力。就我们个人而言，能力是有限的，难以完全具备这些条件。我们各有所长，各有所短，只有取长补短，群策群力，才能完成这些著作的译校任务。先后参加过这几本著作译校工作的有十几个同志。有些同志参加过《哲学笔记》和《唯物主义和经验批判主义》的译校工作，哲学基础较好，有的同志参加过《神圣家族》等著作的译校工作，对马克思恩格斯的早期思想比较熟悉。还有一些同志知识面广，汉语外语水平比较高。大家分工协作，发挥各自的长处。正是依靠了集体的劳动和智慧，才较好地完成了这三部著作的译校任务，否则，凭一两人的力量是难以做到的。这三部著作中不仅凝结了直接参加译校工作的同志的劳动，还包含着局内其他同志的劳动。许多难题是由室或者局的业务讨论会解决的。译校工作中经常查阅的资料卡是全局同志辛勤劳动积累下来的。

在译校工作中，还采用了集体讨论定稿的办法。《费尔巴哈和德国古典哲学的终结》这部著作，篇幅不大，但十分重要。为了保证译文质量,全书都是集体讨论定稿的。《反杜林论》中的《概论》一节和一些重要段落,也是集体讨论定稿的。各人事先做好充分准备,讨论时各自提出修改方案。经过热烈的讨论,多种方案的反复比较,最后得出了较为满意的方案,有时一句话,一个词,个人苦思冥想,总找不到满意的译法,经过集体讨论,你提一个方案,我出一个主意,顿时豁然开朗起来。有时个人以为译文没有问题,经过集体讨论,在原来以为没有问题的地方却发现了一些理论性的错误。在1977年重校《费尔巴哈和德国古典哲学的终结》一书时,1963年译本中的一些错误就是在集体讨论中发现和改正的。例如,1963年译本有这样一句译文:"历史同认识一样,永远不会把人类的某种完美的理想状态看作是尽善尽美的。"(单行本第7—8页)在讨论中发现,恩格斯强调的是历史发展像认识一样永无止境,原译不符合恩格斯的原意,于是改译为:"历史和认识一样,永远不会在人类的一种完善的理想状态中最终结束。"还有这样一句译文:"对驳斥这一观点(指不可知论——笔者)具有决定性的东西,已经由黑格尔说过了,凡是从唯心主义观点出发所能说的,他都说了。"(同上,第16页)这句话常被引用,一直没有发生疑问。在这次讨论中发现原译有问题,因为原译首先肯定了黑格尔对不可知论作了决定性的驳斥,但谁都知道只有马克思、恩格斯才做到这点。经过讨论,把这句话改译成:"对驳斥这一观点具有决定性的东西,凡是从唯心主义观点出发所能说的,黑格尔都已经说了。"这样译就符合原意了。

局外同志的协助

在这三部著作的译校工作中，局外不少同志出了力，给了我们很多帮助。有些同志校阅过部分译文，有些同志对译文提过意见，有些同志帮助解决过疑难问题。没有他们的支持和帮助，我们的译校工作也是搞不好的。

《德意志意识形态》文字艰深，内容广博，翻译起来十分困难，其中的《圣麦克斯》这一部分特别难译。在这一部分，马克思、恩格斯按照施蒂纳的《唯一者及其所有物》一书的结构和思想脉络对施蒂纳进行批判。而施蒂纳的这本书文字晦涩，思想怪诞，读起来真像一部"天书"。我们虽下了很大功夫，但这一部分的译文总不能令人满意。在完成初定稿后，我们求助于北京大学哲学系，他们热情支持。熊伟和芮沐教授根据德文把这一部分译稿校阅了一遍，郑昕、宗白华和洪谦教授也对译稿提了意见。熊伟同志花了不少时间研读了德文版的《唯一者及其所有物》，把马克思、恩格斯在批判中引用的施蒂纳的大量言论同施蒂纳的原著进行核对，根据上下文的意思修改译文，译文经熊伟同志加工润色，更符合原意，更传神了。他还纠正了俄译文中的一些错误。例如，施蒂纳说，"刚才发现我即精神的这个我，立即又丧失了我，因为我向完善的精神，即不是我自有的而是彼岸的精神屈膝，并感到自己的空虚。"（《马克思恩格斯全集》第3卷第123页）在俄译本中将"不是我自有的而是彼岸的精神"译成"不是我自有的而是彼岸的我"。这就无法理解了。芮沐同志着重校阅了与法学理论有关的部分，纠正了我们由于缺乏法学知识而造成的译文的不确切和错误，帮助解决了我们没有解决的一些难题。例如，施蒂纳在谈国家和法的问题时，利用德文Recht一词的多义性搞诡辩和文字游戏。时而在"法"的意义上使用这个词，时而在"权利"意义上使用这个词，时而两个含义并用。可是汉语中没有一个既可作"法"理解也可作"权利"理解的词，因此给翻译造成很大困难。芮沐同志修改我们的译稿时，凡能判明指"法"就译"法"，凡能判明指"权利"就译"权利"，而两种含义兼而有之的地方译成"法"，括弧中写上"权利"，或译"权利"，括弧中写上"法"，这样就解决了我们的难题。总之，他们的辛勤劳动给译文大为增色。使质量有明显提高。

《反杜林论》这部被誉为马克思主义百科全书的著作，译校起来难度也很大。它涉及社会科学和自然科学的各主要学科。我们由于专业知识特别是自然科学知识不足，在译校中常有许多难以解决的问题。自然科学方面的问题，向中国科学院的数学研究所、物理研究所、化学研究所、生物研究所以及北京大学有关的系质疑。社会科学方面的问题向哲学研究所、法学研究所、宗教研究所、历史研究所请教。这些单位的同志都给了我们热情的帮助。

《费尔巴哈和德国古典哲学的终结》的校订工作也得到

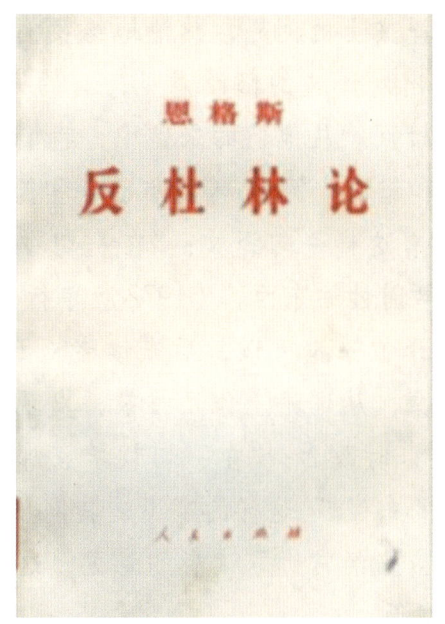

《反杜林论》中央编译局译本

了中央党校同志的帮助。1977年底1978年初,我局马恩室哲学组同志根据德文对这部著作重新校订后,在中央党校韩树英同志主持下,我局同志与党校德文翻译组同志一起,对我们的修订稿逐字逐句讨论了一遍。有些疑难问题还召开了更大范围的讨论会,北大的熊伟同志、哲学所的贺麟、杨一之同志都参加了讨论。通过同局外同志的讨论,一些不确切的译文得到了改正,一些原来没有解决的难题得到了解决。当然,在讨论中不可避免地出现一些分歧,一时不能统一。但这也是有益的,可以促使我们更深入地研究原著,进一步探索解决的办法。

此外,还有一些热心的读者,他们在研读这些著作时经常发现一些译文上的问题，热情地给我们写信。有的同志根据外文提出对译文的修改意见，有的同志不懂外文，从理论上提出疑问。从他们的来信中，我们不断发现译文中的一些缺点和错误。例如，《费尔巴哈和德国古典哲学的终结》一文中有这样一句译文："在一切哲学家看来，正是'体系'是暂时性的东西。"（1972版单行本第10页）从外文看，这样译似乎也可以，后来读者对译文提出疑问。我们核对了原文，从理论上作了推敲，发现原译错了，在1977年重新校订时改为："在一切哲学家那里，正是'体系'是暂时性的东西。"这样的事不乏其例。因此，为了译好马列著作，应当经常听取读者的意见，这是争取外力帮助的一个重要方面。

用科学精神从事工作

翻译马克思主义经典著作是个十分严肃的政治任务，要求我们必须有高度的革命热情和政治责任感。同时，这也是一项科学工作，要求我们必须用科学精神从事翻译。

25年前，当翻译《德意志意识形态》的重担落到我们肩上时，我们都是20多岁的年轻人。我们外文底子薄，理论基础差，知识面窄，挑此重担，力不胜任。但当时大家有一股革命热情，愿为传播马克思主义真理多做贡献。我们这些年轻人犹如"初生之犊不怕虎"，明知山有虎，敢把虎山行。大家勇敢地挑起了这个重担。但是，工作中困难是客观存在。这些困难光靠革命热情是克服不了的，要靠科学精神，把翻译和研究结合起来。

原著是德文，当时我们刚学德文，只好根据俄文翻译。但要保证译文质量，必须参考德文。我们就抱着德语词典，一字字一句句地啃。最困难的是原著内容不好理解。本书第1章正面阐述历史唯物主义基本原理，我们还比较熟悉。但其余部分，尤其批判施蒂纳的那一部分，实在难懂，不进行研究，就无法翻译。我们查找了能够找到的外文资料，阅读了《唯一者及其所有物》的俄译本，尽量设法熟悉被批判对象的观点。我们还请苏联专家讲解本书的内容。通过学习和研究，初步掌握了本书的内容，这样翻译起来就有点把握了。

本书内容非常广博，我们知识不足是一大障碍。为了克服这个困难，我们就循着原著去探求我们所不熟悉的知识。比如，施蒂纳在《唯一者及其所有物》一书中引证了圣经中有关精神统治世界的种种无稽之谈。马克思、恩格斯在批判时就把他的这部著作比作圣书，用了《旧约》《新约》《创世纪》《启示录》《所罗门之歌》等圣经标题来称呼该书的相应部分，引用圣经典故来讽刺挖苦施蒂纳。为了翻译，我们这些从来不同圣经打交道的人不得不去读《新旧约全书》。他们还用了大量文学历史典故。在他们笔下，施蒂纳时而以"堂·吉诃德"的面目出现，时而以"潘扎·桑乔"的身份登场。他们还套用塞万提斯的笔法对施蒂纳进行冷嘲热讽。在翻译时，我们花了不少时间查考各种文学典故，阅读《堂·吉诃德》这部小说。恩格斯在批判"真正的社会主义"时，把它的代表人物讽刺性地比作社会主义天空中的群星，用了各种星座的名称来称呼他们。我们在翻译时又不得不去熟悉天文学的资料。

后来在译校《反杜林论》《费尔巴哈和德国古典哲学的终结》时，我们也是这样做的。这两部著作理论性很强，不把翻译和研究结合起来，不从理论上弄清楚，是很难正确翻译的。我们比较注意贯彻这个精神，因而译文的质量得到一定保证，译者的理论水平也得到不断提高。但总的说来，过去由于条件限制，翻译与研究相结合的问题还解决得不太好，因此，译文质量上还存在着不少问题，有待进一步改进。

更上一层楼

这三部哲学著作问世已很长时间了。它们是在我们的主客观条件较差的情况下译校出来的。这些译本虽然满足了干部理论学习的需要，但今天看来，它们的质量还需要进一步改善。

《德意志意识形态》当年是参考俄文翻译的。虽然俄译本的质量比较好，但从别种文字转译过来，不可避免地存在一些缺陷。有些地方俄译本译错，中译本也跟着错，特别是表达方式往往与原著有不少出入。1988年我局重新编译出版了《德意志意识形态》的第1章《费尔巴哈》。这一章的译文是根据原民主德国按手稿重新编辑出版的德文单行本译校的。译文有不少改进。但这仅仅是《德意志意识形态》的一小部分，全书仍需按原文重新校订。

《反杜林论》的译文中也不断发现一些差错。例如，恩格斯在批判杜林的经济公社时说"实际上，交换是纯粹的实物交换；一切差额都可以容易地和简单地用转帐到其他公社的办法来结清。"在现在的译本中把后面这句话译成："一切过分的要求都可以容易地和简单地用转移到其他公社的办法协调起来。"（单行本第299页）这样译，意思就难以捉摸了。又例如，恩格斯在谈到杜林的经济公社中的货币职能时说："货币需要者向货币贮藏者借债。借得的货币作为支付生活资料的费用被公社所接受"。在现在的中译本中把后一句话译成："借得的货币被公社用来支付生活资料"（同上，第500页）。这就同原意大相径庭了。因此，本书的译文也有待于进一步改进。

翻译是个对原著的认识过程，正确的翻译是以正确认识原著内容为基础的。译者的认识能力有限，对原著的认识如同对任何事物的认识一样，都有一个由浅入深的逐步提高过程。因此，译文中总会出现这样那样的错误，一个译本总不能一劳永逸。但这样重要著作应当有更好的译本，而搞出一个比较理想的译本绝非易事。这需要我们译者不断提高外语水平，特别是要加强对原著的研究，同时还要加强同研究工作者的合作。只有这样才能使经典著作的译校工作更上一层楼。

　　周亮勋，马列主义经典著作翻译家。译审。曾任中央编译局马恩室主任、中国《资本论》研究会理事、全国马克思列宁主义经济学说史学会常务理事、国际马克思恩格斯基金会学术咨询委员会委员。全国"五一"劳动奖章获得者。2002年荣获资深翻译家荣誉称号。享受国务院政府特殊津贴。参与《马克思恩格斯全集》中文第一版、第二版，《马克思恩格斯文集》及马克思《资本论》《政治经济学批判》、恩格斯《卡尔·马克思〈资本论〉第一卷提纲》等编译工作，是《马恩全集》中文第二版的总策划人之一。

《资本论》和经济学手稿的译校经过和体会

周亮勋

《马克思恩格斯全集》中文第一版 50 卷已经全部出齐。在这 50 卷中,马克思的《资本论》和经济学手稿占了 9 卷 12 册,约为《全集》1/4 篇幅。其中有很大一部分是第一次与我国读者见面,这对于我国人民了解并研究马克思的经济学说及其形成、发展过程,无疑具有重大的意义。在马克思逝世 100 周年之际,把马克思的丰富的经济学文献奉献给我国读者,也是对革命导师的最好纪念。为了把这些著作全部转译过来,中央编译局花了将近 30 年的时间,前后参加工作的有数十人。把这一过程作一简单回顾,也许不无意义。

一

在中央俄文编译局时,就有一些同志翻译和研究马克思主义的经济理论著作。比如,苏联出版的由列昂节夫等

本文原载《马克思恩格斯著作在中国的传播》,人民出版社 1983 年版。2003 年为纪念中央编译局成立 50 周年本人作了修改审定。

人写的16册《政治经济学教程》、人民大学苏联专家的《经济学说史讲义》等。1953年1月中央编译局成立以后,列宁著作翻译室里有一些同志主要翻译列宁的经济著作;《学习译丛》编辑室设有经济组,专门翻译经济理论文章。在此期间还组织了《资本论》学习小组,逐章学习研究第1卷。1955年局内集中一部分同志翻译苏联出版的《政治经济学教科书》。1955—1956年还专门组织在本局工作的苏联专家讲授《资本论》。尽管当时还没有直接着手翻译马克思的《资本论》,但所有这些工作都为后来的《资本论》的译校工作创造了条件,特别是准备了专业人才。

1956年年底,编译局把各室多年翻译经济著作并有志于研究政治经济学的同志集中起来,成立了经济室。该室的任务就是翻译《资本论》。下面设两个组,一是翻译组,直接译校《资本论》;一是注释组,对书中不易查到的事件、典故等进行注释。当时设想出一种译文比较流畅易懂、又有大量注释的译本。由于编译局当时缺乏掌握德语的干部,这个译本只能从俄文转译。依据的版本是苏联1949年出版的斯克沃尔佐夫-斯切潘诺夫的译本。开始工作很顺利,进展较快,但不久整风反右运动开始,工作就停了下来。运动结束后,经济室撤销了,业务干部中有的下放,有的调离了。

上个世纪60年代初在马克思恩格斯著作翻译室内成立了经济组,负责马克思、恩格斯经济著作的译校工作,人员由原经济室和过去各室翻译经济学著作的干部组成。首先提上日程的是恢复中断了几年的《资本论》第1卷的翻译工作。大家重新清理原来经济室的译稿，继续进行译校。到1959年，《资本论》第1卷已从俄文全部译成中文，不过原来打算对《资本论》作较多注释的想法放弃了。这个译文没有正式出版过，只是打印了几十份，并散发给经济学界征求意见。

二

1960年底—1961年初，编译局领导考虑到《资本论》国内影响较大的郭大力、王亚南译本是从德文原文翻译过来的，如果编译局出新译本是从俄文转译，那是不妥当的。局领导决定，准备收入《马克思恩格斯全集》的《资本论》也应从原文翻译。而当时一个主要困难是没有一批德语水平较高的干部。经济组的大多数干部原来都是学俄语的，尽管不少同志在编译局工作期间不同程度地学习过德语，但是德语很好的干部不多。于是下决心采取自力更生的措施，一方面把德语较好的同志相对集中，同时经济组的全体成员脱产学习德语。由于学习目的和要求非常明确，大家的学习热情很高，进步很快。经过半年多时间专心致志的学习，同志们的德语水平有明显提高。从1962年起采取一半时间学习，一半时间工作的办法，又持续了一年多的时间。在这段时间，集中力量译校马克思的《政治经济学批判》和《导言》。这是以徐坚同志的译文作为基础进行校订的。在译校过程中采取集中讨论办法并与原译者进行很好的合作,有问题同他商量,全部译文最后都经原译者校阅过。新译文收入《全集》第12卷和第13卷。接着又译校了《全集》第16卷收入的恩格斯有关《资本论》的评论文章和《卡·马克思〈资本论〉第一卷提纲》。这是在1957年章汉夫、许涤新、谷鹰翻译、人民出版社出版的《〈资本论〉第一卷提纲》一书的基础上校订的。

在此以后,经济组根据德文校订已从俄文译成中文的《资本论》第1卷译文,根据的版本是《马克思恩格斯全集》德文版第23卷。1964年"四清"运动全面展开,多数同志参加"四清",译校工作无法进行。1965年一部分搞完"四清"回来的同志继续此项工作。但《资本论》第1卷还没有完全译校完毕,1966年"文化大革命"就开始了。译校工作又全部停顿下来。

1969年编译局部分恢复了业务工作,但当时经济组相当多的同志去"五七"干校劳动锻炼。组内留下的同志再加上从马恩室其他组临时调来的一些同志,继续进行译校。一部分人再次从头开始根据《马克思恩格斯全集》德文版逐字逐句校订《资本论》第1卷的原译稿,另一部分人开始第2卷的译校工作。经过两年多时间的努力,第1卷终于译校完毕。又过了一年多时间,第2卷译校工作也结束了。这样,于1972年先后出版了《马克思恩格斯全集》第23卷和第24卷,即《资本论》第1卷和第2卷。

第1、2卷工作一结束,全组就全力以赴译校第3卷。

尽管第 3 卷的难度很大，但由于有了前两卷的译校经验，工作进展比较顺利。全组十几个同志齐心协力，花了两年多工夫，终于完成了第 3 卷的任务。1974 年底《马克思恩格斯全集》第 25 卷即《资本论》第 3 卷也问世了。这样，《资本论》特别是第 1 卷的译校工作，几经波折，终于大功告成。马克思的这一毕生巨著在我国又有了一种新译本。

三

1960 年初在开始译校《资本论》第 1 卷的同时，也着手《剩余价值理论》第 1 册的翻译工作。依据的版本是 1962 年出版的《马克思恩格斯全集》俄文第二版第 26 卷。《剩余价值理论》曾由郭大力译成中文，于 1949 年出版，书名为《剩余价值学说史》，他是根据 1905—1910 年卡尔·考茨基编辑的版本翻译的。《马克思恩格斯全集》俄文第二版的编者按马克思的手稿重新进行了编辑，并于 1954—1961 年出版了新版本，以后于 1962—1964 年作为《马克思恩格斯全集》第 26 卷出版。

《剩余价值理论》的译校工作直接由时任编译局副局长陈昌浩负责。工作程序是先由两位翻译经验较丰富的同志分别译成中文，然后进行互校，把稿子定下来，打印后交给陈昌浩最后审校。经过几年的时间，到"文化大革命"前夕，第 1 册大体已译校完毕。

1969 年业务工作恢复后，情况发生了很大变化，陈昌浩已离开了人世。《剩余价值理论》的全部翻译任务由马恩室的哲学组承担。由于当时要求尽快翻译出版，又限于懂德语的人力不足，该书只好根据俄文版并参考德文版译校。经过十几位同志5年多的埋头苦干，先后于1972、1973、1974年出版了全卷3册。这是苏联新编辑的《剩余价值理论》第一个中文译本。

四

从1968年起，苏联开始出版《马克思恩格斯全集》俄文第二版的补卷，即第40—50卷。补卷共11卷12册，其中有5卷6册是马克思的经济学文献，主要是经济学手稿。1974年《马克思恩格斯全集》39卷中文版全部出版后，编译局着手翻译构成第46卷的马克思1857—1858年经济学手稿，也就是《资本论》的最初稿本。这一手稿曾于1939—1940年在苏联用原文出版，编者加的标题是《政治经济学批判大纲〈草稿〉》。这一手稿的《导言》已收入《马克思恩格斯全集》第12卷。有关资本主义生产以前的形式的章节，有日知，也就是林志纯的译文，于1956年由人民出版社出版，标题是《资本主义生产以前各形态》。全部手稿国内已有刘潇然的译文，分5册，由人民出版社出版，内部发行。为了使这一手稿有更好的译文，经济组从1974年起用近两年时间根据德文翻译了上册，同时局内组织几十人根据俄文译出下册初稿。从1976年起，经济组根据德文原文重新作了译校，上册中《资本主义生产以前的各种形式》这一节的译文还经原译者日知同志校阅。这项翻译任务经过近5个春秋，先后于1978、1979年完成，并于1979、1980年作为《马克思恩格斯全集》第46卷上、下册问世。

除《剩余价值理论》外，马克思1861—1863年经济学手稿都收入《马克思恩格斯全集》俄文第二版第47和48卷，先后于1973、1980年出版。这是马克思这一手稿首次公诸于世。1977年中国科学院自然史研究所几位同志打算把第47卷中有关科学技术的应用部分的手稿翻译出来。人民出版社马列著作编辑室得知这一消息后，希望编译局与他们合作，把这一部分先译出，作为向预定于1978年2月召开的科学大会的献礼。这一部分手稿经过两单位有关同志的积极努力，以《机器、自然力和科学的应用》为标题，于1978年1月以小册子形式与读者见面了。

之后，经济组继续翻译第47卷中的其余部分，并作为《马克思恩格斯全集》于1979年出版。这一手稿的另一部分收入第48卷。编译局从1981年下半年起陆续开始翻译，1985年出版。由于马克思的这一手稿没有用原文发表过，而《马克思恩格斯全集》历史考证版这一部分的出版又跟不上我们翻译的进度，这一手稿只有一部分可根据原文翻译，大部分是根据俄文翻译的。

《马克思恩格斯全集》第49卷包括4篇马克思经济学文献：1.《直接生产过程的结果》，是马克思1863—1864年写的第1卷部分手稿，第一次发表于1933年。苏联出版的

《马克思恩格斯文库》第2卷,我国有田光的译本,出版于1964年。2.《价值形式》,是《资本论》第1卷德文第1版的附录,1957年人民出版社出版过单行本,书名为《价值形态》,译者是刘静。3.《著者亲自修订的〈资本论〉第一卷法文版片断》,这是由《马克思恩格斯全集》俄文版编者整理的法文版中包括重大改动的部分。4.《资本的流通过程》,这是《资本论》第2卷的第1个稿本,这一手稿是第一次发表,由于没有德文原文,也只能根据俄文转译。

这一卷的翻译是在1979年底开始的,1981年第一季度交付人民出版社,于1982年出版。

《马克思恩格斯全集》第50卷有一半是马克思的经济学手稿,即《资本论》第2卷第Ⅱ稿的第1章和第3章。这一手稿也是第一次发表,并只能从俄文转译过来。译校工作

周亮勋(左一)等中央编译局专家参加学术交流活动

主要是在 1982 年进行的。

《马克思恩格斯全集》补卷出齐后，马克思的经济学的著述，除他对资产阶级经济学家的著作所作的摘录和笔记外，差不多都已发表，也都能为我国读者所见到了。

五

《资本论》第 1 卷法文版的中译文的出版，将为研究《资本论》提供一个非常重要的版本。第 1 卷法文版是经马克思亲自校订的，为此，他付出了大量的艰苦劳动。为了使《资本论》第 1 卷叙述得更加通俗易懂，更易为法国人所接受，马克思重新改写了很多段落。同时，马克思在校订过程中增加了许多新的论述、新的材料和注释。他还对原来德文版的结构作了很大的改动，把原来德文版的 7 篇 25 章改为 8 篇 33 章。马克思自己说过，法文版本"在原本之外有独立的科学价值"。恩格斯在编辑出版《资本论》第 1 卷的德文第三版和第四版时，曾经把马克思对法文版所作的重要改动和注释补充进去，即使如此，《资本论》第 1 卷的第四版和法文版仍有很多差别。国外只有日本于 1979 年出版的法文版的日译文。《马克思恩格斯全集》第 49 卷也只收入了一些改动片段，因此，把法文版译成中文是很有意义的。国内一些《资本论》研究者很希望看到法文版的全貌，多次建议编译局把它全部翻译出来。在 1980 年中国《资本论》研究会筹备会上有人又提出这项建议，为此我局在1981年着手组织人力根据马克思在世时出的法文版复印件进行译校，于1982年8月交稿，由中国社会科学出版社于1983年3月出版，以纪念马克思的百年诞辰。

《资本论》第1卷德文第一版中译本的出版，有助于我们更好地了解马克思经济理论的发展和完善过程。第一版与以后的版本有很多差别，在结构上，它分为6章，而从第二版起全书为7篇25章。在内容上，一些章节也有很大不同。在第一版中，关于价值形式问题，除正文中的论述外，卷末还有一个附录，即《价值形式》，这篇文章在第一版中译本出版前已收入《马克思恩格斯全集》第49卷。在准备第二版时，马克思对这种双重论述作了改动，把正文和附录合并一起进行了改写。这样，《价值形式》就具有独特的理论价值。论述商品拜物教性质的部分，在后来的版本中大部分作了修改。关于价值尺度以及关于剩余价值率部分，后来也有很多改动。论述资本积累问题的第6章，作了相当多的修订和补充，小的改动则散见于全书。读者只要把第一版中译本与后来的版本作一对照，就能看出马克思是如何不断地完善他的毕生著作资本论的形式和内容的。本书于1987年9月由经济科学出版社出版，以纪念《资本论》第1卷问世120周年。

六

马克思的《资本论》及其经济学手稿，是革命导师的毕生著述，博大精深，卷帙浩繁。为了写这部巨著，他花了40年的精力，读了1500多种书籍，其中《资本论》中直接引用的就有约800种。他不仅阅读所有重要的经济学和经济史的文献，而且还阅读大量自然科学、工艺学、技术方面的书籍。对《资本论》这部宏伟的著作，马克思反复修改，精益求精。就马克思生前出版的第1卷而论，它不仅以逻辑严密、分析透彻、论据充分、说理清晰而著称，而且以文笔优美、语言丰富而为人所称颂。凡是仔细读过第1卷的人，无不为它的逻辑力量和艺术魅力所折服。要把这样一部划时代的著作及其手稿全部译成中文，绝不是一件易事。要把它译好，就更难了。根据30年的工作经验，我们有如下几点体会：

第一，要有一批甘愿长年累月从事马克思经济著作的译校工作，而又掌握几种外语并有丰富经济学知识的专业干部。一般地说，要翻译革命导师的著作，在专业方面至少要具备四个条件。（一）外语好；（二）有较充分的专业知识；（三）汉语表达能力强；（四）有较丰富的一般知识。他们还要有终身从事马克思主义经典著作译校和研究工作的精神，要不为名、不为利，兢兢业业，埋头苦干，甘愿为马克思主义在中国的传播付出毕生的精力。在我国要培养这样一支力量困难是很多的。这是由于当时学习社会科学专业的，一般说来外语很好的人不多，而学外语的人通常又缺乏较深的专业知识。

编译局的业务干部，大多是外语院校毕业的。刚出校门的大学生，要翻译科学共产主义创始人的著作，不论就外语水平来说，还是就理论修养来说，都有很大差距。为了造就一批能翻译马列著作的干部，编译局花了很大力气。一方面在局内兼办各种外语学习班，不断提高干部的外语水平，并要求一种外语已掌握得较好的人再学习第二外语，同时采用各种形式学习马克思主义理论，并在日常工作实践中通过以老带新、能者为师的办法不断使每个专业人才尽快成长并发挥所长。

另一方面不断提高干部对翻译马克思主义经典著作的意义的认识，增强他们做好本职工作的自觉性，使他们懂得马列著作的翻译是一项长期的、严肃的任务，要有充分负责的精神，要专心致志，满腔热情，兢兢业业，持之以恒。马恩室经济组的十几位同志，像局里其他专业干部一样，都是在这样长期的培养和教育下成长起来的。

第二，要充分发挥集体的智慧和力量。刚才讲到马列著作翻译专业人才应当具备的四个条件。但是要使每个人在一定时间内普遍具备这几个条件是很困难的。唯一弥补的办法就是充分发挥集体的力量、群众的智慧，"三个臭皮匠，顶一个诸葛亮"。马克思经济著作的翻译，像马克思、恩格斯其他著作的翻译一样，是集体的成果。没有一个人能够说，这一章这一篇是我翻译的，只能说我参加了这一章这一篇的翻译工作。不论哪一著作的译文都是经过许多人之手，反复核对原文，反复推敲中文而最后成为成品的。

以《资本论》第1卷而论，先后经过翻译、互校、初定稿、定稿、最后校审等多道工序。此外还有专门的人负责统一译名、统一规格等多种技术性工作。为了使马克思的经济学著作的专有名词尽量保持统一，光经济组为统一译法而做的各种卡片就有数万张之多。为了使《资本论》中译本的文风保持一致并使大家掌握统一的翻译标准，我们在第1卷第1篇基本定稿后，打印了数十份，采取集体定稿的办法，全组逐字逐句进行讨论。

有些难于处理的句子、译名、著名的段落，专门召集业务讨论会，在更大范围内研究，讨论，以求得较合适、较妥当的方案和译法。比如像法文版序言中的那句名言就是经过数十人的研究、参考各种外文版本的译法确定下来的。这句名言原来的译法是："在科学上面是没有平安的大路可走的，只有那在崎岖小路的攀登上不畏劳苦的人，有希望达到光辉的顶点"，现改成："在科学上没有平坦的大道，只有不畏劳苦沿着陡峭山路攀登的人，才有希望达到光辉的顶点"。虽然两种译文意思没有什么出入，改动也不大，但经过集体的共同推敲琢磨，现译文更忠实于原文，也更上口了。

《资本论》第1卷中的不同篇章，在翻译上除了遵循"意思正确，文字通顺"的一般要求外，也有特殊的处理。对理论性的章节，还要求不破坏原文的逻辑联系，经得住理论上的反复推敲，而对资料性的章节，如第8章《工作日》中引用的调查报告，其中很多是工厂视察员和证人的谈话记录，还要求读起来容易上口，接近口语。要做到这些，没有集体的共同努力，不断的修改，都是不可能的。除了充分发挥经济组集体的智慧、编译局内部本身的力量以外，我们还求助于局外的专门人才。

为了使新译文更加完善，我们曾把第1卷的部分译文，分送给对《资本论》有较深研究的专家、教员，征求意见。不少同志仔细审阅了我们的译文，提出了很多很好的意见，我们都郑重地进行考虑。

遇到我们自己不能解决的问题，或者把握不大的地方，我们想方设法找行家请教质疑。例如，第1卷第2章有关权利关系的一段话，我们请教过何思敬同志；黑格尔哲学方面的问题，曾求助于贺麟教授；有关机械方面的名词术语，征求过机械工业部门专家的意见；化工名词，询问过化工专业人员；银行业务问题，向中国人民银行研究部门质过疑；有关德语语言上的难点，求教过外贸学院的廖馥君教授；等等。

有时为了几个名词译得准确，我们不得不多方奔走，到处求援。例如《资本论》第1卷第12章马克思在讲到钟表手工工场时，列举制造钟表的各种分工。可是现代的钟表工厂已经没有那么多分工了。一般的钟表技术人员也弄不清楚，我们最后找到了修理钟表的老师傅，才把这些分工和称呼翻译出来。

所有这些专家们出于对革命导师的热爱，对我们的工作给予热情的帮助，很多同志急我们之所急，想我们之所想，不厌其烦地给我们解释各种难点，解决各种困难。马克思这一巨著能够翻译出来,也包含着编译局局外许多同志的共同努力。对此,我们是不能忘怀的。

第三,认真吸取前人的成果。在我国,早在上个世纪20—30年代就有人翻译马克思的主要著作《资本论》,先后出版过几种版本。最早是陈启修的译本,1930年出版,但只包括第1卷的第1篇。1932—1933年潘冬舟又续译了第1卷的第2—5篇。后来又出版过王慎明也就是王思华、侯外庐的译本,但印数不多,不易找到。在我国影响较大的是郭大力和王亚南的译本,于1938年出版,这也是全部三卷《资本论》的第一个中译本。1953年又出版了经过郭大力重新校订的新译本。后来在1963年又出过新的校订本。郭译本对《资本论》在我国的传播无疑起了非常重要作用。郭大力同志对待译事是非常严肃认真的,译文几经修改,较为可靠。凭个人的能力把这一巨著全部翻译出来,是难能可贵的,他的这种精神是我们十分钦佩的。但是出版一种新译本,应当比现有译本有较大的改进。要做到这一点,就要十分珍视前人劳动的成果。我们在译校第1卷时,要求认真对照郭译本,尽量取其所长。前面提到,《资本论》第1卷在50年代末已根据俄文版重新译校一遍。以后根据德文原文校订时,又逐句对照1963年的郭译本。凡是新译文与郭译文在意思上有出入的地方,都要多次研究,反复核对原文,重大的差别,还要作出卡片。

特别应当提到的是,70年代初,我们重新校订《资本论》第1卷时,曾多次拜访过郭大力同志,征求这位长期从事《资本论》翻译和研究工作的前辈对我们译文的意见。我们把译稿送给他审阅，并向他请教某些名词的译法。郭大力同志当时身体不好，卧病在床，但每次我们拜访他，他总是热情地同我们亲切交谈。他耐心地倾听我们提出的问题，发表自己的看法。他还谈到过去自己从事翻译工作的艰难历程，并给我们很多鼓励。郭大力同志毕生孜孜不倦地从事这部工人阶级的"圣经"的翻译工作，锲而不舍，精益求精，即使在白色恐怖笼罩下仍然不畏艰险，坚持不懈。他的这种精神使我们受到很大的教育。遗憾的是，当我们认识郭大力同志时，他已重病缠身，每天只能工作两三个小时，而人民出版社又约他重新校订他过去翻译的《剩余价值学说史》，所以他只抽读了我们译稿序言部分，没有能够更多地审阅我们的译文。

在译校《资本论》第2卷和第3卷时，我们吸取了第1卷工作中的教训，直接在郭译文的基础上进行校订，这样一方面能更充分地吸取郭译文的优点，同时也更容易发现我们的改动是否与原来译文有差别，这既有助于保证译文质量又能加快进度。

毫无疑问，如果没有前人的译本可供参考，没有前人的翻译成果可供利用，我们的工作会遇到更大的困难。

在翻译过程中如何利用其他外文译本，也是很重要的。1955年经济室在翻译《资本论》第1卷时，是根据1949年出版的斯克沃尔佐夫-斯切潘诺夫的俄译本翻译的。这个译本总的说来是不错的，当然也存在缺点，有的译法过于

中央编译局编译的《资本论》部分版本

简单化了,比如把"价值对象性"直接译为"价值"。1960年苏联把《资本论》收入《马克思恩格斯全集》时,对原来的俄译文重新作了校订,改正了原译本许多不确切的地方乃至错误,并增加了不少注释。我们在翻译过程中几乎逐字逐句对照过这个译本。这对于保证译文质量也起了一定的作用。

其他如英、法、日译本,也都是我们经常参考利用的版本。

第1卷英译本最早出版于1887年,由赛米尔·穆尔和爱德华·艾威林根据1883年德文第三版翻译并经恩格斯校订过。我们当时见到的英译本有两种,一种是1906—1909

年芝加哥出版的克尔版，另一种是1954—1957年莫斯科外文出版社的版本。这两种版本都注明以1887年的英文本为基础，而且都考虑了恩格斯在1890年德文第四版所作的修改。由于对恩格斯修改部分译法不同，这部分译文不完全一致。

第1卷法译本是经马克思本人亲自修改过的，对于理解《资本论》有非常重要的价值。比如说，商品拜物教那一节有一句话是："桌子一旦作为商品出现，就变成一个可感觉而又超感觉的物了"。这里"可感觉而又超感觉的"这个译法，就是参考法译文才最后确定下来的。

日译本就更多了，主要有高畠素之的译本，河上肇和宫川实的译本，长谷部文雄的译本，后来又有《马克思恩格斯全集》刊行委员会的译本。我们利用较多的是长谷部文雄的本子。

在翻译马克思的经济学手稿如1857—1858年手稿时，各种外文版本的利用就更加必要了。手稿本身因未经加工，句子常常不完整，论述带有片断性，意思不明确，甚至有的计算也不准确。在翻译时遇到这种情况，还应慎重对待，尽量多参考各种译本。《马克思恩格斯全集》俄文第二版在把这一手稿收入《全集》第46卷时，对手稿中存在的这些问题显然作过研究和整理，我们认真参考了这个版本，而且前面已经提到，第46卷下册还是从俄文译出后再根据德文原文校订的。此外，我们还参考了英译本和日译本。有趣的是，在我们遇到理解上有分歧的地方，几种外文的译法也常常不一致，有的甚至互相矛盾。这说明手稿有些句子的意思确实不好把握。

总之，在翻译过程中尽可能多地参考各种中外文译本，就有可能减少或避免翻译中的错误。

第四，必须与研究相结合。前面讲到的各点体会中就已经包含着研究。但是译好马克思的经济学著作，还要求进行更扎实的理论研究。经济组的不少同志在直接参加《资本论》的翻译工作前，就读过这一著作，有些人对它还比较熟悉，但对实际翻译工作者来说，这是远远不够的。如果对一个理论工作者来说，并不需要把原著中任何细节都搞得一清二楚的话，那么，对一个实际翻译工作者来说，情况就不同了。他必须把他要翻译的东西从理论内容、逻辑关系、直到语言、典故全部了解得很透彻，才能用流畅的本国文字把原文内容准确地表达出来。

在翻译过程中，我们抽出一定时间系统地学习原著，每个译者要对整个著作有通盘的了解，有一个总体概念。在每一篇、章直接翻译前，再仔细阅读，逐段弄清理论意思、逻辑关系，消除各种难点，然后动笔翻译。这样做，既保证了译文的质量，又使干部在实际工作中不断提高理论水平。

当然，结合翻译进行的研究不能仅仅限于这些。比如说，译者还应当了解外界对他所译的篇章提出过哪些问题，在哪些问题上有过争论。只有这样，下笔时才能做到心中有数，自觉地避免出现误译。

系统地、深刻地了解马克思经济理论的形成过程，也是研究工作的重要一环，而且直接有助于提高翻译的质量。这方面的研究工作，由于时间关系，我们开展得很不够，这无疑也影响对原文的准确理解和表达。

马克思的光辉著作《资本论》以及其他经济著作，经过编译局同志们，特别是马恩室经济组同志们20多年的共同辛勤努力，加上社会上有关部门的支持，有了新的译本。马克思的大量经济学手稿也第一次与我国读者见面了。这是理论战线上的一件大事。在回顾这一艰苦历程时，我们也要指出，由于译者水平有限，现在的译文仍然存在着一些缺点乃至错误，特别是有些手稿，翻译时见不到原文，是从俄文转译的，又没有其他可供参考的外文版本，问题可能更多些。目前编译局马恩室正在为编译出版《马克思恩格斯全集》中文第二版进行紧张的工作，我们殷切希望广大理论工作者和教学工作者对现在的译本提出宝贵的意见，作为校订时的参考，使马克思的伟大理论宝库有更为理想的中译本。

中央编译局译校的《共产党宣言》

顾锦屏

在中国的马克思主义传播史上,《共产党宣言》的翻译、出版、传播占有特殊的地位。中国人最早了解马克思主义学说,就是通过《宣言》。1920年陈望道翻译的《宣

《共产党宣言》中央编译局译本

本文作于2022年,2024年修改审定。

言》为中国共产党的诞生作了思想上、理论上的准备。在新中国成立前，还有一些党的理论工作者和进步学者投身于《宣言》的翻译，有过多种译本问世。新中国成立后，全国人民掀起学习马列主义理论的热潮。为了适应学习的需要，1949年11月，我国大量翻印了苏联外国文书籍出版局译成中文的《宣言》百周年纪念版，其中收有马克思恩格斯写的七篇序言，在编者注中还列举了恩格斯在审定赛米尔·穆勒翻译的《宣言》英文版时作的修订。

1953年中央编译局成立后开始翻译马恩列斯的三大全集，《宣言》编入《马克思恩格斯全集》俄文版第4卷，采用百周年纪念版中的俄译文。马恩室负责全集第4卷翻译的同志对《宣言》百周年纪念版中的中译文重新修订，最后由谢唯真审定。谢唯真是我党的老党员，长期在苏联外国文书籍出版局负责翻译马列著作。《宣言》百周年纪念版是他翻译的。1956年他回国任我局校审主任。1959年8月，人民出版社出版了《宣言》单行本，《宣言》的正文采用《马恩全集》第4卷的译文，七篇序言采用《宣言》百周年纪念版的译文。这个版本在国内流传较久，印量较大。此后，在该译本基础上，各出版社又出版了诸如袖珍本、大字本和注音本等。

鉴于《宣言》是马克思主义的奠基之作，是我国广大干部学习马克思主义的必读之作，对原有译文有进一步完善的必要，经局领导批准，马恩室于1963年8月成立《宣言》校订组。校订组由室主任宋书声主持，谢宁、王治平、胡尧之、朱中龙和我参加,还有两位同志负责资料工作。我们根据《马克思恩格斯全集》德文版第4卷刊出的《宣言》原文,参照1888年由赛米尔·穆尔翻译并经恩格斯校订的英文版、1885年由劳拉·拉法格翻译并经恩格斯校阅的法文版以及《马克思恩格斯全集》俄文第一版和第二版译文,同时参考以往各种中文译本,采取集体定稿的方式,对《宣言》1958年译本重新作了校订。校订组成员都作了认真准备,提出各自的修改方案,而后逐句逐段讨论定稿,每天修订1000—1500字,历时一个多月。经过集体努力,一些不确切的译文得到了改正,遣词造句更符合德文原著。例如,《宣言》最后一段话是对共产党人奋斗目标的庄严宣告,原译文是这样的:"共产党人认为隐瞒自己的观点和意

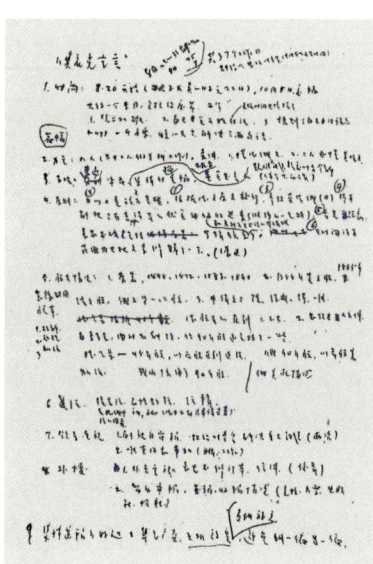

《共产党宣言》译校工作总结

图是可鄙的事情。他们公开宣布:他们的目的,只有用暴力推翻全部现存的社会制度才能达到。让那些统治阶级在共产主义革命面前颤抖吧。无产者在这个革命中失去的只是自己颈上的锁链。而他们所能获得的却是整个世界。"经过校订组认真讨论,将这段话改为:"共产党人不屑于隐瞒自己的观点和意图。他们公开宣布:他们的目的只有用暴力推翻全部现存的社会制度才能达到。让统治阶级在共产主义革命面前发抖吧。无产者在这个革命中失去的只是锁链。他们获得的将是整个世界。"新旧译文虽然都符合原意,但新译文更铿锵有力,更符合宣言的庄严宣告。这次修订,文字变动较大。新的校订稿曾分送有关部门的专家征求意见,他们对新校订稿给予积极的评价。1964年,新校订稿由人民出版社出版单行本。这一译本是广泛流传的《宣言》版本。1972年,由人民出版社出版的《马克思恩格斯选集》第1卷收入了这个译本和马克思恩格斯写的7篇序言,其中译文略有修改。民族出版社根据这个版本用蒙古文、藏文、维吾尔文、哈萨克文、朝鲜文出版了《宣言》的少数民族语文本。盲文出版社出版了《宣言》的盲文版。

1978年,中央编译局对收入1972年出版的《马克思恩格斯选集》中文版第1卷的《宣言》译文作了少量修订,收入中共中央党校所编的《马列著作毛泽东著作选读》一书。1992年3月,人民出版社出版了《宣言》该译本的单行本。

1995年6月,中央编译局重新编译的《马克思恩格斯选集》中文第二版由人民出版社出版发行,其中对《宣言》

的1978年译本作了进一步修订。1997年8月，由人民出版社出版了单行本，并作为马列著作的系列丛书《马克思列宁主义文库》之一出版发行。1998年是《宣言》发表150周年。为了纪念这部伟大著作问世150周年，中央编译出版社出版发行了《宣言》纪念版和珍藏版。纪念版印了5000册；珍藏版印了500册。该版辑收了1848年2月出版的《宣言》德文第一版全文和1995年经过修订的中文版，并附有中央编译局图书馆收藏的世界各国《宣言》版本的封面图片20余幅。书前的马克思恩格斯画像是已故国画大师蒋兆和的作品。《宣言》珍藏版的封面及函模选用珍贵的金丝楠木镶嵌紫铜文字及优质羊皮制作工艺，装帧精美，印制精良，是具有收藏价值的版本。

2004年，中央实施马克思主义理论研究和建设工程，中央编译局承担了理论工程的一个重点项目，编译十卷本《马克思恩格斯文集》。《宣言》编入文集第2卷，对《宣言》的正文和各篇序言的译文作了一些修订。例如，修订了《宣言》的书名。1848年作为共产主义者同盟纲领发表的《宣言》，书名为《共产党宣言》。1872年再版时，马克思恩格斯将书名改为《共产主义宣言》。此后，1883年和1892年再版时都沿用这个书名。过去的中译本对这个书名未加区分，都译为《共产党宣言》，这次按原著文字作了区分。此外，改正了《宣言》正文中的一些不确切的译文。例如，《宣言》第四部分《共产党人对各种反动派的态度》中说："在德国，只要资产阶级采取革命的行动，共产党就同它一起去反对封建君主制、封建土地所有制和小市民的反动性"。"小市民的反动性"的原文为"die kleinbürgerei",该词是带贬义的小资产阶级,我们参考英文版和法文版将该词改译为"小资产阶级"。我们还对注释等资料作了增补、勘正和完善。这个译本于2012年收入《马克思恩格斯选集》中文第三版第1卷。

2014年,为适应广大读者学习和研究《宣言》的需要,由韦建桦、徐洋负责编辑了《宣言》的新版单行本。《宣言》正文和七篇序言选用《马克思恩格斯文集》第2卷的译文,附录中收入了经重新校订的恩格斯撰写的《共产主义信条草案》《共产主义原理》《关于共产主义同盟的历史》,以及《马克思恩格斯关于〈共产党宣言〉的重要论述摘编》《共产主义者同盟章程》。本书还有一篇《编者引言》。《引言》论述了马克思恩格斯协助正义者同盟改组为共产主义者同盟并为同盟制定科学纲领所作的贡献,阐明了《宣言》的科学内涵和划时代意义,介绍了《宣言》在中国的传播和对中国革命的影响,详述了新中国成立后为完善《宣言》译文不断修订的各种版本。这篇引言为读者研读《宣言》提供了有益借鉴。这个单行本是迄今收集文献最多的中译本,是学习《宣言》思想和研究《宣言》创作史传播史的重要文献。

"消灭"还是"扬弃"

——关于《共产党宣言》一处译文的争议

顾锦屏

翻译马克思主义著作,正像恩格斯所说,是一项"真正老老实实的科学工作"。我局的几代编译工作者把编译马恩列斯三大全集看作一项严肃的科学工作,一贯强调翻译必须和研究相结合,要用规范化的汉语把原意准确地表达出来。但马列著作博大精深,译者因限于自己的水平有时有误译或不确切的翻译。因此,我们自己在不断修订译文,也欢迎读者对我们的译文批评指正。

《共产党宣言》是国际共产主义运动的第一个纲领性文献。1920年由陈望道翻译的《宣言》问世,为中国共产党的诞生作了思想上、理论上的准备。以后《宣言》又有多种中译本问世,对传播马克思主义起了重要作用。1963年我局马恩室根据《马克思恩格斯全集》德文版第4卷刊出的《宣言》原文,参考恩格斯校订的英文版和法文版译本,采取逐段讨论、集体定稿的方式对《马克思恩格斯全集》中文第一版第四卷中的《宣言》译文进行修订。经过集体努力,这个译本的质量是好的,得到理论界的肯定。这个译

本文作于2022年,2024年修改审定。

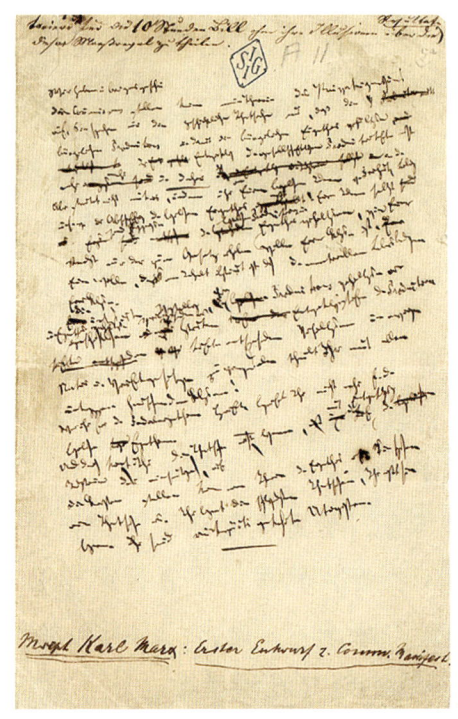

《共产党宣言》手稿

本后来编入《马克思恩格斯选集》和《马克思恩格斯文集》时对译文又作了少量修改。

20世纪90年代末,有学者发表文章,对《宣言》中的一个重要原理的译文提出批评。《宣言》中说:"共产党人可以把自己的理论概括为一句话:消灭私有制。"那位学者说:"消灭私有制"应当改译为"扬弃私有制",即扬其精华,弃其糟粕。还说:这种误译为"左"的路线提供了理论依据。其改译的理由是:这里的"消灭"两字,马克思恩格斯用的是德文"Aufhebung",该词是黑格尔的用语,应译"扬弃",而且对"扬弃"作了他自己的解释。对这一批评意见我是不同意的。

第一,Aufhebung是个多义词,有废除、取消、撤销、结束、举起、保存和扬弃等多种含义。但在这里只能是"废除"的意思。为什么?首先请看《宣言》中这句话的上下文。上文说:"废除先前存在的所有制关系,并不是共产主义所独具的特征。……例如,法国革命废除了封建的所有制,代之以资产阶级的所有制。共产主义的特征并不是要废除一般的所有制,而是要废除资产阶级的所有制。"接着马克思恩格斯得出结论说:"从这个意义上说,共产党人可以把自己的理论概括为一句话:消灭私有制。"上文中的"废除",原文为Abschaffung。显然Aufhebung与Abschaffung的含义是一致的,只是用词的不同而已。再看下文,下文中马克思恩格斯列举了资产阶级对共产党人的责难和攻击,说你们共产党人要"消灭个性","消灭家庭"等等。这里"消灭"原文都是Aufhebung。如果照批评者的意见都译成他所解释的"扬弃",那么资产阶级的这种责难就不成为责难了。其次,这样的理解可以从恩格斯写的《共产主义原理》得到证明。该文是在《宣言》之前恩格斯为共产主义者同盟起草的纲领草案,是《宣言》的准备著作。它以问答体形式来阐明共产党人的理论主张。该文在第十四个问题中说:"废除私有制甚至是工业发展必然引起的改造整个社会制度的最简明扼要的概括。"接着提了三个问题:"第十五个问题:这么说,过去废除私有制是不可能的?""第十六个问题：能不能用和平的办法废除私有制？""第十七个问题：能不能一下子就把私有制废除？"在第十四、十五、十七个问题中"废除"的原文为 Abschaffung，在第十六个问题中"废除"的原文为 Aufhebung。这里清楚地表明，Aufhebung 和 Abschafung 是在一个意义上使用的，不可能作别的解释和引申。

第二，《宣言》英法文本的译法也证明 Aufhebung 就是"废除"之意。1888年的英译本是赛·穆尔翻译、恩格斯亲自校订并作序的。1885年的法译本是马克思的女儿劳拉·拉法格翻译、恩格斯亲自校订的。这两个译本应当说是《宣言》的权威译本。英文版和法文版将上述引文中的 Abschafung 和 Aufhebung 都译为 Abolition。Abolition 在英法文中只有废除、取消之意，通常讲消灭人剥削人的制度，用的就是这个词。

第三，判断《宣言》中"消灭私有制"的译法是否正确，还要联系马克思恩格斯的其他著作中的提法来考察。在《宣言》发表两年后，他们在《共产主义者同盟中央委员会告同盟书》中说："对我们说来，问题不在于改变私有制，而只在于消灭私有制，不在于掩盖阶级对立，而在于消灭阶级……"这里讲到"消灭私有制"时德文用的是 Vernichtung，该词只有"消灭、根除"之意，而讲到"消灭阶级"时德文用的是 Aufhebung。可见 Aufhebung 和 Vernichtung 是相通的。如果说《宣言》中因为用 Aufhebung 一词而引起争议，那么在这里马克思恩格斯用了

1963年9月中央编译局征求对《共产党宣言》新译文的意见函

Vernichtung 一词，就只能译为"消灭私有制"，别无他解。因此《宣言》中"消灭私有制"的译法是符合原意的。

第四，批评者强调 Aufhebung 是黑格尔的用语，应译"扬弃"。我们来看看黑格尔是怎么说的。黑格尔在《小逻辑》一书的《存在论》中说："Aufhebung 一词有时含有取消或舍弃之意，比如我们说，一条法律或一种制度被废除了。其次，Aufhebung 又有保持或保存之意。我们常说，某种东西被好好地保存下来了。"（参见《小逻辑》中文版第213页）这恰恰说明"消灭"或者"废除"的译法是正确的。

第五，理解"废除私有制"或"消灭私有制"的思想还应当同《宣言》的基本思想联系起来。马克思恩格斯在《宣言》中用唯物史观分析了资本主义的基本矛盾，论证了资本主义为共产主义取代的历史必然性。要实现共产主义伟大理想，就要废除生产资料私有制而代之以生产资料公有制，否则就不成为共产主义了。所以恩格斯在1882年《宣言》俄文版的序言中说："《共产党宣言》的任务，是宣告现代资产阶级所有制必然灭亡。"消灭资产阶级私有制是马克思恩格斯从当时发达的资本主义社会的现实出发，根据对资本主义基本矛盾的分析提出来的，是他们为无产阶级指明的奋斗目标。

至于中国社会主义实践中曾经发生的对待私有制问题上的"左"的错误，这不是因为没有把"消灭私有制"译成"扬弃私有制"，而是因为对马克思主义采取教条主义态度。马克思恩格斯在解决所有制问题上始终坚持以生产力发展水平为前提。而过去我们不顾中国国情，不考虑我国生产力发展水平还十分低下，而在所有制关系上盲目追求一"大"二"公"，结果犯了"左"的错误。党的十一届三中全会以后，党中央纠正了过去"左"的错误，党的十五大明确提出以公有制为主体、多种所有制经济共同发展是我国社会主义初级阶段的基本经济制度，强调社会主义国家必须坚持以公有制为主体，同时强调多种所有制经济共同发展，积极鼓励和引导非公有制经济健康发展。这是我们党对马克思主义的创造性发展。如果用我国社会主义初级阶段对待非公有制经济的现行政策来解读《宣言》中的思想,是不妥当的。

从这次争论中我深深地感到,翻译马列著作,关系到党的指导思想,一个词语的翻译可能就会涉及马克思主义的基本原理,我们要以高度的政治责任感和一丝不苟的科学态度做好马列著作编译工作。代圣人立言,笔重千钧啊!

关于《共产党宣言》翻译的争论

徐洋

《共产党宣言》和《资本论》是马克思主义经典中的经典，历来关注的人最多，针对它们的各种意见也最多。这里我谈一谈与《共产党宣言》的翻译有关的一些争论。

我系统关注《宣言》的翻译，源于新世纪之初《马克思恩格斯全集》十卷本的编译工作。当时我担任十卷本编委会的学术秘书，承担的一项任务就是搜集学术界有关经典著作翻译问题的意见，提供给编委会领导和老师参考。后来也就一直比较关注这方面的问题。多年来我发现，《宣言》从头至尾，可以说每一部分都有人针对它的翻译提出批评和建议。

共产主义是"幽灵"还是"神灵"

"一个幽灵（Gespenst），共产主义的幽灵，在欧洲徘徊（umgehen）。"这是《宣言》的第一句话，人们耳熟能详，但长久以来，人们也对它的译法提出很多意见和建议。问题集中在两个词上："幽灵"和"徘徊"。我这里主要说一

本文作于2022年。

下对"幽灵"这个译法的争议。

"幽灵"的德文原词为 Gespenst，译为英文和法文均作 Spectre。这个词的本义就是人死后灵魂显现的形象，中国人俗称之为"鬼"，本来译为"幽灵"非常贴切。但是包括翻译界在内的学术界，长期以来有人对《宣言》中文通行本也就是编译局译本的译法提出改善建议，极个别人甚至声称这是"误译"。我学习了各家之说后，感到学者对《宣言》首句中译的见解似乎分为两派：一派嫌鬼气不够，一派嫌鬼气过重。

《共产党宣言》中央编译局译本

嫌鬼气不够，就是认为"幽灵"的译法还不到位，不够劲，或者说还不足以反映 Gespenst 的"鬼"的氛围。例如译界泰斗许渊冲先生早在上个世纪 50 年代就指出："《共产党宣言》第一句说共产主义的幽灵在欧洲徘徊，'幽灵'

不如改为'魔影','徘徊'应该改成'经常出现'——因为欧洲各国不会害怕徘徊不前的幽灵。"中央编译局著名学者郑异凡虽然确认 Gespenst 译为"幽灵"问题不大,但他考虑统治者妖魔化共产主义的情形和 umgehen 的词义,提出自己的译法:"一个妖魔,共产主义的妖魔,在欧洲出没。"黑龙江大学马天俊认为,如果不在乎文雅与否,可以径直理解为"欧洲闹鬼"。

嫌鬼气太重,就是认为"幽灵"有些过了,太近于"鬼",或者说太贬损"共产主义"了。例如中国人民大学著名学者高放指出,无论是"幽灵"还是"魔怪"等等,都与"共产主义"难以搭配,都未能精确表达原意;而陈瘦石译为"共产主义的精灵"最精当:"我以为'精灵'译法既符合原意,又具有中国特色。精灵者,精巧灵异之物。在古汉语中有'精灵'一词,犹指精怪、神仙。……'共产主义精灵'的说法暗含着:当今像精怪般的共产党人将来会变为神通广大的神仙,会磨炼成长为顶天立地的巨人。"陈瘦石对第一句的译法是:"一个精灵正在欧洲作祟——共产主义的精灵"。但横看成岭侧成峰。中央编译局原秘书长杨金海则认为:"陈瘦石不是共产党人,而且他译的这部书是在国民党统治下作为大学经济系教学参考书的附录,所以对共产主义用了'作祟'这一贬义词,对原文有一定曲解。"中国政法大学杨宇冠、赵珊珊鉴于"幽灵"和"游荡"在中文里具有贬义,不符合马克思恩格斯对共产主义的理想和热爱,建议《宣言》首句译为"一种思想,共产主义的思想，在欧洲传播"。

我曾在《北京师范大学学报》2015年第1期刊发《马克思恩格斯为什么称共产主义为"幽灵"？——〈共产党宣言〉首句中译文的演变》，从"Gespenst"一词在德文中的含义和用法入手，指出马克思恩格斯借用敌人污蔑之词的修辞手法，并以德国1846年出版的《国家百科词典》"共产主义"条开篇文字为佐证，从而说明编译局采用译法的准确。当然，有学者继续表示不满。例如，广东外语外贸大学南国商学院李田心主要结合该词的英文对应词spectre和马克思恩格斯对共产主义的态度进行论证，得出的结论是："我们不能允许对共产主义有丝毫的贬损，我们必须格外认真地将它作为严重的误译对待，将'共产主义的幽灵'改成'共产主义的神灵'，助力中国的共产主义事业。"

我在搜检文献和语料的时候发现，《宣言》首句已经成为全世界广泛被人套用的句式。而就我有限的目力所及，这些套用都使用在消极或者负面的场合。例如最近出现的如下例句：

"Ein Gespenst geht um in Europa-das 'Stagflations-gespenst'"

（一个幽灵，"滞胀"的幽灵，在欧洲徘徊）；

"Ein Gespenst geht um in der Kirche, das Gespenst ihres geistigen Bankrotts"

（一个幽灵，精神破产的幽灵，在教会徘徊）；

"A spectre is haunting Europe-the spectre of

Euroscepticism"

（一个幽灵，欧洲怀疑主义的幽灵，在欧洲徘徊）。

翻译的前提是理解。理解可以从两个方面着手。一个是译者力图理解作者的本意，这要辨析作者的用词本身，把握作者一贯的理论主张；另一个就是看其他人是怎么理解的，比如其他译本、解释和运用等等。

"消灭"私有制还是"扬弃"私有制

"从这个意义上说，共产党人可以把自己的理论概括为一句话：消灭（Aufhebung，aufheben）私有制。"这是《宣言》第二章中的一句名言，可以说沉着而有力，鲜明表达了共产主义理论的精髓。共产主义要消灭私有制，这对一般人来说是不会有疑问的。但是21世纪之初我国出现了一种观点，认为共产主义不是要"消灭"私有制，而是要"扬弃"私有制。他们最大的论据就是《宣言》这句话中译为"消灭"的德文原词是aufheben，德汉词典中的义项有保存、废除，哲学意义上的扬弃这三个。至于怎么"扬弃"法，"扬弃"完成以后还有没有私有制，有多少私有制，持这一观点的学者并没有完全交代清楚。我这里主要谈一谈这个问题的发展线索，以及我本人与这一争议有关的一则小故事。

根据我掌握的资料，有三位学者，或通过听说，或通过自己独立研究，在2000年公开提出，"消灭"私有制应当是"扬弃"私有制。他们是李锐、李桐、董辅礽。

中央组织部原副部长李锐。据"鉴知堂"网站报道,民营图书创作策划机构"草原部落创作室"于2000年1月6日在北京举行"名报名刊精品书系暨知识分子文存"出版座谈会,李锐在发言时谈道:"社会主义要消灭私有制,最近我收到一位德文专家的来信,说在德文里马克思讲要'扬弃'私有制而不是'消灭'私有制,过去在所有制问题上我们解决不好,一直走到崩溃边缘才走回来。"

湖南教育学院李桐。李桐在湖南《书屋》杂志2000年第9期发表《〈共产党宣言〉中一个原文词Aufhebung的解释和翻译管见》一文,文中谈道:"近年来,我通过原文或英文本对照汉译本学习马克思主义经典著作,觉得马克思主义经典著作的汉译并不是很完善的,其中还有关系到理论原理的准确翻译问题。"随后李先生详细列举了《宣言》中"消灭"私有制应为"扬弃"私有制的理由:(1)"在汉译本第二章将近四十个'消灭',没有一个切中原文(Aufhebung)本意";(2)"在语义上,Aufhebung根本不含'消灭'意义";(3)"在逻辑上,'扬弃'和'消灭'是不同层次、不同思维方式的范畴";(4)"遍读马克思主义经典著作关于对待资本主义、对待私有制的社会主义革命理论原文,从来没有提出过'消灭'的手段。"

李桐作出结论:"在他们(马克思恩格斯——引者)所有关于社会主义革命著述中,使用最多的词语是'扬弃资本主义''扬弃私有制'等等。可是在后来的汉译本中,绝大多数却被误译为'消灭资本主义''消灭私有制'。近二十年来，我国在党的领导下，纠正过去急于求成的过'左'路线，允许非公有制经济存在、发展，利用资本主义国家资金和科技，进行了卓有成效的改革开放，大幅度提高了人民的生活水平。'消灭私有制''消灭买卖''消灭资产阶级生产关系'的话语，毫无疑问，与我国半个世纪的社会主义革命实践经验、改革开放、具有中国特色的社会主义现实要求相距甚远。为了消除误解，正确理解马克思主义的基本思想观点和方法，我建议恢复 Aufhebung 的原意，据不同上下文，改译为'扬弃'或'废除'。"

中国社会科学院经济研究所董辅礽。根据董辅礽自己在《经济导刊》2002年第2期的《消灭私有制还是扬弃私有制？——评于光远同志对社会所有制和私有制的论述》和《经济前沿》2003年1月号的《谈于光远社会所有制和私有制的论述》中的说法，他2000年研读一本德汉对照的《宣言》时发现，"共产党人可以用一句话把自己的理论概括起来，消灭私有制"，这句话中"消灭"的德文对应词是"Aufhebung"，其动词形式 aufheben 既有"保存"的意思，也有"废除"的意思，在哲学上当"扬弃"讲。于是他认为这就解决了理论上的一个难题，同时也证明了《宣言》中译本的翻译错误，即共产党人的主张是"扬弃"私有制，而不是"消灭"私有制。此后，董辅礽在各种场合多次阐发这一观点。

上述三人言论产生的社会影响大小不同。

由于可能没有在正式文章中论及此事,未见有人引用李锐的观点。

李桐的文章发表较早,但是社会影响似乎也不大。然而经过高放先生的放大,"扬弃"私有制的说法传到许多人的耳朵里。高放2002年在《社会科学研究》第5期发表《从〈共产党宣言〉的一处误译看资本主义如何过渡到社会主义》一文,有如下一段话:

"消灭私有制"这句至理名言曾经有过"废止""废除"的不同译法,从1943年,尤其是1949年以后都改为"消灭"。前几年就听中央编译局的专家说过,"消灭"的译法不妥,按德文原意应该译为"扬弃"。最近读到湖南省新闻出版局主办的《书屋》月刊2000年第9期刊登的李桐先生的《〈共产党宣言〉中一个原文词aufhebung的解释和翻译管见》一文才算终于弄清了这个问题。原来马克思于1848年1月用德文写成《宣言》时,使用了好多次aufhebung一词,中文都译为"消灭",如"消灭私有制"、"消灭资产阶级的个性"、"消灭买卖"、"消灭家庭"等等。不断反复使用"消灭"一词,俨然形成了一种猛烈的气氛、肃杀的态势和灭绝的境况,充满浓重的极端的感情色彩。而在语义上aufheben(名词,动词为aufhebung)一词根本没有"消灭"之意,只有"取消、废除、终止、拾起、保留、采摘"等含义。……我认为《宣言》中的"消灭私有制"也应该改译为"扬弃私有制"。

高放随后也多次提及这一观点。他在2003年7月9日《南风窗》杂志的《给新领导班子的两条建议——中国人民大学教授高放答〈南风窗〉杂志记者问》中指出："以往把'扬弃私有制'误译为'消灭私有制',这样实际上为急于消灭私有制提供了理论依据。"很多人把"扬弃"私有制直接作为高放的观点。

董辅礽作为享有盛誉的经济学家,在"扬弃"私有制这一观点的传播过程中影响很大。

董先生没有详细论证"消灭"何以一定要改为"扬弃",这一任务是由他的好朋友胡德平完成的。时任中央统战部副部长、全国工商联副主席胡德平和张殿清在《民营经济内参》第48、49期发表题为《对马克思关于"消灭私有制"的另解(上、下)》的文章,在《中国工商》2003年第7期发表题为《扬弃"私有制"》的文章,从《宣言》中的"矛盾"(这个矛盾是指第二章既说"消灭"私有制是共产党的理论主张,但在提出的十点具体措施中没有一条消灭私有制的内容),马克思其他著作,包括《1844年经济学哲学手稿》《1857—1858年手稿》和《资本论》中译本中的论述中有"扬弃"资本、私有财产、资本主义生产方式的提法,以及德文词Aufhebung应当译为"扬弃"等几个方面,论证马克思的原意是"扬弃"私有制。

需要说明的是,胡德平指出他关于"Aufhebung"的观点得自俄罗斯《真理报》政治理论部主任鲍里斯·斯拉温的一篇文章:"我们首先要感谢现任俄罗斯《真理报》政治理论部主任鲍里斯·斯拉温先生。他在一篇文章中向读者指出，马克思和恩格斯在《共产党宣言》中所说的'消灭私有制'其德文原版用的是 Aufhebung（扬弃），而不是 Abschaffung（消灭）。首先是苏联把德文'扬弃'的词义错译为俄文的'消灭'，而中文译本则又以俄文本为原本，以讹传讹，误译为'消灭'。从而造成了不应有的迷雾和混乱。"

据中央编译出版社2006年版的鲍·斯拉文（斯拉温）所著《被无知侮辱的思想——马克思社会理想的当代解读》一书，斯拉温提出这一观点的文章《论"新"、"旧"社会主义》于1999年第一次发表。斯拉温在这篇文章中说：

左右翼（我这里指的是新斯大林主义分子和激进民主派）的批评家们至今仍断言，社会主义就是绝对否定私有制，因此他们常常引证《共产党宣言》。众所周知，《共产党宣言》的作者是黑格尔传统的继承人，如果认真看一看原著中的那句话，即社会主义可以用一句话来表达——"消灭私有制"，那么就会看到，没有一个词可以直接译为"消灭"的。德语中"消灭"有两个词——"Abschafung"或"Annulirung"，而原文中的词是"Aufhebung"，这个词的意思是"扬弃"，即马克思主义的奠基人在这里讲的是否定私有制，用哲学的语言来讲，就是辩证地扬弃，即不仅否定，而且还要保留（掌握）起有用的方面，比如对事物的兴趣，创造精神和进取精神的表现，各种风险的核算和预见等。

董辅礽 2004 年 7 月去世后，他的学生和朋友在悼念文章中一再强调"扬弃"私有制是他的一大理论贡献。认为：虽然董辅礽接受的是苏式教育，但他没有充当传统苏联社会主义模式的卫道士，他在传统社会主义问题上闯入一个又一个理论禁区，提出一个又一个突破传统经济理论教条的观点，引起世人瞩目。长期以来，在发展私营经济的问题上，人们受《共产党宣言》中消灭私有制思想的禁锢，董辅礽在认真核对"消灭"这个字中文翻译和黑格尔思想后认为：《共产党宣言》德文版德文字"消灭"既有保留、保存的意思，也有废除的意思。在这一德文字上，就是否定里面有肯定，肯定中间有否定。

21 世纪初"扬弃"私有制的观点提出后，国内学术界尤其是经济学界中的一部分研究者欣然接受，并把这个观点作为党在经济等领域理论创新的依据。

针对上述言论，不少学者从翻译和理论的角度予以反驳。

中央编译局原常务副局长顾锦屏在《经济学动态》2003 年第 3 期《〈共产党宣言〉中关于"消灭私有制"的译法是正确的》一文以及在上海《社会科学报》2003 年 1 月 9 日的《私有制——消灭？废除？扬弃？——关于马列著作译文方面的争议》的访谈中，从德文词"Aufhebung"的理解、中文翻译和经典作家有关私有制问题的一贯论述等几个方面，证明编译局的译文是正确的；顾先生举的一个有力文本证据是马克思恩格斯 1850 年在《共产主义者同盟中央委员公告同盟书》中说的话"对我们来说,问题不在于改变私有制,而只在于消灭私有制",这里的消灭,德文原词为Vernichtung,无论哪种词典里都只有单纯"毁灭""消灭"的意思。中国社会科学院经济研究所王振中也在不同的场合多次指出"消灭私有制"的译法的正确性,比如《经济学动态》2004年12期,《生产力研究》2005年第2期。中国人民大学教授卫兴华在《北京日报》2005年10月10日《理论周刊》上也撰文指出,"消灭私有制"的翻译没有错。两人援引的都是顾锦屏的论证。

两位学者也同时指出了一个引人思考的现象。王振中说:"我曾在担任主编的2003年第3期《经济学动态》上约请中央编译局顾问、原常务副局长顾锦屏对此问题做过精辟和准确的论述,明确告诉大家:《共产党宣言》中关于'消灭私有制'的译法是正确的。我满以为这下问题就解决了。但谁知根本不是这么回事,近来在各地调研中,我发现对上述问题仍在一些人中间莫名其妙地继续议论,以至于认为《共产党宣言》中关于'消灭私有制'译法是错误的说法越来越广。"卫兴华也说:"关于'消灭私有制'译文是否有错的问题,中央编译局顾问、原常务副局长顾锦屏同志为此在《经济学动态》2003年第3期发表了《〈共产党宣言〉中关于'消灭私有制'的译法是正确的》一文,从翻译的角度否定了译法有错的说法。有的学者可能没有读过此文,所以还在那里继续发表所谓译法有错的言论。"

我本人也曾与"扬弃"问题发生直接联系。中央编译局著名学者殷叙彝先生在世时被公认为是编译局"最有学问的人",精通多国文字,蜚声西斜街36号院内外以至国际学术界。殷先生喜欢跟年轻人交往,我初到编译局时,有幸亲受殷先生的耳提面命,经常与其他年轻同事一道,听殷先生谈古论今。2010年夏末秋初的一天,殷先生找到我,交给我一份手写的稿子,说请我把它录入电脑,并发给《炎黄春秋》杂志编辑部。原来,在《炎黄春秋》2010年第4期上张殿清发表了《对私有制是扬弃而不是消灭》一文,再次宣扬他们在前述文章中有关"扬弃"私有制的观点,文章讲到编译局的殷叙彝为他们的观点提供证据的事情。

张殿清的文章提到,胡德平某天对他说:"请你明天到中央编译局去找一下殷叙彝研究员,请他帮助查一下在德文原版中这句话到底是怎么写的?然后,胡德平就用电话同他联系好。第二天一上班,我就去找了殷先生。因为殷先生已经知道了我的来意,因此他一见到我,就很快地将德文版的《共产党宣言》拿给我看。他说:'你看,马克思在这里用的不是 Abschaffung(消灭),而是 Aufhebung(扬弃)!'然后,我就将有关段落复印后,拿回去给德平看。当他看后又经过我的解释而显得非常兴奋……"

《炎黄春秋》发表这篇文章后,不少好友纷纷打电话给殷先生,询问怎么回事。殷先生本人对这篇文章比较不满,他告诉我,张殿清的文章没有说出全部事实。为此,殷先生就写了一则声明,题为《关于〈对私有制是扬弃而不是消灭〉一文的一点说明》,想在《炎黄春秋》上刊发,以澄

清事实。我的电脑中还存有这份声明的电子版,创建时间标明为 2010 年 9 月 9 日。其中写道:

《炎黄春秋》2010 年第 4 期刊登了张殿清《对私有制是摒弃而不是消灭》一文,其中提到作者曾到中央编译局找我帮助他查阅《共产党宣言》中译本关于"消灭"私有制的表述的德文原文。此文发表后陆续有朋友打电话来问我对这一译法的意见。因此我认为有必要借《炎黄春秋》一角作一点说明。

张殿清同志是 2000 年 12 月 23 日来找我的,在那以后我们一直保持联系。他在文章中是这样说我的:"他一见到我,就很快地将德文版的《共产党宣言》拿给我看。他说:'你看,马克思在这里用的不是 Abschaffung(消灭)而是 Aufhebung(扬弃)'"。当时的确如此。不过他忘记了提到我还曾告诉他:德文的动词 aufheben 和动名词 Aufhebung 都是多义词,也可解释为"消灭""废除"等等。

不过他的来访确实引起我的重视。我当即去找编译局长期主持马恩著作翻译工作的原局长宋书声,告诉他这一情况,并且和他探讨了这个译法,从而形成自己的明确见解。编译局领导对这个问题也很重视,曾组织局内有关的资深翻译专家进行讨论,结论是:原来的译法是正确的,无需修改。我对此是完全同意的。"

这份声明由我录入电脑后,替殷先生通过电子邮件发给

《炎黄春秋》编辑部，却一直石沉大海，杳无音信。殷先生不得已转而投稿上海《探索与争鸣》杂志，在该刊 2011 年第 4 期发表了《"扬弃"私有制还是"消灭"私有制——关于〈共产党宣言〉中一个重要译语的争论》，不过简短的声明扩展成为一篇较长的文章了。文中提到："2010 年 9 月我写了一篇短文投寄给《炎黄春秋》，迄今没有动静。根据该刊的征稿规定，这说明它不会刊登这篇文章了。现在我对文章作了修改和补充，希望能借《探索与争鸣》一角发表。"

殷先生这篇文章的论点我就不详细说了，不过文中举出的一个事实却很耐人寻味：德国具有权威性的 2003 年版《杜登大辞典》和德国供外国人学习德文使用的 1993 年版《朗文大词典》，aufheben 词条下根本不含有"扬弃"这个义项。根据我的认知，《杜登大辞典》相当于我们的《汉语大字典》《词源》等，《朗文大词典》相当于我们的《现代汉语词典》《新华字典》等。这说明，aufheben 即使有"扬弃"的意思，也应当是非常生僻的，因而不需要普通人掌握，甚至也不需要一般知识分子掌握。马克思恩格斯写作《共产党宣言》是为了向工人阶级和广大劳动人民宣传共产主义理论，不可能使用仅有个别人能够理解的行话。而我们的《德汉词典》中 Aufhebung 词条下却有"扬弃"的义项，并且《现代汉语词典》中也没有"扬弃"词条。这是否说明中国人、或者说一部分中国人对德文的理解或者要求，超过了德国人？

这可以说是中西思想文化交流中"青出于蓝而胜于蓝"

的一个鲜活实例。其实，正如我在前面说过的：理解一个外文词有两个基本途径，一个是看作者怎么用的，一个是看其他人怎么理解的。如果俄国人、中国人是因为翻译的误导而一度推行了"错误"的政策，那么德国人自己并不存在翻译问题，而德国的资产者一听见要"扬弃"私有制，却也是"就惊慌起来"了。按照"扬其精华、弃其糟粕"的理解，他们应该高兴才对，顾锦屏的访谈就说到这个意思。事实上，德国共产党人在执政后也执行了和苏联、新中国类似的政策。至于列宁的"新经济政策"、中国特色社会主义等在实践中对经典作家理论的创新发展，可以说主要是历史条件不同使然。列宁曾指出："根据书本争论社会主义纲领的时代也已经过去了，我深信已经一去不复返了。今天只能根据经验来谈社会主义。"

关于这个问题，还有一种观点也可以立此存照：南京大学奚兆永等学者虽然鲜明指出"扬弃"的译法是错误的，但提出"Aufhebung des Privateigentums"是否可以改译为"废除私有制"的建议；尤其是因为Priva-teigentum已确定不再译为"私有财产"而是译为"私有制"后，搭配上看仿佛"废除"也更为恰当。

是同"传统的"还是同"流传的"所有制关系和观念决裂

《宣言》第二章还有一句名言："共产主义革命就是同

传统的（überliefert）所有制关系实行最彻底的决裂；毫不奇怪，它在自己的发展进程中要同传统的观念实行最彻底的决裂。"这在马克思主义发展史上被称为"两个决裂"。复旦大学俞吾金教授 2000 年 10 月 24 日在《光明日报·学术版》发表《从"共产党宣言"的一段译文看马克思如何看待传统》一文，认为《宣言》第二章"两个决裂"的译文中的"传统的"应当译为"流传下来的"，并说这一翻译"错误"是中国（和苏东国家）出现了文化虚无主义的根源。据"复旦新闻网"报道，俞吾金 2004 年 11 月 20 日晚在复旦大学为全校同学作题为《遏制虚无主义 弘扬人文精神》的讲座，在谈到虚无主义的成因时，他再次宣扬了他的"流传"观："三是对马克思主义经典文本的误译与误解，将'流传'译成'传统'，马克思也成了抛弃一切传统的虚无主义者。"

针对俞吾金的观点，北京大学哲学系的施德福 2001 年 8 月 7 日在《光明日报》发表《如何理解〈共产党宣言〉中关于"两个决裂"的论断》，中央编译局宋书声、杨金海、蒋仁祥在《马克思主义与现实》2001 年第 5 期发表《关于〈共产党宣言〉中"两个决裂"论断的翻译和理解——与俞吾金同志商榷》，2001 年 9 月 11 日在《光明日报》发表《也谈〈共产党宣言〉的一段译文》，从不同的角度对俞文作了批评，论证编译局通行译文的正确性。

是"全世界无产者"还是"所有国家劳动者"联合起来

"全世界无产者,联合起来!"("Proletarier aller Länder, vereinigt euch！")《宣言》终篇的这句结束语,大气磅礴,铿锵有力,鼓舞了一代又一代革命者为共产主义理想不懈奋斗。不出意外,同样有人对这句话的译法提出质疑。

较早对这个问题进行全面阐述的是时任中央编译局副局长俞可平。2006 年,俞可平在《马克思主义与现实》发表《"全世界无产者,联合起来!"还是"全世界劳动者,联合起来!"——从 1888 年英文版〈共产党宣言〉结束语的修改谈对待马克思主义经典著作的正确态度》,阐述了有关"Proletarier"译法的争论。原来,这个问题同"消灭"私有制一样,也是苏联解体后的舶来品。俞可平介绍,在非英语世界读者中,注意到《宣言》1888 年英译本把这句话中的"Proletarier"改为"Working men"的,是一份 1999 年 11 月 30 日在俄国《独立报》发表的所谓普列汉诺夫的《政治遗嘱》,其中有这样的话:"令人感兴趣的还有,这一版从德文译成英文是在恩格斯的直接领导下进行的,这一版《共产党宣言》结尾的口号是'全世界劳动者,联合起来',这与'全世界无产者,联合起来'意思远不是相等的。"俄刊发表这份"政治遗嘱"时还加有这样的注释:"遗憾的是……这一口号的改换也好,在苏联时期发表的恩

《共产党宣言》发表150周年纪念版和珍藏版

格斯1888年《共产党宣言》英文版序言的俄译文中都没有。这表明苏联党史学界有意篡改晚年恩格斯的观点。"不久,这一观点就被中国某些学者如述弢和朱蓬蓬接受过来,他们写文章发表感想,大致意思是恩格斯的"修改"适应了社会的变化,而苏联的版本未能反映,是"有意篡改晚年恩格斯的观点";"多少年来许多共产党人没有理会到这一点,以至于让革命走了不少弯路,进行了许多无谓的无情斗争",等等。俞可平经过分析得出结论:1888年英文版的结尾句与德文版"并无实质性的差别";不能作出"恩格斯对《宣言》做了重大修改这样的论断"。俞可平提出了一条很有说服力的论点:在由恩格斯作序的1890年版德文《宣言》中,结束语仍然是"Proletarier aller Länder, vereinigt euch！",并未作任何改变。

高放对《宣言》的版本和翻译问题情有独钟,也就《宣言》的结尾句写了文章,并引发多位学者参加的大讨论。据高放在《文史哲》2008年第2期和《探索与争鸣》2008年第3期发表的两篇文章考证,这句话在中文翻译史上,译法竟达74种之多。高放在比较了这74种译法之后,虽然承认编译局通行本采用的译法"比较好",但他郑重提出了他的第75种译法:"所有国家劳动者,联合起来！"高放提及俞可平的文章,写明认可其中的某些论点。高放认为自己的改译"既忠实于原著,有利于准确、深入地理解马克思主义的精神实质,又有利于联合全世界所有国家的全体劳动者,最终实现人的解放,更有利于促进全世界所有国家长期和平共处，共同维护世界和平、发展与合作，构建和谐社会与和谐世界，增进人类福祉"。

对于高放的文章，原编译局的郑异凡先生首先予以反驳。他在发表于《探索与争鸣》2008年第5期的《"全世界无产者，联合起来！"的口号无需改——与高放先生商榷》一文中说："我认为，这句世界性的历史口号无论从内容上还是译文上都改不得。理由很简单，译文本身是准确无误的，而这一改动，其含义就变得离开马克思和恩格斯的本意了。"一是因为无产者和劳动者内涵并不相同，马克思恩格斯恰恰是基于无产者构建他们的理论的，如果改为"劳动者"，"文章是做不下去的，会完全变调的"。二是因为"实际上，马克思恩格斯当时想要强调的恰恰不是无产者的国家和民族属性，而是其共性"。郑先生还批评了那种为适应当前需要而更改历史文件的做法。奚兆永教授也在网上发文反驳高放的观点，除了持类似论据，还谈到《宣言》里的 Länder 与其作国家解，还不如作地方解"。

面对批评，高放在《探索与争鸣》2009年第2期发表了《"全世界无产者，联合起来！"这句译语可以改译——敬答郑异凡、奚兆永先生》予以答辩，再次申述自己的主张。殷叙彝先生见老友们争论得火热，也在《探索与争鸣》2009年第7期发表文章《也谈"全世界无产者，联合起来"口号的翻译——兼评高放、郑异凡教授的商榷》，参与争论。殷先生在文中旁征博引，还特别指出德文中的"Arbeiterklasse"和"Arbeiter"与英文中的"working class"和"working man"或"worker",是完全对应的。言下之意,Proletarier算是外来词,Arbeiter和working man是本土词汇,区别仅在这里。殷先生引用意大利谚语"翻译者就是背叛者"来替翻译工作者自嘲,说明翻译是件"吃力不讨好"的事情,建议学术争论可以求同存异。不久,另一名《宣言》钟爱者王保贤还在《马克思主义研究》2010年第8期发表《论"全世界无产者,联合起来!"的翻译问题——兼评郑高之辩》一文,也认为通行本的译法是正确的,并委婉批评"高先生在论证其观点的过程中,存在某些方法上的不足"。

以上有关《共产党宣言》翻译的争论表明,经典著作的翻译看来并不是单纯的学术问题,而是会对我国的社会思想文化产生重大影响。但翻译终归是翻译。正如马克思恩格斯所要求的,翻译的第一标准是忠实于原文。中央编译局成立之初,老一辈经典著作编译家们在《斯大林全集》第一卷翻译实践的基础上,确立了经典著作翻译的基本标准——"意思正确,译文通顺"。翻译是一门科学,需要老老实实的态度。在翻译中,重要的是作者说了什么,而不是读者想了什么。当然,一方面马克思恩格斯思想博大精深,著作卷帙浩繁,使用的是19世纪的语言,论述的主要是19世纪西方社会,我们今天理解起来,难免出现不到位的情况,也可能产生差错;另一方面,汉语也在不断发展变化。也正因为如此,经典著作编译才需要实事求是、与时俱进。

张慕良，马列主义经典著作翻译家。译审。曾任《和平和社会主义问题》杂志翻译室主任、中央编译局列斯室副主任。2002年荣获资深翻译家荣誉称号。享受国务院政府特殊津贴。参与《马克思恩格斯全集》中文第一版、《列宁全集》中文第一版、第二版等编译工作。

列宁《国家与革命》校订工作的点滴感悟

张慕良

1975年,我在列斯室工作。当时是"文革"后期,党中央决定启动《列宁全集》中文第二版的编译工作。这一重大任务责无旁贷地落到了中央编译局列斯室。在参加《列宁全集》中文第二版工作中,我主要负责《国家与革命》的校订工作,机缘巧合的是,上个世纪60年代前半期,中央抓30本书的学习,我当时也负责《国家与革命》译文的校订工作。所以说,我对这本书还是比较熟悉的。当时重新校订过程中的一些情况我也记得比较清楚。这里我想通过几个译例谈谈我校订《国家与革命》译文的一些感悟。

(一)

《国家与革命》第2章第2节有一段话,在《列宁全集》第一版相关卷中是这样译的:归国家机器为对付革命的无产阶级而发生的演变进程,"迫使革命'集中自己的一切破坏力量'去反对国家政权,迫使革命提出这样的任务:

本文口述于2023年,整理者詹珩。

不是去改善国家机器，而是破坏它，消灭它。这样提出任务，不是根据逻辑的推论，而是根据事变的实际发展，根据1848—1851年的生动经验。马克思在1852年还没有具体提出用什么东西来代替这个必须消灭的国家机器的问题，从这里可以看出，马克思是多么严格地以实际的历史经验为依据。那时在这个问题上，经验还没有提供材料，后来在1871年，历史才把这个问题提到日程上来。在1852年，要以观察自然历史那样的精确性下断语，还只能说，无产阶级革命已接近于提出（俄文原文为подошла к，英文本译为 had approached）'集中自己的一切破坏力量'来反对国家政权的任务，即'摧毁'国家机器的任务。"

原译'已接近于提出'译得不当。

首先，原译跟俄文原文的意思不符。俄语подошла这个动词是完成体过去时，它的意思是"走到跟前了"，译为"接近于提出"，从表面看，似乎也可以，仔细一推敲，意思还是不一样。革命已走到任务跟前，是说它已面临这项任务，革命和任务之间是零距离，"摧毁"已成为革命的当前任务。而按照原译，革命和任务之间还有一定的距离，"摧毁"还没有成为革命的当前任务。

其次，原译有悖于列宁的思想。《国家与革命》第2章的这一节和上一节论述了马克思主义国家学说中无产阶级专政思想发展上的两个阶段。第一阶段的代表作是马克思恩格斯在1847年即1848—1851年革命前夜所写的著作《共产党宣言》，第二阶段的代表作是马克思在1852年所写的总结这

列宁《国家与革命》中央编译局译本

场革命经验的著作《路易·波拿巴的雾月十八日》。列宁在《国家与革命》第 2 章第 1 节以《革命的前夜》为标题，介绍了《宣言》的思想，他的概括是：《共产党宣言》"已接近于得出"无产阶级必须消灭和破坏资产阶级国家机器这个结论。这里的"已接近于得出"俄文为 вплотную подводит к，英文本译为 leads straight to。列宁还预告说："马克思在总结 1848—1851 年革命的经验时也就谈到了这个结论。"列宁在第 2 章第 2 节以《革命的总结》为标题，在引用了《雾月十八日》一书中的相关论述后得出结论说:"马克思主义在这一段精彩的论述里,与《共产党宣言》相比,向前迈进了一大步。在那里,国家问题还提得非常抽象,只用了最一般的概念和说法。在这里,问题提得具体了,并且作出了非常准确、明确、实际而具体的结论:过去一切革命都是使国家机器更加完备,而这个机器是必须打碎,必须摧毁的。"

应当说,列宁在这里已经把马克思无产阶级专政学说发展上两个阶段的差别说得很清楚了。关于第一阶段,列宁的提法是:1847年的《共产党宣言》已经接近于得出"打碎"的结论。关于第二阶段,列宁的提法是:1852年的《雾月十八日》明确提出了"打碎"的任务。原译把关于第二阶段的提法译成"接近于提出"打碎的任务,两个阶段的差别就被抹杀了。

这样再看刚才提到的引文,由于原译的失当,这段话出现了两处逻辑混乱。第一,这段话开头和末尾都是讲马克思在总结1848—1851年革命经验时得出的结论。但开头一处说,1852年已经提出了消灭国家机器的任务,而末尾一处说,1852年只是"接近于提出"摧毁国家机器的任务,这是自相矛盾。第二,列宁这段话有一个中心思想,那就是:马克思作任何结论都以历史事变的实际经验为依据。列宁在后面大半段话里贯彻这个中心思想时,实际上已经谈到了无产阶级专政学说发展上的第三阶段,即马克思在1871年根据巴黎公社的经验提出了用什么东西来代替要被消灭的国家机器的问题。当列宁说马克思在1852年不可能做到什么什么，而只可能做到什么什么的时候，他是在拿无产阶级专政学说发展上的第三阶段同第二阶段对比。现在原译把第二阶段提出的结论译成第一阶段提出的结论，列宁的对比也就失去意义了。从列宁这段话的思维逻辑看，原译也不符合列宁的思想。

经过校订，"无产阶级革命已接近于提出……任务"，后来改为"无产阶级革命已面临……任务"。

这个译例告诉我们，翻译经典著作，除了注意词句，还要跳出来纵观全局，不仅是一节内部的全局，还有节与节关系的全局，要注意把握节与节之间在思想上的联系。另外还要注意到，经典著作不同于教科书，词语没有规范化标准化，译者不要被纷繁变幻的词语和说法所迷惑，而要化繁为简，从中理出作者的思绪。

（二）

《国家与革命》第5章第1节的标题，俄文为 постановка вопроса марксом，从莫斯科外文局的中文本开始，就译为"马克思对问题的提法"，《列宁全集》第一版沿用了它。在一般情况下，这样译完全正确。而且《国家与革命》第2章第3节的标题同它一样，只是多了个"1852年"字样，即"1852年马克思对问题的提法"。问题在于，第2章第3节中确实能找到马克思对问题的提法，而第5章第1节中却找不到马克思对问题的提法。那么，第5章第1节的标题究竟应该作何理解呢？原来，列宁的标题说的不是问题的提法，而是问题的提出，列宁的标题说的是"马克思如何提出问题"。

《国家与革命》第5章阐述国家消亡问题，完全是以马克思《哥达纲领批判》一书为依据的。第1节在援引马克思的论述时说："在共产主义社会中国家制度会发生怎样的变化呢？换句话说，那时有哪些同现在的国家职能相类似的社会职能保留下来呢？"马克思这样提问，无疑是肯定，国家制度在共产主义社会里发生变化时，是部分职能消亡，部分职能保留下来。所以，列宁在这一节开头谈到马克思所说的"未来共产主义的国家制度"时，说它是"正在消亡的国家制度"。这是一个关于未来共产主义的未来发展的问题。列宁说，马克思不是空想家，他不想凭空猜测无法知道的事情。那么，如列宁的标题所问，马克思是如何提出问题的呢？"究竟根据什么材料可以提出未来共产主义的未来发展问题呢？"列宁说，这里所根据的，是马克思运用最彻底的发展论"去考察资本主义的即将到来的崩溃和未来共产主义的未来的发展"时所得到的"科学材料"，其内容是："共产主义是从资本主义中产生出来的，它是历史地从资本主义中发展出来的，它是资本主义所产生的那种社会力量发生作用的结果。"马克思就是在他已经知道共产主义是怎样产生以及朝着哪个方向发展的情况下，提出未来共产主义的未来发展这个问题的。那么，列宁的标题还要问，在掌握了这些材料以后，马克思又是如何根据它们具体地提出未来发展问题的呢？马克思根据发展论肯定了首先可以肯定的一点：既然共产主义是从资本主义中历史地发展出来的，从资本主义向共产主义发展就必然要经历一个过渡时期。他指出："在资本主义社会和共产主义社会之间，有一个从前者变为后者的革命转变时期。同这个时期相适应的也有一个政治上的过渡时期，这个时期的国家只能是无产阶级的革命专政。"

以上就是马克思提出未来共产主义的未来发展这个问题的全过程。马克思是从何处着手的呢？第一步，根据发展论，马克思提出，共产主义是从资本主义中发展出来的。第二步，根据发展论，马克思提出，从资本主义向共产主义发展必然要经历一个过渡时期。

找到了提出问题的切入口，未来共产主义社会的未来发展问题，即国家将会怎样消亡的问题，也就成了顺理成章的事情。国家是随着经济基础的变化而逐步消亡的。第5章以"国家消亡的经济基础"为标题，列宁在这一章中依据《哥达纲领批判》一书的思想，循序渐进地阐述了国家消亡的过程。这是一篇大文章。第1节《马克思如何提出问题》是给这篇文章破题，是文章的序。第2节《从资本主义到共产主义的过渡》说，这个时期的经济基础中还存在着私有制，因而还存在着阶级，还需要有国家来镇压资本家的反抗，不同的是，它已经不是原来意义上的国家了。第3节《共产主义社会的第一阶段》说，这个时期的经济基础发生了变化，生产资料已经公有，但社会还带有它脱胎出来的旧社会的痕迹，在消费品的分配方面还存在着按劳分配这一资产阶级权利，与此相适应，还需要有国家在保卫生产资料公有制的同时来保卫分配领域的资产阶级权利，不同的是，"政治国家"已经消亡了，因为阶级已经没有了，也就没有什么阶级需要镇压了，存在着的是强制人们遵守按劳分配原则的"非政治国家"。第4节《共产主义社会的高级阶段》说，这个时期生产力获得了极大发展，劳动已成为生活第一需要而不需要强制，"非政治国家"也就消亡，因而国家也就完全消亡。

列宁在第5章讲了两种含义不同的国家消亡。一种是具

早期中央编译局工作人员合影（左二为张慕良）

有镇压职能的国家的消亡,它随阶级的消灭而消亡,是政治国家消亡。列宁讲得最多的是这种国家消亡。第二种是非政治国家的消亡,这是在特定场合下讲的国家消亡,列宁在其他场合没有提及。

《马克思如何提出问题》这个标题有双重使命。第一,它是第5章第1节的导游,由它带领,你可以参观到马克思从何着手来提出国家消亡问题的全过程。第二,它是整个第5章的序曲,正是有了它的演奏,才带出了国家消亡的几个乐章。

旧译《马克思对问题的提法》阻断了人们的思路,切断了标题同第1节和第5章的有机联系。

这个译例告诉我们,文章章节的标题同它的正文是一个整体,翻译时要反映出它们在思想上的关联,切忌把标题同正文割裂开来孤立地处理,只看树林,不看森林,只看局部,不看整体。

(三)

1918年11月,列宁在《皮梯利姆·索罗金的宝贵自供》一文(以下简称《皮》文)中,给爱国主义下了一个"定义",确切地说是关于爱国主义的一段论述。在《列宁全集》中文第一版第28卷和《列宁选集》中文第一版第3卷中,这个"定义"被译为:"爱国主义就是千百年来巩固起来的对自己祖国的一种最深厚的感情。"这句译文曾被作为列宁关于爱国主义的精辟论述而广为流传，不仅一般文章广泛引用，而且上了中央文件。然而这句译文却是错译。在俄文原文中，列宁是这样说的：Патриотизм—одно из наиболее глубоких чувств, закрепленных веками и тысячелетиями обособленных отечеств. 从俄语语法结构看，这句话由一个主句和一个付句组成。主句说：爱国主义是一种极其深厚的感情。付句是讲这种感情是如何形成的：这种感情是由于一个个祖国处于 обособленные 状态几百年几千年而形成的。同原文对比一下可以看出，原译有两个失误：一是弄错了原文的语法结构，把"由于祖国处于 обособленные 状态而形成的感情"译成了"对……祖国的感情"，二是把 обособленные 这个俄语词错译成"自己的"。

那么，俄语 обособленные 这个在全句中起着关键作用的用词究竟是什么意思呢？应当怎样译才算正确呢？从辞典的解释看，它的意思是：特殊的、孤僻的、孤立的、独立的。显然，辞典上的现成解释一个也用不上。不过俄语这个词是个被动形动词，它是从动词 обособить 变来的，根据这个原动词的本来意思，还可以把被动形动词译成"被分隔开的"、"彼此隔离的"，放到句中，列宁这句话就是：爱国主义是由于千百年来各自的祖国彼此隔离而形成的一种极其深厚的感情。这样译是否就算正确呢？从是否符合俄语这一点说，新方案已经做到了。但是不是符合列宁的本意，还不敢说。要想做到心中有数，确有把握，还必须搞清楚列宁的思想。通过查找列宁关于爱国主义的论述发现，列宁所说的爱国主义都与小资产阶级有关，都同布列斯特和约有关。列宁的整个思想，结合当时的时代背景，是这样的：1918年3月，通过中心城市起义胜利而建立的苏维埃政权，由于旧军队已经瓦解，而新的正规的红军尚未建立，无法抵御长驱直入的德军的进攻，被迫在布列斯特同德国签订了条件苛刻的和约，小资产阶级民主派从狭隘的"爱国"情绪出发，认为这是背叛祖国，他们无视当时悬殊的力量对比，反对签订布列斯特和约，坚持主张继续对德作战。列宁和布尔什维克党同他们进行了顽强的斗争。1918年11月德国爆发革命和苏俄废除布列斯特和约后，列宁对小资产阶级的爱国情绪作了分析，说："爱国主义，这正是小私有者的经济生活条件所造成的一种情感"，小资产阶级同其他国家很少联系，也没有卷入世界范围的商业周转，它比资产阶级和无产阶级更加爱国，我们在布列斯特和约时期不得不同爱国主义作斗争。列宁的论述表明，他所说的爱国主义是小资产阶级的爱国主义，他说千百年来各自的祖国彼此隔离，是在强调千百年来小生产者处于自给自足的封闭状态。列宁谈论爱国主义问题一共只有几次，时间都集中在1918年11月—1919年3月，其中第一次谈这个问题就是《皮》文这篇文章。这是因为，1918年11月，小资产阶级民主派通过德帝国主义垮台和苏俄废除布列斯特和约，看到了布尔什维克党决策的正确，在事实面前，加上其他因素的影响，他们中间的一部分人对布尔什维克党的态度有了转变，开始从敌对转为中立。列宁在《皮》文中根据这一情况认为布尔什维克党应该调整对小资产阶级民主派的策略,在淡这个问题时,列宁谈到了小资产阶级的爱国主义,他指出:我国无产阶级革命在布列斯特和约时期不得不同爱国主义断然决裂;小资产阶级由于自己的经济地位,比资产阶级和无产阶级都更加爱国;他们对布列斯特和约感到"痛苦、怨恨和愤怒是可以理解的",要知道,"爱国主义是由于千百年来各自的祖国彼此隔离而形成的一种极其深厚的感情"。列宁的爱国主义"定义"就是在这种情况下提出来的。从列宁关于爱国主义问题的全部论述看,上述新译方案所选择的辞典释义同列宁的思想完全吻合。到此为止才可以说,对"定义"新泽是否正确真正有了把握。

上面的新译方案也就是《列宁全集》中文第二版第35卷在校订时,经过讨论确定的、列宁"定义"的新译文。

旧译的译者由于不了解列宁的思想,不可能看到列宁"定义"的负面色彩,唯一可能想到的是,爱国主义应该是一个正面话题,обособленные 一词应该译得合乎常理,但辞典中又没有合适的解释,"自己"一词肯定是通过联想演绎出米的。由十指导思想错误,而对原文用词和语法的理解也错误,使译者把负面意义的"定义"译成了正面意义的"定义"。

这个译例告诉我们,处理翻译对象要从实际出发,不可先入为主。译者先入为主地认定爱国主义是正面话题,应当把被动形动词译得合乎常理,于是朝这个方向下功夫,结果走岔了路。其次，翻译经典著作不仅要注意原文的词句，还要注意作者的思想，要把词句同上下文和其他地方的有关论述结合起来考虑，不可把词句孤立起来，只看局部、不看整体。

（四）

1996年2月，《世界共运研究》杂志刊登了一篇题为《〈国家与革命〉中翻译探微》的文章，对《国家与革命》一书的译文提出质疑。经与领导研究，由我起草了一篇《关于〈国家与革命〉译文中一些问题的说明》作为答复，分别刊登在我局刊物《马克思恩格斯列宁斯大林研究》和《世界共运研究》1997年第3期上。这篇文章提出了一些意见，我今天谈谈其中两个。

第一个，《国家与革命》第2章第1节有这样一句话："在这里我们看到马克思主义在国家问题上一个最卓越最重要的思想即'无产阶级专政'……这个思想的表述。"原译"表述"一词的俄文是动名词формулировка，辞典的解释是："（意思的）表述"。但这个词的动词在辞典上有两个解释和我们这个讨论有关："确切简练地表述出来"和"说出"。从辞典上看，原译和《探微》的改译都有依据。但哪一个方案更符合作者的思想呢？

列宁这句话是在对《共产党宣言》作评价。《国家与革命》一书告诉我们，马克思主义国家学说中关于无产阶级国家的学说，即关于无产阶级专政的学说，中心问题是要回答"无产阶级需要的国家是什么样？"为了回答这个问题，马克思主义的无产阶级专政思想经历了三个发展阶段。第一阶段的代表作是《共产党宣言》，它的回答是："国家即组织成为统治阶级的无产阶级"。无产阶级需要的国家就是"无产阶级组织成为统治阶级"。《探微》认为措词不当的那句话，就是列宁对《宣言》这一思想的评价。《探微》认为，说《宣言》仅仅"表述"了无产阶级专政思想还不够，应该说《宣言》"确切表述"了无产阶级专政思想。既然现在是在代表列宁对《宣言》的思想作评价，就要考虑怎样译才符合列宁的思想和本意，这就需要对比一下列宁对三个阶段无产阶级专政思想的评价。第二阶段的代表作是马克思的《路易·波拿巴的雾月十八日》，它对问题的回答是：无产阶级需要的不是资产阶级国家那样的国家，无产阶级必须把它打碎，不能用它来实现自己的目的。列宁在对第一、二两个阶段的无产阶级专政思想进行对比时是这样说的：在《宣言》中，"国家问题还提得非常抽象，只用了最一般的概念和说法"。而在《路易·波拿巴的雾月十八日》中，"问题提得具体了，并且作出了非常准确、明确、实际而具体的结论：过去一切革命都是使国家机器更加完备，而这个机器是必须打碎，必须摧毁的。"第三阶段的代表作是马克思的《法兰西内战》，它对问题的回答是：无产阶级需要的就是巴黎公社那样的国家，公社就是可以用来代替被打碎的国家机器的国家。站在第三阶段的高度上回顾第一阶段的无产阶级专政思想时，列宁说："用什么东西来代替被打碎的国家机器呢？1847年，马克思在《共产党宣言》中对这个问题的回答还十分抽象……以'无产阶级组织成为统治阶级'来代替，以'争得民主'来代替，这就是《共产党宣言》的回答。"

无产阶级专政思想包括了三个阶段的内容。作为第一阶段的《共产党宣言》对"国家问题还提得非常抽象，只用了最一般的概念和说法"。说《宣言》关于无产阶级国家的提法"表述"了无产阶级专政思想是谨慎的，符合列宁的思想。《探微》要提高对《宣言》的评价的等级，说《宣言》关于无产阶级国家的抽象提法"确切表达"了无产阶级专政思想，这首先就同列宁对第二阶段的评价产生了矛盾，若然如此，列宁关于三个阶段的评价体系就得改写了。

这个译例告诉我们，翻译经典著作，特别是翻译系统性的理论专著，常常会碰到一些牵一发而动全身的情况，译者在处理翻译对象时，不能把它们看作孤立的词和句，而要注意它们和上下左右的联系，既看到树木，也看到森林。

第二，《国家与革命》第6章第3节有这样一句话："潘涅库克表达自己思想的时候在措辞上有很大的缺点（Формулировка,…страдает очень большими недостатками.）。"《探微》说："原文中的недостатками（缺点）是复数，其修饰成分очень большими是'多而严重'之意。"它提出的改译方案是："潘涅库克在阐述自己的思想时，真是漏洞百出（或：在措词上有很多严重缺点）。"

首先，《探微》对俄文原文的理解值得商榷。俄语 недостатки 作"缺点"解时，可用单数，可用复数；使用复数时，有时表示多，有时不表示多，俄汉大辞典的例句"недостатки слуха 听觉的缺陷"就是证明。большой 一词作"重大"解释时是指"重要"而不是指"严重"。

其次一点，也是更为重要的一点，就是《探微》是在脱离具体情况的条件下谈论一个词的意思，没有顾及它的上下文，是只看树木，不看森林。

首先，我们让列宁把话讲完，因为这里才讲了一半。列宁的下半句是："但意思还是清楚的。"把这半句同上半句合起来，才是列宁对潘涅库克的完整的评价。按照我局的译文，这就是："潘涅库克表达自己思想的时候措辞上有很大的缺点，但是意思还是清楚的。"现在，按《探微》的方案，这句话就是："潘涅库克在阐述自己的思想时，真是漏洞百出，但是意思还是清楚的。"在一句话里，既要否定，又要肯定，这是语无伦次。

这是《探微》只看树木不看森林时所没有看到的小森林。现在再看《探微》没有看到的大一些的森林，即列宁评语所评的文字。

列宁评的是潘涅库克在《群众行动与革命》一文中的一段话，说它"接触到了我们所关心的关于无产阶级革命在对待国家方面的任务问题"。《群众行动与革命》中相关的原文是这样的："无产阶级的斗争不单纯是为了国家政权而反对资产阶级的斗争，而且是反对国家政权的斗争……无产阶级革命的内容，就是用无产阶级的强力工具去消灭和取消国家的强力工具……只有当斗争的最后结果是国家组织的完全破坏时，斗争才告终止。多数人的组织的优越性的证明，就是它能消灭占统治地位的少数人的组织。"

列宁说，潘涅库克的文章接触到了无产阶级革命在对待国家方面的任务问题。那么《潘》文是怎样谈论无产阶级革命在这方面的任务呢？《潘》文说：无产阶级既要为国家政权而斗争，又要为反对国家政权而斗争。就是说，无产阶级既需要国家政权，又反对国家政权。列宁特意把《潘》文句中"为了"和"反对"这两个词用异体字标示出来，以示强调。因为列宁评语所评的，就是潘涅库克的这一观点。列宁说潘涅库克这句话"意思还是清楚的"，是在对潘涅库克的基本思想和观点表示认可，只是对潘涅库克的措词和说法还不满意。现在《探微》给这句话下评语，说它"真是漏洞百出"，可是这句话一共几十个字，即使把整个段落都算上，一共也才四句话，"漏洞百出"究竟表现在哪里呢？显然，《探微》的评语与事实不符。

现在再看《探微》没有看到的更大一些的森林，即列宁评语所评的考茨基与潘涅库克的论战。

《国家与革命》第6章第3节从标题就可看出，是专门谈《考茨基与潘涅库克的论战》的。列宁对考、潘观点的评语，就是对他们二人在这场论战中孰是孰非所表示的态度和立场。潘涅库克的基本观点，列宁已经在上面用异体字标示出来了。在引完了潘涅库克文章中的有关论述后,列宁接着说:"现在来看一看考茨基怎样反驳这种思想倒是很有意思的。"考茨基写道:"到现在这止,社会民主党人与无政府主义者之间的对立,就在于前者想夺取国家政权,后者却想破坏国家政权。潘涅库克则既想这样又想那样"在评判谁是谁非时,列宁以马克思的无产阶级专政学说为依据。他指出,按照马克思的思想:"无产阶级不能简单地夺取国家政权,也就是说,不能只是把旧的国家机构转到新的人手中,而应当打碎、摧毁这个机构,用新的机构来代替它。"马克思的思想包含两点:无产阶级要反对和破坏国家政权,但反对和破坏的只是资产阶级的那种国家政权;无产阶级需要国家政权,但需要的不是资产阶级的那种,而是新的一种。列宁认为:考茨基只谈社会民主党人想夺取国家政权,不提反对国家政权,他在反驳潘涅库克时已经谈到潘涅库克既想这样又想那样,可就在潘涅库克想反对国家政权这个具有原则意义的问题上,"他完全离开了马克思主义立场,完全转到机会主义那边去了","因为正是机会主义者所完全不能接受的破坏国家机器的思想在他那里完全个见了"。对于潘涅库克的观点,即"无产阶级既需要国家政权又反对国家政权"这一提法,列宁除了说它"在措辞上有很大缺点但意思还是清楚的"之外,还说"他的说法犯了不明确和不具体的毛病",因为按照马克思的提法,无产阶级不是笼统地需要国家政权,而是只需要新的那一种国家政权,无产阶级也不是笼统地反对国家政权,而只是反对资产阶级的那一种。但潘涅库克的这一缺点属于小是小非,在大是大非上,列宁认为,潘涅库克提出反对国家政权的要求就抓住了"具有原则意义的实质",所以从根本上看,"在这场争论中,代表马克思主义的恰恰是潘涅库克而不是考茨基。"

《探微》在修改评语原译的时候,应当看到自己是在评判潘、考论战中的是非,它对潘涅库克持全盘否定态度,把"代表马克思主义"的正确观点斥为"漏洞百出",这是指白为黑,是非颠倒。

考、潘论战在《国家与革命》第6章第3节中的其他内容,因与本题无关,这里不予涉及。

《探微》对潘涅库克的评语完全是闭门造车的产物。一开始《探微》就强调,"缺点"一词是复数,它的修饰语也有"多而严重"之意。这已经是在辞典释义之外加的码。在这个基础上,《探微》还要拔高,"多而严重"还不够,还要提升为"漏洞百出"。这样埋头打造,不断升格,却全然不顾半句话之外是什么情况,自然会导致不良后果:只看上半句,不看下半句,导致语无伦次;只看评语本身,不看所评的文字,导致与事实不符;埋头给论战者下评语,不看论战者的观点,导致指白为黑,是非颠倒。

(五)

《国家与革命》第2章第1节中有这样一句话:"马克思

认为，无产阶级所需要的只是……组织得能立刻开始消亡而且不能不消亡的国家。"这句话的俄文原文是：

"По Марксу, пролетариату нужно лишь отмирающее государство, то есть, устроенно так, чтобы оно немедленно начало отмирать и не могло не отмирать."英文本把这句话译为："according to Marx, the proletariat needs only a state which is withering away, i.e.a state so constituted that it begins to wither away immediately and cannot but wihter away."

1997年底，一位读者来信对这句译文提出批评，认定它是错译，断言列宁不可能有这样的思想，并详细阐述了他所理解的列宁关于国家消亡的思想。但来信又提不出新的译文方案。的确，列宁经常讲国家消亡都是讲国家随阶级的消灭而消亡，从未讲过无产阶级国家刚一建立就开始消亡。但是这里的译文正确无误，而且原文不可能有别的译法。问题出在哪里呢？问题出在读者没有看清列宁这里的提法，他只注意到提法中的"能立刻开始消亡"这几个字，却没有注意到"组织得"这一说法。这是列宁只在《国家与革命》一书中系统阐述马克思主义国家学说时才使用的一种提法。

列宁在《国家与革命》中使用这一提法，是在阐述巴黎公社的经验。那么，巴黎公社是怎样把国家、国家机器组织得能立刻开始消亡的呢？公社组织国家机器的办法就是把社会大多数成员组织成镇压机构。第3章第2节说："公社的第一个法令就是废除常备军而用武装的人民代替它。"就是说，在公社中，作为国家机器的武装队伍，是由剥削者之外的大多数人即工人和农民组成的人民民兵，由它取代由少数人组成的为少数剥削者服务的"特殊力量"常备军。第3章第2节继续说：公社实行镇压的机关已经是居民的多数，而不象过去那样总是居民的少数。"既然是人民这个大多数自己镇压他们的压迫者，实行镇压的'特殊力量'也就不需要了！国家就在这个意义上开始消亡。"为什么由多数人即人民民兵组成镇压机器取代"特殊力量"常备军，国家就开始消亡呢？因为后者是原来意义的国家，而前者已经不是原来意义的国家，而是半国家。列宁从人类社会发展的历史长河看，当国家在它的发展过程中从本来意义的国家演变成半国家的时候，它就已经开始消亡了，它的国家痕迹已经去掉了一半了。"量转化为质"。一旦这个半国家消亡，国家就会进一步消亡。

《国家与革命》一书根据马克思主义的国家观，从人类社会武装队伍组织情况的变化上，揭示了国家从产生到消亡的全过程。第1章第2节告诉我们，在没有阶级的原始社会，还没有国家，那时的武装队伍，如恩格斯所说，是"居民自动的武装组织"，"自动组织为武装力量的居民"，用通俗的说法就是每人手上一根棍的全民武装，不脱产的全民民兵。社会分裂为敌对阶级后，这样的武装组织不可能了，因为不同的阶级如果都有武装，它们之间就会打得不可开交。于是出现了为统治阶级服务的"特殊的武装队伍"。"恩格斯在这里阐明了被称为国家的那种'力量'的概念。""这种力量主要是什么呢？主要是拥有监狱等等的特殊的武装队伍"，即专门的武装队伍，脱产的专职武装队伍。这就是国家，这就是原来意义上的国家。原来意义上的国家就是这样产生的。这支由少数人组成并为少数人服务的武装队伍后来发展成为常备军。巴黎公社使国家的演变发生了质的变化。它以社会大多数成员组成的人民民兵取代了少数人组成的常备军，恩格斯除了说它已经不是原来意义的国家，还称它为公团。列宁除称它为半国家外，还说它是"从国家到非国家的过渡形式"。的确，公社是群众运动创造的从国家到非国家的最好的过渡形式，因为从大多数人组成民兵到全体居民组成民兵只是一步之隔。到阶级消灭以后，社会的武装队伍将由全民组成，那时将同原始社会一样，就不会有国家了。国家怎样产生，也就怎样消亡。

我在前面"马克思如何提出问题"的译例中曾经谈到，列宁在第5章中讲了两种不同的国家消亡，一是政治国家的消亡，即国家随阶级的消灭而消亡，一是非政治国家的消亡。现在列宁讲的是第三种国家消亡。如果说，列宁讲国家随阶级的消灭而消亡是从政治上讲的国家消亡，那么现在，列宁讲国家组织得能立刻开始消亡则是从组织情况上讲的国家消亡。无产阶级的革命导师们如此看重武装队伍的组织情况，赞赏巴黎公社以多数人组成的人民民兵取代常备军，是因为它解决了如何才能保证国家机器为广大劳动人民服务的问题。原始社会的全民民兵是社会全体成员为全体成员服务。剥削阶级的常备军是少数人专门为少数人服务。马克思根据革命运动的经验认为，常备军不能用来实现无产阶级的目的，这样的国家机器必须打碎。用什么来代替呢？巴黎公社的出现使马克思看到了希望。公社的镇压机器是大多数人组成的武装队伍，大多数人镇压他们的压迫者是大多数人自己为自己服务。公社是"'终于发现的'、可以而且应该用来代替已被打碎的国家机器的政治形式"。

　　自从马克思总结了巴黎公社的经验以后，第二国际各党都把以人民民兵取代常备军的要求写进了自己的党纲。俄国党从二大开始党纲上就载有这样的要求。列宁直到十月革命前夜一直坚持这一要求，在第3章第2节中还批评社会革命党人和孟什维克在俄国二月革命以后拒绝实现这个要求。十月革命胜利后不久，为了抵御德帝国主义军队的进攻和十四国的武装干涉，列宁和党不得不改变原来的主张，组建了正规的工农红军，这是由当时的实际情况决定的。但是在十月革命以前，列宁一直坚持党纲中的上述要求，这是事实。我曾在1998年《马克思恩格斯列宁斯大林研究》第4期上发表过一篇题为《列宁为什么说无产阶级国家刚一建立就开始消亡》的文章，对列宁的思想，特别是后来为什么改变主张，作了详细的介绍，这里不再赘述。

　　这个译例告诉我们，翻译经典著作要考虑作者的思想，但不能离开原文，而要从原文出发，去考虑作者的思想。

通过以上几个译例，我深刻感悟到：翻译经典著作，既要钻研原文的词句，又要注意作者的思想、观点和提法，既看树木，又看森林。首先，切忌只看树木，不看森林。由于闭门造车，不注意作者的思想和观点，爱国主义"定义"的旧译把负面意义的"定义"译成了正面意义的"定义"，"接近于提出（打碎任务）"的译法混淆了无产阶级专政思想发展的两个阶段，评价《宣言》思想时加上"确切"二字，打乱了列宁对无产阶级专政思想发展三阶段的评价体系，埋头打造对潘涅库克的评语，导致了一系列不良后果。其次，切忌不看树木，只看森林，还没有钻研原文词句，先已设想好了作者的思想，这是本末倒置，"无产阶级国家消亡"句就是例子，像那样离开原文词句去设想作者的思想，只会以主观代替客观。再次，当原文可以有两种译法，而两种译法在意思上没有出入时，要注意这里是否牵涉重要问题，如果不牵涉，可以根据行文需要选择方案，如果牵涉，就要考虑是否需要同过去的提法对比，如"党的定义"句要同苏共十九大党的定义的译法对比，而"按劳分配"句还要同后来的提法对比，弄清它在整个链条中处于哪个环节。最后，文章著作的标题和结束语同它们的正文是一个整体，翻译时要注意它们同正文在思想上观点上的联系。由于是孤立地处理，标题《马克思如何提出问题》的原译就使人看不出它同正文的联系,而《苏共历史》第 2 章的结束语同正文的观点背道而驰,把党已诞生译成了党还没有诞生。

高叔眉，马列主义经典著作翻译家。原中央编译局马列部译审。2002年荣获资深翻译家荣誉称号。享受国务院政府特殊津贴。参与《马克思恩格斯全集》中文第一版、《列宁全集》中文第一版、第二版和《斯大林全集》等编译工作。

列宁《唯物主义和经验批判主义》的译校工作

高叔眉

中央编译局在胜利完成经典著作中文第一版的全部翻译出版任务后,根据形势的发展和需要,编译中文第二版的任务自然而然提上日程。这是因为第一版是从无到有,解决了有无问题,其中当然存在着许多受历史制约的缺欠和不足。归根到底就是一个译文质量问题。正因为有了第一版的全面经验,在搞第二版时就比较得心应手了,思路开阔了,措施有力了,从而译文质量的提高就更有保证了。不言而喻,这里面也包含着所谓"重中之重"的问题。就是说,在搞第二版的时候,应该把重点放在经典著作的重点文献上。换句话说,凡是经典著作中的大部头著作,必须采取特别偏重的办法来处理,也像打仗一样,叫做"集中优势力量打歼灭战"。我个人参与其中的列宁《唯批》(即列宁的《唯物主义和经验批判主义》)的校订工作,从头到尾就实行了这样的倾斜政策。

我记得,那是七十年代末八十年代初吧,"四人帮"被粉碎了,我们各方面都面临着正本清源、拨乱反正的迫切

本文为2003年纪念中央编译局成立50周年所作。题目为编者所加。

任务。在理论上,特别是在哲学上,必须把搞乱了的思想端正过来,首先从认识论、方法论上下一番功夫,还辩证唯物主义和历史唯物主义的本来面目。当时的中央党校正好站在搞这项基本建设的最前列,就是说,必须通过高级党校来有系统地教育或轮训党的中高级干部,让他们好好地安下心来读一读、议一议、理解理解、研究研究、掌握掌握、运用运用、讲解讲解马列主义经典著作的原著,从而增强判断是非、鉴别真伪的能力。在这个大背景下,列宁的《唯批》就被选中为中央党校新编干部必读教材的原著之一。为了配合这个重大的战略性政治任务,编译局责无旁贷,义不容辞,就把提前校订《唯批》优先安排了。

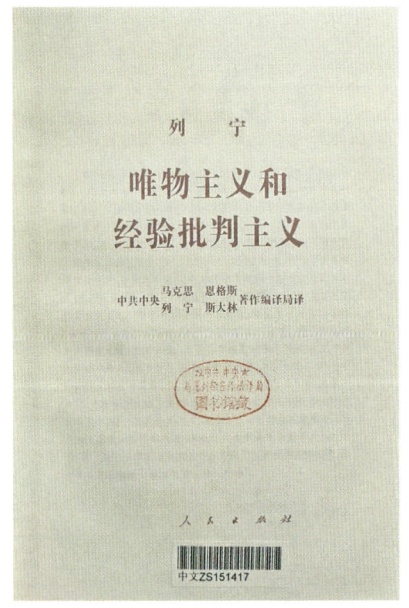

列宁《唯物主义和经验批判主义》中央编译局译本

列斯室在林基洲和岑鼎山两位领导（林当时已任副局长、岑是室主任）的主持和策划下，组成了《唯批》校订小组。这个小组的成员是：陆梅林、罗焚、高叔眉、郭值京、谭金云等五位同志。老中青结合，新旧人搭配。语种齐全，配备精干。精神状态好，力量使不完。陆梅林任组长，小谭是新生力量，罗是老延安，郭是资料库，我则粗通诸语种，等等。

为了抢回并弥补失去的时间，在迫切需要下，我们全小组整建制地专车"进驻"西苑中央党校，为的是不受任何干扰地与党校的专家学者一起来啃这部经典《唯批》。党校参加这部教材译文审订工作的同志，阵容强大，理论水平高，都有多年的教学研究经验，比较了解个中甘苦。他们投入这项工作的人员直到现在我还记忆犹新。比如，韩树英同志，他执教并专攻《唯批》多年，除在校订过程中提出中肯意见外，主要是为我们作些质疑解答。葛力教授，他早年在美国留学，研读西方哲学，对康德、黑格尔、斯宾诺莎等等，了如指掌，如数家珍。他是一位老博士，由爱国而归国，一直在高级党校任教。这次参加《唯批》校订，他喜出望外，觉得这下子有了英雄用武之地。我们非常尊重他，他也毫无保留地为我们解答疑难。一直陪同我们校订到底的则有李公天、陈柏林、徐小英、吕文镜等同志。其中公天是我南京中大的老校友、老学长，他是政治系的毕业生，解放后一直从事理论教学研究工作，对马列十分热爱而熟谙。徐小英则是我局"清华帮"（恕我造出这

早期中央编译局工作人员合影

个带亲切味儿而非政治味儿的名词吧）张启荣、李宗禹、陈慧生、吴达琼、周秀凤他们的同系同学。她毕业后分配党校一直从事哲学教学与翻译工作。陈柏林专门在课堂讲《唯批》，口若悬河，知道《唯批》哪儿是要害，哪儿翻译得不好懂。吕文镜则是解放前的南京老金陵女大学生，英语很好。我们的办公、讨论、起居的处所，正好就在她家的楼上，宽敞，舒适，据说是五十年代初的苏式教授级二层楼别墅式建筑。此外，我们还特别请来了北外的郑录老师，他是北外教俄语语法和文学的台柱老师，他主要是帮助我们吃透列宁著作语言的语感和变异等专项微妙问题。在校订过程中，我们还专门请来了北大黄枬森教授讲《唯批》在哲学史上的划时代意义以及列宁著作的战斗性和阶级性等等理论问题和实践问题。我们还设法请来大革命时期——二十年代末期把列宁这部著作翻译成中文而参加理论战斗的健在的译者之一陈晓时同志（即陈珪如教授）。她给我们讲了许多在白色恐怖下鲜为人知的冒死翻译马列的"故事"。她说她当年真是有点像盗天火的普罗米修斯哩！我们还请收入中文第一版的这部著作的校订者之一林利同志继续指导并把关。林利是革命老前辈林伯渠的女儿，在苏联长大，后来专攻哲学，中俄文都好。我们有了这样一个集体，《唯批》的二版校订可以说是"万无一失"了。的确做到了字斟句酌，连标点符号也不放过。

在校订到这部著作的第五章时，涉及诸多自然科学方面的问题。为了更好地保证译文质量，从而也是从大处着眼培养干部，局里决定：这批在高级党校参加校订工作的原班人马，全部"移师"上海复旦大学，与复旦大学哲学系的专家学者一起来完成这一章的校订任务。这个系的系主任是胡曲园教授，原来陈珪如正是胡教授的夫人。这对学者伉俪，在学术上比翼齐飞，为提携后进不遗余力。我们受到以胡曲园教授为首的复旦大学哲学系的热情接待和亲密合作，十分出色地完成了这一章的校订任务。在我们离沪返京的前夕，胡曲园特别请来夏征农亲自接见我们并感谢我们。夏老是革命老前辈了，当时担任上海市委常委并兼任复旦大学党委书记。夏老一副书生文化人的和善长者样子，与我局姜局长私交甚笃。他说话慢条斯理，亲切平等，把我们看成一家人。夏老对我们编译局的工作很了解很支持很钦佩，特别强调坐冷板凳的献身精神。夏老语重心长，值得回味牢记。回京后，我提笔给胡曲园老师写了一封感谢信，并寄去我此行所写小诗多首。很快我就收到胡老师的亲笔回信，他在信中说："你每事必有诗，值得赞许"云云。我记得，好像诗中有这样的句子："胡老盛情大可夸，餐餐盘中有鱼虾……"我们当然不是顿顿都在胡老家里吃家宴，这只是表达当时的一种心情，因为当时正处在政治上学术上以至生活上的一个大丰收的季节。遗憾的是，当我有机会再到上海想去拜望胡老时，他已驾鹤西去。胡老的满腹经纶还没有全部留给后辈，这是我最感失落的。

《唯批》的校订任务总算完成了，党校教材出了大字本。后来在《列宁全集》出中文第二版时,除了在技术上作些统一工作外,译文少有更改,保持相对稳定。

丁世俊,马列主义经典著作翻译家。原中央编译局列斯室编审。2002年荣获资深翻译家荣誉称号。参与《列宁全集》中文第二版等编译工作。

记一篇列宁著作旧译文《党的组织和党的文学》的修订

丁世俊

列宁本文在我国一向被看成论文学的经典之作

提笔写下标题,其中所以要在题目里使用《党的组织和党的文学》这一旧译文篇名,是因为旧译文远比新译文为人所熟悉。其实,它在《列宁全集》中文第二版第12卷和《列宁选集》中文第三版第1卷中已被改译为《党的组织和党的出版物》。

在旧译文修订前,列宁本文长期闻名于我国文艺界,一直被认定为列宁论述文学、艺术以至美学问题的经典之作。据我了解,早在20世纪20年代中期,列宁本文就已这样被介绍到我国来了。1926年12月6日中国共产主义青年团的机关刊物、上海《中国青年》杂志第144期所载"一声"(译者名)的节译,题为《论党的出版物与文学》,我们在编译《列宁全集》中文第二版时把它作为插图收录进

本文原载《马克思恩格斯列宁斯大林研究》2001年第2期,收入本书时有删节。

去。此外，1930年2月上海《拓荒者》杂志第1卷第2期所载成文英，也就是著名马克思主义文艺理论家、诗人冯雪峰的节译，题为《论新兴文学》。同年12月上海大江书铺出版、陈雪帆编的《苏俄文学理论》，把列宁本文作为附录收载，题为《伊里基论文学》，这里的"伊里基"现在译为"伊里奇"，是列宁的名字。抗日战争时期在重庆，1944年7月15日《群众》杂志所载苏俄文学研究家、翻译家戈宝权的中译文，题为《列宁论党的文学问题》。可以看出，列宁本文以上不同版本的中译文，其标题虽经译者改编，却都是和"文学"挂钩的。

1949年后在我国，对认定列宁本文为论述文学、艺术问题的著作这一点起推动作用的是我国自行编印的《马恩列斯论文艺》。该书先后的不同版本都必收列宁本文，并把标题译为《党的组织和党的文学》。1951年周扬和曹葆华等译校、人民文学出版社出版的《马恩列斯论文艺》是这样，我国进入改革开放新时期后的1980年同一出版社出版的另一版本也是如此。这两本书都重印多次。

正本清源，我国这样认定，应该说是受苏联影响。苏联作此认定由来已久。这里举一个例子。1931年联共（布）中央列宁研究院出版由弗·阿多拉茨基、米·波克罗夫斯基等集体编辑的《列宁选集》俄文第一版第6卷，这一卷收载了列宁的《列夫·托尔斯泰是俄国革命的镜子》和《列·尼·托尔斯泰和他的时代》两文，编者还为两文加了一个长长的像一篇文章似的题注。两文是列宁评论文学家的重要著作自不待言，值得注意的是，题注竟把列宁本文也当作关于文学、艺术问题的文章来援引，用以论证文学、艺术具有阶级性、体现阶级利益。1933年，瞿秋白翻译了这两文和这一题注。原中共领导人瞿秋白从领导岗位退下后，于1931—1934年期间匿居上海，从事左翼文化运动，与鲁迅共同战斗，评介马克思主义文艺理论著作。在此期间，他根据《列宁选集》俄文第一版第6卷进行了翻译，其译文在他生前未见发表。他牺牲后，鲁迅收集亡友在文艺方面的译著，编为《海上述林》两卷，于1936年出版。该书上卷载《列宁论托尔斯泰》一辑，其中收列宁关于托尔斯泰的两文及《关于列宁论托尔斯泰的两篇文章的

《党的组织和党的文学》

注解（V. 亚陀拉茨基等）》。附带说一下，《列宁选集》俄文第一版编者所加的题注摘引了列宁本文约二分之一的内容，因此，瞿秋白翻译该题注，也可说是节译了列宁本文。在题注译文中，瞿秋白把列宁本文的标题译为《党的组织和党的文学》。

1938年，苏联艺术出版社编印《列宁论文化与艺术》一书，全文收载列宁本文，用以说明"艺术的阶级性和党性"。这部书在我国于1943年4月由重庆读书出版社出版。译者萧三系诗人、翻译家，在苏联以俄文笔名埃米·萧发表诗作闻名，曾任教于莫斯科东方大学，并主编《世界革命文学》中文版。他可能是沿袭瞿秋白的译法，也把列宁本文的标题译为《党的组织和党的文学》。他的译本在我国当时的解放区多次翻印，影响甚大。

关于斯大林以后苏联在这方面的情况，我想举两部权威性的有影响的书为例。一部是两卷本的《列宁论文学与艺术》，它由苏共中央马列主义研究院列宁著作研究专家、20世纪50年代曾在中央编译局工作的尼·克鲁奇科娃编辑，苏联国家文学出版社1957年出版，我国翻译了该书。该书收载《党的组织和党的文学》，并在作为序言的长文《弗·伊·列宁和文学问题》中说明：列宁的这一著作："制定出了文学的党性这一重大的原则"，"规定了艺术创作者的新任务"。另一部是《马克思列宁主义美学原理》，这本书分上下两册，由苏联科学院哲学研究所、艺术史研究所等单位集体撰写，苏联国家政治书籍出版社1960年出版，这部书一出版,在我国就由编译局翻译出版。这部书有《马克思主义美学发展的列宁阶段》这一专节,在着重介绍列宁本文时作了和上述《列宁论文学与艺术》大抵相同的阐释。

苏联对列宁本文所作的不符合列宁原意的阐释误导了我国的译者,而我国译者的不确切的译文又误导了我国广大的读者。这不是责备我国的译者,归咎于他们。须知,翻译和介绍列宁本文时,马列主义经典著作的译介工作尚处于幼稚的起步阶段,当时更谈不上对马列著作本身进行研究。到此,要提到一个重要情况,这就是毛泽东1942年5月作《在延安文艺座谈会上的讲话》时把列宁本文当作论述文学问题的著作加以引证。毛泽东是从中译文阅读马列著作的,在战火纷飞的条件下,他阅读列宁本文前也不可能进行校订。他的《讲话》根据旧译文,两次作了引证。第一次他说:"列宁还在1905年就已经着重指出过,我们的文艺应当为千千万万的劳动人民服务。"第二次他说:"无产阶级的文学艺术是无产阶级整个事业的一部分,是整个革命机器中的'齿轮和螺丝钉'。"建国后由中共中央毛泽东选集出版委员会正式出版的《毛泽东选集》对《讲话》中这两处引文加的出处注就使用了《党的组织和党的文学》这一篇名。篇名和引文扣得很紧,一看便知列宁是在谈文艺问题。我国进入新时期后,中共中央文献编辑委员会对旧《毛选》第1—4卷进行修订,于1991年出了第二版。其中,《讲话》里毛泽东对列宁本文作引证的文字未有变动,而相应地两个引文出处注及出处注中的引文却根据《列宁全集》中文第二版作了订正，订正后的篇名《党的组织和党的出版物》和引文同毛泽东的引证扣得不是像从前那样紧，使毛泽东的论述颇为失色。这个矛盾是难以解决的，因为后人不能去修改毛泽东的论述，订正毛泽东的原意。

毛泽东的这一《讲话》是中国革命文艺的纲领性文献，《讲话》中毛泽东对列宁本文所作的引证具有权威性。此后，在我国一直无人怀疑过列宁本文是论述文艺问题的。且不说在毛泽东生前是这样，即使在毛泽东逝世后的很长时间内，我国的文学理论家、文学史家也都是根据毛泽东的引证来进行引证的。1984年人民文学出版社出版的唐弢主编的《中国现代文学史简编》是一部有影响的大学文科教材，我手头的一部就是1994年的第13次重印本，它就作了这样的引证。

可见，《党的组织和党的文学》的译法已成定案，以致80年代初修订旧译文和发表新译文引起轩然大波。这不难理解，因为修订后的新译文不能被视作列宁论文艺问题的经典之作了，文中的某些警句也不大好用来阐述文艺问题了。更有甚者，这还牵涉到对毛泽东文艺思想的来源的解释。我国文艺界某些人士有失落感，因此，胡乔木不得不出面做说服工作。

不确切的翻译扭曲了列宁文章的内容

《党的组织和党的文学》这一旧译法使列宁本文的内容

遭到扭曲；改译为《党的组织和党的出版物》才是对内容的真实揭示。列宁本文写于俄国第一次资产阶级民主革命的高潮中，我们就从这一历史背景谈起吧。现在开始我引用的都是修订后的译文。

20世纪初俄国社会各种矛盾的发展导致革命的爆发。以俄历1905年1月9日彼得堡工人向沙皇呈递请愿书、遭军警屠杀而发生的"流血星期日"为开端，革命风暴迅猛发展，到10月举行了全俄政治罢工。政治罢工不同于工人过去仅仅为争取提高工资、缩短工作日和改善生活条件而举行的罢工，它提出了"推翻专制制度""建立民主共和国"等口号。在政治罢工的基础上，武装起义也在酝酿。沙皇迫于革命的威慑，不得不在表面上作出让步，先是提出召开谘议性的杜马，这是一种没有立法权的议会，被称为布里根杜马，但遭抵制。不得已，沙皇于俄历10月17日颁布《关于完善国家制度的宣言》，许诺"赐予"居民以"政治自由"，即人身不可侵犯和信仰、言论、集会、结社等自由；承认国家杜马为立法机关，未经它的同意，任何法律无效。这样，沙皇终于在口头上宣布，俄国要实行立宪君主制度。这里专门提到10月17日《宣言》，是因为这同列宁此后的革命活动有关，也同列宁写作本文有关。

俄国爆发革命，列宁是在国外得知的，他欢迎这次革命，密切注视革命的发展，也急于直接投身到革命中去。10月17日《宣言》的颁布使他这个流亡异国的革命者有了"政治自由"，能返回祖国直接参加同沙皇专制制度的斗争。

《宣言》颁布后不到一个月,他辗转回到首都彼得堡。之后,他立即开展组织活动,同时以撰写政论、时评为武器投入战斗。本文就是他公开发表的一系列政论、时评之一,是回国后第三天写的。

在这些政论、时评中,列宁谈到了党如何应对10月17日《宣言》颁布后新的政治形势、如何利用有利的条件开展革命工作。他回国后写的第一篇文章就叫《论党的改组》。专制制度是禁止政党活动的,沙皇允诺"结社自由"后,俄国纷纷建立政党,一时间显露出"政党政治"的苗头。俄国社会民主工党虽早已成立,但因是无产阶级革命政党,此前只能进行秘密活动,而今情况不同了。列宁认为,党的活动条件发生了根本变化,因此必须改变活动方式、扩大活动内容,既要保留党的秘密机关,又必须建立大批新的公开和半公开的、党的以及接近党的组织。他还指出,党公开进行活动后,必然面对更多的群众,因此也应改变党的宣传鼓动方法。他说,在这场资产阶级革命中,无产阶级已经为俄国赢得了一半自由,它将要赢得全部自由,并引导俄国经过自由走向社会主义。刚才所说《论党的改组》反映的正是这样的历史内容。《党的组织和党的文学》稍有不同,反映的只是这一内容的一部分。如标题所示,这篇文章专以资产阶级民主革命中党和出版物的关系问题为内容。下面分四个方面来谈。

第一,俄国社会民主工党的出版物,包括报纸、刊物、书籍、传单等,过去都是秘密印制、发行的,其中不少还是在国外印制好、冒险运回国内、秘密分送的。为了躲避"警察的压迫",取得一定的"合法性",俄国社会民主工党不得不给自己的某些书刊加以伪装,或者在行文时使用隐晦的手法,在某些地方采取暗示的方式,抹去尖锐论点的棱角,等等。列宁在本文中称沙皇专制制度的书报检查制度为"亚洲式的书报检查制度""农奴制的书报检查制度"。他说:"伊索式的笔调,写作上的屈从,奴隶的语言,思想上的农奴制——这个可诅咒的时代!"如今,摆脱了书报检查制度的束缚,党的出版物能够和读者公开或半公开见面,这是革命所取得的成果。《新生活报》就是在俄国实行"出版自由"后成为布尔什维克的第一个合法报纸的。它由列宁主编,列宁把它当做俄国社会民主工党的主要舆论阵地,连续为它写了14篇政论、时评,包括《论党的改组》以及本文。该报利用"合法"地位,还直接刊登党的文件,如刊登俄国社会民主工党中央委员会关于召开第四次代表大会的决定。但是,随着革命的受挫,该报也遭沙皇政府的迫害,出版仅1月余即被查封。事实说明,这争得的"出版自由"就像其他革命成果一样,只是暂时的、极不稳固的。

第二,有了"出版自由",非法报刊和合法报刊的区别开始消失。列宁在本文中认为:"出版物现在有十分之九可以成为,甚至可以'合法地'成为党的出版物。""党的出版物"这个原则有两层意思。一层意思是,俄国社会民主工党的出版物要体现"彻底的党性"。所谓"党性",就是"要求在对事变作任何评价时都必须直率而公开地站到一定社会集团的立场上",在此,就是要站到俄国社会民主工党的立场上。再者,俄国社会民主工党在资产阶级民主革命中不是代表资产阶级的利益,而是代表无产阶级的利益,因此,党的出版物的"党性"必须体现俄国无产阶级的利益。"党的出版物"这个原则的另一层意思是,党的一切报纸、杂志、出版社等等不能惟利是图,成为个人或集团赚钱的工具。与资产阶级的出版物相反,它们"不是为饱食终日的贵妇人服务,不是为百无聊赖、胖得发愁的'一万个上层分子'服务,而是为千千万万劳动人民,为这些国家的精华、国家的力量、国家的未来服务"。

第三,包括党报在内的党的出版物是党的喉舌。列宁从党的整个事业的角度给党的出版事业定位。他在本文中认为,党的出版事业"根本不能是与无产阶级总的事业无关的个人事业",它"应当成为整个无产阶级事业的一部分,成为由整个工人阶级的整个觉悟的先锋队所开动的一部巨大的社会民主主义机器的'齿轮和螺丝钉',即"社会民主党有组织的、有计划的、统一的党的工作的一个组成部分。"他也注意到,党的出版事业具有自身的特点,它不能同党的整个事业的其他组成部分刻板地等同起来。"在这个事业中,绝对必须保证有个人创造性和个人爱好的广阔天地,有思想和幻想、形式和内容的广阔天地。"

第四,俄国社会民主工党自1903年第二次代表大会后,分成了"布尔什维克"和"孟什维克"两大派别,各有自己的"中央"和"中央机关报",平起平坐。1905年革命爆发后,在这年上半年,布尔什维克派和孟什维克派分别在不同地点召开了"俄国社会民主工党第三次代表大会"。列宁呼吁党的统一、党的出版事业的统一。他坚持党的宣传鼓动工作、书刊出版工作应受党的监督和领导的原则。他在本文中提出,社会民主党人的一切报纸、杂志、出版社应当参加到各个党组织中去,"全部社会民主主义出版物都应当成为党的出版物"。

以上就是列宁《党的组织和党的文学》的内容。至于这篇文章也涉及文学、艺术,这是事实。一般说来,"出版物"这一概念本身就包含文学、艺术著作。但就资产阶级民主革命中俄国社会民主工党的工作而言,列宁首先重视的,还是同革命直接有关的政治性出版物。再者,列宁本文中个别句子也提到"美学""艺术""小说和图画""舞台艺术""作家、画家和女演员"等,但那毕竟不是文章的主旨。

可以看出,《党的组织和党的文学》所讲原本是俄国1905年资产阶级民主革命中有关俄国社会民主工党工作的一些事情。所以后来,20世纪50年代中期,匈牙利的著名马克思主义理论家、文艺学家卢卡奇提出,《党的组织和党的文学》仅对1905年那个时代有意义,仅仅涉及党的报刊工作中政论家的职责。

胡乔木促进了旧译文的修订

20世纪80年代初,60卷本《列宁全集》中文第二版的巨大编译工程业已开始,其任务之一就是校订列宁著作的旧译文。译得欠妥的列宁本文自然在校订之列,但按卷次和计划安排,还不会被立即提上校订日程。之所以要在1981年提前对它进行校订,是胡乔木促成的。我以为,这件事所包含的历史底蕴,今天还值得来说一说。

胡乔木,"中共中央大手笔",新时期党的宣传理论工作的最高领导人。他自1975年复出后,曾就翻译问题多次同编译局打交道。我记忆所及,就有:关于把马克思和列宁著作中的一个用语"资产阶级法权"改译为"资产阶级权利"的探讨;关于马克思主义的"各尽所能,按需分配"和"各尽所能,按劳分配"口号的来源及其译法的探讨等。胡乔木同编译局探讨翻译问题,自然是由于党的意识形态工作的需要、政治需要。但他具学者风范,他把这当做学术问题,以解决学术问题的方式来进行。修订列宁本文的中译文,也是如此。

我自己揣测,胡乔木在1981年秋提出修订列宁这篇旧译文,原因可能有二。一个原因是,"党管文艺",胡乔木当时在领导党的文艺工作中涉及毛泽东《在延安文艺座谈会上的讲话》。我们的确看到,他在这段时间内的报告、信函等多次提到《讲话》。我在前面已经说过,《讲话》援引了列宁本文中的论点。另一个原因是,胡乔木当年是毛泽东这一《讲话》的整理者、文字加工者,新中国成立后又是《毛泽东选集》第1—4卷的编辑之一,进入新时期后又领导了对这4卷进行修订、出版第二版的工作,而根据《毛选》第二版的《出版说明》来看，修订工作主要是校订注释。《毛选》注释校订工作早在20世纪60年代就开始了，因"文化大革命"而中断，进入新时期后必须恢复。毛泽东《讲话》中援引列宁本文的两个引文出处注释使用的是不确切的旧译文，应加以修订。两个原因都同毛泽东的《讲话》有关。

校改旧译文，原本是翻译工作的分内事。但在当时，要改动毛泽东引用过的旧译文，对普通的翻译工作者来说，却首先得掂一掂这件事的政治分量。尽管在1981年6月，胡乔木作为主要起草人的中共十一届六中全会《关于建国以来党的若干历史问题的决议》已经提出，肯定毛泽东的历史地位，批判其晚年的严重错误，但一般人却尚未挣脱个人迷信时代的思维定式。胡乔木凭其政治地位敢于说，对毛泽东的文艺思想"要采取科学的分析态度"，"不能用'句句是真理'或'够用一辈子'那样的态度来对待《在延安文艺座谈会上的讲话》"，并且敢于在当时评论《讲话》的历史意义及其不足。历史选择他来提出订正毛泽东根据不确切译文对列宁本文所作的引证，是最为合适的。

在胡乔木的"支持"下，编译局列宁斯大林著作编译室把修订列宁本文旧译文的工作置于学术探讨的基础上。既然误解的产生源于标题及正文中的"文学"一词，那就首先从弄清这个关键词的含义着手吧。

通过调查研究，"文学"一词的含义清楚了。该词在俄文中作"литература"。这是个多义词，其含义有：1. 泛指一切形成文字的东西，即书面著作；2.作为出版物的总称；3.专指一切形式的文学作品，即中国近代"文学"一词的含义。为了表明只在这一含义上使用该词，也经常在其前加一限制性定语，写成"художественная литература"，即"艺术性著作"。对这个多义词的含义还可做"广义"和"狭义"的划分："广义"包括前两项，"狭义"专指最后一项，即"艺术性著作""художественная литература"。列宁本人使用过"художественная литература"。列宁之后苏联的学者也一直使用此词。比如刚才提到的《关于列宁论托尔斯泰的两篇文章的注解》中就使用过。瞿秋白将这两处译为"艺术的文学"。

从列宁本文的内容来看，列宁使用该词主要指整个出版物，包括报刊文章和宣传品，这在前面已经说过了。其实，"литература"一词在列宁著作中是大量出现的，中译文并不都译为"文学"，而是分别视情况译为"文献""出版物""书刊""报刊"等。比如列宁在此前三天所写的《论党的改组》中的"литература"就译为"刊物"。

这里涉及俄文词"литература"的语源。这个俄文词来自拉丁文，拉丁词"Literatura'已成为国际用词，欧洲国家语言如英文、法文、德文、意大利文、西班牙文等都使用它，含义基本相同。马克思和恩格斯的《共产党宣言》第3章的标题是《社会主义的和共产主义的文献》，其中"文献"一词的德文原文即为"Literatur"，即俄文的"литература"。《共产党宣言》还在别处使用"Literatur"。

《宣言》在提到资产阶级使物质生产和精神生产日益具有世界性时曾说："各民族的精神产品成了公共财产。民族的片面性和局限性日益成为不可能，于是由许多种民族的和地方的文学形成了一种世界的文学。"这段话中的两处"Literatur"却又译为"文学"。这样译，是由于在汉语中这二处难于处理。为此，包括1972年第一版和1995年第二版在内的《马克思恩格斯选集》中文版特意加了一个脚注，说明是"泛指科学、艺术、哲学、政治等等方面的著作"。另外恩格斯的一篇有名著作《流亡者文献》，标题中的"文献"一词，德文原文也是"Literatur"，俄文相应译为"литература"。过去，我国曾有人把这篇著作译为"侨民文学"，显然不对。因为恩格斯在此指的是1871年巴黎公社失败后的流亡者在外国出版的报刊、刊物等。

在汉语中，没有与拉丁词"literatura"完全等值的对应词。汉语把这个拉丁词译为"文学"，仅转达了这个多义词的一个义项，即列宁所指的艺术性著作"**художественная литература**"。在汉语中，"文学"一词虽古已有之，但它的使用经历了一个演变过程。我国在近代资产阶级民主革命中学习西方先进文化，这时才在"艺术性著作"的意义上使用"文学"一词。进入20世纪后，中国早期资产阶级文化战士们为了纠正我国轻视小说、戏曲等的社会作用的传统偏见，引进西方的艺术观念，把小说、戏曲等纳入艺术之列，称作"文学"。维新派代表人物梁启超、国学大师王国维等的著作中都是这样使用"文学"一词的。在20世纪20年代中期，我国新文化运动的主将、后来成为中共领袖人物的陈独秀写了著名的《文学革命论》，另一位新文化运动的主将胡适在陈独秀之前就写了《文学改良刍议》。他们也是像梁、王等人那样使用"文学"一词的。五四运动以后，作为"艺术性著作"的"文学"一词在我国扎根了，它包括小说、戏剧（或戏曲）、诗歌、散文等，而不包括理论著作、学术著作以及政论、时评等说理性文字。

在《党的组织和党的文学》的旧译文中还有"文学家"一词。这个词的俄文为"литератор"，是"литература"的派生词。在旧译文中，为了对应而把这个派生词译为"文学家"也是不恰当的。它通常应译为"著作家"或"著作者"，也可译为"写作者""书刊工作者""文字工作者"等。列宁本人就自称是一名"литератор"，他自认他所从事的一项工作就是写作、文字工作"литературная работа"。他在成为执政党领袖后填写"苏维埃代表登记表""俄共代表大会代表登记表"的"职业""工作"栏时就是这样填写的。他一生所写的是理论著作、政论和国务文件，而不是文学作品。他曾说："诚然我完全承认自己在这方面（笔者按：指写诗）是个外行。"他还对高尔基说过："即使剥掉我的皮，我也写不出两行诗来。"除了不会做诗，也未见列宁写有其他什么文学作品，能说他是文学家吗？

可见，只有把旧译文中的"文学"改译为"出版物"或"书刊""报刊"，把"文学家"改译为"著作家"或"写作者""书刊工作者"，在理论上才讲得通。相应地，

"党的文学"改译为"党的出版物","无党性的文学家"改译为"无党性的著作家",也才符合实际。编译局列斯室把这一番翻译探讨的结果不是写成正式报告,而是写成一份小资料《列宁讲的"党的文学"和"无党性的文学家"是什么含义?》,于1981年10月29日送呈胡乔木。

马克思主义理论家胡乔木在文学艺术和语言文字方面的知识也甚渊博,擅英文。不言而喻,这段时间他本人也在思考列宁本文所包含的理论问题及其中译文如何修订的问题。编译局的小资料送去不几天,11月3日下午他即让秘书黎虹通过电话转达了他的意见。为了存真,照抄编译局的电话记录如下:

"送来的材料(注:指10月29日编译局送的《列宁讲的"党的文学"和"无党性的文学家"是什么含义?》),乔木同志已经看过,认为很好,这个问题目前思想混乱,建议编译局写个东西公开发表,并提出以下意见:

一、'党的文学'的提法是不能成立的,正如'党的农业'、'党的工业'、'党的自然科学'……等不能成立一样。只能说'党的农业政策'、'党的农村工作'、'党的工业政策、工作'。文学是一种社会现象,不能用党与非党来划分;

二、关于'党性',也搞得很糊涂,讲得比较乱。'党性'实际就是'倾向性',对是非要有一种观点。'非党文学家'的提法要改,'非党性'也不要,只能讲'无倾向性文学'。

（总之），理论上造成的很多混乱，有必要说清楚。

关于发表的办法，为了避免造成突然的感觉，可与人民日报社具体商量，先发表读者来信，然后由编译局公开答复，在报纸发表。"

从这次电话开始，7天之内胡乔木同编译局就翻译问题交换意见6次。

11月5日上午的电话记录如下：

"黎虹同志说：4日乔木同志打电话给他，让他向编译局转告下述意见：

一、列宁的《党的组织和党的文学》一文重译，然后在报纸上再发表一次。标题可否改为《党的组织和党的言论》，译'著作'或'作品'都不好。文章中的'文学'不一定都改译'言论'，根据不同情况，文字分别处理。

二、昨天曾提出用读者来信和答复的办法。今天考虑用另一种办法：在发表新译文的同时，编译局写篇文章说明一下为什么重译，有哪些更正和要说明的地方。

三、列宁的这篇文章影响很大。现在的译文不确切，在理论上和实践上引起混乱和争论。如都说文学是党的事业的一部分，是齿轮和螺丝钉。

四、编译局把他的意见向中央宣传部报告一下。"

11月9日上午9时来一电话：

"请告编译局，多义词在一篇文章中，按意义不同，用不同译法。在马恩的《德意志意识形态》的译文中，对recht（权利、法）一词即有先例。这种方法是正确的，而后来译为'法权'则是完全错误的。"

这一电话的内容，黎虹还在同日给编译局的信中加以重述。黎虹称，是转达胡乔木给他的来函。

同日上午10时半，黎虹再来一电话，转达胡乔木的意见：

"'文学'是多义词，'党性'也是多义词，特别是中国流行的'党性'的用法更具有严重的意义，包括对党的组织性、纪律性等等。'党性'没有这么多的含义。中国的古语说，无党无偏，或者群而不党。用'无党性的著作家'也不能顺理成章，因为著作家可以在某些地方无倾向性。似乎用'无立场的著作家'更清楚些。请考虑。"

过了两天，11月12日上午8时，黎虹转述了胡乔木11日信件的内容：

"请告编译局，《党的组织和党的文学》一文所以要改译，是因此文自一九四三年在延安《解放日报》译载以来，因为译文关键地方始终严重不确切，以致成为党在文艺方面'左'的指导思想的重要理论根据。'党的文学'的提法使人误为文学这一社会文化现象是党的附属物，是党的事业中的'齿轮和螺丝钉'。党应对文学事业进行正确领导，犹如党应对工业、农业、科学教育的发展进行正确领导一样。但工业、农业、科学教育仍属于整个社会、整个人民和国家，并不因为有党的领导，就成为党的工业、农业、科学教育，成为党的事业中的'齿轮和螺丝钉'。在一定意义上说，整个党的事业也是整个社会发展和整个人民生活中的'齿轮和螺丝钉'。由于文学基本上是个人创作，党在文学中不能发号施令，只能提出号召和建议，做出评论，通过作协组织作家深入生活，并通过出版、制片等国家行政进行适当调节，但党对自己的报刊言论和党员个人的言论却可以和应该实行一定的控制，因为那是真正的党的事业的'齿轮和螺丝钉'。故此文的误译影响十分重大，必须改正。"

胡乔木和编译局共同探讨翻译问题，是为了用确切的新译文来解决新时期党的文艺政策调整问题。而从编译局方面来说，首要的职责则是如何准确地表达列宁的原意。在共同探讨中，胡乔木就译法以至译名提出了不同方案，编译局列斯室一一加以斟酌，本着实事求是的科学态度，有的采纳了，有的并未采纳。经过反复推敲，修订后的译文出来了，标题是《党的组织和党的书刊》。1982年《红旗》

杂志第22期发表的译文,是又经过修订的,标题是《党的组织和党的出版物》。后来,《列宁全集》中文第二版第12卷所载的译文,标题未变,但正文中又有若干小的改动。

我后来读到1999年出版的胡乔木《谈文学艺术》一书时才知道,胡乔木在文联作报告时还专门讲了这件事。1982年,毛泽东《在延安文艺座谈会上的讲话》发表40周年。这年6月25日,胡乔木在中国文联四届二次全委会闭幕后的招待茶会上就文艺与政治的关系发表讲话,提到了调整党的文艺政策的问题:"中央考虑不再用'文艺为政治服务'、'文艺从属于政治'这些提法,而改用'文艺为人民服务,为社会主义服务'……"而"文艺为政治服务""文艺从属于政治"这些提法正是出自毛泽东的《讲话》。抛弃

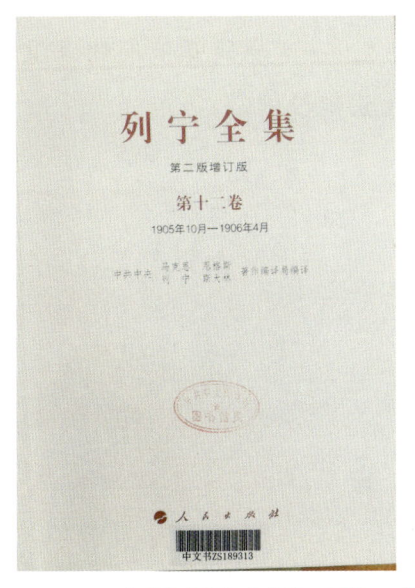
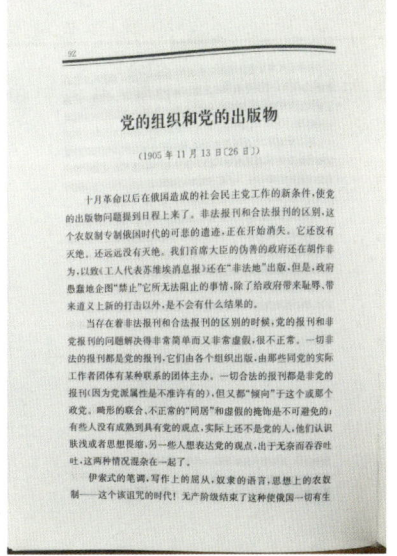

《列宁全集》中文第二版第12卷收入的《党的组织和党的出版物》

这些提法，是党的文艺政策在新时期的重大转变。为了促进文艺政策的转变，在这次中国文联全委会上，特意散发了新译文《党的组织和党的出版物》。胡乔木讲为什么要调整党的文艺政策，就是从编译局为什么要修订列宁本文的旧译文讲起的，他讲这个问题时几乎全部转述了编译局列斯室最初呈送给他的那个小资料以及后来的《译文校订说明》的内容。胡乔木在讲话中指出，"有的同志说，'党的文学'这个译法已经流行这样久了，现在忽然要改成'党的出版物'，会引起很大混乱"。为此，他进行说服工作。他针对文艺界某些在这方面有失落感的人士说："我相信，如果我们是一个诚实的马克思主义者，如果我们是公正的，不带偏见的，有历史眼光的，那么我们读了中共中央编译局列宁斯大林著作编译室所写的《(党的组织和党的出版物)的中译文为什么需要修改？》，一定会同意他们的意见。因为这个说明理由很充足，是无法辩驳的。"

编后记

走过革命战争年代的烽火硝烟，新中国成立后，马列经典著作编译事业进入了新的发展阶段。1953年1月，经毛泽东同志亲自批准，党中央成立了中共中央马恩列斯著作编译局。70多年来，在党中央的坚强领导下，经过几代经典著作编译工作者的不懈努力，中央编译局先后完成了《马克思恩格斯全集》中文第一版以及中文第二版30多卷，《列宁全集》中文第一版、第二版、第二版增订版，《斯大林全集》，《马克思恩格斯选集》《列宁选集》《斯大林选集》《马克思恩格斯文集》《列宁专题文集》《马列主义经典作家文库》，以及大量的马克思主义经典著作单行本和专题汇编的编译工作。2024年是中央编译局成立71周年，丛书本卷正是围绕中央编译局70多年来的马列经典著作编译工作特别是不断推进三大全集这一跨世纪的宏伟工程，进行的口述记录。

本卷大致分为六个部分。第一部分是目前在世的曾任中央编译局局长宋书声、韦建桦、贾高建、柴方国四位领导同志的采访文稿。他们对新中国成立后，特别是中央编译局成立70多年来的马列经典著作编译工作进行了总体回顾。第二部分是部分同事、亲属对中央编译局老领导、老同志师哲、陈昌浩、张仲实、姜椿芳、毛岸青、林基洲等组织或参与经典著作编译工作情况的回忆。第三部分收录了部分编译者本人、同事或亲属有关《马克思恩格斯全集》编译情况回忆口述材料。第四部分收录了部分编译者从事《列宁全集》《斯大林全集》编译工作的回忆口述材料。第五部分收录了部分编译者本人或同事就马列选集、文选、文集、文库等编译工作所作的口述或回忆资料，呈现了中央编译局为建构和完善种类齐全、形式多样的马克思主义经典著作版本体系所做的努力。第六部分重点围绕马列经典著作中的一些重要篇目及重点内容，例如《资本论》《共产党宣言》《国家与革命》《唯物主义与经验批判主义》《党的组织和党的文学》等的编译工作进行回忆口述，其中不乏关于一些重要概念的研究和争鸣。

本卷收录的口述文章一般根据本书编写组对经典著作编译工作者本人或者其同事、亲属的采访资料整理而成。同时，本卷也收录了一部分经典著作编译工作者为纪念中央编译局成立40、50周年所撰写的回忆文章，只是对个别文字和标点作了改动。其中一些口述者已不在人世，但他们为马列经典著作编译事业作出的贡献不可磨灭，他们的名字将永远镌刻在我们党的编译事业史册上。

我们要特别感谢毛岸青同志之子毛新宇将军、张仲实同志之子张复先生、姜椿芳同志的外孙女谭琦女士，中国人民解放军军事科学院鲍世修研究员，以及曾经或正在从事马列经典著作编译工作的宋书声、韦建桦、贾高建、柴方国、陈瑞林、顾锦屏、王锡君、徐洋、李朝晖、张红山、何宏江、郭值京、刘方清、李京洲、詹汝琮、张海滨、张慕良（按在本卷目录出现先后顺序排名）等同志对本卷的大力支持，他们提供的口述或回忆文稿极大地丰富了本卷的内容。

这里要特别说明的是，为马列经典著作编译事业默默奉献的群体还包括很多很多老同志和年轻同志，因为各种原因我们没能采集到他们的口述资料，编写组深感遗憾。

詹珩、路军同志具体主持了本卷的编写工作。口述材料的采访、整理，还得到中共中央党史和文献研究院李平、姚颖等同志的大力支持。顾锦屏、韦建桦、张海滨等同志对全卷或部分书稿进行了审看。中央编译出版社李媛媛同志作为本卷责任编辑，付出了辛勤努力。谨向所有给予本卷关注、帮助和支持的单位和同志致以诚挚的感谢！

本卷的编写、整理过程，也是编写组学习、教育的过程。中央编译局的马列经典著作编译工作者们对马克思主义的坚定信念、对理想的不懈追求、对工作的极端负责、对语言的精益求精，给了我们极大的教育和启迪。我们谨以此书向他们表示最崇高的敬意！

需要说明的是，口述资料源自当事人的记忆，难免带有个人的色彩和记忆的误差，不同讲述者对同一事实的讲述可能存在差异，对此，我们原则上不作考证和修改。由于编写组水平有限及其他因素，书中若有不当之处，恳请广大读者不吝指正。

编者

2024 年 12 月

图书在版编目（CIP）数据

跨世纪的宏伟工程 / 詹珩，路军主编． -- 北京：中央编译出版社，2025.4． --（马克思主义经典文献编译口述史）． -- ISBN 978-7-5117-4875-1

Ⅰ．A85

中国国家版本馆 CIP 数据核字第 20253JG767 号

跨世纪的宏伟工程

选题策划	张远航
责任编辑	李媛媛　王　岗
责任印制	李　颖
出版发行	中央编译出版社
网　　址	www.cctpcm.com
地　　址	北京市海淀区北四环西路 69 号（100080）
电　　话	（010）55627391（总编室）　（010）55627313（编辑室） （010）55627320（发行部）　（010）55627377（新技术部）
经　　销	全国新华书店
印　　刷	北京盛通印刷股份有限公司
开　　本	710 毫米 × 1000 毫米　1/16
字　　数	364 千字
印　　张	38
版　　次	2025 年 4 月第 1 版
印　　次	2025 年 4 月第 1 次印刷
定　　价	158.00 元

新浪微博：@中央编译出版社　　微　信：中央编译出版社（ID：cctphome）
淘宝店铺：中央编译出版社直销店（http://shop108367160.taobao.com）（010）55627331

本社常年法律顾问：北京市吴栾赵阎律师事务所律师　闫军　梁勤
凡有印装质量问题，本社负责调换，电话：（010）55627320